THE

BRITISH

EMPIRE

By
James Truslow Adams

英国2000年
从史前时期到独立战争

[美]詹姆斯·特鲁斯洛·亚当斯——著　花萌——译

沈阳出版发行集团

沈阳出版社

图书在版编目（CIP）数据

英国 2000 年：从史前时期到独立战争 /（美）詹姆斯·特鲁斯洛·亚当斯著；花萌译 . -- 沈阳：沈阳出版社 , 2022.6

ISBN 978-7-5716-2388-3

Ⅰ . ①英… Ⅱ . ①詹… ②花… Ⅲ . ①英国—历史 Ⅳ . ① K561.0

中国版本图书馆 CIP 数据核字（2022）第 093084 号

出版发行：沈阳出版发行集团 | 沈阳出版社
　　　　　　（地址：沈阳市沈河区南翰林路10号 邮编：110011）
网　　址：http://www.sycbs.com
印　　刷：北京市兆成印刷有限责任公司
幅面尺寸：165mm×225mm
印　　张：25.5
字　　数：340千字
出版时间：2023年1月第1版
印刷时间：2023年1月第1次印刷
责任编辑：周武广　张　畅　范莹莹
封面设计：主语设计
责任校对：王志茹
责任监印：杨　旭

书　　号：ISBN 978-7-5716-2388-3
定　　价：108.00元

联系电话：024-62564985　024-24112447
E - mail：sy24112447@163.com

本书若有印装质量问题，影响阅读，请与出版社联系调换。

作者序

纵观西方的文明史，我们可以看到四段卓越不凡的历史。其他历史可能也十分跌宕，十分浪漫，但是无法与这四段历史比肩。它们伟大至极，至关重要。这四段历史是：古希腊智慧启蒙及解放时期；全球范围内的大帝国——罗马帝国的兴衰；从"半岛"走出来的英格兰王国（在16世纪的时候，人们对英格兰王国很是轻视，称其为"半岛"）成为拥有世界上1/4领土的大英帝国的殖民扩张时期；在三百余年的时间里，北美地区出现了空前的人口迁徙和增长，从荒芜之地转变为拥有1.45亿人口的独立自主的先进国家的发展历程。

很多年以来，我始终在研究最后那段历史时期，特别是美国的历史文化、社会生活等情况。尽管大英帝国人民和美国人民不尽相同，不过双方历史联系紧密，而且有一半以上的美国人是从大英帝国迁徙而来的。在研究美国的历史文化、政治制度，以及社会生活的时候，一定会涉及很多英国的历史。为了能对美国及其民众有更多的了解，我到英格兰居住了大约6年的时间，并且深受启发。我对英格兰的了解，一点也不逊于对故乡美国的了解。

在历史资料中，我们可以看到接近2000年的大英帝国扩张史，这段历史涵盖了世界上几乎每个角落。显然，期望用一两本书来阐释这段历史是很难做到的。这是一段十分漫长的历史时期，人们对这段时期的历史事件、历史人物和历史时代的记载不胜枚举。然而，研究的目的绝不单单是对我们手上的诸多文献做出筛选和删节，而是研究（如果可以的话）英国到底是何种情形？是什么让它成为现在的模样？它是怎样通过 300 余年的时间从一个人口不及现在的纽约或者伦敦 1/2 的小小岛国，成为拥有全球 1/4 人口的大帝国？

很多研究者对这本书提供了巨大的帮助，我十分感谢他们，尤其是威尔·D. 豪（Will D. Howe）博士和默文·戴维斯（Mervyn Davies）。两位十分负责任地审读了初稿，并且贡献了许多有价值的想法。不过，如果书里的史实或者我的阐释有谬误，那皆是我一人之责。

詹姆斯·特鲁斯洛·亚当斯

目　录

导　言

　　这本书要讲的是大英帝国，以及大英帝国人民的成长历程。在做出阐述之前，我们需要对这个民族做些了解。毕竟他们从一开始到现在都让人琢磨不透。德国、意大利、法国、西班牙、美国等其他国家的历史分析者和评论者曾写过大量文章来阐释英格兰人的特性，或者说是广义上的英国人的个性，以抒发自己心中的不解。实际上，在这件事上，就连英国人自己也存在很多的分歧。

　　其实，英国人民最初都源自同一个种族，而且自认为"颇为癫狂"。然而，评论家们始终没有做出定论：英国人到底是癫狂，还是狡诈？是老实人，还是伪君子？是真的愚蠢，还是外愚内智？是想法单纯，还是目光高远？在描述一个民族的特性时，竟然用到了截然相反的词汇，恐怕是前无古人、后无来者了。更确切地说，这里的种族应该被称为民族才对，毕竟到了现在，世界上已经没有单纯的种族了。在下文中我们将提到，后来的英国人混合了多个种族。在一定程度上，这应该能解释英国人为什么会拥有这么多矛盾性格。

　　不管怎么说，相较于民族性，没有什么别的历史问题是更难溯源和分析的。一部分原因是，民族性这一概念的定义原本就模糊不清，在一个世纪以前，它所涵盖的意义比当下要多得多。于是，在大多数情况下，我们不得不依靠联想。究其本源，不仅包括环境条件、地形地貌、气候情况等宏观因素，还包括宏观因素和微观因素之间的相互作用。例如，在不做深究的情况下，人们能够轻松地说出各种牵引着希腊文明前行的因素。然而，在希腊，自然环境历时数万年没有变化过，但被称为"希腊荣耀"的人却只延续了几个世代。这意味着自然环境并不是主要原因。我们随时都要牢记，也要重视的是：在合适的时机，以合适的方式，和别的因素相融合，让自然环境变得至关重要。另外，无论是宗教还是语言，都具有强大的影响力，它们也是研究分析过程中不可忽视的重要方面。除此之外，还有一个关键因素是，勒南（Renan）口中的"数不胜数的记忆遗产"：历经数个世纪，向着同一个目标，人类的奋斗所积累下来的宝贵财富。所有的这些奋斗铸就了传统，而被一个民族公认和遵循的传统，势必是最强悍的团结之力。不过我们目前没有办法找到那个核心问题的答案。如前文所述，为什么希腊人在知识层面，以及美学方面只领先了数十年时间，而且又迅速地沉寂下去？在大概一个世纪以前，不列颠群岛上的人口还很稀少，那么它为什么可以繁衍出——卓越的美国研究者，卡特尔（Cattell）教授所提出的——占全球1/4的人口？而且在那些异地出生、成绩斐然、荣登名人堂的美国人当中，有一半左右是从大英帝国前往美国的。更惊人的数据是，英国的势力范围从一个小岛扩展到了全球，拿下了全球1/4的土地，管理着全球1/4的人。在全球20亿人当中，被英国所统治的占了5亿人。要解释这种现象，不能只依靠某一个因素，比如种族因素，或者单一的公式。我们接下来要做的事情就是讲述历史，在详细的历史情节当中探寻那些具有影响力的因素。借用这个办法，就算不能做出全面的解释，至少也能获得某些启发。

民族的特征以及理想也是会变化的，现在的英国人在方方面面都和都铎王朝时期的英国人不同了。历史并不是自始至终的线性运动那般简单，它的发展路径是呈曲线形的。无论是环境的变化、人民的变化，还是外交关系（好比万有引力，可以在短时间内把一个国家带到既定轨道之外）、时势英雄的出现等因素都决定了历史的进程。总而言之，大英帝国拥有连续不断的完整历史：如今的不列颠及其人民，和其先祖并无本质上的差别。

现在的英国人究竟是什么模样？不列颠及其民众到底发展到了什么样的阶段？在这里，我们将会看到本书需要讲解的问题，1937 年 5 月，在威斯敏斯特大教堂，乔治六世接受了加冕，他严肃地做出了许诺，宣誓"统治和管理大不列颠、爱尔兰、加拿大、澳大利亚、新西兰、南非同盟的民众、财富、领土及其附属品；承认印度的律法与传统，同时管辖印度帝国"。这段誓词，以及加冕仪式，在后来的 100 多年里屡次变化，这意味着前文所提出的问题是十分复杂的。

不妨来探究下这当中的某些冲突。在当今世界上，大英帝国是规模最大的民主国家共同体，不过它只对成员国进行管辖，而不进行治理。然而，在君主制退出历史舞台之后，帝国大厦也就倾倒了。共同体将分裂，较之于以前联手时的强悍，分裂后的小国家都会低调许多。让这些国家缔结同盟关系的其实是对王权统治的认可、偏好、旧俗以及忠心，而非理性、律法或强大的权力。所谓王权，并非法律规定的特殊地位，也非特殊历史阶段的君王之权。对于英国人来说，"王权"指的是从前、当下，以及将来的一切事务。它象征着全部努力、期待、志向，以及对上帝、君王、联邦、人民的忠贞不渝。或许有朝一日，大不列颠会采用共和国体制，这不是不可想象之事，虽然实现的概率很小。倘若帝国成了共和国，那它就失去了服务的能力，毕竟在政治之路和精神之路上都会荆棘丛生。一个管辖着全球 1/4 领土的国家，不可能被推举为临时的世界统领，就算被推选而出，它那个在公开的、激烈的竞争当中不断更新换代的政府，也不足以承载上述象征意义。无论是君王，还是王室，都令英国人魂牵梦绕，然而，当王权重要到被视为帝国象征时，君王就成了人民最高理想的代言人——然而很多时候，在那些理想当中都充满了矛盾。正是因为这个原因，爱德华八世的婚姻才给帝国君主立宪制带来了困境。

对于加冕仪式，还有一两点值得一说。在英国，许多典礼和仪式都已经存在了上千年，别的西方民族都不像英国人这样对习俗和传承如此看重。英国人喜欢盛大的典礼，在至关重要的纪念日里，当历史悠久的传统习俗，或者传统服装重新出现在大家面前时，是意义非凡的：它们将庆典和民族历史融合了起来。这种行为几乎是下意识的，无法用言语来形容的，不过英国人仍然可以从中感知到历史的一脉相承，感知到世世代代的不断传承。人人都可以在社会生活或者专业领域内起到非凡的作用，而后这种团结的力量推动了民族的前进，于是便可以把个体——无论是否重要——与不同时间、不同空间下，更大范围内的社会和民族融合到一起。个人的尊严被强化了，获得了某种层面上的永生之感。英国人并不是真正意义上的神秘主义者（可以被称为真正的神秘主义者的是中世纪的拉丁人），他们不过是不太会说话，似乎一生下来就偏好探索生活的本质。

还有一种特质和我们上文所说的各项特质关系密切。对于曾经生活在英格兰的我而言，这种特质给我留下了极为深刻的印象：英国人拥有十分强大的社会凝聚力，以及社会责任感。这是一个十分突出又十分特别的特质，因为英国人在日常生活当中，通常不会为他人争取利益：人们的性格是比较淡漠的，我行我素，并不热情。他们的花园都有篱笆或者围墙，要不然他们就会浑身不舒服。在他们眼中屋子就是堡垒，他们习惯于用屋子来拒绝他人，他们不喜欢被打搅。在政府治理方面，他们恐怕是最为优秀的一个民族，在英国人看来，政府的规模越小越好。他们喜欢自由自在、无拘无束的生活。另一方面，在我看来，他们是拥护集体利益，履行社会义务，践行人道主义责任，以及恪守政治职责的典范。人们很少说起"义务"这个词，但它却是这个国家及其民族的强大根基，这是因为"每个英国人都尽职尽责"。当我们去探望某位老人时，他很可能正在监狱里探访犯人们，而且这次探访并不代表某个组织，只代表他个人。在乡村里，人们聚在一起喝茶的时候，往往会说到些当地的事情，比如生老病死，贫困交加；或者是一位支持共产主义的年轻人在侃侃而谈，说着自己所期盼的英国制度。并没有人去阻止这样的行为，人们都是因性格原因而聚在一起，或者是在履行集体的义务。很多年之前，在濒临破产之时，政府希望人们在 1 月的时候提前缴纳 7 月的税款，第二天早上 6 点，税务局门口就已排起了长队。这样的国家状态，或者说生活方式，与墨索里尼与希特勒所宣扬的那种截然不同。在我看来，它是一种态度，一种从下至上的对社会负责的积极心态；而非一种控制，一种自上而下的支配行为。在履行国家义务和民族义务这件事情上，人民都很踊跃。

这样的态度也体现在人与人的关系上。在英国，骗子和俗人依然存在，我曾经就遇到过，不过我们在评价一个国家及其民族的时候，不应该只看那些最恶劣的群体，而应该去看它的普罗大众，这就好比，匪徒和绑架犯绝不是美国的代言人。众所周知，就像我们经常所说的那样，普通英国人所具有的特点是"他是绝不会令你失望的"，他是个"很不错的人"。有时候大家还会说，他是个"适合一起去抓老虎的人"。当我们都在看见你的时候，你可能会觉得他们很冷漠，不易亲近，可是当你举步维艰之时，他们一定会伸出援手。

事实上，英国的各个阶层，而不是某一个阶层，"是绝不会令你失望的"，这样一来，人人都会相信他人。这便解释了，为何人们会在一大早就到税务局门口排队。人人都明白，自己尽了义务，他人也会尽义务，大家的目标才有可能实现。这样的特质具有极大的社会价值，帮助帝国顺利地统治其他的民族——那些民族或许更重视理性，然而却缺乏凝聚力。在我看来，成就这些特质的力量主要有宗教、体育竞技、绅士风度，以及势利。

虽然在诸多方面，英国已进入了现代化进程，可是在宗教方面，无论是教会，还是小教堂，抑或是别的，依然影响着英国人的生活。不可否认，如果不重视宗教，人们将陷入危险。

数个世纪以来，体育竞技始终是英国人生活中不可或缺的一个部分，它具有极大的影响力，即便是对某些看起来不相干的领域而言。这里所说的体育竞技，并不是单纯的锻炼身体，或者增加肌肉力量，抑或是提高速度和反应能力，它拥有更加深远的意义。但凡是户外运动，便会成为团队的较量和竞争，英国人从中收获了一个宝贵特质，那就是认输。体育竞技少不了矛盾对立，这便培养了人们"认输"的精神：有赢就有输，团队协作最重要。除此之外，这还促成了英国政坛上的一次大发现：在一场游戏中，两大团队各自扮演着不同的角色。这一原则被用在了政治方面，英国人得出结论，议会中需要存在一个有组织有纪律的反对党，无论是为了实现议会自治，还是为了对位高权重的政府进行监督，这都是必需的。在 1937 年，英国人终于想通了这个难题。自 1937 年那一年起，"下议院中最大的反对党的领导者"终于有了薪水可以拿。需要明白的是，大约一个世纪之前，反对党还被称为卖国贼。就算时至今日，像德国、意大利之类的国家，依然无法接受反对党，在了解这些之后，我们便可以看到，这样的游戏模式对人类的自由而言实在是太重要了。假如无法对那些手握大权的人进行批判，那么又该怎样维护人民的自由权呢？

绅士风度是英国人的特质之一，在人们的日常生活中，他发挥着巨大的作用，经历了数个世纪，英国绅士的定义早已不同往日，而且和别的欧洲大陆国家有着很大区别。在欧洲大陆，绝大部分国家都拥有着严格的等级制度和牢不可破的阶层制度：贵族后裔依然是贵族，百姓世代为百姓！然而在英国，社会各圈层的流动性却要高很多，想要成为贵族并不是一件特别难的事，同样贵族的后代也很容易被打入凡尘。这种上流社会和下层社会之间的流动从来就没有停止过。一定程度上来说，这种不受限制的流动性，滋生出了现代的英国绅士。且不论这些绅士有没有贵族光环，他们一定拥有一些特质或特性，比如他们接受过良好的教育，很有礼貌，以及一些更深层次的美德，譬如他们"是不会令你失望的"。

在传播绅士风度的过程当中，有两个因素起到了十分重要的推动作用。第一个因素是信任领导者，这是因为民众认为领导者也具有绅士品德。第二个因素则是势利。一般情况下，人们并不认为势利是件好事情，尽管如此，不得不承认，在树立理想和践行理想方面，它是至关重要的。以王室为标榜，所有阶层都在想方设法地向它靠近，人们纷纷效仿着上流社会人士的所作所为和言谈举止。时至今日，在一定程度上，那些上流社会的绅士们恐怕依然是大众的榜样。当下社会，人们可能会看不起侍者，看不起这样一个群体，不过，当一个侍者自称为"绅士中的绅士"的时候，人们的态度或许会不太一样。这是因为那些人尽管是在模仿绅士的言谈举止，或者说是在以绅士行为为标准，然而，相较于那些有钱有权的无知之人而言，他们要好得多。

英国人看待律法及秩序的态度，是他们另一个深入人心的特点。这和前文所述的几点内容无不有关。这一特质由来已久，已成为民族内核，已深入人们的骨髓。它不但会出现在帝国的边远地区，也会出现在帝国的中心城市。举例来说，在伦敦，人们有耐心，脾气也很好，无论在哪里，人们都会遵守秩序。

无疑，想要了解英国人的性格与品德，这短短一章的阐释是不可能详尽到位的。马达里亚加（Madariaga）曾创作过一部作品，名为《英国人、法国人、西班牙人》（*Englishmen, Frenchmen, Spaniards*）。他在书中说道，英国王室的徽章里既有狮子又有独角兽，这象征着英国人的两面性。作为万兽之王，狮子代表着权威和强大；独角兽则象征着创造性。诸如此类的对比不胜枚举。有些英国人以清教为信仰，可是剩下的人都对体育竞技充满了热情；他们不善于表达自我，却写下了最宏伟的文学著作；他们随遇而安，却管理着世界上 1/4 的地区；他们的国家拥有很强的经济力量，却孕育出了世上最优秀的诗歌；他们在很多时候不喜欢与人交往，却缔造出了严谨亲密的神会格局；他们热爱家庭，从他们当中走出的流浪汉却是全球最多；他们性格腼腆，但充满了优越感；他们爱洗澡，但他们的浴室却是西欧地区质量最差，数量最少的；他们自称不妄想，不善感，却在肯辛顿公园里打造了一尊彼得·潘的雕像，还在橡树墩子上画上了天仙美女。像这样的事例，我们能找到许多。

桑塔亚那（Santayana）曾说过这样一句话："一个英国人，看起来像个笨蛋；两个英国人，看起来是场足球比赛；三个英国人，就是大英帝国。"当然他公开做出了说明，头一句话只是个玩笑，而第三句话说得也并不精准：一个英国人就能创造大英帝国。无论怎样，接下来就让我们来了解下，这个与众不同的民族，究竟是如何创造历史的。

第一章

从史前时代到罗马时代

对于英国的历史进程而言，最具影响力的事实是"不列颠是个岛国"。可是，同为岛国的爱尔兰与冰岛，其历史进程却与英国大相径庭。由此可见，我们应该把其他因素考虑在内，这也是下文需要阐述的一些事实。大不列颠并不是始终和欧洲大陆分隔而开的，现如今我们所看到的多佛海峡，在很久以前是一片陆地；在那个时候，英国的东部海岸延伸到了现在的北海附近。公元前 2500 年至公元前 2000 年，不列颠所在的陆地向下沉去，东部地区和南部地区都没入了海中。无论是北海地区，还是大西洋地区，地势低洼的地带都被海水淹没了，由此而形成了如今我们所看到的，将法国和英国割裂开来的海峡，同时也创造出了一条雄浑的护城之河。在后来的空战当中，这条河成了英国最好的保护罩。

第一个来到这里的人

英国人的祖先或许是用双脚蹚过海峡，又或许是制作小舟穿过了海峡，当然，在那个时候，英国东部海岸与欧洲大陆地区间的海峡应该很窄很浅。

在史前时代，欧洲大陆上就已经出现了为数不少的各种族群。对于这方面，我们知之甚少。然而，我们可以找到相关证据，说明他们或被迫或自发地，不停地向西进发，若是遇到了高大山脉之类的阻碍，他们会暂时停歇；一段时间之后，又重整旗鼓，向西迁徙，直到踏足荒无人烟的大西洋地区。他们不得不登上了西班牙半岛、大不列颠半岛，以及法国布里多尼半岛，有的人还到了更加遥远的威尔士、苏格兰和爱尔兰。无异于别的民族和部落，生活在这些岛屿上的原住民也始终备受压迫。

无论是威尔士的山地，还是英格兰西北部的山脉，抑或是苏格兰的高山地区，都是整个故事中不可或缺的部分。就是在这些地方的崇山峻岭当中，第一批移民顺着前人的脚步，将这些山地划为了自己的聚居地。

直到现在，我们对早期的部落以及早期移民的了解依然很少，研究者们没有办法给出明确的答案或推论。不过基于地理学与考古学，有几个史前时期的事实是毋庸置疑的。

第一点，如前文所述，大不列颠之前并不是岛国。或许正是在史前时期，那里的气候条件出现了巨大的变化，不再温润如初，成了当下这般模样。新国人的性格特点以及生活方式的形成，离不开气候条件的巨大影响。这一地区的气候条件是大多数拉丁人不喜欢的，不管是薄薄的雾气，还是漫天浓雾，抑或是连绵的雨水，总是把人困在家中。所以说，在英国人的人际交往和日常生活当中，最重要的地方不是广场，而是家。在英国的城市当中，你或许找不到有像欧洲大陆其他城市那样的大广场，或者户外咖啡厅；相较于户外活动，英国人更喜欢在室内活动，而这一切都是气候条件所致。气候条件让英国人习惯了将生活更多地放到了室内，而这样的生活方式又让英国人养成了独处或者隐居的习惯。

毫无疑问，无论早期移民姓甚名谁，有着什么样的性格，总之他们源源不断的迁徙而来，以不同的规模定居在不同的地方。到了罗马时期，有一批人蜂拥而至，而在此之前，早期到来的移民已然高度融合在了一起。

于是，后来之人所要面对的情况便和前人有所不同了。原有的起到连接作用的陆地已经沉入了海中，同时早期移民已经占据了岛上的各个角落。我们在后文中会讲到，后来之人最终将早期移民驱赶到了山地之中。而在当时后来之人中的大多数人，比如盎格鲁人、撒克逊人、丹麦人等，都没有成功进驻爱尔兰。正是因为这个原因，我们在爱尔兰很少看到混血之人，除了在沿海地带能见到极少数，而在英格兰，混血者十分常见。与此类似地，英格兰的东部和南部地区的混血者，要比山区的混血者多很多。

尽管大不列颠变成一个岛屿国家，但是在随后的一段时期内，海洋还没能成为居民们的保护伞，也没能为居民们提供强大繁荣起来的机会。相较于生活在欧洲大陆上的近邻们，散落于岛上的各个部落都没有先进的船舶，也没有能干的水手。在英格兰南部地区，以及东部的沿海地区，存在着数不清的大河、出海口、港湾，以及和内陆直接相连的海滨平原，这成了那些漂洋过海而来的入侵者的捷径。

如果不具备下述条件，大不列颠是一个岛国的事实就无法起到重要作用。第一个条件，必须得有个实力强大且团结统一的政府来抗击入侵者。后来，罗曼人实现了这个条件。第二个条件，航海贸易必须得发展起来。只有通过航海贸易所打造的线路，英格兰才能拥有更大的国际化的格局。不妨仔细观察一下英格兰在地图上所处的位置，它向我们解释了，这一条件的实现为何会是在伊丽莎白执政时期，它会给英格兰的南部地区带来利益，而不是给北部地区苏格兰、爱尔兰及其岛屿带来好处。英格兰坐拥得天独厚的地理条件，它能够穿越大西洋，与北欧地区进行贸易，甚至与其他更远的地方也有贸易往来。航海贸易启航于资源丰富的北欧城镇，穿越狭长形的海峡地带，迅速地来到了英格兰的港口城市，例如伦敦、布里斯托尔，等等。

实际上，我们可以看到这样的证据，在遥远的石器时代，英格兰就开始与西班牙、埃及做起了生意。在随后到来的金属时代，在里程碑式的琥珀之路[1] 上，各种各样的贸易往来层出不穷，例如，和爱尔兰进行的黄金交易，到康沃尔采买金属锡，等等。在公元前 50 年前后，科比罗港口毁在了恺撒手中，英格兰与欧洲大陆的贸易往来遭遇了冲击。幸运的是，曾经侵略过英格兰，并在英格兰成立过两个王国的比利其人（Belgae）来到了欧洲大陆，并建立了文明程度很高的国家，开始和英格兰东南部地区进行大规模的商业贸易活动。然而，就早期的商业贸易活动来说，大不列颠是个岛国这一事实实在是个绊脚石。在此后的数个世纪中，随着英国的不断前行和世界格局的不断变化，伦敦逐渐成了全球的焦点。

早期居住在英格兰地区的都是哪些人？他们拥有什么样的习惯、传统和思想？答案一定很有意思，同时也十分重要，然而事实上，我们还没有答案。毫无疑问，在石器时代，不列颠并不是一个岛屿国度，而且那里有人定居，人们进行着农耕活动，并创造了一笔不菲的财富，更重要的是，在那里已经形成了不太复杂的宗教团体和政治组织。这让我们想到了在这一时期问世的史前巨石柱[2]，虽然我们尚未探究清楚其内涵。接踵而至的是青铜时代和铁器时代，这段时期的英格兰，无论是人口的数量，还是人们聚居的地点都出现了巨大改变；土壤、高地、低地等地理条件在其中起到了十分重要的作用。然而，我们并不了解这些条件，所以只能暂时搁置，直接去看看恺撒时期的状况。

在上述所谈到的好几个世纪当中，欧洲大陆上的很多种文化都对英国

---

[1]　古代商业贸易道路之一，所运输的主要商品为琥珀，途经维斯瓦河、第聂伯河，到达意大利、希腊、黑海、埃及，借由欧洲大陆北部地区的北海地区与爱罗的海地区，抵达欧洲大陆南部地区的地中海地区；在这条贸易道路上，坐落着好几个地位举足轻重的欧洲大陆城市；商业贸易活动持续了好几个世纪。——译者注

[2]　这是一个隐秘且庞大的石阵，位于英国南部地区的索尔兹伯里平原。所有石柱的历史都可追溯到石器时代的后期，在经历了三个阶段之后，于公元前 2000 年左右竣工；每一块石头的重量都达到了 50 吨上下。——译者注

文化产生了影响，所以我们可以看到，居住在不同地方的人拥有不同的生活方式。一些村庄极为开放，另一些村庄则隐秘在山林屏障之中。一些部落擅长使用沙土和利用山地，另一些部落（特别是在比利其人到来之后，比利其人是日耳曼人的后裔，继承了日耳曼人的伐木技能）则来到山中定居，以伐木为生。

罗马人的不速而至

在高卢（也就是后来的法国），恺撒见识过比利其人的生活，对他们的习惯了然于胸。他曾经说过，那些漂洋过海来到英格兰，为非作歹之后还定居下来的比利其人，仍然在使用着高卢部落的姓氏。作为高卢的一国之君，狄维契亚古斯（Diviciacus）手中握着高卢东北部地区的大半土地，不仅如此，他还管辖着不列颠。此处所说的不列颠指的是英格兰的东南部地区。虽然隔着一道海峡，两岸人民依然交往甚密：不列颠派出了一小队人马，为高卢族人提供帮助，抵御古罗马人的入侵；英格兰则成了高卢难民们的庇护所。罗马人之所以要入侵不列颠，或许就是因为这样一个原因：在恺撒看来，将那些富甲一方的省份从高卢人手中抢到罗马人手中，是很有必要的；而英国的南部地区与高卢关系甚密，因而就必须先拿下英格兰。

在公元前 55 年，夏天就快过去的时候，恺撒第一次远征英格兰——根本上来讲，这是一次刺探军情的行动。作为他的下属，盖乌斯·沃卢森努斯（Gaius Volusenus）领命率领一支先遣部队，前往英格兰的海岸地区进行侦查，以期能找到一个不错的登陆地点。可惜，沃卢森努斯只走到了迪尔，并在迪尔修筑了军事堡垒，还把险峻的海岸推得平平整整。如此这般，他完美地错过了附近的最佳登陆地点：唐斯。随后，恺撒派出了一支拥有万人的步兵队伍。骑兵团紧跟其后，上了运输船，然而却在海风的牵引下，和步兵团所登陆的迪尔港擦肩而过，到达了海峡的下游。海风帮了不列颠人一个大忙。就在那天晚上，海浪异常凶猛，无论是停在海岸边的船舶，还是紧急抛锚到海中的舰船，都受到了重创。

在冬日的战事中，恺撒大军食粮吃紧，无奈之下，军队只好一边和不列颠人打仗，一边赶赴海岸后方的丰裕之地收集食粮。受损的舰船很快就修好如初了。不列颠人的反击有时候势大力沉，有时候又势单力薄。在恺撒大军的进攻中，他们时而灰心丧气、自认势弱，时而又充满毅力、英勇无比。某日，不列颠人对罗马人的驻地发动了突袭，然而在罗马大军的强悍守卫下，他们最终无功而返。但是，恺撒很快发现，情况对自己并不太有利，遂撤军退回了高卢。

这次远征不列颠并没有成功，但是恺撒得到了很多启示。他发现英格兰的东南部地区盛产谷物。相较于生活在欧洲大陆上的高卢人，不列颠人进攻的时候所用的武器是用马拉的战车，虽然他们的车轮上没有配备长长的镰刀；而派出骑兵是对付战车的最佳方式。不列颠人打不过经过编排的军队，面对不利的局面，他们也很难坚定士气。但是，恺撒并没有发现，远征英格兰还需要面对以下这些方面的问题：海军的情况、肯特海岸之外的地理条件、资源情况，等等。在返回高卢之后，他计划在第二年再做一次出征，而这一次的准备一定要很充分。不管怎么说，他察觉到了一个醒目的现实，那便是不列颠是一个鲜为人知的丰腴之地，而且不列颠人一直在帮助对手高卢人。这些岛屿的控制权在比利其人的手中，他们经常侵扰恺撒所统治的欧洲大陆地区，除却这件事情不谈，在恺撒看来，这些岛屿十分富饶，所以夺取英格兰具有重要的意义。

第二次出征的时候，恺撒派出了28艘战舰，540艘运输兵力的船，以及200艘运输货物的船。但因为海上的风向会导致舰队逆风而行，所以出征计划延迟了三个星期之久。在这三个星期当中，突发了一件大事。恺撒十分清楚，高卢人并不是真正的忠贞不贰，于是他带上了几个高卢将领，一同出征去收服高卢部落；其中就包括杜诺列克斯（Dunolex），他对恺撒怨念颇深。他并不想跟随恺撒出征，但恺撒没有同意他的请求，于是他率领一支骑兵队伍逃离了恺撒大军的营地。尽管他没有逃离成功，被抓了回来，丢了性命，不过他用行动证明了他的自由意志。

恺撒大军于当晚扬帆起航。翌日清晨，他们在一个距离迪尔港不远的地方登陆了，毋庸置疑，他们还没有探索到里奇伯勒港。在成功登陆之后，大军立刻向内陆地区进发。到了坎特伯雷一带，他们战胜了一支英国队伍。然而，海上狂风大作，恺撒的 40 艘舰船毁于一旦，剩下的船舶也遭到了严重的破坏。无奈之下，他率军回到了海岸附近修理船只，耽搁了整整 10 天。这件事足以证明，恺撒又一次忽视了海军方面的问题，同时不列颠人却发挥了这方面的优势。作为比利其国王，卡西维劳努斯（Cassivellaunus）被不列颠人视为实力最强的领导者，而赫特福德郡则是比利其王国的首府。在此之前，卡西维劳努斯始终没能让其他比利其部落臣服，事到如今，他如果挺身而出，帮助不列颠人对抗罗马人，那么恐怕连肯特人也会归入他的帐下。

恺撒重整旗鼓，准备再一次进发，然而这一次他将和卡西维劳努斯相遇，那可是不列颠史上最卓越的人物之一。在对战的过程当中，不列颠人的一言一行都足以证明，在优秀的领导下，他们将会是令人畏惧的敌人。然而尽管如此，他们还是输给了恺撒。在圣奥尔本两英里之外，设立有卡西维劳努斯的指挥中心，它在这场战争中被付之一炬。这些集合起来的部落毫无凝聚力，只知道相互争夺利益：特里诺文特人（Trinobantes）隶属于肯特部落，他们成了背叛者；另外还有 5 个部落也投诚于恺撒。剩下的肯特人对恺撒大军的战队和营地进行了袭击，而这个举动让恺撒不得不和卡图维勒尼人（Catuvellauni）达成意见，又一次匆忙地回到了海岸边进行休整。

与此同时，高卢方面又出了问题，恺撒不得不立刻返航。一方面，军队的船舶数量大不如前；另一方面，军队还带着众多的俘虏，这意味着恺撒大军需要奔波两个来回，才能把所有的人和物品运回高卢。不管怎么说，恺撒顺利地回到了高卢。自公元前54年的那天晚上，直到43年，在将近100年的岁月中，大不列颠再也没有受到过罗马人的侵扰。作为英格兰人的噩梦，被侵略这件事终于沉入了历史长河。

　　时至今日，我们还是不知道，为什么在克劳狄乌斯（Claudius）执政时期，人们会再次剑指不列颠。短短数年的时间，他们就攻打到了苏格兰的边境地区，如此一来，不列颠就成了罗马的省份——直到5世纪的早期，不列颠才摆脱了这个身份。至于不列颠是什么时候真正屈服于罗马，接受其权威和文化的，尚有待考证。但是，不列颠人绝不会乖乖地接受被统治的命运。作为反抗者的带头人，卡拉克塔克斯（Caractacus）不应被忘记。他带领一众反抗大军，和罗马人浴血奋战，在被抓到后丧命于罗马。卡拉克达克斯组织过三次反抗之战，可以说是至死方休。作为不列颠人，在这段时期当中，他无疑发挥了重要的作用。

　　还有个人也是不应该被忘记的，那便是女王博阿迪西亚（Boadicea或Boudicca）。此时时间走到了61年，在英格兰的许多地方都组织化了，无论是伦敦，还是维鲁拉米恩，抑或是切斯特等都生活着许多罗马人。在被控制和被组织化之后，接踵而来的是收税的官吏、放债的债主、压榨和迫害、混乱的管理。在沉重的压力和盘剥下，民众生活得十分困苦。博阿迪西亚的丈夫本是爱西尼（Iceni）部族的领导者，他放弃了抵抗，向克劳狄乌斯举起了白旗，坐上了"傀儡"皇帝的"宝座"。在他去世之后，博阿迪西亚与两个女儿相依为命。罗马昭告天下，王室去而不返，并查封了王室财产，而其他爱西尼贵族也失去了所有财富。博阿迪西亚被当众鞭笞，其两个女儿也遭受了凌辱。

　　忍辱负重的女王发动东部地区和南部地区的不列颠人奋起反抗，推翻迫害者。反抗运动来袭之时，安格尔西却正在进行一场大屠杀，担当总督之职的苏埃托尼乌斯（Suetonius）对德鲁伊教的信徒们痛下杀手。罗马人对手中的权力过于自信了，居然没有想过要在伦敦等城市建筑城墙。估算下来，在短短几天的时间里，只是在三个城市当中，死于迫害的罗马人就达到了 7 万之多。18 年前，罗马人就来到了英格兰；可见 18 年后，在英格兰的罗马人并不少。

这个时候，罗马的第九军团已经全军覆没了。第二军团的领袖十分胆小，不愿出兵援助逃往南边的苏埃托尼乌斯。苏埃托尼乌斯率领的 1 万大军在路上遇到了"暴徒"——这些人实际上并不是士兵，而是普通百姓，带着妻儿老小路过。可是，出乎意料的是，罗马人还是没有放过他们。据说此次死于罗马人之手的有 8 万人之多，有男有女，还有孩童。苏埃托尼乌斯或许可以称得上是一位杰出的斗士，但绝不是一位优秀的政治家，他的心中充满了仇恨。不列颠迎来了一位新总督，他是尼禄暴政中的幸运儿，他看起来更像是个人道主义者，也更接近一位政治家。苏埃托尼乌斯离开了不列颠，新总督开始实施一系列安抚民心的方针政策，对社会的管理也颇为不错。在这段黯淡无光的历史时期当中，我们应该牢记三个名字：不列颠人的民族英雄卡拉克塔克斯、博阿迪西亚，以及罗马总督克拉西喀阿努斯（Classicianus）。克拉西喀阿努斯力排众议，没有完全听信那些厥功至伟的将领们的想法，为历经苦痛的人民创造了一个稳定和平的社会环境。他是在英格兰去世的，1935 年时，人们发现了他的墓，这座墓现存于大英博物馆。

78 年至 84 年期间，作为不列颠总督，阿格里科拉（Agricola）可谓成绩卓然。他拿下了除最北端部分地区之外的大多数岛屿，其中包括威尔士。罗马人始终没有成功征服那个居住在北部山区蛮荒之地的未开化部落，也就是古苏格兰人（Caledonian）。古苏格兰人还时常对低地进行侵扰。在不列颠北部边境地区，罗马人修筑了许多军事堡垒。119 年，哈德良皇帝对不列颠进行了视察，而后更是大兴土木，建造了赫赫有名的哈德良长城（Hadrians Wall）。当时，驻守在哈德良长城和军事堡垒中的士兵（包括骑兵在内）在 19000 人左右。

小岛上的罗马文明

在这里，我们要将目光从战争上挪开了，来看看不列颠所滋生的罗马文明的本质及其深远影响——倘若真有什么影响的话。可惜，虽然我们还能看到很多罗马时期遗留下来的古迹，对历史资料也颇为熟悉，但许多我们想要知道的事情，依然模糊不清。

无论如何，事实的确如此，在奥古斯都执政时期，不列颠堪称是最关键的省份，而且管理它的一般都是前任执政官。虽然我们看不到与人口有关的数据，但是一些相关的蛛丝马迹告诉我们，在那个时候，不列颠的人口或许在50万至100万人，而且有50%左右的人口已罗马化：除了数据不明的罗马人之外，还包括在不列颠岛上安营扎寨的4个兵团。这一部分人在不列颠的分布情况，和史前时期的分布情况更为接近一些，而和现代英国的分布情况并不相同。

在早期，大部分人会选择居住在土壤松软、适合农耕的地区。后来事情发生了一些变化，人们开始开垦林地和湿地，这样一来，适合耕种的地区便扩大了许多，食物供给随之增加，人口也越来越多。当然，直到《末日审判书》[1]落地实行之后，这一演变才真正宣告结束。据估计有10万左右的移民来到了英格兰，其中包括5.4万名士兵及其家属、流民、商人，等等。从民族来看，包括了勃艮第人、汪达尔人、哥特人、撒克逊人，以及少数纯粹的罗马人，等等。民族大融合的趋势愈演愈烈，后来之人逐渐被同化，演化为机制灵敏的不列颠人。当然，我们依然无法了解到，不列颠人的民族性产生了哪些改变，以及改变的程度有多少。

在对罗马时期的大众生活进行研究的过程当中，需要先分清何为城镇，

---

[1]　1086年，英格兰国王威廉一世颁布的命令，旨在勘察土地、人口情况，以便征税。——译者注

何为乡村。尤其是针对英格兰地区，研究的首要对象一定是乡村。

在大部分地区，乡村都被分为两类，也就是我们所说的农庄与村庄。这两种乡村的经济体系与农业体系是迥异的。尽管我们还没有找到足够的证据，但这两种体系或许早在罗马人入侵之前就已被建立了起来。农庄源自早期相对独立的家庭式农场，而村庄则源自聚众而居的社区。

罗马时期的农庄是一个家族的居住地，和其他的农场保持着相对独立的关系，和其他社区也并无交集。当然也有特例，不过在一个领地区域内存在好几个农庄的现象十分少见。一部分农庄的领主并不以农业为生，还是做着挖掘矿产之类的事，当然这也是一些特例，对农庄生活的基本方式并没有带来太大变数。

农庄的规模没有定制，有的大，有的小。农庄主人的财产多寡，以及建筑的大小决定了农庄的规模。就风格和陈列来说，基本上都被罗马文化同化了。房间是长方形的，墙上的装饰通常为灰泥所画，就像庞贝古城里的那些房间一样。和现在的英国人不同，当时的人们并不怎么追求浮夸的中央暖气，以及沐浴的用品。房屋四周是广袤的农田。

每座农庄都是相对独立且结构紧密的经济单元。农庄的主人会负责所有仆人与工人的吃住，安排他们居住在农庄主要建筑的旁边。在通常情况下，农庄生活是富豪们特有的权利。当然，此后兴起的民主生活与它并没有太大关系，民主生活是一种与之迥异的社会体系。在乡村里四处可见大大小小的农庄，不过农庄的数量因地而异。在 1 世纪到 3 世纪之间，英格兰地区的农庄在数量与规模上都呈现出了稳定的增长趋势。

村庄是罗马时期的又一种乡村生活模式。在村庄中，人们群居而生，自理自治。人们基本上都居住在小小的棚屋里，这些棚屋都只有一个屋子。在村庄四周建有保护作用的围墙，或者地沟。我们可以从一些遗迹中看到，居住在这里（除去英格兰南部地区）的人们也被同化了，但是情况并不是很严重。相邻的土地归村庄所有，可是村庄里的人依然贫困潦倒。在村庄中，人们一起开垦着土地，其中一些个体可以永久或在一定时期内拥有一小部分土地。值得一提的是，我们之所以能了解到15个世纪之前的土地是何形状，以及如何分配，都得益于高空摄影技术的应用。一般说来，这部分耕地都只有一两英亩大。如我们所知，相较于手握大面积耕地的农民，那些只有小面积耕地的人的耕作效率通常都不高。类似地，相较于手握大量深耕地的农庄主，那些只拥有少量浅耕地的农民的耕作效率也不高。

生活在今天的我们，没有办法知道当年不列颠农民的确切情况，我们不清楚他们是否享有土地的所有权，或者只是佃户身份，听命于帝国，或是地主？当然，就算他们是自由之身，恐怕也会渐渐成为大地主们的附属品，就像我们在高卢或土耳其所看到的那般。在农庄里工作的人，地位和奴隶相差无几。尽管如此，不列颠在罗马的管治下总算还是走上了和平稳定的道路。在此之前，这里的各个部落长期兵刃相向（许多战事都未被史料所记载），现在终于告一段落。需要强调的是，在小小的棚屋里，人们并没有制造出武器。

城镇越来越多了，这是不列颠被罗马同化的又一个特征。如前文所说，生活在欧洲大陆北部地区的人和生活在地中海沿岸地区的人具有完全不同的特点：前者陶醉于乡村生活，而后者追求着城市化建设。希腊共和国是个实行城邦制的国家；罗马帝国的名字也是来自罗马这个城市，而不是某个乡村，某个民族，或者某个种族，无疑，帝国中心正是罗马城。在接受罗马管治之初，在大不列颠的土地上尚无城市存在，就连稍微大一些的城镇都不存在。可是在罗马人眼中，城市便象征着文明。罗马人在高卢为当地各个部落建起了城市，没过多久，又在英格兰行动了起来，陆续修建了维鲁拉米恩、伦敦、奇切斯特、坎特伯雷、多尔切斯特、埃克塞特、西尔切斯特等城市。无论是阿格里科拉，还是别的总督，都对城镇生活推崇备至，正因为如此，他们在支出费用时往往毫不吝啬，甚至挥霍无度。我们可以听到这样的说法，就数量而言，当下英国城镇里的公共设施，并不比彼时那些部落城镇的公共设施多。举例来说，西尔切斯特的人口至多为 2000 人，他们分散居住在 80 栋建筑中，其中一个矩形廊柱式大厅可以同时为 4000 人提供歇脚之处，一个公共澡堂则能够供数百人同时洗浴。罗克斯特大澡堂就是一个极为奢华的地方，虽然并没有多少人去享受过，可它的规模的确相当惊人，以至于始终未竣工。

在城镇中，既有长方形的街道，也有为罗马官员所熟知的用来举行集会的公共场所，还有市集、广场，等等。政府在城市建设方面投入了相当多的经费。显而易见，罗马人不仅喜欢在异国他乡修建罗马建筑，还喜欢在宽广时尚的广场上讲拉丁语，这是他们维持罗马风格的方式，也是他们同化外民族的方式。在某种层面上而言，他们如愿以偿。就拿伦敦来说吧，在安东尼执政时期，那里的居民有 15000～25000 人；居住在维鲁拉米恩的人在 5000 人左右；其他城镇的情况也与此雷同。

不过值得注意的还有两点。第一点是，对于城镇而言，罗马化所带来的影响仅限于城镇之内。富裕的农庄主虽然也呈现出罗马化的迹象，但大多都是表象；而那些生活在城镇之外和农庄之外的人们，罗马化的程度几乎可以忽略不计。城镇中的建筑越来越高大，城镇的规模越来越壮观，这足以说明，城镇的规划者旨在快速增加城镇人口，不过这种需要改变人们习惯和倾向的做法，就像不速之客一样，毫无立足之地。实际上，就算是在今天，相较于城市生活，不列颠人还是更心仪乡村生活。换句话说，不列颠人的成长基础是土地，而不是硬硬的地板。随着历史的前进，他们终究还是明白了，城市也好，乡村也罢，都是幸福生活的必备因素，当然他们对大自然的喜爱是从来也没有改变过的。直到今天，我们也很难从土生土长的伦敦人的口中听到"城市"这个词（除了在特指某个经济区域的时候），因为他们通常会说"城镇"；他们很少说"街道"这个词，往往会说"道路"。在全球所有规模相当的城市当中，伦敦的乡村化程度是最高的。

随着时间的流逝，罗马化的城市和城镇越来越少了。160 年，西尔切斯特的广场在一场大火中毁于一旦，后来人们重建了广场，但是在 300 年的时候，它又一次毁于火灾，此后便彻底消失在了历史长河当中。我们在许多地方的许多证据当中都能够看到，城镇生活逐渐衰败了，在那个时期，这种衰败的迹象正好也是帝国的现状。到了 4 世纪，很多城镇都被人们抛弃了，比如维鲁拉米恩，被废弃的大屋子里住进了无家可归的流浪汉。除了上述因素之外，其他与衰败有关的因素还有待考证。有可能是因为在大兴土木时，建筑经费不到位；有可能是赋税过重；也有可能是通货膨胀过于严重，导致人们的生活成本日益增加。从 3 世纪之初开始，直到戴克里先执政时期，埃及地区的谷物价格翻了 60 倍。在帝国的疆域之内，通货膨胀可能或多或少地延伸到各个地区。

如前文所述，作为经济单元，无论是农庄还是村庄，都是自给自足的生活方式。有钱之人也好，贫困之人也罢，倘若承担不起城镇生活所需，依然可以开垦土地养活自己。城镇当中的有钱人还得靠薪水度日，相比之下，农庄主比他们生活得惬意一些。农庄主的生活虽然谈不上奢侈，不过也是安逸至极，而且从来不用考虑温饱问题。

不同于农业，工商业的发展主要依赖于出口原料（铜、铅、铁、兽皮，以及奴隶、猎狗）和进口成品。工商业改变了大不列颠的历史轨迹。在转型的过程当中，我们可以看到一些十分突出的变化，例如，资本集中在少数人手中，生产的规模化，让人掌握了大量资金，权贵们开始积累债权，等等。这些并不是好现象，有些现象我们在当下社会依然能看到。在这段历史时期当中，罗马文化和罗马风格都开始走下坡路。不列颠艺术一度光芒万丈，然而在罗马的影响下，变成了一堆低俗的东西；不列颠不再是艺术创作的源泉了，它变成了生产组织。在宗教方面，英国并没有被罗马改变。不列颠的各个部落都信仰着自己的神灵，而没有接受罗马人所信奉的泛神论。然而在罗马失去统治权之前，基督教生根发芽了。除了罗马管辖内的不列颠之外，基督教的势力范围还延伸到了罗马势力尚未到达之处，不过这是一段相当模糊的历史，我们在这里就不做梳理了。

日复一日，生活在边境地区的那些尚未被收服的部落渐渐不安分起来，侵略性也日益增强，例如，生活在爱尔兰的苏格兰人，以及生活在苏格兰的皮克特人（Picts）。罗马帝国内忧无穷，衰败之相愈发明显；不列颠人感受到了罗马人在管治力度上的减弱。罗马帝国为什么会走上末路，究其原因，并非一二。就拿不列颠来说，在政治方面，中央集权与官僚化现象日益严重——这让我们联想到当下的一些现象——就像一盆冷水浇灭了地方政府的积极性和有志之士的雄心壮志。罗马不再是高贵的象征，从前的蛮荒之地成了卓越的代表。"在经历了数个世代的同化之后，不列颠人成了其他乡村野夫，以及未开化之人的猎物。温和的不列颠人将成为那些人实现目标的工具。"

从417年到429年，罗马帝国对不列颠的控制力度日益减弱，最终撤去了所有兵团。到了这个时候，命运便掌握在了不列颠人自己手里。事实上，罗马对不列颠所造成的影响，远不及对高卢所造成的影响。从其他角度来说，在此后的数个世纪当中，不列颠动乱不断，这让人们不禁问道，罗马人的控制真的一无是处吗？罗马之所以会在不列颠陷入不复之地，有部分原因和凯尔特人有关：5世纪之初，生活在爱尔兰的凯尔特人重新崛起，并迁徙到了不列颠。欧洲大陆入侵者漂洋过海而来，罗马人一时难以抵抗，便从英格兰南部地区和东部地区奔走到了西部地区，然而很快便落入了凯尔特人的重重包围之中。有趣的是，作为一位对拉丁人知之甚多的英国历史学家，吉尔达斯（Gildas）在阐释这一历史阶段时，好像并不清楚当时的不列颠是罗马帝国的一个省份。那些知识渊博的英国人，很快便忘记了罗马帝国。

罗马人造就了伦敦这座大城市，他们所铺设的道路体系历经时代的更迭，耐用依旧。比起18世纪的新兴道路体系，也毫不逊色。尽管大桥已经倒塌，但道路却沿用了很久，这给英格兰后来所拥有杰出的交通系统打下了坚实的基础，甚至在一定程度上推进了统一大业。罗马人的驻足留下了许多痕迹：

各民族逐渐走到了一起；追求高效、平和，但又笨拙、混沌的管理方式；数个世纪以来，与思想不同、物质生活标准不同的各族人民共生共存的经验；地中海城市生活和英国乡村生活的对峙。人们始终会记得那个权威过、辉煌过的中央集权国家，而不会把连绵不断的部落战斗放在心上。可是，这个国度还要再等上好几个世纪，才能等到能完成统一大业的诺曼·威廉。罗马人所留下的痕迹，倘若真的存在，那一定已经植根于英国人（在不久的将来，会在新一轮的入侵当中被再次同化）的大脑之中，而不会通过记忆或传承来体现。在历史的舞台上，属于英国的剧目就要开演，罗马时期并非其中的第一幕，而是幕布上的一幅画作。

第二章

从罗马人的离开到诺曼人的到来

罗马帝国对不列颠的统治，以及对不列颠社会结构的同化，日渐减弱。如前文所说，不列颠是一个岛国，而岛国这一属性只有得到了其他因素的帮助，才能发挥其全部作用。在此前的三个世纪，甚至更久远的岁月里，这个属性一直具有两面性。在 16 世纪前后，不列颠被迫参与到了欧洲大陆——虽然它并没有位于欧洲大陆之上——的战事和政务当中，后来还成了世界帝国的统领者。这个世界帝国可以说与欧洲大陆毫无联系。世界帝国将目光投放到了欧洲大陆之外，而在此之前，不列颠不过是个岛国，和欧洲大陆关系密切。数个世纪以来，不列颠始终是欧洲大陆人——除了拥有先进文明的罗马人之外，还包括一些未开化的部落——的猎物。

从伊丽莎白执政时期起，在随后的数个世纪当中，不列颠人手握着海上霸权，成了欧洲大陆人的心腹大患，备受打击。后来，不列颠人放弃了海洋优势，率先获得了空中优势，这让它再也不可能明哲保身了。想想现在人手一份防毒面具的英国人，便不难想象那个时候的气候条件了。我们在地图上很容易看到，英格兰的南部和东部的沿海地区是极易遭受攻击的。我们在看到当下那些可以穿过海军防御的战斗机，对人们生活的城市进行直接袭击的时候，不免会想起在很久之前，也曾有敌人漂洋过海，向我们发起了进攻。当今时代，依旧存在着文明之人与野蛮之人的对战。

野族的盛宴

罗马人穿越了海峡，占领了不列颠，带来了社会秩序、中央集权，以及更优质的生活水平。当初被罗马人踏足过的北海地区与各个水域，后来又一次遭遇了野蛮人的践踏。在 4 世纪中下期，不列颠迎来了不速之客：来自日耳曼海岸的撒克逊人（后文会对他们详加介绍）。前后约 30 年时间，在北部地区的约克郡，出现了一个被称为"不列颠公爵"的人，他手上有一个兵团，还有一些负责支援的部队；此外还出现了一个被称为"撒克逊海岸伯爵"的人，他所控制的地区主要是里奇伯勒。后来，一支游击队伍投入了不列颠公爵的帐下。在这里我想说，细节并不是最关键的，最关键的是，不列颠人依然在通过陆上作战的方式守护着自己的家园，而没有寄希望于海洋。

360 年，来自苏格兰的皮克特人，以及来自爱尔兰的苏格兰人，由边境地区入侵了不列颠。此后四年，撒克逊等部落相继加入了这场争夺大战。作为这方面的权威专家，霍奇金（Hodgkin）曾说："从 360 年到 367 年，是侵略的高潮阶段。"被罗马同化的不列颠已消失不再。在遭遇野蛮人侵袭的日子里，那些在通货膨胀时期过得优哉游哉的农庄主，却生活得比城镇居民还悲惨。他们抓着一个即将逝去的文明迟迟不肯放手。相较于其他历史时期，我们所掌握的有关 410 年至 450 年间的情况要少很多。然而，不可否认，不列颠人在当时已经沦落为了爱尔兰人的奴隶，来自北方的皮克特人，还有穿越北海而来的撒克逊人，都对不列颠进行了大扫荡。

在那个时候，撒克逊人控制着不列颠人的未来。无论是弗里曼（Freeman），还是斯塔布斯（Stubbs），抑或是格林（Green）的看法，都和当代人的看法大相径庭。我们想要知道，那帮漂洋过海而来，对不列颠虎视眈眈的各个日耳曼部落，包括盎格鲁人、撒克逊人、弗里斯兰人、朱特人，等等，到底源自何处，然而这是个异常繁杂的难题。像这样的难题，我们还是等专家学者来解答吧。虽然我们不清楚这些小规模的部落从哪里来、要到哪里去、具有什么特点，但可以肯定的是，他们都是日耳曼人。在那个时代，亨吉斯特（Hengist）与霍萨（Horsa）是举世闻名的杰出人物，两人的头像差点被托马斯·杰斐逊印在美国国徽上，如果不是遭到了激烈反对的话。由此可见，就目前情况来看，我们实在不必在意他们是来自朱特部落，还是其他部落。

在不列颠尚未被撒克逊人，或者说被日耳曼人收服的时期，有许多日耳曼部落迁徙至沿海地带，原因是备受内陆部落的压迫。尽管面朝大海，可背后的威胁却与日俱增，这让他们选择横渡海峡，登陆英格兰。具体原因还有待考证，不过我们从史料中能够看到，在那个时候，诸如匈奴之类的蛮族不远千里来到了欧洲大陆东路，这大概是其中一个原因。一方面，来自东部地区的压迫越来越甚；另一方面，西部海岸线日渐下沉，这意味着适合人们居住的区域越来越小了。

无论原因为何，无论各个部落间关系怎样，事实便是如此，许多人不堪压力，选择穿越北海地区，来到英格兰抢夺土地、财富，寻求安全。最后的胜利属于盎格鲁 - 撒克逊人；确切来讲，别的一些部落也分得了一杯羹。我们需要探究如下问题：都是哪些部落？来自欧洲大陆的哪些地区？此后生活在英格兰的哪些地方？尽管地名、与葬礼有关的习俗等方面的信息被视为证据而被采纳，不过致力于古文物研究的英格兰学者们却推断出了十分有趣的结果。当然，在论述帝国盛世的时候，我们需要将这些结果暂时束之高阁。我们曾听过这样一个传闻：作为不列颠领导者，"高傲的"沃蒂根（Vortigern）在北方抵御入侵者时，曾求助于亨吉斯特和霍萨，希望得到帮助。这个传说是真是假并不是关键，关键是日耳曼人赢了，并由此开始发挥其影响力。

侵略的过程始终是个谜团，谁也不知道详细情况。历史上是不是真的有沃蒂根、亨吉斯特、霍萨？沃蒂根在和皮克特人、苏格兰人对战的时候，是不是真的向亨吉斯特与霍萨求助过？我们在对同一历史时期，其他地区的相似事件进行分析之后，得出的结论是，在那个混沌不分的时代，为了对抗蛮族，一部分统治者的确会求助于另一些蛮族；之后，这些蛮族便给自己标榜上了"救世主"的身份，并逐渐失去控制，成了新的强盗或劫匪。在那个历史时期，这样的事情并不罕见。来到这片土地上的第一批人一看到肥沃的土地和丰富的资源，便背信弃义，占领了这里。后来之人接踵而至，而历史则不断地被重复着。

侵入这片土地的人并非来自同一个部落，而是许多不同部落，有朱特人、有盎格鲁人、有撒克逊人、有弗里斯兰人，还有法兰克人。这些家伙们听从某个人的指示，从遥远的地方奔赴过来。事实上，那个时候的"入侵"尚不具备现代的历史意义，他们并没有组成一支大规模的军队，然后按照既定策略发起进攻；而是零零散散地从不同的地方登陆，然后自顾自地发起进攻，例如，从肯特上岸，然后向泰晤士河上游挺进，再顺着亨伯河的方向来到苏塞克斯，或者别的什么地方。他们各自为伍，征服着心仪的土地，而后又以出人意料的方式携起手来，对那片土地上的不列颠人痛下狠手。

毫无疑问，当地的人们绝不会坐以待毙。例如，且不论那些不知真假的民间传说，至少安布罗修斯（Ambrosius）在历史上确有其人。为了抵御侵略者的进攻，他组织了一支军队，因此被人们誉为"最后的罗马人"。当时间走过约 30 年，一位名不见经传的威尔士人，摇身一变成了举世闻名的亚瑟王。他是英国历史上的一个传奇，与他有关的神话传说、诗词歌谣数不胜数。据史料记载，在亚瑟王的领导下，各位"不列颠国王"，以及他们的追随者被组织了起来，先后在 12 次重要的战斗中战胜了撒克逊人。在最后一次战斗，也就是巴登山（Mount Badon）战役中，他单枪匹马手刃了敌军 960 人。可这背后的潜台词却是，其他将领背弃了他，他只好凭借一己之部队奋战到了最后一刻。然而，人们并不清楚他究竟姓甚名谁，来自哪里，曾在哪里战斗过。有人说亚瑟王就是康沃尔，这样的看法肯定是不正确的，毕竟康沃尔离得实在是太远了，根本不可能在上述地区进行战斗。与亚瑟王有关的另一个传说："圆桌骑士"也不是真的，在当时还没有"骑士"这样一个头衔，这个头衔是后来人发明的。不过话说回来，在那个时候或许真有如此这般的领导者存在。无论是神话故事，还是坊间传闻，或多或少都基于历史。

与追根溯源相比，这令人关注的是，作为威尔士的民族英雄，亚瑟王在英国文学领域与英国思想领域内的影响力，自9世纪一直延续到了现在，前后有上千年之久。无论是英格兰，还是威尔士，如果是苏格兰，都对流芳百世的亚瑟王传说进行了充分的利用、完善和传播。亚瑟王及其骑士的传说在凯尔特人中广为流传，历久弥新，这足以证明，凯尔特人对不列颠拥有极强的控制力。在现在的英国人身上，我们还可以看到很多源自日耳曼人的特征，这一部分特征与凯尔特人的特征天差地别，甚至截然相反。现代英国人对德国人的了解程度高于对拉丁人的了解程度，尽管如此，英国人与这二者并没有太多相同之处。至于各种差别中的那些微乎其微的因素，不应该被视为源自凯尔特人，因为我们对凯尔特人的了解并不深入。

有许多独具魅力的文学著作可以为我们提供帮助，让我们对凯尔特人的精神有更深入的了解，在我看来最好的作品就是《游吟诗人》（*The Mabinogian*）这部记录传说和故事的小集子。这部作品对"凯尔特魔法"做出了最好的解释：在魔法王国中，凯尔特魔法融合了自然力量与超自然力量。魔法王国是英国诗人们的心中挚爱，也是普通人的世外桃源。魔法王国对英国人民和美国民众进行了区分，就好像刘易斯·卡罗尔（Lewis Carroll）破天荒地在英国人与欧洲大陆其他民族之间画上了分割线。英国人从凯尔特人身上继承了忧郁这个特质，还习得了与魔法王国有关的文化。不仅是莎士比亚笔下的文字，在英国传统中与之相关的所有内容中，很大一部分都源自凯尔特人所缔造的魔法王国。直到现在，我们的耳边依然回响着"精灵小小，号声轻轻"的旋律。

日耳曼人的潜伏

究竟是征服还是渗透？日耳曼人来到了英格兰，在各个角落定居下来。对于这样一个过程，不管我们给出什么样的称呼，它终究还是达到了目的。我们要讲到的是，在接下来的一个世纪当中，撒克逊王国（最早是生活在西部地区的撒克逊人）的崛起，以及其国内的战争。摆在我们面前的第一个问题是，这群"新"人与"老"不列颠人的融合速度到底如何？他们取代不列颠人的速度又如何？

我们还没有找到准确的答案。此刻，我们所看到的是整个故事当中最含混不清的一个阶段，我们需要努力揭开它的面纱，找到上述问题的答案。近年来的权威人士也认为，事实上，时至今日，我们只找到了一些与这个过程有关的蛛丝马迹。但是，在我们看来，具体情况因地而异。英格兰的南部地区和东部地区是日耳曼人最为看重的聚居地，其他地方则未必备受重视，因为之前定居在那些地方的部落还留下了一大批人。另外，不同的生活方式遭遇了不同程度的破坏。城镇几乎都被夷为了平地，就连伦敦曾经也极有可能会化作废墟，虽然我们没能找到确凿的证据。相对久远一些的农庄基本上都被毁掉了，村庄所受到的破坏要小一些，农民所处的境遇也还没那么坏。虽然我们无法列出地名清单，然而总的看来，越是闭塞的地方，被破坏的程度越低，除去康沃尔、威尔士，以及边境地带之外。就算我们上述所说的证据都是确凿的，我们依然很难做出判断，在新英格兰人身上，到底有多少老不列颠人血统。就这个问题而言，答案因地而异；确切地说，每一个不同的小地方都会给出不同的答案。在 500 年至 700 年的时光当中，无论是语言还是其他的生活方式，英格兰人都已完全被日耳曼人同化了。当然，这并不是说土生土长的不列颠人再也看不到了，而是说不列颠人完全接受了日耳曼人的文化。除此之外，在这一部分人当中，有的人选择向西方迁徙，去了威尔士和康沃尔；还有人穿过了海峡，去了法国西北部的角落——在这一地区，流传至今的"凯尔特语"本质上是不列颠式凯尔特语。

不列颠为什么会完败？恐怕没有人能解释清楚，然而这个民族看上去天生善变。正如前文所述，在被罗马帝国所统治的数百年里，罗马人对不列颠人所造成的影响，远远不及对高卢人所造成的影响。一逃离罗马人的手掌，不列颠人就原形毕露了。他们拒绝携手抗敌，宁可把精力消耗在无休无止的内战中。在此之前，他们是极端的宗教主义者，遵从禁欲法则；至此之后，他们却走向了另一个极端，彻底地解放了自我，纵情纵欲。我们无法在他们身上看到日后的英国人所具备的各种特质：平稳、合作、妥协、现实，等等。当然，他们通过民族融合将血统和特质传递了下来，从而形成了现代英国人那扑朔迷离的性格与气质。

我们在序言中所提及的独角兽，不出意外的话，应该是象征着最初的不列颠人，而狮子则象征着撒克逊人。撒克逊人尚未开化，他们毫不心软地将罗马文明最后的遗迹从地球上彻底抹去了。在被同化之前，他们并不信奉上帝，是典型的异教徒。后来，这群征服者开始信仰基督教。不得不说，撒克逊人拥有许多高贵的品质，例如精诚合作，忠心耿耿，不畏失败，勇往直前，等等。除此之外，撒克逊人也是矛盾的统一体。他们抢夺资源，同时也开垦荒地；他们致力于拥有自己的土地，致力于在土地上种出粮食，致力于在此基础之上创建出农业文明。

直到 6 世纪中叶，不列颠的未来之路依然笼罩在迷雾之中，除了那些由两个民族所施与的隐秘的天赋。不列颠人始终控制着半岛的西部和北部地区，土地着实广袤。萨克斯人控制了半岛的中部地区，不过那里依然生活着众多不列颠人。不列颠人成立了一众小王国，可是没有哪个王国有能力实现统一大业。

撒克逊人分成了很多的派别，但是他们天生懂得管理，而这是不列颠人不具备的能力。例如，作为肯特人，埃塞尔伯特（Ethelbert）不费一兵一卒就和亨伯河南侧的大部分王国，例如，苏塞克斯王国、埃塞克斯王国、东英格兰王国等结为了盟友，虽然在他去世之后，盟友们纷纷离他而去。苏格兰边境地带的一些小王国与威尔士合为一体，成立了规模更大的威塞克斯王国、麦西亚王国和最为关键的诺森伯兰王国。在维多利亚执政时期，历史学家们的观点是，当时的诸多历史事实都是毋庸置疑的，然而现在的人们却提出了诸多异议。我们先将那些摇摆不定的同盟关系放在一旁，来对撒克逊人的政治理念做一番了解。

在这里，我们得将斯塔布斯等人的说辞抛诸脑后，或者保持怀疑态度，在过去的肯定和现在的质疑之间，寻觅一条中庸之道。在我们看来，日耳曼人在征服英格兰之时，极有可能胸怀大志，信念十足。在所有的信念当中，有三个是值得强调的：

第一个信念是战争领袖——无论是大人物还是小人物——其支持者们都视死如归。这个词极少被用在一群强盗身上。在许多小王国的帮助下，诸如麦西亚国王这样的杰出领导者获得了15000人的追随。所谓追随，是指人们自觉地以某个领导者为核心，团结一致，忠贞不贰；同时也收获了一部分利益。这是我们后续众多故事的主要线索之一。

第二个信念来自撒克逊人：领导人，非暴君。领导人的任免权掌握在全体成员手中，而无论是组织成员还是一般民众都享有自由权。许多人认为，民主自由的制度，甚至议会制度，是从"群众大会"（folk moots）与"贤人会议"（witenazemots）演进而来的。自从撒克逊人到来之后，不列颠人就不太重视政治理念了，毕竟领导人很清楚自己是被选举出来的。不过，有很多手段都能左右成员们的意见，例如之后都铎王朝的统治者们，他们基本上实行的是独裁制度。当然，在都铎王朝下台之后的时代中，领导人（无论是一国之君，还是其他形式的领导者）都得遵从选举的准则，否则便会陷入困境。

第三个信念来自盎格鲁‐撒克逊人：亲情。作为一名历史学家，斯塔布斯虽然研究过之前生活在塔西佗地区的日耳曼人为何要迁往英格兰，但没有对迁徙活动的影响给予足够的重视。在塔西佗地区，亲情是最基本的社会观念，这种观念被带到了英格兰，但是被削弱了很多。这是因为，在前往英格兰定居的人们当中，鲜有以亲缘关系为基础的群体，基本上都是混合群体。例如，在犯罪这件事情上，日耳曼人的规定是，罪犯的亲属必须共同承担赔偿事务，受害人的亲属则共同享有获赔收益。再来看看英格兰，日耳曼人的信念在肯特地区获得了较好的保存，尽管如此，犯罪的主要责任还是由当事人一人承担。过去的社会体系所强调的是一荣俱荣、一损俱损的社会责任感；而新兴的社会体系所强调的是社会成员的独立性。在那个动乱时代过去之后，想要在英国人身上找到亲情，也是有可能的。

不列颠人一度生活在一个被侵略、无信仰的时代中，如果对这个时代做一些简单的分析，我们不难发现，罗马化的不列颠并没有被延续下来。前文中所讲到的大大小小的城镇早已不在。曾经遍布英格兰的宏大的罗马建筑，已经被木结构建筑所替代了。规模最大的是厅堂，为首领们所有。历史悠久的著作《贝奥武甫》曾写道，小至地方权贵，大到一国之君，不同等级的首领，拥有不同规模的木结构建筑。这些建筑的精美程度虽然有高下之分，但总的来说都是同一种样式，看起来像现在的大仓库。有的建筑留存至今，我们可以看到，里面是一个巨大的房间，上面覆着高大的顶棚，起支撑作用的房梁和柱子是可以移动的，而且十分庞大。我们可以在论著《笨拙》（Punch）中看到许多这种建筑的草图，在"英国特色"那一章当中。那本书的作者十分喜欢梁柱结构，颇有些古风意气。木结构建筑和罗马建筑各有千秋，数个世纪之后，独立自治的英国人对木结构建筑却情有独钟。需要说明的是，这种建筑风格上的差异，源自北方人与地中海人的不同。

大大的厅堂黯淡无光，中间有个矩形的炉床，柴火星星点点地燃烧着，一阵阵青烟透过屋顶的缝隙向外面的世界飞去。武器与战利品被挂在了墙上，四面的墙角边放着一些长长的凳子，那是仆人们坐的地方。高椅象征着荣耀与辉煌，是领主和领主夫人的专属品，其他首领或首领夫人偶尔也可以享用。"上流人士"们的穿着打扮尽显着原始的奢华，有黄金丝线织制的绣品，有黄金打造的各类饰品，还有赫赫有名的肯特珠宝，那是彼时世上最珍贵的宝物。角之类的容器都镶上了金边银边，大部分都制作得相当精妙。对于撒克逊人来说，晚宴是生活中不可或缺的组成部分，他们在晚宴上饮酒作乐，赞美着首领与勇士们的丰功伟绩。说到撒克逊人居住的地方，一个突出的特点是：地名的最后一个字都是"顿"（don）字，直至现在，英国的很多地名也是以"顿"结尾的。"顿"原本的意思是指围拢在一起的建筑群；同样的意思，还可以用"伯格"（burh）来表达，很多地名也用了这个后缀。给住所围上原木栅栏是撒克逊人的习惯，在美国西部的边境上，可以看到许多类似的景象。在栅栏圈起的范围内，有领主们居住的大屋子、堆放谷物的仓库、平房，以及穷人的茅屋。

穷人们的住处不仅狭小，而且十分简陋。通常情况下，他们的屋子都修建在低洼之处，屋顶也都是由树枝、茅草及泥土制成的。屋子里又暗又脏，如同遗址一般。相较于那些拥有中央暖气、公共澡堂、个人浴室的高大的罗马建筑，这些屋子简直不值一提。这是一群生活在社会底层的人，他们和农奴一起，奋不顾身地驱赶着野兽，抗击着敌人；与此同时，他们还和那些勤勤恳恳、不喜争斗的开拓者一起伐木耕种。

在那些流芳百世的史诗中（譬如大名鼎鼎的《贝奥武甫》），随处可见对战争的歌颂；对英雄行为的赞美；贫困之人的艰辛、孤寂、精疲力竭，以及恶劣的生活环境对他们的威胁。我们可以看到大灰狼，看到真真假假的食人怪，例如那恐怖又隐秘的葛娄代（Grendel）[1]。撒克逊人笔下的文字和罗马古典诗歌相去甚远，就像哥特建筑和罗马建筑有着天壤之别，不

---

[1] 一种吃人的怪兽，为害多年，最后死于贝奥武甫之手。——译者注

过二者都体现了人们对生活的探索，以及对悲伤的体悟。这种特质已深入英国人的思想，并和凯尔特人的精神完美地融合起来了。

我们在撒克逊人的诗文著作中可以看到许多与自然有关，特别是与海洋有关的内容。有很多插图和文字都表达了他们对舰船的热爱，以及在面对疾风骤雨、汹涌波涛时的激奋与勇敢。海洋不是他们的工具，而是他们的挚爱。在此后的漫长岁月中，英国人曾一度抛弃了海洋，回到了陆地的怀抱；而当他们又一次奔向海洋时，海洋无条件地接纳了他们，就像恋人一般。无论如何，在这世上，早期的撒克逊人与维京人（后文会提及）及其后代（后期的英国人）对海洋的认知程度、理解程度与钟爱程度，都是其他民族无法比拟的。

精神世界的曙光

在欧洲大陆，早期撒克逊人所信仰的大部分宗教都在迁徙过程中消失了。在英格兰定居下来后，他们的信仰已经完全不同于斯堪的纳维亚（Scandinavian）的神话故事了。在大部分撒克逊人看来，和超自然之物（小精灵、巨人、海洋怪物等）比起来，所谓的崇高的神灵并不是那么重要；他们甚至已经不太记得雷神托尔和奥丁了。到了今天，英国人依然钟爱超自然之物。宗教始终是存在的，不管以什么样的形式。然而对于撒克逊人而言，在缺乏信仰的极度抑郁的日子里，勇敢的战士也好，低贱的农奴也罢，都在时刻准备着迎接新信仰的到来，一个抚慰人心、迎合需求的新信仰。

在不列颠地区，基督教曾一度深受迫害，隐入历史。而现在，撒克逊人生活在这里，管理着这里（除了爱尔兰、威尔士等地之外），并对上帝嗤之以鼻。凯尔特基督教的教会并没有消失，当然也没有被统一起来。他们并没有计划在萨克斯人中传播教义，因为撒克逊人并不信仰上帝。实际上，凯尔特教会颇有些幸灾乐祸，不尊上帝之人如果就这样生活下去，那么死后便上不了天堂。

在爱尔兰，凯尔特基督教得到了圣帕特里克的支持；威尔士的圣伊尔蒂德也选择挺身而出。他们曾经在法国生活过，将严苛无比的禁欲主义带了回来。作为威尔士的守护神，圣大卫之前或许是圣伊尔蒂德的弟子。在圣大卫所修建的修道院中，修道士们过着严苛且清苦的生活。他们亲自耕地，一日一餐，时刻祈祷，恪守禁食原则。在爱尔兰，禁欲教条稍微宽松一些，不过大多数修道士依然独来独往，将冥想与宗教视为生活。爱尔兰教派与威尔士教派存在巨大的差异，纵然如此，他们也时常来往。两地的修道士穿梭于爱尔兰海域之间，彼此学习，相互传教。

这个情况在 10 世纪之前，苏格兰教会还管理着爱尔兰人。在那个时期，苏格兰的居民大部分是皮克特人，而生活在苏格兰的爱尔兰人被归为了苏格兰人。在苏格兰，属于爱尔兰人的定居点有好几个。爱尔兰人在那些地方建起了修道院，比如艾奥纳修道院，它的修建者是赫赫有名的哥伦布（Columba）。作为爱尔兰王室的后代，哥伦布一心一意地在不列颠传播着基督教。他的影响力越来越大，毕竟修道院不只为修道士们提供了修道与工作的场所，还为那些不愿面对现实的人们提供了庇护。

后来，爱尔兰进入了一段四分五裂的时期，各个小王国你争我夺，互不相让；宗教亦复如是。所有王国都建有修道院，但教会却缺乏凝聚力，无组织无纪律。无论是拉丁语中的一些文化，还是罗马教会中的一些思想，都是圣帕特里克（或许就连他本人也不清楚为何会对拉丁语知之甚多）传播至爱尔兰的，然而这并不是说，爱尔兰教会与罗马教会有关联。爱尔兰基督教是由北向南进入不列颠的，没过多久便与北上的罗马基督教狭路相逢了。在苏格兰，凯尔特人和撒克逊人都掌握了部分统治权。东南低地与爱德华市之间的土地都为撒克逊人所有，而爱德华是埃德温国王一手建造的城市。

原住民依然控制着那剩下的大半土地。杰出的历史学家，英国人特里威廉曾说，"某种程度上而言，苏格兰的历史之路，即凯尔特人被英格兰人同化的路途"，在这个时期当中，民族的组成形式变化不大。艾奥纳修道院的任务便是在苏格兰居民中传播基督教，无论他是凯尔特人，还是撒克逊人。事实证明，他们的努力没有白费。

在590年，罗马主教的头衔落在了大格里高利（St.Gregory Ⅶ）头上，而整个世界都深受此事影响。事实上，在那个时期，罗马帝国已经坠落，辖内各省份陷入了无政府状态，混乱不堪。前后数年时间，基于势力不断强大的各个教区，罗马主教大格里高利在欧洲大陆又建立起了一个崭新的精神帝国，这为中央集团与再度统一铺陈好了道路。在他的委派下，奥古斯丁来到了英格兰。597年，奥古斯丁的足迹第一次落在了肯特这片土地上，没过多久，肯特人便开始信仰基督教了。当然，在别的地区，他并没有如此好运，甚至没能得到威尔士教会的认同。时间跳转到30年后，教士保利努斯（Paulinus）受命从罗马出发来到诺森比亚，在他的努力下，埃德温国王开始信奉基督教。然而在麦西亚王国，彭达（Penda）国王依然没有接受基督教，好在基督教徒们不再遭受迫害。后来，埃德温成了彭达的手下败将，在这位国王离世之后，诺森比亚人便不再信仰基督教了。受新国王奥斯瓦尔德（Oswald）之邀，艾奥纳修道院又派出了教士前往诺森比亚，诺森比亚人又一次俯首接受。由此可见，罗马教会也好，爱尔兰教会也罢，都对撒克逊人的宗教信仰产生了巨大的影响。

然而，当这些影响滋生出矛盾的时候，各种问题便会层出不穷。在改变撒克逊人信仰这件事情上，罗马教会是最先行动起来的，它想要控制撒克逊人的宗教思想。670年，在惠特比，诺森比亚的奥斯维国王组织了一场会议，以商定听命于哪个教会。如果放在当今时代，那些所谓的差别实在是微乎其微，而且流于表面。无论是在威尔士，还是在爱尔兰，凯尔特教会和罗马教会所指定的复活节日期不尽相同，双方修道士所采用的剃度方式也很不一样。

但是，宗教是我们这个故事的主要线索之一，所以我们需要仔细审视这个看起来微不足道，或许还有些可笑的问题。通常情况下，在讨论种族问题、政治情感、传统文化，以及思想等方面的话题时，那些宗教问题都是焦点之一，它反映了许多隐匿在背后的事情。很多时候，那些看起来无足轻重的宗教问题都会为人所利用，可能会引起纷争，甚至比那些需要得到承认的真正的差异更为人所重视。若真如此，我们接下来想要讨论的问题就十分关键了：在以后的日子里，英国教会应该沿袭罗马教会之路，还是凯尔特教会之路？在无数个世纪之前，英国教会是应该选择融入西方的基督教世界，还是选择独善其身？奥斯维国王最终决定接受罗马教会的引导，这为我们提供了如上问题的答案，没过多久，凯尔特教会的修道士和传教者们便回到了凯尔特人的地盘。

不难看出，英格兰人已经从部落与小王国所营造的困境当中走了出来，正朝着统一大业与中央集权前进；而凯尔特人依然还在与无数小王国斗智斗勇。实际上，为了实现统一大业，英格兰人一路摸索，不再与那些部落和小国们纠缠。从某种意义上来说，这一事实突显了惠特比宗教会议的意义，人们所关心的不只是应该剃掉前面的头发还是后面的头发。尽管这次会议所做出的选择，即认可罗马教会，引发了许多争端，但是我们必须根据不同历史时期的不同情况来进行分析：毋庸置疑，在那段历史时期当中，撒克逊人站在了罗马教会一边，而没有选择凯尔特教会，这一决定对此后英格兰的统一大业，以及英国的特性产生了重大的影响。

罗马教会具有统一性，这自然有利于国家统一；而凯尔特教会自身始终没能做到统一，因而很难对国家统一起到推动作用。基督教世界当中的有序性和权威性，在政治世界当中也可以得到很好的体现。分散在英格兰各个地区的渴望权力与统一的政治家们，从目标一致的主教与教士那里得到的启发。在那个时候，教士大多为有才之人，对于接受他们的国王，他们会尽心尽力，出谋划策，就像战士用武器效忠于国王那样。他们并不热衷于追逐权力，希望保持自身的神秘感，毕竟，对于不同年纪的人来说，这种神秘感都极具吸引力；通过这样的方式，王权在人民心中的地位得到了巩固。这与当下我们所看到的加冕仪式可谓殊途同归。

如我们所见，接受新宗教，或者被新宗教接受，都是循序渐进的漫长进程。伦敦一直没有建立起新的秩序，正因为如此，塔尔苏斯人西奥多（Theodore）才把教会总部建在了坎特伯雷。在此后的 1200 多年里，大主教坎特伯雷一直被英格兰人视为总主教。新教会的建立激发了人们的宗教热情，传播着宗教知识，同时，一种重要的工具进入了人们的视线，那便是书籍。无论是阿尔昆（Alcuin），还是"备受推崇的比德（Bede）"，皆是当时有名的学者。

得到发展的还有教区系统，所有教区都配备有各自的教堂，以及教士——在那个时候，通常情况下，教士可以结婚。撒克逊人与丹麦人（后文会提及）所管辖的小镇也逐渐兴盛起来，教区系统日益完善。教士为社会提供着服务，传播着文明，创办了学校，还劝导人们接受教育，想要维持这样的状态，税收与募捐是必不可少的。事实上，教士无异于文书，他们精通律法，会写文章，擅长制定合约，善于立定遗嘱，等等，正是因为这样的原因，国王也好，民主也罢，都很乐意捐款给教会。如果教会的权力牢不可破，那么世俗权力也一定难以撼动。在 7 世纪之初，"七国同盟"（Heptarchy）的实质是三权并立。所谓的七国，无论是规模还是边界都毫无可比之处；在这之中三个坐拥霸权的国家分别是诺森比亚王国、麦西亚王国，以及威塞克斯王国。

维京人接踵而至

撒克逊人赶走了不列颠人，彻底摧毁了大势已去的罗马文化，继而走上了迅猛发展的道路。当然，无论是早期的不列颠人，还是罗马人，撒克逊人，对英国历史的影响绝不仅限于诺曼人入侵之前的那段时期，实际上，这种影响一直延续到了现在，延伸到了当下的英国历史中，以及当下的英国人身上。在遥远的过去，大部分撒克逊人所做的营生不外乎伐木、木工或者开垦荒地；后来，他们扔下了一度赖以生存的海洋与舰船，转身走向了陌生的城镇。撒克逊人内部十分重视思想交流，这无疑推动了文明的前进，促生了真正的"都市"（urbanity）[1]。

当然，虽然已经踏上了统一之路，但推动力依然是不可或缺的。各个部落和王国依然你争我夺，战争无休无止，阻碍着文明的发展。839年，威塞克斯王国的一国之君爱格伯特（Egbert）驾鹤西去，在此之前，他俨然已得到了英格兰地区的控制权，可惜他没能完成统一大业。不过，他的后人们完成了他的夙愿，在击退了入侵的丹麦人和维京人之后，统一了英格兰。至此，我们的故事将跳转到另一个方向。撒克逊人在不列颠的土地上留下了自己的血统和性格特征，类似地，后来之人在这方面也不甘示弱。不同于以前的，具有重要价值的性格特征，将汇入民族融合的大潮之中，尽管这场民族融合已经十分繁杂了。

最早来到英格兰地区，促进英格兰人特质的转变，推动历史演进的入侵者是谁？当下的研究者给出的推论不足为信，那些依据甚至是相互矛盾的，我们无须理会。尽管如此，我们依然可以给出肯定的答案，是斯堪的纳维亚（Scandinavian）人，他们居住在丹麦北部以北的偏远地区。对于丹麦人而言，地域差异是显而易见的；更不用说和北欧人、挪威人之间的

---

[1]　urbanity 源自拉丁语，即相对于乡村而存在的城市，即 urbs。——译者注

差别了。不过，在我们看来，那些差异似乎并没有那么明显。在斯堪的纳维亚人一直生活的地方，随处可见各种各样的入海口；勤劳的斯堪的纳维亚人从事着农耕活动和海洋渔业。历史告诉我们，作为入侵英格兰的一员，他们非同寻常。他们就近占领了不列颠；征服了遥远的格陵兰岛；在陆路扩张中收获了君士坦丁堡；占领了法国诺曼底，并移居于此；征服了地中海的门户西西里岛，并在岛上建国。毫无疑问，他们的确与众不同，我们不能简单地用"蛮族"来定义他们。

他们曾被人称为"蛮荒后代"，事实的确如此。他们是杀人犯，身上背负着惨绝人寰的原罪，特别是在盛怒之下。然而，以偏概全绝不是正确的研究方式。他们曾经是海盗，是入侵者，可是当他们定居下来之后，却和其他民族的人们和谐共生，还建立起了实力不凡的政府。他们确实很残忍，可这只是他们的局部特征。面对危险，他们毫不畏惧，勇往直前；面对困难与失败，他们从不言弃；他们拥有强烈的荣誉感，对民族英雄尊崇备至；他们行事低调、惜字如金、百折不挠；他们拥有坚若磐石的意志力，能够克制一切欲望。他们是优秀的水手，是第一批驶向大海深处的欧洲大陆人，并在遥远的海外建立起了帝国。对于日后的英国人而言，他们身上的特质极具影响力。所以，在我们看来，他们提供了十分关键的性格特质。

人们已经无从知晓，他们是出于何种原因开始远征的。或许是为了缓解来自东部地区的神秘压力，抑或是为了缓解来自南部地区由查里曼大帝所施加的压力；也有可能是为了逃避饥荒；或者毫无理由。无论如何，一群农夫首开先河，从斯堪的纳维亚出发，顺利地来到了设得兰群岛，以及奥克利群岛。在8世纪，这一次迁徙活动至关重要。接踵而至的是一群武士。在793年，林迪斯法恩辖内的修道院遭到了毁灭性的打击，来人可能是丹麦人，也可能是维京人。没过多久，多塞特沿海地带的修道院，以及苏格兰、爱尔兰，以及威尔士等地的诸多修道院都遭遇了同样的事情。那些家伙不仅抢劫、放火、杀人，还将修道士们统统掳走，像奴隶一样对待。一场毫无征兆的大屠杀，一群杀人如麻的陌生人，让生活在沿海地区的人们心生胆寒。那摧毁了无数教堂与房舍的大火，染红了整片天空，发散着刺目的光。

在此后的数十年间，英格兰未再遭遇维京人的侵扰，但是在别的一些地方，维京人的暴行从未停止过。与从前相比，他们越来越依赖强悍的海军。在实力面前，无论是不列颠人，还是地处欧洲大陆的查理曼帝国都只能甘拜下风。自身特质与航海事业的完美融合，带领维京人走上了胜利的道路。这一点和之后的英国人颇为相似，特别是伊丽莎白执政时期的英国人。一方面，他们成了海洋霸主，另一方面，他们致力于商业贸易活动。教授特里威廉曾经告诉我们，在赫布里底群岛上，在维京人的坟冢中，在沉睡的武士身旁，不仅摆放着剑与斧，还摆放着天平。这意味着在不远的将来，我们在英属殖民地及印度将会看到同样的景象。

在那段历史时期中，维京人所建造的舰船是十分重要的军事武器。那种舰船拥有长长的船身、下凹的中部、1 张大帆，以及 16 只船桨。通过改造之后，每艘舰船都可以容纳 100 多人。因为吃水不深，这些舰船可以自由行驶在狭窄的河流中，从而到更偏远的小岛；船速惊人，人们很难在河岸上追赶到它。当然，出海远航是它的拿手好戏。在 1893 年横穿大西洋的时候，人们模仿建造了一艘舰船，最终只用了短短 4 个星期的时间便完成了任务。维京人制造出了优质的舰船，又实践出了优秀的航海技术，于是顺理成章便成了窥见美洲的第一人，而哥伦布发现新大陆则是自此五百年之后的事了。除此之外，他们还对陆军的武器与甲胄进行了改进，以确保自己的不败之地。而后，维京人的人口越来越多、知识越来越丰富、技能越来越纯熟（从前的水手，而今已学会了骑马打江山，就像不列颠人那样），最后终于将英格兰东部、中部和北部地区收入囊中，还掠夺了威塞克斯王国阿尔弗雷德国王的财产。倘若维京人采取和平的方式，与撒克逊人、早期不列颠人进行民族融合，那么我们一定会看到一些奇妙的特质。

不可否认，在英国历史上，阿尔弗雷德国王是位非同寻常的大人物。

作为威塞克斯王国前任国王埃塞斯坦（Ethelscan）的幼弟，他的聪明能干得到了整个家族的公认，并因此顺利地成了继承者——即便他的哥哥埃塞斯坦国王膝下有子。当然，在那个时期，君王之位的继承制度并不受限于亲缘关系，才华与能力才是重中之重，另外，未成年人尚不能继承王位。阿尔弗雷德在年纪尚轻之时曾到过罗马。在继位之后，他对生活与世界都有了十分深入的认识，在这方面，彼时英格兰的其他王公君主们无人能出其右。在下文中我们即将看到，他曾致力于大众教育事业。然而，他哥哥埃塞斯坦在执政期间将主要精力都投入在了抵御丹麦一事上；而他在亲临政权的前半期，主要任务依然是行军打仗，自然没有太多精力来推广教育。

他迅速地从失败中吸取了教训，终于明白，在没有马匹、缺少装备的情况下，仅凭一只由农夫组成的民兵队伍，是无法与丹麦人抗衡的，因为丹麦人拥有优越的军事装备。又一次地，英格兰的土地上建起了重重堡垒，这些军事要塞出自丹麦人之手。威塞克斯王国遭遇了新的敌人，子民们纷纷出逃，唯有阿尔弗雷德国王依然坚守在萨默斯特郡的"阿特尔斯坦岛"上。今天的"阿特尔斯坦岛"矗立在一片草地之上，看起来像个小小的山丘，可是在从前的时候，却是个被湿地环绕的小岛，当然，想来它的水系并不太发达。那恐怕是英格兰人自古以来遭遇的最大危机之一，阿尔弗雷德国王腹背受敌，既要应对嘎斯朗（Guthrum）的丹麦大军，又要和一帮从康沃尔奔来的威尔士人对战。当然，阿弗雷德毕竟名声在外，很快便号召来了众多领主。在埃森顿，他战胜了嘎斯朗，而这场胜利具有决定性的意义。嘎斯朗在停战协议上签了字，接受了如下条件：他及其支持者加入基督教，退至东部沿海地区的一小片土地上；那片土地被称为"丹麦区"。

又过了几年，阿尔弗雷德凭借日益壮大的实力，与丹麦人签署了新合约，不仅缩减了丹麦区的势力范围，还把伦敦的管辖权交给了英格兰王国。随即，英格兰国王开始大兴工事，以确保能将伦敦这座城市牢牢地掌握在自己手里。丹麦人依旧统治着英格兰的东北部地区，不过越来越多的人开始信仰基督教，也有越来越多人选择定居于此，心平气和地过着乡村生活，或者城镇生活。当然他们没有忽视守卫的工作，随时提防着那些与他们一脉相承、漂洋过海而来的入侵者——他们可能会遭到那些"亲戚"们的血洗，就像他们当年血洗撒克逊人一般。另外，生活在丹麦区中的撒克逊人并不是少数。还有些撒克逊人生活在北部地区的一小片尚未被人侵占的土地上。虽说那里是英格兰的辖区，然而却与苏格兰关系密切。自丹麦区以南，全部土地皆被阿尔弗雷德占有了。尽管战争的规模并不算太大，但阿尔弗雷德还是筹建了海军，建起了一座座军事堡垒，一心一意地守护着伦敦，这样一来，航海的风险便被削弱了许多。

历史到了这个阶段，优秀的撒克逊国王认为是时候开始东山再起、精进学习了。他请来了欧洲大陆学者，开办起了学校，再度引进了拉丁文化；他用撒克逊语编写了几部论著，还翻译了贝德的著名作品，英国文学就此萌芽。

作为和平的使者，文化也好，知识也罢，都无法将历时了数个世代的战争阴影彻底清除，尽管如此，人们还是从中看到了未来，找到了信念；城镇再度繁荣起来，这意味着人们正重新建设着精神生活。丹麦区的管理情况并不如人意，为了赶超丹麦区，阿尔弗雷德对政府进行了一次革新。他不仅筹建了海军舰队，对军队进行了改革，建造了一座座军事要塞，还一手打造了英国历史上最受认可的民政系统。从此，和丹麦人的军事力量相比，撒克逊人的政治理念占据了上风。

当然，丹麦人也并非一无是处，他们在诸多领域内发挥着重要的作用，例如法律。"法律"一词便是源自丹麦语。上文中所说的丹麦区，指的是在英格兰地区实行丹麦律法的行政区域。阿尔弗雷德的改革颇有成效，值得庆幸的是，他的继承者们也都具有真才实学。在之后两任国王的执政期内，丹麦人举起了白旗，除了威尔士与苏格兰之外的地区迎来了统一。基于这一点，阿尔弗雷德足以被誉为历史上的首位"英格兰王"。

尽管如此，丹麦律法还是被英格兰人保留了下来。实际上，在那段历史时期内，英格兰拥有各种各样、千差万别的律法与传统。随着时间的流逝，具有普遍性的习惯法与成文法自然而然地出现了，不徐不疾地发展着。有观点认为，英格兰人在漫长的岁月中忍受着各种地域差异，而正是这样的经历让大英帝国的法律系统呈现出多元化的特点。这种观点并不一定是错的。如当下所见，大英帝国的法律法规多种多样，这让我们不禁联想到前文所记述的加冕仪式的誓词，一国之君必须做出承诺"遵循他们的传统与律法"——"他们"指的是全球各民族，而非英国人——统治和管辖国土及属地。

需要注意的是，以某种角度来看，英国史即帝国史。这是因为，在这段历史当中，无论是在政治统治方面，还是在社会生活方面，都涉及了对多个种族与民族的认知，以及管治。相较于别的国家，英国更懂得安抚人心之道，并给予了不同各种族、各地区自治的权力。这无疑是一种统治艺术，但这种技能绝非一日之功，而实在是百世之功。毫无疑问，虽然耗费良久才习得了这一本领，但英国人本身还是天资超然的。

从现在开始，我们将撒克逊人称为英格兰人。英格兰人收回了丹麦区，从此之后，两个民族逐渐走向融合。那么他们是怎样缔造"英格兰人"的呢？一方面，阿尔弗雷德在进行政府改革的过程中，将"郡"（众所周知）设为了管理单位；另一方面，丹麦人创造了城镇（也就是"伯格"）系统，例如林肯（Lincoln）、德比（Derby）、莱斯特（Leicester）、斯坦福（Stamford），等等。在每个城镇系统中，都有一个中心镇，它既是商业贸易区，又是军事要塞，管理人为某个伯爵。

无论是郡治，还是城镇系统，都取得了良好的发展。英格兰人的统治权已延伸到了丹麦区，通过郡治，他们的统治更为有效了。不过，久而久之，城镇系统在政府管理和商业贸易这两方面上的重要性日益凸显，并推动着郡治的发展。帝国本土的区域划分与地方单位不胜枚举，因而存在着各种各样的地域差异，直到现在也是这样。当然，我们已经可以看到现代英国范式的雏形了。这两个民族的融合并不是一个艰巨的大工程，毕竟，日耳曼人与斯堪的纳维亚人同宗同源。他们的许多特质如出一辙，另一些特质则表现出了互补。但是，英格兰的命运并未就此改变，依然是入侵者眼中的一块肥肉。融合尚未完成，他们还将面对无数的艰难险阻与沉重的打击。

我们论述的焦点即将转移到新一批的入侵者，以及新一轮的大战上，不过在此之前，我们需要对撒克逊人的最后时代做一番了解，尤其是以下一些层面。对于英格兰的发展而言，罗马人的影响力比撒克逊人的影响力要弱得多，可是，撒克逊文明却从我们的视野中消失了。那些供贵族们、领主们享乐的木结构建筑，早已荡然无存。今人发掘出了那时的各种器皿和奇珍异宝，回溯出来那时的制度，却唯独再也看不到那些神奇建筑了。那段历史时期的政府，在组织上已经有过颇多改良，然而彼时的"国家"和当今时代的"国家"不可同日而语。尽管英格兰拥有相对先进的文明，不过英格兰人依然生活在村庄和山林间，如果失去了政府的保护，就无法安安稳稳地进行劳作生产；作为保护子民的组织，政府俨然还不够完善，不过，封建制度已开始萌芽了。

社会大致可分为两大阶层：其一为军人阶层，负责保护民众，以及维持社会秩序；其二为追求稳定的农民、商人等阶层。国王离不开领主们的支持，尤其是在招募士兵、组建军队这方面；领主的职责，主要是为当地人提供保护。"人人皆有主人"，社会个人服务于领主们，以此作为寻求保护与公正对待的筹码。无论是在村庄里，还是在市镇里，以及之后的郡里，这种情况随处可见。手握着武装力量的领主们，本是武士出身，然而在漫长的岁月中，他们渐渐变成了追求和平的绅士，以及管理社会的法官。法律系统受到王权直接控制的同时，法庭也日益落入封建领主与位高权重之人（宗教意义上的，或世俗意义上的）的手中。

实际上，纵然英格兰实现了统一，可仅凭一个权力中心，仍然无法对它进行有效的管理，一方面是因为它不仅疆域宽广，而且地区分散；另一方面是，它的交通状况与通信技术还不够好。在这种情况下，封建制度又有了新突破，管理者将英格兰划分为了6个（数量在各个时期并不相同）由伯爵管理的大领地。伯爵既要对国王负责，又要对领地负责。

前文提及过宗教权威，在此需要指出的是，10世纪左右，修道士们的境遇逐渐好了起来，宗教重整旗鼓。各地区重新修建了许多大教堂与修道院，并为之提供了大片土地与巨额资金。身为格拉斯伯顿修道院的院长，邓斯坦（Dunstan）被任命为坎特伯雷地区的大主教，并致力于宗教复兴运动。在他的影响下，封建大权基本上从军事领导人手中转移到了教士们手中。

我们还要强调的是，撒克逊人对命运的认知，或者说感知深入其骨髓，这就好比战士们因为信仰穆罕默德而变得英勇无惧。在巨龙葛婪代的恶行面前，贝奥武甫坚信"一切都是命中注定"。用命运来解释所有难以打破的逆境，既赋予了北欧人凌霜傲雪的特质，又给了他们肃穆的忧郁，以及别样的温柔——这些都体现在了后世的英国文学与英格兰人的性格中。在撒克逊人写就的第一批诗词歌赋当中，与此相关的描述并不鲜见，无论是哪个时期的英格兰人都拥有这样的特质。例如《迪奥的哀歌》写道："那人已然离开，这人终将远行。"又如《远行者》所说："那个行走在东道主之前的人，注定会名扬四海；他骁勇善战，鞠躬尽瘁；生活与希望同在，一切都是为了荣耀；在天星之下，他光芒万丈。"

世界从蛮族（在罗马人退出之后，他们乘虚而入）手中挣脱出来，文化与知识在教会的保护下日积月累。后来，邓斯坦被人们称为圣徒，他所创作的作品对社会生活与宗教生活均起到了非常重要的作用。在邓斯坦身上，我们既能看到凯尔特人的激昂之心，又能看到英格兰人那如同政治家般的沉静脾性。长期以来，他都是国王身边最权威的顾问。然而，我们对他的了解实在太少，甚至不知道那些与他有关的传说到底是真是假。纵观历史，我们所听闻的其他人物都比他出现得要早。

在这段历史时期中，已经实现统一大业的英格兰正在沿着历史之路前行，它的目标似乎是成为实力超群的封建国家，就像我们所看到的中世纪时期的英格兰一样。当然，它的制度绝不局限于此。前文曾提到，来自阿尔弗雷德家族的四代领导者都拥有卓越的才干；这件事情或多或少地掩饰了那段历史的真实模样。民族融合亦步亦趋，和平稳定流于表面，撒克逊人与丹麦人结盟未果，丹麦区横亘在撒克逊人所统治的英格兰中间地带上，将英格兰一分为二：一个是实力雄厚的南部地区，另一个是羸弱无力的北部地区。由此可见，假如国王不够负责，抑或是有新的入侵者前来，那么这个刚刚完成统一的国家瞬间便会灰飞烟灭。后来，上述两个"假如"不约而同地发生了。

诺曼人出手了

让我们把目光投向海峡的彼岸。北欧人在诺曼底地区建起了一个大公国，虽然领土范围不算很大，不过实力却不容小觑。他们制定了等级制度，由公爵往下，层层划定；还制定了以军事为核心的土地分配制度等利益分配制度，并严加遵守着。再来看看英格兰，相关制度在理论上如出一辙，可是管理得却并不严格，效率也相去甚远。伯爵、修道士，以及享有低等爵位的领主们控制着土地，组成了军队，但就凝聚力而言，绝不足以和诺曼公爵麾下的军队相提并论。

作为诞生自阿尔弗雷德家族的最后一任卓越领导者，埃德加在975年撒手人寰，彼时，他的两个儿子都还没有成年。如前文所述，在那个历史时期内，王位的继承权尚无定论，大部分继承者都是由王室指定的。谁应该登上那个宝座？人们难以达成一致意见。领主们推举了爱德华，而教会却站在了埃塞雷德（Ethelred）身后。在坐上宝座四年之后，爱德华遭遇了刺杀。10 岁的埃塞雷德随后继位，但他难挑大梁。有人给他起了个绰号"零忠言"，这足以说明他听到的都是些没用的进谏，特别是在邓斯坦离世之后。

总的来说，很有可能是因为他的控制力实在太弱，英格兰的内耗才会如此严重。984 年，英格兰再度被维京人（也可以说是挪威人与丹麦人）侵扰。然而这一次，这帮家伙并不是为了居住权而来，而是纯粹的打劫。在过去，为了赢得维京人的信任，阿尔弗雷德曾一度向他们贡过税；而现在，除了缴税丹麦税之外，丹麦人还要求先期交纳保证金。于是，埃塞雷德只得先缴纳了 1 万英镑。就购买力而言，当时的 1 万英镑可不是现在的 1 万英镑能比的。从此之后，被敲诈这种事情对埃塞雷德来说就是家常便饭。丹麦税（也可以理解为向丹麦缴纳的贡金）的影响力是不可忽视的，是直接税的雏形。因为它的存在，农民们纷纷破产，农奴的生存状态更是每况愈下。到了后来，为了收税更方便，领主们更是直接当上了税务官员。在这种情况下，土地所有权和税收权画上了等号。

无论是丹麦国王，还是挪威国王，俨然已失去了皇冠与国土；他们摇身一变，成了入侵者，对伦敦进行了攻击。局势变得更加混乱了。在守卫者们的坚强抵御下，敌人没有得手，但是英格兰的其他地方却没有那么幸运。埃塞雷德用 16000 英镑换来了一段短暂的和平时期。丹麦国王斯韦恩（Sweyn）东山再起，不仅恢复了国家，而且实力较之以前更令人生畏了。为了得到支援，埃塞雷德迎娶了诺曼底公爵之妹。从此之后，英格兰人和诺曼人便成了同一根绳子上的蚂蚱。直至后来，来自诺曼底的威廉公爵成功地坐上了英格兰国王之位。

在这段日子里，斯韦恩不断地侵扰着英格兰，懦弱的英格兰人只好任由他登上了英格兰国王的宝座。诺曼底成了埃塞雷德的避难所。全国各地的修道院都遭到了破坏和抢劫，生活在坎特伯雷的大主教遭遇了不测，英格兰上上下下满目疮痍。在洗劫了贝里·圣埃德蒙兹的修道院之后，斯韦恩离开了人世，其子卡努特（Canute）被推选为继承者。后来，尽管英格兰人表示了强烈的反对，但在卡努特的威逼之下，贤人会议（撒克逊人的议会）还是将卡努特推上了王位。就这样，卡努特获得了整个英格兰的统治权。

在此之前，贤人会议所选出的国王从来都是王族之人，不过，而今的这一选择并不能说是一件坏事。我们需要看到，作为一个机构，贤人会议的代表们都不是普通人；它不是议会的雏形，虽然在 19 世纪，许多德国历史学家们都曾经如此以为。事实上，贤人会议的代表皆是王公权贵，有的是世俗意义上的，有的是宗教意义上的。尽管它在一定程度上起到了王政厅（Great Council）的作用，可以召集各位领导人，但它的重要性却被夸大了，而且它并没有孕育出英国的宪法制度。

卡努特一方面对英格兰可谓情有独钟，另一方面在其兄长去世之后征服了丹麦，当然，他所拥有的这一切日后都被挪威人拿走了。卡努特对英格兰的管理十分成功。他在坐稳了王位之后，并没有将土地分封给手下人，而是把丹麦税的征收权给了他们，并把他们送回到了丹麦。在年纪尚轻之时，他并不信仰基督教，随着年龄的增长，他终究还是选择了信仰上帝。在他的帮助下，教会渐渐积累起了财富，英格兰人也在教会中担任起了重要的职务。他身边的顾问与朋友，要么是牧师，要么是世俗领袖，比如著名的撒克逊伯爵戈德温（Godwin）。戈德温管辖着威萨克斯，他的政治道路便是从卡努特身边起步的。法庭的官方用语有两种，一种是撒克逊语，一种是丹麦语。在卡努特执政时期，无论是人们的生活方式，还是社会的传统风俗，都没有发生太大的变化，依然井井有条。后来，在威廉统治时期，挪威人一边说着法语，一边闯了进来，扰乱了英格兰人生活的方式与习惯。

1035 年，卡努特离开了人世。作为他的儿子，哈迪卡努特（Hardecanute）与哈罗德（Harold）的母亲并不是同一位。哈迪卡努特获得了权威人士戈德温，以及定居西部的大多数撒克逊人的公开支持；哈罗德则获得了英格兰北部地区与中部地区人民的推举。无疑，这种不合为挪威人提供了征伐的机会。

卡努特一走，帝国便分崩离析了。除了哈迪卡努特与哈罗德，阿尔弗雷德（埃塞雷德之子，曾被流放，后被暗杀）也参与到了争夺王权的战争中。最终结果是，埃德雷德的另一个儿子——爱德华被拥立为王。

不过，爱德华是在诺曼底长大的，那里比英格兰更加文明。爱德华酷爱法语，对于生活在法国的诺曼人，以及诺曼人的传统也甚是喜欢，不仅如此，他还在宫中安排了不少诺曼人。事实上，大局被戈德温控制着，爱德华国王既不够强硬又不够能干，纵然如此，戈德温还是把女儿许配给了爱德华，想以此方式"垂帘听政"。然而，他总是对诺曼人冷眼相待，再加上其子斯维亘（Swegen）跋扈至极，罪孽深重，最终，戈德温的势力被清缴，他也被流放到了远地。之后，来自诺曼底的年轻公爵威廉来到了英格兰，与爱德华进行了会见，爱德华认可了诺曼人之于英格兰王位的继承权。

因为重要的职务都被外国人占据着，英格兰的发展愈发颓然，而且渐渐失控。在戈德温看来，自己终于有机会从流放地回到国内了。这一次他选择效忠于国王，并以此换回伯爵的头衔。然而，不到一年的时间，他便死在了国王的宴会上。戈德温膝下育有六子，老大斯维亘百无一是，还好死在了最前头。老二哈罗德接管了其财产与权力，一面假意效忠爱德华，一面获得了英格兰的实际操控权。尽管哈罗德才能出众，可是爱德华国王却更倾向于其长弟。无论如何，爱德华并没有亏待戈德温的几个儿子，毫不吝啬地给了他们许多土地，以及各种各样的头衔。戈德温的儿子们逐渐掌控了英格兰人口最稠密、财富最丰厚的南部地区与东部地区。与此同时，英格兰中部及诺森伯兰郡的大部分土地被另一个大家族掌控着，那便是伯爵利奥弗里克（Le.fric）的子嗣，他们原本的势力范围在麦西亚。双雄争霸的格局就此形成。

作为一国之君，爱德华膝下无子。在这种情况下，将来由谁继承王位便成了大问题。于是，与国王同名的埃德蒙德·埃隆赛德（Edmund lronside）之子被召回了国内，成了继承者，他此前被流放到了千里之外的匈牙利。然而没想到的是，眼看就要达到目的地，他却突然离世，只留下一个出生不久的孩子。鉴于威廉公爵所带来的威胁，人们无论如何也不可能愚蠢到让一个婴儿继承王位。1066 年，死亡伴随着危机如期而至。戈德温之子哈罗德纵然不是王室中人，但其才能已得到了验证：近来，他控制住了威尔士。1 月 5 日，爱德华离开了人世。同一天，在威斯敏斯特大教堂中，哈罗德接受了加冕，正式成为国王。

几乎在同一时间，来自诺曼底的威廉公爵拿下了法国缅因省，实力大增。对于当时的王位继承制度，我们已了然于胸，很清楚威廉公爵不可能成为继承者，尽管他身上有部分王室血统。为了证明自己享有继承权，他给出了几个依据，尤其是爱德华当年所做出的那个承诺。然而，这个承诺既不符合英格兰的律法，也不符合英格兰的传统。在巨大的既得利益面前，没有什么能阻碍威廉公爵的步伐，他用土地与战利品为条件换来了大批封建领主的支持，冒着风险向英格兰挺进。

哈罗德并不是没有看到滚滚而来的疾风骤雨，然而在威廉大军踏秋而来的时候，哈罗德麾下的士兵们却还在各处的田地间辛苦劳作着。与此同时，北部地区也陷入了困境：哈罗德的胞弟、曾经的诺森伯兰郡伯爵（后来在哈罗德的默认下，被爱德华削去了爵位）托斯提格（Tostig）将恶气都撒在了人民身上，并伙同挪威国王对约克郡施暴。消息一传来，哈罗德即刻挥师北上，同时得到了两位北方伯爵的支援。埃德温伯爵与莫凯雷伯爵都是哈德罗的姐夫。然而，他刚到达斯坦福一带，就听说约克郡已城门失守。后来，他在斯坦福德布里奇向敌人发起了奇袭，不仅成功地击败了挪威人，还取了挪威国王与托斯提格的性命。

这时一个消息打破了哈默德的喜悦，威廉公爵带着一群挪威人穿过海峡，从佩文西登陆了。为了抗击敌人，哈罗德急急忙忙地赶往了南边，但并没有带走北方的队伍。大伯爵领地这种分而治之的传统管理方式，让英格兰人在这个重要关头受尽了苦头。如前文所述，英格兰王国的实际掌权者是两个家族势力：一个是戈德温家族及其追随者，另一个是利奥弗里克家族及其追随者。

北方告急之时，北方伯爵对哈罗德国王伸出了援手。然而，南方沦陷之时，北方伯爵却无意帮助哈罗德守护英格兰。当然，赶赴南边的哈罗德并非孤身一人，包括家奴在内的一部分士兵还跟着他。虽然他在南下途中陆续召集了一些人，但是当他在黑斯廷斯（Hastings）[1] 与威廉公爵狭路相逢之时，他依然寡不敌众。除了步兵之外，哈罗德别无其他，而且那所谓的步兵大多数都是民兵，连盔甲都没有；主要武器是老式战斧，尽管在以前很管用，但是在此时已不适用了。谁也不知道哈罗德的士兵到底有多少人，不过毫无疑问，威廉公爵的士兵比他多得多。

我们无法确知威廉大军的人数，据说在 1.2 万人上下，包括占比 50% 左右的骑兵，以及许多追随威廉公爵的封建领主的势力。但不管怎么说，这支军队上上下下都是冒险家。我们不应该称其为封建军队，这群人的意图是抢夺英格兰的资源，积累自己的财富。在这支军队中，我们甚至可以看到各省的骑士与权贵之人，他们都对威廉公爵俯首称臣。历史学家特里维廉曾将他们的行径描述为“企图共享英格兰土地的合资公司”，在我看来这句话十分准确。最终，威廉公爵如愿以偿。最令我们琢磨不透的，并非英格兰初战即告败，而是一个人口达到 150 万～ 200 万的国家竟然被一支 1.2 万人的军队收服了。那一时期的英格兰尚不足以被称为国家，但它至少收获了统一。自这次被挪威人侵略之后，英格兰再也没有被侵略过——直到 1689 年，又一位威廉踏上了英格兰的土地，当然，那一次并不在侵略的范畴之内。

---

[1]　这场战争被部分历史学家称为“森拉克战役”，不过在我看来，“黑斯廷斯”更常用，也更为人熟知。——作者注

此后数百年中，英格兰的模样逐渐变得模糊不清起来，原始风貌荡然无存，园林美景四处可见，并在外来者的脑海中深深地印刻了下来。现在，让我们来到黑斯廷斯的一个斜坡上，立足于坡顶，俯瞰四下，看呐，近处草地苍翠，远方溪流蜿蜒。人们早已忘记，一场决定过历史的战争曾经发生在这里。当然，纵然景致已经发生了很大的变化，但地形地貌依然如初。由此便不难理解，为什么哈罗德彼时会选择这个斜坡，选择站在坡顶。因为威廉大军中的骑兵，若想要攻击英格兰人，就得先冲上这个山坡。

诺曼人尝试了两次，但都以失败告终。后来，他们的左翼军队佯装出认输的姿态，一部分英格兰士兵被蒙骗，向坡底冲去。出人意料的是，留守在斜坡上的英格兰人受到了敌人的攻击，就要混乱不堪之时，还好有封锁的围栏保护，他们才没乱了阵脚，守住了阵地。弓箭手在威廉的命令下向着天空射箭，这些箭落在了英格兰人那个简陋的堡垒中。无数的利箭从天而降，夺走了哈雷德及其家奴的性命，一些幸运的士兵趁着夜幕的降临逃走了。

国王死了，军队败了。作为埃德蒙德·埃隆赛德的后人，埃德加被伦敦的将领们拥立为王。然而，因为缺乏凝聚力，他们没能阻止入侵者的进攻。来自北方的伯爵们心里只想着自己的地盘，转身向北方逃去。威廉大军获得了胜利，继而对肯特、苏塞克斯，以及孤立无援的伦敦进行了扫荡。1066年，埃德加被赶下了王位。威廉公爵于这一年的圣诞节在伦敦自立为王。他的加冕仪式是在威斯敏斯特大教堂中进行的，一年之前，这里曾举行了哈罗德的加冕仪式。在英国的历史上，一件神奇的事情终于发生了：英格兰王室的血统不再纯正。那里流淌的血统来自诺曼人、安茹人、威尔士的都铎人、苏格兰的斯图亚特人，以及温莎王朝里德意志的汉威诺人，唯独没有英格兰人。可是，这时的英格兰却迎来了前无古人的真正的统一。诺曼人及其支持者取得了最终的胜利，他们为英格兰带来了最后的外族血统，促生了如今我们所看到的英格兰人。

第三章

当一个诺曼人成了一国之君

在不列颠这片土地上，英格兰的东部地区与南部地区堪称丰裕之地，所以其文明的发展进程远快于以山地为主的威尔士地区和苏格兰地区。这一现象取决于不列颠群岛的地理情况。基于不列颠群岛和欧洲大陆在地理上的联系，先进的英格兰东部地区与南部地区同时也是兵家必争之地。蛮族一度控制了这些地区，并导致西部地区与北部地区没能在欧洲大陆文明的引领下得到发展。作为入侵者，无论是撒克逊人，还是丹麦人，带来的都不是欧洲大陆文明，而是蛮族文化。继罗马人之后，诺曼人又一次将英格兰人带到了文明之路上。除此之外，威廉国王还促成了英国历史上真正的统一。从这个角度出发来看，威廉对英格兰的征服，不但是历史的必然趋势，而且是历史的正确选择。

为秩序而战的君王

在威廉口中，自己是爱德华指定的继承者，尽管如此，他最终还是靠武力赢得了天下。无论是土地的所有者，还是土地的居住者，都很快反应了过来。毫无疑问，威廉所要面对的是一项十分艰巨的工程：管理一个拥有 200 多万人口的民族；管理下属，尽管只有数千人，但都是些唯利是图的强盗，也正是由于这个原因，他们并不听威廉的话。卡努特曾以丹麦税为诱饵将下属们遣送了回去，但威廉却束手无策，因为那些家伙并不打算回国。以指定继承者的身份，威廉将哈罗德定义为谋权篡位之人，并将哈罗德及其支持者的财富一应没收了。这是一次大规模的没收，涉及大片土地与大量财产，然而对于威廉而言，为了自身的利益，也为了诺曼贵族与诺曼骑士的利益，这一次不过是拉开了一个序幕。这一举动引发了叛乱，还导致了战争，而这一切反倒为后来更大规模的没收行动铺好了道路。

很快，英格兰南部的所有地区，以及威塞克斯的戈德温家族的大量财产都落入了威廉之手。麦西亚的埃德温伯爵和诺森比亚的莫凯雷伯爵发起了叛乱，而他们背后站着威尔士人与丹麦国王的后代。威廉说，这次叛乱是"来自北方之人的骚扰"。威廉的反击既迅猛无比又惨无人道，他下令：从约克郡到达勒姆，不留一人一宅。在约克郡，大多数人都死于非命；约克郡、达勒姆，以及周边村庄遭遇荼毒，房屋、田地、牲畜，尽数被毁。丹麦区选择了投诚，然而这对局势而言无足轻重。无人引领的英格兰人，终究还是败下阵来，五体投地。结果不言而喻，威廉的独裁专制（也可以理解为政治才能）终于让这个国家实现了真正意义上的统一。

威廉不仅想让英格兰人臣服，还想让诺曼人臣服；他的野心是控制与管理这两个种族。他曾经许下承诺会践行爱德华时代的法制，然而他手中的权力却依仗于封建制度，因为那是其手下人早已习惯的制度。在各个地方，庞大的军事堡垒（譬如伦敦塔）层出不穷，诺曼人通过这样的方式控制着这个国家。当初，英格兰王国因为管理不善，终为乱局所困，最终走上了衰败的末路，而今，欧洲大陆封建制度也逐渐成了浑水一片。想要看明白 11 世纪的局势——这个时期被维诺格拉多夫（Vinogradoff）称为英格兰有史以来的"分水岭"，我认为这个说法很是恰当——就得先抛开当下的政府观念，也就是所有政府和国王都不是万能的。那个时候的"国家"

也并不具备现代"国家"之意义。虽然我们无法对威廉时代的全部政策做出一一讲解,不过我们知道,他试图将英格兰的传统理念与封建制度进行一定程度的融合,他试图开创一种新的格局来维持其长期统治,其中涉及了一些基本的生活要素,譬如君主制、地方政府、教会,以及土地集中在权贵手中,等等。

欧洲大陆封建制度拥有堪称完美的逻辑性:在自上而下的等级制中,位于权力最上层的是公爵,或者其他高级统领,服务由低至高向上进阶,目的是获得土地使用权。如前文所说,英格兰的封建制度实在是有些弱不禁风。事实上,那些居住在欧洲大陆城堡中的大贵族或权贵之人,常常仗势欺人不听上级命令;同时,在这些人中间,结盟和争夺都是常有的事。威廉并不想在他辛辛苦苦建立起来的国家当中见到如此景象。因此,当年由撒克逊人所制定的大伯爵领地制度被他废除了。他将土地分作更小的单位,分配给了他的下属们,也就是那些诺曼人,并对他们提出了要求:让他们把自己的财富散播到英格兰的每一寸土地上。如此这般,尽管这部分人手中的财富在总量上十分可观,但毕竟太过分散,因而无法形成强大的力量。这便避免了那些无谓的争斗,也清除了国王的后顾之忧。虽然领地被分散开来,但国王所得到的拥护与服务却增加了。

除却紧邻苏格兰的三个郡,剩下的领土不再由骑士管理,全都交由国王直管。威廉所采取的控制手段分作两种:一种是借封建下属之手,另一种是起用新官员,特别是法官。法官们的直属上级是国王。庄园主(后文将提及)是规模最小的封建单位,管理着庄园主的领主同时也是税吏。总而言之,除却开辟了一大片狩猎区("新森林"的称呼沿用至今)之外,威廉国王的政绩相当了得,正因如此,英格兰人对他也颇为拥护。1075年,因为权力受限,贵族们发起了叛乱,备受英格兰人爱戴的威廉国王不费吹灰之力便将叛乱镇压了下去。贵族势力被大大削弱了,和平如期而至,也算是天遂人愿。

威廉国王并不是油盐不进之人,他会选择性地接受一些谏言。他设立了一个封建政务会，成员都是他的直属封臣（Tenants-in-Chief）。实际上，这些人就是威廉手下得到土地的那一帮人，只不过有的人得到的土地多，有的人得到的土地少，甚至只是个小庄园。从始至终，威廉的咨询对象都仅限于这帮唯命是听之徒。然而，在1086年，一次大规模的政务会议在索尔兹伯里召开。同一年，威廉完成了他的《末日审判书》；第二年，威廉离世。出席那一次会议的不仅有直属封臣，还有许多间接封臣，众人被迫宣读了誓言，绝不会效忠于除威廉之外的任何人。这意味着英格兰人与欧洲大陆封建制度又一次分道扬镳了。这么说的原因是，在人人都有一己之主的情况下，威廉对他们提出了要求，若是国王与领主势不两立，那么他们只能站在国王这边，而不能听命于领主。

《末日审判书》清楚地阐释了王权，以及管理的细则。它记录了整个英格兰的财富，上至直属封臣、间接封臣，下到庄园主，从土地到牛猪，等等。言下之意无非是，土地统统都归国王所有，其他人都只享有直接或间接的管理权。这是针对一位君主的所拥有的全部财产所做的详细调查。国王成了那些身份低于庄园主之人的新领主。如此这般，庄园成了像城镇一样的政治单位。

刚才我们已经说过，领主们不仅可以设立法庭，还可以直接向佃户收取税款。除去领主法庭之外，还存在着郡县法庭、封建贵族法庭等机构，不过这些法庭都不能对那些违反森林法的人进行审理，那是国王法庭的特权。如前文所述，身为一国之君，威廉一世开辟了占据1/3国土面积的皇家森林，并颁布了残酷的森林法。然而，威廉一世耗费了相当长的一段时间，才将世俗法庭中的教会力量摒除干净。在这种情况下，政府得以与教会各安其分，各行其道。这一举措的重要程度是值得一提再提的。倘若英格兰的习惯法始终处于从属地位，无法摆脱教会法的束缚自谋发展，那么它将永远不可能成为我们现在所看到的这样。与此同时，在威廉一世的坚持下，主教与修道院院长的任免权都归为国王所有，这意味着罗马教会已无法控制英格兰了。在威廉一世心中，这些宗教人士像他的封臣们一样重要。

是时候来了解一下人们在诺曼时期的生活情况了。诺曼时期指的是由威廉一世及其直系亲属执政的历史时期。在前文中，我们讲到过城堡，以及生活在城堡中的达官贵人们。在此之前，英格兰的土地上从来没有出现过这种由巨大的石头砌起的堡垒式的建筑，就算是在诺曼底，恐怕也找不到先例。像罗切斯特城堡、吉尔福德城堡之类的为我们所熟知的城堡，在英格兰的田园间随处可见。当年遗留下来的建筑材料不知何时没了踪影。这些城堡不仅具有实际的"占领"意义，还具有独树一帜的建筑风格：经典的圆拱形。在当今的英格兰，最令人惊叹的古建筑大多修建于这个历史时期。那时的城堡大多简陋不堪，尽管如此，威廉却大方地为教会提供着资金支持（他将一位实力雄厚的世俗领主安排进了教会），无疑，他想扶持一个实力不逊于罗马教会的新教会。因此，城堡方面所得到的资金支持，远少于一众大教堂，特别是总教堂，而这种情况持续了相当长的一段时间。宗教崇拜不断蔓延开去，古老的建筑依然有存在的价值。人们改变了作战的方式，城堡的军事意义一去不返。

威廉一世既拥有不世之才，又具有坚毅的精神。他统治着整个英格兰，统治着势力庞大的世俗权贵，统治着位高权重的主教，统治着各地的修道院院长，更重要的是，他统治着数量惊人的庄园主，统治着难以计数的普罗大众，纵然这些人时常被忽视。尽管有很多大城堡，但它们毕竟都是军事堡垒。城堡里永远都是空空荡荡、幽幽暗暗的模样，生活在这里的人们几乎脱离了整个社会。

相较于过往的所有建筑，城堡可谓是独一无二的存在。然而与此同时，庄园大宅里的大堂却像极了撒克逊人的大堂。大宅里的大堂是石质的，不过在最初的时候，有些部分依然是木质的。在陈设与功用方面，两种大堂如出一辙，只是大宅里的大堂多了个庭审室。大堂的装修简单质朴，在它后面建有起居室与卧室，专供领主及其夫人，以及贵客所用。除此之外，一些即将成为骑士的人、乡绅，以及名媛也生活在大宅里。名媛们在此研习着各种司职与礼仪制度，就这方面来看，大宅颇有些像现在的"女子精修学校"（finishing school）。当然，生活在这里的还有许多侍者与奴仆，不过他们只能在大堂里过夜。实际上，除了领主拥有自己的卧室之外，大宅里再没有单独的卧室了。睡衣这种东西也是没有的，无论何种形式的睡衣。从早到晚，大宅里的光线都不是很好；那里的窗户是没有玻璃的；到了晚上只能点上蜡烛，或者烧起火把。虽然可以外出狩猎，可以做做游戏，可以唱歌跳舞，也可以吟诗奏乐，但那里的生活总归还是苍白无趣的。穷人们只能生活在茅草屋里，没有蜡烛，甚至无法生火。值得注意的是，那时候已经出现了隶农，以及自由佃农，他们的地位介于庄园主与农民（或者农奴）之间，不过，要说中产阶级的萌芽，那得是好几个世代之后的事情了。

司各特（Scott）在其作品《艾凡赫》（*Ivanhoe*）中写道，许多现实都是从这样一个事实发展而来的：作为比邻而居的两个种族，在诺曼人与撒克逊人之间有一道天堑。但是这句话并不全对。贵族阶层与劳动阶层的等级差距，与种族没有太大关系，而是封建制度的立身之本。语言之间的差异多少也是这样。在前后300年左右的时间里，法语是贵族阶层的用语，而底层人民则在使用英语，只不过这种英语仅限于口头表达，还没有涉及书面用语。在法庭上人们还得使用法语，甚至到了今天，大部分的法律专有名词都是从法语单词演化来的。当然，绝大部分贵族阶层人士既说法语又讲英语，因为他们不但要与下属一起工作，还要在社会中与普罗大众接触。实际上，许多人还会说第三种语言，也就是拉丁语，毕竟在教会里人们都讲拉丁语；基本上所有知文识字的人，或者说有文化的人都不是普通的教徒，皆为神职人员。在这种混乱的局面中，现代英语逐渐形成。由此可见，征服者建立的不仅是一个国家，更是一种语言，一种文化。

在这里，我们来谈谈另一个历史发展结果，也就是长子继承制，不过，要想看到这种制度的全面影响，还得再等上一个世纪左右的时间。在撒克逊人一统天下的时候，财产是由儿子们一同继承的，可是在军事－封建主义时期，这一传统并不具有适用性。威廉一世在统一英格兰之后，开始实行长子继承制：只有最大的儿子才享有财产的继承权。如此这般，与财产相关的权利与责任便不会被分割了。英格兰的贵族制有一个十分突出的特点：与欧洲大陆的社会不同，它的等级并不是封闭的。关于这一点，我们通过前文已略有所知。对于欧洲大陆的贵族们来说，子孙后代亦是贵族；但对于英格兰的贵族们而言，排位靠后的儿子们获得的财产是很少的，甚至一无所有，更重要的是，他们不能继承贵族头衔。他们需要自谋生路，很可能落入平民阶层。长子继承制遭受了许多非议，但不可否认的是，因为它的存在，大家族得以延续了好几个时代，社会结构也开始变得富有弹性了。总而言之，事实证明，威廉一世引入的这一制度对帝国大有裨益，当然，我们并不能就此认为，现在英国人的生活方式即取决于此。

来自诺曼家族的国王们，以及来自后期安茹家族的国王们，无一不是法国人，而且绝大多数都才干出众，除却威廉一世的后继之人威廉二世，也就是鲁弗斯国王之外。他不仅摧毁了威廉一世的宏伟基业，还差点摧毁了统治基础。威廉一世一共有三个儿子：长子罗伯特管辖着诺曼底；次子鲁弗斯接手了英格兰，被称为"红毛君王"；幼子亨利得到了大笔财富。在威廉一世执政时期，鲁弗斯就已经表现出厚颜无耻、不足为信的一面，完全不是继承者应有的模样；然而，他却拥有极度旺盛的精力。

鲁弗斯走马上任，然而不到一年的时间，骑士们便倒戈了，转而站到罗伯特身后。在他们看来，控制罗伯特的难度要小得多。然而，得益于英格兰人的支援，鲁弗斯平定了叛乱。英格兰人得到了许多承诺，因而对他施予了援手，可是他在巩固了王权之后，却将那些承诺抛之脑后。作为其心腹大臣，拉纳夫·弗兰巴德（Ranulf Flambard，达勒姆地区的主教）建议他增加税收，他听从了这个建议，最终导致大批庄园与家庭毁于一旦。人民穷困潦倒，他的财富却与日俱增。后来，他平定了苏格兰边境地区的叛乱，并在 1096 年征服了诺曼底，那个时候，罗伯特正率领着"十字军"征伐着东面。罗伯特的手段并没有好到哪里去，只不过相较于鲁弗斯，他还不算最坏。在贫困人民的支持下，手无寸土的亨利夺取了一小部分罗伯特的领地，并开始自治。1100 年，鲁弗斯前往新森林打猎，并死于一支利箭，谁也不知道这一事件是何人所为。无论这是不是一场阴谋，鲁弗斯终究没能活着走出新森林。对英格兰而言，这并不是一件坏事。

亨利在诺曼底得到了这一消息，随即横渡海峡，登陆温切斯特，来到了首府。他得到了贵族们的支持，成了新的国王，史称亨利一世。不久之后，他在伦敦威斯敏斯特大教堂接受了加冕，并承诺复兴和平与正义。不同于他的哥哥们，亨利一世言出必行，并且把弗兰巴德禁锢在了伦敦塔中。

亨利一世被人们称为"正义之狮"。在执政期间，他镇压了贵族们的叛乱——亨利一世严于律法，贵族们因为权力受到很大限制而发起了叛乱。在亨利一世的统治下，政局稳定、社会有序、商业发达，农村地区的发展也渐入佳境。这种对贵族权力的约束，可以追溯到威廉一世统治时期，事实证明，这一举措对后世具有十分重要的历史作用。与罗马教会的竞争一直没有停歇，对此，安塞尔姆（Anselm）曾预言道，未来势必会出现更凶猛的争斗。在亨利八世时期，预言成真。为了获得英格兰人的支持，亨利一世将王后的桂冠戴在了埃迪尤丝（Eadgyth）的头上。埃迪尤丝其实就是人们口中的马蒂尔达（Matilda），或者莫德（Maud）；名字有所不同的原因是，英文名在皇宫中备受鄙夷。这场婚姻让日后的王室血统融入了阿尔弗雷德家族的血统，以及早期英格兰王室的血统。除此之外，在这一时期，陪审制度和习惯法渐渐登上了历史舞台。

陪审制度与习惯法

在亨利一世去世之后，其女马蒂尔达是健在的、唯一有资格继承王位的人。在这一时期内，大贵族不断地发动叛乱，局势乱作一团。由此可见，作为文明国度的英格兰，依然无法避免战争。实际情况是，马蒂尔达、斯蒂芬（Stephen）[1] 与贵族们纠缠不清，战事频发，甚至可以说无所不用其极。人民遭遇了一场惨无人道、恐怖至极的大灾难，甚至有人说"基督和圣徒们都在沉眠"。斯蒂芬去世之后，亨利二世继位。这位亨利是马蒂尔达之子，其父是来自安茹家族的杰弗里·金雀花（Geoffrey Plantagenet）。不难看出，王室血统又有了新变化。

无论是被称为金雀花王朝，还是被称为安茹王朝，总之亨利二世继位时只有22岁。尽管年纪尚轻，但他所经历的战事却颇多。他的父亲将安茹、诺曼底两大省份交给了他，借助另一段政治婚姻，阿基坦也归他所有。终于，他打算给战争画上一个句号，并致力于重建秩序了，而彼时他手中的帝国是有史以来国土面积最大的，包括整个英格兰、威尔士、现法国西部大半土地，以及被宣称已占有的苏格兰。亨利二世控制着苏格兰地区的坎伯兰郡与诺森伯兰郡，这两个郡被苏格兰斯蒂芬国王放弃了。他年纪轻轻便独揽大权，更重要的是还拥有端正的品行、冷静的思维、坚强的意志和旺盛的精力！从苏格兰边境地区，到比利牛斯山脉，庞大的帝国足以撑起他的野心，然而他却十分理智地停下了入侵欧洲大陆的脚步，转而将精力投入到了国家的管理，以及凝聚力的增强上。

亨利二世期望国家能得到更好的治理，社会能拥有更稳定的秩序，同时他也明白，贵族是此间最大的敌人，而贵族之下各阶层人士的支持对自己来说至关重要。为了抵制王权，贵族们建起了许多城堡，然而在亨利二世的打击下，那些城堡最终化作一片片废墟。此后，亨利二世实施了改革，加大了对法律体系和司法体系的监管力度。通过这些举措，王权愈加稳固了，一段富有、稳定的时期到来了。相比于以前的国王们，他常常征询王政厅的建议与意见，而且在其王政厅里，除了有实力强大的贵族之外，还有一

---

[1] 威廉一世的后人之一。——译者注

些实力薄弱的土地所有者。这些人各抒己见，一同研究着管理策略。

改革还延伸到了军事体系内，亨利二世采取了一些意义深远的举措：在征召士兵出境服役时，不得征召早期撒克逊民兵组织所积蓄的士兵，允许征召借由封建税制所积蓄的士兵，但服役期必须控制在 40 日之内。纵然亨利二世毫无侵略之心，可国土实在太过辽阔，没有一套完善的制度和一直强大的军队是万万不行的。鉴于此，同时也是为了打击封建贵族的势力，他和骑士阶层达成了一致：骑士们可选择按年度缴纳免服兵役税（也可以说是保护费），来换取不用入伍的待遇。一方面，骑士们不用再承担沉重的军事义务，另一方面，亨利二世获得了一大笔资金，从而可以随意招募雇佣军。在这段时期内，乡绅阶层逐渐发展起来，它是英格兰社会的重要组成部分，而且特立独行、意义非凡。乡绅阶层的社会责任感十分强烈，这种责任感与军事无关，后来发展成为民事责任感。

由斯蒂芬与贵族们发起的争斗持续了很长一段时间。在战争结束之后，随着和平时期的到来，社会走上了复兴之路，财富与日俱增，具体表现为物质资料的增加，以及城镇的发展。在此之后，虽然自耕农还没能拥有自己的一番天地，但中产阶级已日渐兴盛起来。中产阶级是政府的中流砥柱，起到了平衡大局的作用。中产阶级热爱和平，遵守社会秩序，在控制贵族方面，为亨利二世提供了巨大的帮助，就这一方面而言，他们比武装力量更有用。

为了推动社会的文明发展进程，亨利二世尝试着招安贵族。在等级制中，贵族是上流阶层，而农奴与隶农则是底层人士。从始至终，农奴与隶农只能生活在同一片土地上，作为有形资产的一种形式，与花草树木别无二致。他们是土地买卖的附属品，向领主们缴纳着毫无依据的赋税，虽然其生活比法国农民稍好一些，但在一定程度上却与奴隶无异。英格兰的农奴与隶农尚拥有一小片属于自己的土地，同时还一起在"公地"上劳作。关键之处在于，法律认可了他们的一些权利。为了改变他们的处境，亨利二世推行了相关的政策，不过真正具有决定性意义的莫过于改革后的司法制度。

在现实生活中，国王法庭依旧不会听取农奴的辩解，然而随着司法制度的改革、民众法律意识的提升，隶农终于有机会站在庄园法庭上了。他们的身份不再是奴隶，也不再是动产，可以为自己辩护了。领主无法再像以前那样肆意妄为了。不仅如此，在庄园法庭上，在法官与自由民面前，隶农终于有了自己的座位。"庄园条例"赋予了他们相应的义务、赋税，以及对自有土地和自由时间的管理权，同时也评判着他们所犯下的错误。所有这一切都绝非某个人天马行空的决策。对于农奴与隶农而言，纵然依旧生活在困境之中无法自拔，但所受到的剥削已经减轻了一些，走在了欧洲大陆农民的前面。

在司法改革方面，亨利二世提出的双陪审团制度无疑是一个至关重要的先进理念。在旧有的司法制度中，对犯罪事实的认定方式是让嫌疑人从一块烙铁上走过，或是接受别的"残酷考验"。更早一些时候，只要有人保释，罪犯便可逍遥法外；到了后来，决斗成为审判的重要准则。然而所有的这些方式，无论在什么样的情况下，都不可能找出真相并维护正义。这一制度背后匿藏着多少冤魂？又给人民带来了多大的苦痛？今天的我们无从知晓。

在亨利二世执政时期，双陪审团制度应运而生。组成陪审团的是12位具保人（也就是现场目击者）——在找不到现场目击者的情况下，只由知情人出席。只有在所有陪审员达成一致意见的情况下，陪审团才能做出最终判决；在意见不统一时，将会增加陪审员数量，直到其中有12人意见一致。毫无疑问，当代的陪审团制度正是起源于此，虽然在一些关键细节上有所不同。相较于从前那些蛮横无度、毫无依据的审判方式，双陪审团制度可以说是一座里程碑。

与此同时，亨利二世还实行了另外一种陪审团制度，这种制度与我们今天所看到的大陪审团制度相差无几。这种制度下的陪审团是以县为单位成立的：首先，以 12% 的比例从民众中选出陪审员；其次，每一个镇再推选出四位陪审员。这些陪审员的责任是站在受害者身边，对罪犯进行指控。换句话说，被他们"指控"的人，必定要接受严格的审讯。即便能经受住考验，假如嫌疑人是个众人皆知的恶人，那么人们一定会把他赶出英格兰。这种制度谈不上优秀，不过相较于旧制，已经先进了不少。

我们在后文中即将讲到，经过改革的国王法庭与司法制度，虽然有待完善，但所发挥的作用却十分强大，尤其是其中一个重要作用，甚至出乎了亨利二世的意料。在亨利二世的改革中，巡回法庭制度得以重建。于是，在一段时间之后，郡县法庭与庄园法庭被国王法庭取代了。这一举措是先进的，所以受到了民众的认可。因为可以获得大量的罚金[1] 及额外补偿，所以作为一国之君的亨利二世竭尽所能地审理着案件。在这个制度的基础上，英格兰迎来了一个新的法律体系。这个法律体系独立于欧洲大陆两大法律体系，也就是教会法与罗马民法之外。当年，与世俗法庭并存的教会法庭施行的便是教会法。尽管英格兰的律师们对罗马民法也有所研究，但他们更倾向于到判例与惯例中去找答案，而不是到烦冗的条文中去找答案。国王法庭普照天下，推动了案例法与判例法的前进，在此基础之上，迥异于欧洲大陆法典的英格兰习惯法应运而生了。毋庸置疑，亨利二世是英格兰现代法律体系的奠基人。

国王法庭与财政部的关系不言而喻。为了增加王室的收入，财政部常常需要增加赋税，这是它的职责所在，尤其是在亨利二世后继之人执政之时。到了后来，巡回法庭俨然成了敛财的工具，既不遵循法律，也不在乎正义，因而备受世人唾弃。在国王的指派下，一位专属官员来到各个郡县中视察，对近几年来所有与法官、自由民有关的事务逐一进行检查，一发现错误就

---

[1]　彼时，判例若被检查出有错，相关人等便需要向王室缴纳一笔罚金。——译者注

伸手要钱。显然，这一制度有以国王之名掠夺民脂民膏之嫌。

与司法改革有关的话题即将告一段落，然而我们不得不在此提起一件罪恶之事，对于此后数百年间生活于英格兰的大多数人来说，它无疑是一颗邪恶的种子。不过，这件事并非亨利二世有意为之。他大体上是一位不错的法官，然而却酿下了一个永远也无法弥补的大错。当年，年纪轻轻的亨利二世初登王位，随即便将大法官这一要职授予了伦敦主教托马斯，也就是我们所熟悉的托马斯·贝克特（Thomas Becket）。不仅如此，贝克特后来还被授予了坎特伯雷大主教之职，这意味着他成了英格兰教会的领导者。在成为大主教之后，他立即表示自己无法同时效忠于国王与上帝。他选择效忠于上帝，放弃大法官之职，尽管他在大法官之位上成绩卓然。

出于多种原因，国王与大主教发生了争执，并引发了诸多事件，尤其是：一位犯下强奸罪并已认罪的神职人员，被教会法庭裁定为无罪。亨利二世在克拉伦登召集了王政厅会议，在会议上，由他拟定的一项草案通过了决议，而这一草案便是之后的《克拉伦登宪章》（Constitutions of Clarendon）。该草案共有 16 项条文，其中包括：被教会法庭判定为有罪，或主动认罪者的神职人员，将因违反法律而被剥夺豁免权，转交民事法庭审判。剥夺豁免权这一决定遭到了贝克特的强烈反对。在这里，让我们回顾一下"神职人员"的定义：他们知书识字，却不一定是教士，也不一定担任着圣职。当然，这只是国王与大法官之间各种纷争中的一个而已。

贝克特后来逃往法国避难，其 400 名追随者也被亨利二世赶出了英格兰。法国方面并没有向贝克特施以援手，彼此为敌的两大教皇也都没有帮助他。然而，他并没有失去大主教之职，亨利二世始终没有找人接替他的位置。一晃 6 年左右的时间过去了，为了让长子顺利继承自己的王位，亨利二世授权约克大主教为其子主持了加冕仪式，一众主教悉数出席。很快，贝克特宣称，一国之君的加冕仪式只能由坎特伯雷大主教来主持，不仅如此，所有出席仪式的主教都被他除去了教籍。面对这一情况，亨利二世做出了表态，声称不会追究贝克特的责任，并准许贝克特回到英格兰。这无疑是一个权宜之计。然而，贝克特在回到英格兰之后，并没有恢复那些主教的教籍。亨利二世愤怒至极，痛心疾首地说，这个"高傲又自负的家伙"竟然无人能敌，不知谁能替自己报仇。

不久，四名骑士出现在了坎特伯雷。在大教堂里，大主教与他们争论了一番，然后死在了他们手中。大主教可谓自食其果，因为他太过心高气傲，太过桀骜不驯，对亨利二世太过无礼。然而，在普通民众看来，贝克特之所以会被杀，是因为他不认同《克拉伦登宪章》。随即民愤爆发，人们纷纷举旗抗议《克拉伦登宪章》，他们丝毫不在意这部宪章的先进性。死去的贝克特赢得了黎民百姓的同情，以至于人们将其墓地视为圣地。民事法庭失去了对神职人员，或次级神品的任免权，这一权力重新被纳入了教会法庭之责。这造成了极其恶劣的影响，法律被滥用的情况层出不穷，直到中世纪才稍有好转。

亨利二世很快便意识到了，骑士们的愚蠢行径给自己带来了一场政治灾难。在安吉坦的坎廷内特，亨利二世听到了贝克特的死讯。此后三日，他什么都没有说，也什么都没有吃。与此同时，英格兰的所有教会成员已将亨利二世视为敌人；贝克特被人们誉为殉道者，他的墓地里时刻回荡着他的英勇事迹；贵族们认为自己的势力已经足够强大，是时候对亨利二世发起挑战了；法国国王也坚定地站在了亨利二世的对面。亨利二世向罗马教会派出了使者，表达了无条件臣服的意愿，鉴于此，罗马教会没有剥夺英格兰国王的教籍。此时的英格兰可谓一片混乱，亨利二世四处躲避，难以安身，不得不向同样混乱的爱尔兰求助。

爱尔兰人与丹麦人之间的战争正进行得如火如荼，与此同时，爱尔兰的内部斗争也愈演愈烈。1154年，作为唯一登上罗马教皇之位的英格兰人，阿德里安四世将爱尔兰交到了亨利二世手中。在阿德里安看来，不列颠群岛上的每一寸土地都是圣地，因而自己有权做出分配。如此一来，亨利二世便获得了前往爱尔兰的机会，然而接连不断的暴风雨阻隔了信息的传送，在 20 个星期里，英格兰方面杳无音信。虽然亨利二世没能成功征服所有岛屿，实现和平稳定的局面，但他所做的多项改革，以及对封建贵族的限制都是值得肯定的。封建制度的日益发展必定会让反对亨利二世的贵族们日渐强大起来。1174 年，贵族们发起了叛乱，英格兰迎来了内战。亨利二世之子站在贵族身后，与父为敌。这个狼子野心的继承者分别在英格兰和法国接受了两次加冕，现在他昭告天下，自己已然是新的一国之君。为了对付叛军，亨利二世在英格兰招募了雇佣军，而雇佣军也顺利地完成了任务。亨利二世拿回了王权，重新组建了传统的英格兰民兵队伍。这意味着，他想尽可能地得到英格兰人的认同与支持，从而对国家进行管治，同时对他们予以保护，让他们远离封建贵族的混战，以及国王的专制统治。这或许是亨利二世最卓越的贡献，在他的指引下，英格兰朝着光明走去。亨利二世在晚年时候过得很是烦心，儿子们总是争吵不休，他常常为此而感到愤怒。作为亨利二世之子，理查德曾像他的父亲一样对"十字军"东征念念不忘，然而最终结果却是父子在沙场上针锋相对。此时的法国国王是腓力二世，他在亨利二世与理查德之间摇摆不定。身为亨利二世最宠爱的儿子，约翰并没有选择支持父亲，而是站在了理查德这边。

　　1189 年，亨利二世去世。理查德登上了王位，史称理查一世，继承了亨利二世的所有土地：整个英格兰，以及欧洲大陆的部分领土。作为历史上的"狮心王"，理查德心怀良善，知书达理，骁勇善战，唯独缺乏政治头脑。他的骨子里刻着骑士二字，所以他选择了骑士之道，永远都在寻求冒险。理查一世执政时期仿佛是英国历史进程中一次莫名其妙的中场休息。他不具备其父亨利二世那般的管理能力，相较于英格兰，他偏爱在欧洲大陆领地上逍遥快活。率领"十字军"东征是他毕生所愿。后来，当他行进在通向东方的道路上时，他那心怀鬼胎且失道寡助的弟弟约翰乘虚而入，企图篡位。

在这段历史时期内，东方文明盛极一时，欧洲大陆的大部分地区却还没有完全开化，仍然处于蒙昧阶段。异教徒控制了基督教圣地耶路撒冷。在很长的一段时期内，新兴的西方文明对东方势力甚是畏惧。然而，现在事情发生了变化，譬如匈牙利人开始信仰基督教了。局面很有可能因此而被改变。西方人看起来有机会通过东征夺回失去的基督教圣地。接连几次的"十字军"东征不仅体现了骑士精神，还蕴藏着宗教信仰。虽然数次东征所取得的胜利大小不同，重要程度不同，也没能达到最终目的，然而对于欧洲大陆及英格兰而言却意义非凡。无论是阿拉伯人还是拜占庭人，都对西方的商业贸易发展，社会发展，以及精神生活发展做出了巨大的贡献。想得到的没有得到，不想得到与不在乎的，例如科学技术，商业贸易，文化艺术，以及更好的生活条件等，却扑面而来。

除了给不受欢迎的继任者约翰做了嫁衣；激起了叛乱者的斗志；催生了《大宪章》之外，理查一世的历史功绩再无其他了。他一登上王位便远赴欧洲大陆，其间短暂地回到过英格兰。在离开英格兰之前，他并没有对政事做出妥善的安排，正因如此，约翰得以乘虚而入。

1192 年，理查一世及其"十字军"铩羽而归。奥地利公爵擒获了他，并把他交给了神圣罗马帝国的国王，也就是亨利六世。亨利六世向英格兰方面索要 10 万英镑作为赎金，彼时的 10 万英镑在价值上远胜今日。想要拿出这笔赎金并非易事，税收方面所承受的压力巨大，新增的赋税花样繁多，例如所谓的动产税，税点竟达到了 25%。虽然任务十分艰巨，英政府还是支付了全部赎金。在理查一世回到英格兰之后，约翰愿赌服输。然而，理查一世带着他能募集到的所有资产，又一次也是最后一次抛弃了英格兰，前往了他心心念念的阿基坦，想要挽救受菲利普威胁的欧洲大陆领地，而菲利普是他另一位弟弟。没过多久，他在盖拉德城堡中病逝。盖拉德城堡坐落于塞纳河畔，既奢华精致，又固若金汤，享有"华美城堡"之誉。有人用箭袭击了理查一世，那人的父亲与两位兄长早先死于理查一世之手。

理查一世身受重伤，在挣扎了数日之后，最终死于败血症。在此之前，他在知道了被刺杀的原因之后，并没有追究凶手的责任，但是他的随从们依然对凶手施以了酷刑，没有给他留活路。这种行径无疑是野蛮的，虽然它标榜着骑士精神这一时代特征。

里程碑式的《大宪章》

理查一世并无子嗣，有资格继承其王位资格的人只有其弟弟约翰，以及他的侄儿亚瑟。在那个时候，国王依旧是通过选举产生的，贵族们通过会议选定了年纪稍大的约翰，放弃了年纪尚轻的亚瑟。由此，约翰一世诞生了。然而历史告诉我们，约翰一世基本上可以说是最差劲的国王，没有之一。尽管如此，在其执政期间，英格兰迎来了有史以来最重要的里程碑式的事件。当然，人们对这一事件表现出了颇多质疑。

我们先来谈谈约翰一世的欧洲大陆政策，以及与教会的来往。约翰一世在刚刚继承王位的时候，得到了巴基斯坦与诺曼底的支援；然而，无论是安茹还是法国国王腓力二世都选择支持亚瑟。战争一触即发。随后，亚瑟与腓力二世爆发了矛盾，这给约翰一世带来了休整的契机。然而他不仅没有把握住机会，反倒得罪了普瓦图的贵族，让自己又多了一个敌人。因为对妻子甚为厌恶，约翰一世命令数位阿基坦主教为其开具了离婚文书，然而转身迎娶了另一名女子。这名女子来自普瓦图，出生贵族，并与约翰一世早有婚约在先。腓力二世再度挺身而出反对约翰一世。年纪尚轻的亚瑟后来在沙场上被擒获，据说最后死在了约翰一世的手下。尽管如此，约翰一世还是没能保住诺曼底、缅因、安茹、都兰，以及普瓦图的部分地区。亨利二世打下的欧洲大陆领土几乎全部沦陷了，除了阿基坦，以及普瓦图剩下的地区。

　　1205 年，在坎特伯雷基督教堂中的修道士们与约翰一世之间出现了一些问题。在大主教休伯特·沃尔特（Hubert Walter）离世之后，修道士们原则上享有新任大主教的推举权，然而约翰一世却坚决反对。第二年，斯蒂芬·兰顿（StePhen Langton）受命于教皇英诺森三世，成为新任大主教，暂时缓解了矛盾。这是有悖常理的，显然约翰一世不像亨利二世一般有手段，所以也不可能像亨利二世那样突出重围。约翰一世怒火中烧，将修道士们赶出了国门。1208 年，教皇公告天下，废除了英格兰的教权，以示反击。这一禁令意味着，座座教堂都将大门紧闭，不再举行任何圣事，甚至不能在葬礼上诵读经文，不过，洗礼与抹油仪式[1] 被保留了下来。

　　在这个事件当中，有两点是值得深思的。第一点是，在 200 多年之前，格里高利就曾企图正面抗衡国王，而这时的教皇却认为，在正面抗衡国王之前，先需要得到人民的认可，并点燃那把"逆火"。第二点是，约翰一世可谓失道寡助，无论是教士还是普通民众都选择成为教皇的支持者，对他群起而攻之。或许是想要得到终极的自由，约翰一世丝毫没有察觉到野蛮行径所带来的恶果。他不但没收了教士们的财产，还拿贵族的长子当人质。毫无疑问，他成了贵族、教会，以及广大人民的眼中钉、肉中刺。

　　1209 年，教皇又有了新动作：剥夺约翰一世的教籍。约翰一世竭尽所能封锁消息，可最终还是为人所知。各种名目的税赋在英格兰由来已久，现在约翰一世又利用经济与折磨等手段来掠夺民脂民膏。迫于这样的手段，犹太人拱手为他送上了 40000 英镑，各地的修道院院长外加西多会修道院拿出了至少 127000 英镑。部分贵族揭竿而起，而作为人质的后代们自然难逃厄运。对于教皇而言，只剩下最后一条路可走：对约翰一世进行威胁，让他知道如果不退让，就会被罢免；对英格兰垂涎三尺的法国国王腓力二

---

[1]　为临终之人抹油的仪式。——译者注

世将如愿以偿。

约翰一世十分清楚自己手下的军队是靠不住的，所以不再与教皇英诺森三世针锋相对。他接受了缴纳贡金的条件，承诺效忠于教皇，放弃了自由国王的身份。约翰一世认为自己暂时安全了，于是开始琢磨着收复欧洲大陆失地，因为没有贵族愿意跟他一道出征。气急败坏的约翰一世打算对那些不听话的贵族下手，却遭到了兰顿大主教的阻止，他要是真出手，便会被剥夺教籍。过了些时候，他终于得到了部分贵族的支援，率领大队人马朝海峡彼岸进发。然而在 1214 年，他在布汶（Bouvines）之战中落败，不仅无功而返，还带回了一大笔债务。

约翰一世势必要与贵族们一较高下。他要求所有没有随军出征诺曼底的贵族们都要缴纳一笔巨款；作为反击，贵族们都来到了贝里·圣埃德蒙兹，并约定要想尽一切办法，让约翰一世谨遵亨利一世所定下的宪章来处理当下的局面。约翰一世招募了一批雇佣军，而贵族们更是养兵千日用兵一时，而且他们的军队甚至可以随意进出伦敦。英格兰愈加有了当今英国的模样。它曾经从属于盎格鲁 - 法兰西帝国，曾经拥有过起始于海岸线，终止于比利牛斯山山脉的无垠土地；然而当历史的车轮行进至此时，它的欧洲大陆领地只剩下加斯科涅、波尔多等地了，在这种情况下，无论是在精神方面，还是在政治方面，欧洲大陆施于英格兰的影响都大不如前了。

故事说到这里，我们不可避免地要与兰尼米德（Runnymede）见面了。需要说明的是，历史学家大致可分作两个派别：第一个学派是伟人学派，致力于在领导者（无论好坏）身上探求历史根源；第二个学派致力于在社会理念与社会力量中探寻本因，坚称个人无法左右历史进程。我的观点是，历史证明，真相介于二者之间。无论是领导者还是社会因素，都能影响历史的发展进程，并会在某个时空中合二为一。在我们的故事里，约翰一世作为个体因素给英格兰带来了危机，而从某个角度而言，社会力量是在"助纣为虐"。

英格兰人常常因其民族特质而深陷两种困境：第一种是政府无能所致的混乱局面，第二种是专制统治所致的危险境地。由此可见，英格兰人急需一个极具权威性的君主制度，既能对贵族与民众进行管理，又能防止独裁专制的出现。在英格兰实现统一大业之后，诺曼国王与安茹国王中的最强者完成了这一项任务。然而，理查一世与约翰一世将英格兰带入了一片危机四伏的泥泽。国王定下的规矩就是命令，而贵族们长期以来的针锋相对实则是在抵制暴政，更意味着地方的自治——虽然二者本质上都是为了一己私利。自此之后，英国历史的发展方向就像钟摆一样来回撞击着。作为《大宪章》最权威的研究者，麦基奇尼（McKechnie）曾说："在早期的英国历史中，重要事件都是在探寻实力强劲的君主制度，以及制衡这一制度的强劲实力。"

在早期的英国历史中，诺曼国王与安茹国王在秩序大战中获胜。亨利二世并不是暴君，而是个独裁者。然而，在随后到来的理查一世时期与约翰一世时期，战斗目标不再是维护秩序，而是捍卫自由——爆发于1173年的贵族叛乱只是一个开端。为了保住特权，贵族们坚守着自己的阵地，虽然这种坚守很可能是下意识的。他们终究还是失败了，亨利二世不负教会与人民的期望，挣脱了困境。1215年，局势发生了巨大的变化。约翰一世荣登宝座，却没能以有效的治理回馈社会，反而与教会及人民渐行渐远。他与教会闹得不可开交，还剥削压榨着广大人民，如此一来，贵族们便顺理成章地得到了教会的支持，并与教会携起手来。在兰顿大主教的指引下，教会成了各阶级的共同领导者。

约翰一世如坐针毡，无奈之下只好在1215年6月赶赴兰尼米德，拜见了会议中的兰顿大主教，并与参加会议的贵族们见了面。与大主教相比，那些贵族们并非位高权重之人，然而他们却是大部分英格兰贵族与自由民的民意代表。数日之后，约翰一世不得不在《大宪章》上签下了自己的名字。在英国历史上，《大宪章》堪称最具影响力的文献，同时也是最易被误读的文献。

事实上，《大宪章》是一纸合约。国王被迫许下承诺，将对以往治理过程中所犯下的错误给予纠正，并定下了具体的担保事项。恐怕没有哪个民族会像英格兰人一样，既不善于伪装，又不善于总结。他们所做出的判断总是基于具体的事件，或者具体的场景。无论是法国人还是美国人，在这一点上都与英格兰人截然不同。在本章的末尾一节中，我们将再次提到这个话题。英国人从不认为，那些极具概括性的政治理念是无须证明的，也不相信那些政治原理具有跨越时空的普适性。英格兰人最清楚的是，或者说作为生物有机体最能感受到的是，个人财产是否遭到了侵犯；古老的传统是否不允许自己穿行于田间地里；自己的行为习惯是否被干涉；自己与政府、税务等方面的日常关系是否被改变；等等。在英格兰人眼中，这一切都是个人权利。

上述事件发生在 1215 年。贵族们认为，在很长的一段时期内，他们手中的权力，或者说他们在权益的实际层面上（而不是抽象层面上）所享有的"自由权"受到了极大的限制，而且这种限制还在不断加强。他们不仅强烈反对征收重税这一措施，还强烈反对将案件转移至国王法庭这一规定；此种情形，不一而足。同时，他们还想通了其他两个问题：第一，想要对付约翰一世，就得调动起教会与自由民的力量；第二，传统的欧洲大陆封建制度并不适用于英格兰。在中央集权与社会秩序方面，无论是威廉一世，还是亨利二世，抑或是其间的其他国王都已竭尽所能。

最终，我们没能在《大宪章》的专业术语中找到与自由有关的概括性表述——在那个时期，这一问题尚未受到关注，更无人能理解。在《大宪章》中，我们看到了各种措施及细则，目的是改善上述三个阶层的处境。毫无疑问，如果对彼时的社会与法律不够了解，那么便无法真正读懂《大宪章》。需要注意的是，在历史的长河中浮浮沉沉了几百年的《大宪章》，今日之内涵已全然不同于往时了。1215 年的《大宪章》所制定的条文，其所涵盖的范畴时至今日已扩大了许多，甚至已有了天壤之别。例如，当年的《大宪章》

并没有赋予陪审团及其成员任何特权，特权只属于自由民及其上等级之人；也就是说，农奴与隶农并没有被赋予相应的权利。后来，人们废除了农奴制，农奴与隶农就此享有了自由权；如此一来，上述条文所涵盖的范畴便自动扩大了。然而，我们并不能就此认定，议会制度与不代表不纳税制度是从《大宪章》的条文中衍生而来的。

不过话说回来，《大宪章》确实播下了这些制度的种子。社会各阶层（除底层人士之外）强烈要求国王将一言承诺落于笔端，并将建立新兴的君主立宪制作为共同的奋斗目标。更关键的是，无论《大宪章》于历史而言是好是坏，至少在往后的日子里，它始终守护着自由——与传统有关，或许失之偏颇。英格兰人擅长在历史中寻找先例，正因如此，基于国王与臣民之间的传统合作关系，为社会各阶层谋求更多利益的行为，虽然有虚伪的一面，但毫无疑问，它具有至关重要的历史价值。在这种情况下，最直接的结果是：教会得到了至高无上的特权；生活在农村中的直属封臣所缴纳的税款是固定的，若非王政厅许可，任何人不得向他们收取额外的税款；《大宪章》赋予了伦敦等城镇一系列特权；普通自由民再也不会被无缘无故地罚款或关押。

关于王政厅，还有《牛津条例》的事情

罗马教皇没有剥夺约翰一世的教籍，约翰一世依然是教会中人，依然能得到保护。他没有接受失败，而是招募了一批雇佣军和贵族们一较高下。内战又一次袭击而来，并且迟迟没有结束的迹象，在此期间，贵族们将法国国王之子推上了英格兰国王的宝座。原本两方的势力相差无几，然而在1216年的10月，约翰一世撒手人寰，这预示着和平时期即将到来。没过多久，教皇英诺森也离开了人世，新教皇继位。事实证明，在英格兰的自由之路上，新教皇所产生的阻力显然小于英诺森。彼时，约翰的长子不过是9岁的年纪，

尚未成年，尽管如此，英格兰人都觉得让他继位总好过让外国人继位。于是，亨利三世来到了我们面前。对于英格兰人来说，这一次的选择无疑是一个进步，不但摒除了未成年人不可继位的偏见，还对现实中的威胁考虑得十分周到。

此后，法国人被赶了出去。虽然亨利三世年纪不大，性格柔弱，看起来不足为信，但他在 1216 年与 1217 年先后两度对《大宪章》进行了修订，因为他不再相信贵族，更害怕回到毫无秩序的封建时期。新《大宪章》横空出世，国王获得了更多的权力，"唯有王政厅享有征收附加税之权力"一条已不见踪影。然而，亨利三世将手中的权力分配给了自己的心腹，那些人品行不端，大多来自国外；在迎娶了普罗旺斯的埃莉诺（Eleanor）之后，这种情况愈演愈烈。或许是个巧合，身为外国人，确切地说是诺曼人的西蒙·德·蒙德福特（Simon de Montfort）在不久之后将成为英格兰的莱斯特伯爵，并成功领导贵族阶层，与亨利三世为敌。在获得伯爵头衔，继承了大笔财富后，他只花了数年工夫便成了英格兰国王的姐夫。然而因为这件事，贵族们纷纷倒戈，对他群起而攻之；没过多久，善变的国王也站在了他的对立面。事实证明，当和平流于表面，便将毫无价值。

此后数年时间，是英国历史进程中的一段重要时期。国王倔强地想要征伐欧洲大陆收复失地，而王政厅则直言不讳拒绝资助。除了将一大批外国人带回了英格兰之外，亨利三世的远征别无所获。英格兰人对此心生不满。因为教皇的松散管理，教会渐渐失去了控制，这进一步激发了英格兰人的不满情绪。1244 年，教会与贵族联手对抗亨利三世，强烈要求将执行官的任免权交由正朝着议会方向发展的王政厅，这意味着国王失去了任免权。这是一项超越时代的政策，我们似乎看到了议会制与内阁制这一现代政治体系的模糊身影。不过这也带来了另一个问题，贵族们将获得太多权力，因此，在这一体系当中，需要有一个权高位重、实力足以制衡贵族的其他阶层。倘若缺乏这样一个强悍的中间阶层，那么在现实中，议会政府将举步维艰。

然而要不了多久，政府便将被迫行动起来，原因无非是：亨利三世对欧洲大陆的征伐无休无止，耗费了一大批物力财力；教士们对贪得无厌的教皇忍无可忍，于是将教会的财产全都交到了国王手上；亨利三世对国家的管理很是糟糕，各个阶层的发展都深受影响。1254年，亨利三世再次远征欧洲大陆，而他那留在英格兰的妻子与兄弟则操持起了政务，并通过王政厅为亨利三世募集一笔惊世骇俗的巨款。

出席这次会议的不但有既往成员，还有来自各个郡的骑士们（一个郡派出 4 名），这一情况打破了王政厅的传统。当然，骑士们所能做的，大概只是对自己在地方所承担的职责做些声明。与会成员范畴的扩大，对其转型议会至关重要。倘若王政厅始终由贵族与教会把持，那么国家将会面临两种危险：一种是被国外教会收服；另一种是被混乱的封建制度拖住后腿。贵族们拥有极其强大的势力，想要煽动起内战可谓轻而易举。生活在各郡的地主阶层是渴望稳定、遵守秩序的人，有他们参与管理，局面将大有不同。

于 1265 年召开的议会，堪称英国历史的转折点。对于在此之前数年间发生的事情，我们在此就不一一赘述了。无论是国王还是教皇，其盘剥变本加厉。为了在意大利赢得利益之战，教皇命令英格兰的教士们将收入的1/10 上交给自己，这和"十字军"东征时的情形无异。1258 年是个歉收之年，劳苦大众食不果腹，然而亨利三世却对此视而不见，坚持收取了 1/3 的年收入。在威斯敏斯特，议会如期而至，与会者们已做好了准备，无论是贵族，还是骑士等地主阶层人士。《牛津条例》（Provisions of Oxford）通过了决议，就意味着王权被弱化了，贵族权力被强化了。贵族们已势不可当。贵族推选出了 12 位成员组成了一个新团体，取代了传统的王政厅（也可以说是传统的议会）；每年都会与受制于贵族的政务会碰头三次，而政务会拥有15 位成员。未经这 27 人允许，国王不可擅自行动。

随之而来的除了麻烦还有危险。西蒙•德•蒙德福特与贵族们同仇敌忾，却始终未得到信任；与此同时，亨利三世对他恨之入骨。在这种情况下，他只得寄希望于广大群众，声称会对人们的诉求做出全面的考量。彼时的法国国王是路易九世，他倒是乐于做个和事佬，索性对眼下这种情况不闻不问。1264年，贵族、骑士，以及城镇居民们组建起了一支军队，而蒙德福特则是统帅。在之后的刘易斯（Lewes）大战中，蒙德福特大军生擒了亨利三世，以及他的儿子。

国家的实际控制权落入了西蒙伯爵之手，他任命了包括自己在内的三位推举人，负责任免九人委员会的成员，而九人委员会则有权任免国务大臣。当然议会并没有停止召开，与会者除了有贵族代表与教会代表之外，各郡会派出骑士代表，各城镇也会派出两名市民代表。很难想象，1265年的议会已经发展到了这样的阶段，全然走在了时代的前面。林肯的主教格罗赛特特（Grossetete）是当时最具才智之人，他的另一个身份是蒙德福特的顾问与知己。议会的发展速度日趋缓慢下来，尽管如此，在格罗赛特特的指引下，议会的发展方向还是很明确的。这一次的会议开创了一个先河，并出台了一个利在千秋的原则。

与此同时，作为王位的继承人，亨利三世之子爱德华正在接受如何依法治国的教育。爱德华在伊夫舍姆（Evesham）之战中获得了胜利，并将蒙德福特置于死地，纵然如此，蒙德福特所打造的新议会仍然被保留了下来，并被发扬光大。蒙德福特到底有没有能力？是不是真的心怀天下？仁者见仁，智者见智。不过，对于英格兰来说，他的贡献是不可磨灭的。当然，蒙德福特的离开是历史所趋，因为他笃信独裁主义，而英格兰缺少的并不是这样一个一人之下万人之上的大贵族，而是一个真正的一国之君，譬如爱德华一世。在伊夫舍姆之战结束后，爱德华备受亨利三世器重，并从父亲手中得到了其绝大部分权力。1274年，亨利三世离世。此时，爱德华基本上已经控制了整个英格兰。亨利三世离开的那天，爱德华正在外东征；对于继承王位这件事，他毫不意外。随后，他回到了英格兰，而那个时候的英格兰已更加有了日后的模样。在后文中，我们将把目光放到现代不列颠的发展，以及帝国的发展上。

第四章

传奇而荒诞的中世纪

　　上一章主要讲述的是英国历史的缘起，以及罗马人、盎格鲁－撒克逊人、古挪威人、丹麦人、诺曼人对不列颠的入侵与同化。我们已经了解到了许多史实，其中一些看起来和现代大英帝国毫无关联，不过实际上仍存在着一些影响。接下来我们将要讨论的历史时期是个革旧迎新的时代，我们将看到许多新的历史概念，例如克雷西之战、阿金库尔之战、治安法官（Justices of the Peace）、劳工荒，等等。对于当下的英国人而言，这些概念仍历历在目，因为它们已被镌刻于传统之中。相比之下，无论是罗马人的入侵，还是撒克逊人开创的立法会议，抑或是维京人的骁勇善战，都只存在于英格兰人尘封的记忆中。

　　倘若将我们的故事视为大英帝国传记，那么我们已经了解了它的出生地、祖祖辈辈，以及童年时光，现在即将迎来青春期。成年期是此后的都铎王朝时期，而成熟期还要再等上若干年。上述那些事件，或者说历史背景看起来没能对帝国造成长远影响，但实际上，它们大大地影响了民族特质，以及诸多制度的诞生。除此之外，在这段历史时期内，货币贬值与通货膨胀再度上演，原因是薪酬与物价只受政府调控；这与罗马时期的情形大同小异，而如我们所知，这正是罗马文明走上末路的关键因素。

行会的出现，以及学院的诞生

社会团体精神（corporate spirit）的兴起是这段历史时期的显著特征。历史本无明晰的时间界限，生命来来往往，生生不息；所谓的世纪、朝代、年份，不过是人们出于方便而对时间做出的阶段性划分。任何事情都有前因后果，只是在不同的时代，重点也会有所不同。在我们现在所讲述的这个时光段落里，重点大致有二：首先是修道士来到了台前，帮助教会控制民众；其次是大学、手工业行会、议会都得到了长足发展，因而民众对公共生活、社会团体生活的依赖性愈加强烈。

如前文所述，作为制度的一种，教会的存在是至关重要的。然而，教会中的掌权者其实都不是宗教领导者，而是一群政客，至少看起来像政客。修道士们刻苦地学习着文化知识，尽力帮助着贫困之人，然而却没能让各地的修道院，以及丰腴之地的宗教生活得到更好的发展。此外，在很多缺乏文化底蕴的教区，教士们的影响也是微不足道的。教会组织具有很强的影响力，甚至具有一定的统治性，但它还需要找到一种能够振奋人心，滋生归属感的思想。

早在 13 世纪之初，方济各会与多明我会 [1] 便在英格兰这片土地上有了一席之地。在随后的 200 年间，特别是方济各会一心服务于人民，这让教会得以存活下来。消除贫困是他们的目标，因此他们常常出现在那些粗陋不堪的屋子里，帮护着病人与穷人们。他们四处布道，心怀虔诚，致力于光复那恢宏至极、真真正正的宗教。然而，他们没能将消除贫困的目标坚持下去。无论是在各地修建小型修道院，还是对哲学、科学的大力推广，他们所做的一切都和圣弗朗西斯的想法背道而驰。无论圣弗朗西斯

---

[1]　方济各会与多明我会都是天主教托钵修会主要派别之一。天主教托钵修会是 13 世纪上半叶罗马教会为与异端教派争夺群众而建立的天主教修道组织。——译者注

如何看待他们，包括罗格·培根（Roger Bacon）、邓斯·司各脱（Duns Scotus）在内的修道士都是方济各会的一员。在生活变得越来越富足，越来越舒适之后，方济各会开始呈现出颓然之势，不过在 15 世纪，它的确深受广大人民的支持。不可否认，而今的英国人之所以拥有如此强大的富有宗教色彩的创造精神，方济各会功不可没，当然，它也是爱德华八世选择放弃王位的原因之一。

最能体现中世纪社会团体生活的，恐怕非行会团体与大学团体莫属。在 12 世纪，人类迎来了一段文艺复兴时期，它为 15 世纪那场更为恢宏的文艺复兴奠定了基础。不过，这次文艺复兴所涉及的主要是经院哲学，而科学、文学或艺术并不是重点。正因如此，今人大多对其兴趣淡漠。然而，它的历史意义是不用忽视的。它的到来让人们生出了求知之心，让思维这个工具得以被打磨，最关键的一点是，大学校园应运而生。无论是在帕多瓦还是巴黎，在牛津还是剑桥，最初的授课都是一批学生围着一位老师听课，既没有教学楼和教室，也没有相应的设施。到了后来，因为一部分学生需要住处，同时也是管理所需，人们开始筹办和捐助学院（英式学院，非美式大学）。那段历史时期虽然有黑暗时代之称，不过学生的数量已初具规模。

通常情况下，那些学生都是从偏远地区，以及国外而来的，譬如苏格兰。然而相比之下，他们更中意意大利的大学和法国的大学。学生们年轻气盛，志向高远，能言善辩，时常会碰撞出思想的火花。大部分学生出身社会底层，要么是英格兰的农民，要么就是城镇的普通居民。于他们而言，能上大学就等于能找到工作，而出生社会上层的年轻人对上大学自然不屑一顾。在现实生活中，社会团体这一形势不仅出现在了教育领域，还出现在了商业领域，雇主与工人们的关系也是这样的。社会团体俨然已成了别具一格的时代特征。

商业行会由来已久，但对于它究竟起源于何时何地，我们尚无从知晓。它是以城镇为范围的，以垄断、控制与管理各行业为宗旨的商业同盟。然而，商业行会的重要程度远不如同期崛地而起的手工业行会。某种程度上而言，商业行会对各行各业的垄断被手工业行会打破了。我们这里所说的手工业"行会"（mistery），也可以说是"公司"，包含了城镇中从事某些特定行业与职业的所有手工业者，也就是匠人。手工业行会的职责是：保证工艺质量；合理安排工作时间；合理分配劳动收益。同时，它还肩负着一定的宗教职能与社会职能，例如特定的礼拜活动、各种各样的典礼活动、盛装游行活动，等等。较之以前，那个时候的盛装游行活动不仅更加流行了，也更加细致了。英国人一直对这项活动情有独钟。

到了14世纪，我们可以看到这样一种趋势：在部分艺术领域和商业领域中，一些能工巧匠以个人名义组织起了行会，从而独立于雇主行会之外。然而，与德国人不同，英格兰人在这方面所做的努力并没有收获太好的成效。最终结果是，匠人行会要么成了雇主行会的下属机构，要么干脆被雇主行会兼并。双方的分歧和斗争集中在工作时间与劳动报酬上。相较于后文将讲到的状况，这种斗争只是发生在某个城镇的某个行业内，处理起来并不棘手。然而，基于我们所了解到的一些变化，例如教会极大地影响着劳苦大众；未曾听过"大学"二字的年轻人得以走进了大学校门；各种各样的行会层出不穷；等等，我们眼下正在分析的这段历史时期毫无疑问是十分繁复的，社会底层人士的重要性较之以前有过之而无不及。

用战争说话

如前文所说，英格兰的命运与威尔士、爱尔兰、苏格兰休戚相关。从此时此刻起，这三个名字将变得更为关键，因为英格兰与它们的关系将变得更具持续性，也更为重大。它们都曾为后来的大英帝国添砖加瓦，特别是苏格兰。关于威尔士、爱尔兰和苏格兰的历史，我们并没有做太多的讲解，主要原因是大英帝国终究还是起源于英格兰这个半岛国家。如果说帝国的首都是伦敦，那么心脏就是英格兰。

我们已经了解到，1272 年，在亨利三世逝世的时候，王位继承者爱德华一世正在东征。实际情况是，他的归家之路十分逍遥，直到1274 年，他才不紧不慢地回到了英格兰。爱德华一世的宝座近在眼前，可英格兰的和平时期却远在天边。

亨利三世入土为安，葬礼当日，爱德华一世继位。在威斯敏斯特大教堂的神坛上，大贵族们宣读了誓言，表达了对爱德华一世的忠心，然而彼时，爱德华一世并没有在现场。时至今日，在新国王的加冕仪式上，群臣们依然要宣读誓言，以表忠心。爱德华之所以能登上王位，一方面是因为他本身就拥有继承权，另一方面是他得到了贵族们的推选。纵然如此，在继承者没有出席加冕仪式的情况下，王位依然顺利地沿袭了下去，这足以说明"继承权"制度已得到了强化——虽然贵族们的推选仍然发挥着作用。在后文中，我们还会遇到"推选"这件事。除此之外，以老国王的葬礼日作为新国王的登基日，足以说明"君王永生"的观念已然萌芽。此处所说的"君王"，并不是指作为国王的某个个体，而是宪法体系的构件之一，具有象征意义的王权。当然，这一观点的最终确立是爱德华四世任期内的事。

事实证明，爱德华一世是英国历史上最杰出的几位国王之一。他身体强壮，酷爱户外运动，例如比武、狩猎等；他是急脾气，但对婚姻十分忠诚——在那个时代，这无疑是个极为少见的品德；他沉稳、冷静、残酷，这些特性让他成了无人可及的政治家，立法者，以及管理者。需要注意的是，他并没有反对约翰一世《大宪章》中的各项条文，虽然其父亲曾经这么做过。按照《大宪章》的规定，未经王政厅或议会允许，国王不得征收免服兵役税与补助金。在这里，我们先来看一看爱德华一世执政时期发生了哪些战争，以及对外关系如何；接下来再对这一时期的律法与议会做些了解。

在那个时候，英格兰的民族主义已经发展得十分成熟了，而威尔士、苏格兰和爱尔兰几乎还处在宗族阶段，虽然高级领主们的手里已经有了些模糊不清的权利与权力，但相较于英格兰还是落后了一大截。如前文所述，英格兰地势平缓，威尔士与苏格兰则山势崎岖。在这两个地方，"定居"这种生活方式难以得到长足的发展。当然，威尔士是已经做出了一定的改变，农业取代畜牧业成为发展的主要方向，然而城镇还没有建立起来，村庄也屈指可数。因为交通还不够便利，各个部落及其领导者们还只能自立山头，平日里井水不犯河水，就连争斗也都局限在小范围内；当然，他们对那些生活在边境地带的、不善争斗的近邻们并不客气。

英格兰人圈地而居，威尔士人坐山为王，而存在于二者之间则是贵族们的庄园生活，譬如莫蒂默家族（Mortimers）与他的大庄园。莫蒂默家族生活在边境地区，没有英格兰人那般先进，却比威尔士人开化了许多。威尔士当时的情况也很糟糕，边境地区常常遭遇侵犯；而且无论是发动战争，还是掠夺资源，英格兰人都是所有威尔士人的首选对象。作为英格兰国王直接分封的臣子，威尔士亲王具有较大的独立性。在爱德华一世登基之后的4年里，威尔士亲王卢埃林（Llewelyn）一直拒绝听命于他。1282年，卢埃林及其兄弟大卫向爱德华一世发起了挑战，而爱德华一世则率领大军征服了威尔士。同一年，卢埃林被杀；第二年，大卫被擒，后被处死。

在军事方面，威尔士人管理无方，却发明了一种别出心裁的武器——长弓。才智过人的爱德华一世对这种新武器十分重视，以至于后来弓箭手成了英格兰的世界代言人，并极大地影响了战争局势，以及社会生活。据说，长弓之箭可以"击穿盔甲，刺入大腿，将骑士牢牢地钉在马鞍上"。虽然这一说法不足为信，但长弓在当时确实是一种强大的武器，对于当时的战争而言，它的作用足以与后人发明的火药相提并论。英格兰人选择了长弓，而法国人却没有，这或许是英格兰能走到最后的原因之一，关于这一点，后文会详加论述。无论是北威尔士人，还是苏格兰人，都还在执矛而战，并没有拿起长弓。但是不要忘了，长弓的发明者是南威尔士人。

新武器的诞生推动了民主化的进程，可谓意义深远。英格兰的弓箭手们一心想要将法国的骑士制度射得粉碎，现在就连出生自耕农家庭的青年男子都能将全副武装的骑士击落马下。爱德华一世在军队里实行了固定工资制度，这大大地提高了作战的效率，同时也意味着战争大众化又离人们近了一点。封建制度主张废除步兵，并规定士兵的战争服役期最多为 40 天。在这种情况下，一面忍受着民众冷眼，一面拿着报酬的外国雇佣军出现在了英格兰的土地上。而此时，爱德华一世通过给士兵们发放薪水，打造了一个战争机器，一支纯正的英格兰军队。英格兰也因此坐上了当时的军事霸主之位。

爱德华一世在除掉了卢埃林与大卫之后，彻底控制了威尔士。直到今日，在康韦、卡那封等地区依然可见那个年代所修建的，用以守卫新兴领土的城堡。卡那封城堡是爱德华二世的出生地，作为爱德华一世的次子，在兄长离世的情况下继承了王位。此外，在兄长离世后，他还被封为"威尔士亲王"，继承了威尔士领地。而在他之后，"威尔士亲王"基本上成了国王长子的专属头衔，譬如温莎公爵。同样是在卡那封城堡，12 岁的温莎公爵被授予一生中最荣耀的头衔。作为统治者，爱德华一世不但没有废除威尔士的律法，还准许威尔士人拥有私人财产，并设立了以威尔士人为主的管理机构。这一切无不说明，爱德华一世是位了不起的政治家。

然而，爱德华一世却对爱尔兰束手无策。就像是被咒语所束缚了一般，大英帝国始终无法妥善处理爱尔兰问题。在 100 多年前，亨利二世曾征服了爱尔兰的一部分土地，不过那场冒险只是亨利二世的个人行为，并不属于英格兰的征服计划。如我们所知，在爱德华一世执政时期，爱尔兰的社会阶层已经出现了分化。相较于英格兰，爱尔兰的分化更接近封建主义；相较于威尔士，它颇为有序，也鲜有宗族化特征。爱尔兰人在亨利二世执政时期便已有了自己的民族身份，这得益于诺曼人、英格兰人、爱尔兰人的融合。

　　当然，生活在爱尔兰境内的还有其他几个民族。生活在蛮荒西部的大多是纯种的凯尔特人，我们也可以称其为早期英国人；生活在东部的大多是英格兰人，他们以杜林为中心圈地而居，这种定居点也称为"围场"（Pale），此外，这里还可以看到挪威人与丹麦人的后裔。彼时的爱尔兰人还是蛮族，社会甚至尚未进入最初的文明阶段；他们被欧洲大陆主流文明排斥在外，始终处于半开化状态。

　　彭布罗克（Pembroke）的克莱尔伯爵带领着一队极具冒险精神、手执长弓的威尔士人，向着爱尔兰进发了。他们可谓是使用长弓的鼻祖，在这一点，英格兰人也不得不承认。在那个时候，从威廉一世时期到亨利二世时期，爱尔兰人的民族意识尚未觉醒，所以他们接受了亨利二世，以及其他外族领导人在这片土地上所建立的联合政府。在爱尔兰人看来，正义与和平是最重要的。爱德华一世接下了这个烂摊子。爱尔兰人正和盎格鲁-诺曼-威尔士的各方贵族打得不可开交，各方贵族之间更是冲突频发。爱德华一世的管治颇有成效，但并没能维持太长的时间。这只是个开始，爱尔兰人将迎来一段长期的悲惨生活。尽管社会秩序没有再偏离正轨，城镇生活、农业生产、商业贸易等方面也有了复兴之势，但这一切终究是一场梦。

　　爱尔兰始终游离于英格兰同盟之外，并与英格兰对峙了300年左右的时间。在此期间，苏格兰差点被和平演变为英格兰的盟友。在苏格兰问题上，爱德华一世的政治才干没能发挥出来。1290年，一次偶然事件打破了双方的结盟美梦。事实再次证明，个体对历史的影响是毋庸置疑的——虽然这看起来不太符合"历史产生自社会强力的相互作用"这一思想。如前文所述，英格兰南部并不像苏格兰那样全是崇山峻岭，二者虽然处于不同的历史阶段，但联系却是存在的，正因为有了这种联系，才有了"突如其来"的结盟意向。类似地，生活在英格兰北部的人们与生活在苏格兰低地的人们自然也拥有诸多不同。不过，和英格兰相同的是，苏格兰的贵族大多都是诺曼人的后代。在欧洲大陆上，可以看到许多由英格兰贵族掌控的封建领地，类似地，在英格兰，可以看到许多由苏格兰贵族掌控的领地。

与苏格兰结为同盟，是爱德华一世最大的愿望。于是，他迈出了第一步：要求苏格兰国王尽忠——曾几何时，为了一己私利，被称为"狮心王"的理查一世出卖了苏格兰国王的忠诚。苏格兰的亚历山大国王没有接受这一要求，然而在他离世之后，有资格继承其王位的只有那年纪小小的外孙女，也就是挪威国王之女。有人提出，倘若威尔士亲王娶其为妻的话，说不定两国就能殊途同归了。天不遂人愿，"挪威女孩"在赶赴苏格兰时殒命，结盟计划就此戛然而止。

参与争夺苏格兰王位的一共有三个人：约翰·巴利奥尔（John Balliol）、罗伯特·布鲁斯（Robert Bruce）、约翰·黑斯廷斯（John Hastings），一定程度上来说，他们都有机会。因为不想引发内战，他们请爱德华一世来做仲裁者，并承诺若是当选，定会唯命是从。巴利奥尔有幸被选中。假如最高领主之位能让爱德华一世心满意足，那么局面将会变得简单许多。可是，爱德华一世却固执己见，要求将案件的上诉地点从苏格兰改到威斯敏斯特。这样一来，诉讼过程将会变得极其烦琐，同时诉讼费用也将增加，这些是苏格兰人无法接受的。这个失败的举措所引发的第一件坏事是，爱德华一世与法国国王腓力四世闹起了矛盾。截至此时，苏格兰与法国已经结盟300多年了。事实证明，这两个截然不同的民族之间的特殊关系（不仅与条约有关），对不列颠的命运而言尤为关键。这一事实将在后文中反复出现。

爱德华一世下定了决心，准备动用武力。1296，他率领英格兰大军入侵了苏格兰。巴利奥尔立即对外宣布，不再对爱德华一世效忠。当初，在被爱德华一世指定为苏格兰国王时，他曾许下过承诺。然而，他在邓巴之战中败下阵来，被擒回了英格兰。在撤离的时候，爱德华一世不忘掠走了举世闻名的斯昆之石（Stone from Scone），也就是苏格兰国王在加冕仪式中的坐具。这是一则传世已久的预言：斯昆之石所在之地便是苏格兰王权所至之处。自此之后，它再未离开过威斯敏斯特大教堂，始终安静地待在加冕仪式所用的宝座底下。200 余年之后，斯图亚特家族夺得了王国的统治权，预言终于成真。

爱德华一世继而开始践行封建制度。他手握苏格兰的统治权，虽然巴利奥尔违背了承诺，但他依然收复了"失地"，并昭告天下苏格兰是自己的。虽然这一举动获得了苏格兰贵族的默许，可是他选派的那位"代理国王"却没有管理好苏格兰。一方面，爱德华一世所推行的封建制度备受质疑；另一方面，作为被征服者和被压迫者，苏格兰人的民族意识猛然觉醒了。显然，爱德华一世从未想到过这一点。

1297 年，苏格兰民族英雄华莱士（Wallace）带领广大民众赢得了辉煌的胜利，尽管那胜利只是昙花一现。在斯特灵一带，华莱士的军队战胜了英格兰人，后来又对英格兰北部地区发起了冲击与扫荡。与此同时，爱德华一世正在欧洲大陆与法国人针锋相对，趁着休战间隙，他马不停蹄地赶回了英格兰，并亲自上阵对抗华莱士。在福尔柯克，爱德华一世取得了胜利，镇压了华莱士所领导的起义。华莱士辗转至法国生活了数年，而后回到了苏格兰。1304 年，又一次民族起义爆发了，虽然没有参与其中，但华莱士却遭人出卖，落入了英格兰人手中，丧生于伦敦泰伯恩刑场。

爱德华一世再度镇压了起义，并向所有有过"反动"思想与行为的人士收取了巨额罚款；命令所有苏格兰城堡卸下防御。此外，他还在苏格兰设立了英政府。当然，苏格兰的法律并没有被彻底废除。爱德华一世认为，自己已经对苏格兰网开一面了。然而，苏格兰人的独立精神和民族意识与日俱增，他们绝不会向任何外国统治者低头。在这种情况下，罗伯特·布鲁斯被推选为新的领导者。他得到了大多数贵族，以及广大人民的认可与支援。布鲁斯最后没能给苏格兰人民带来胜利，他自己也走上了逃亡之路，尽管如此，在他的逼迫下，爱德华一世终于放弃了统治两国的奢望，同时，布鲁斯的逃亡也被改编为了充满浪漫主义色彩的伟大传说。因为拥有迥异的民族特性，所以这两个民族实难合为一体，除非他们自己愿意。

1307 年，爱德华一世离世。若非如此，他或许真的能战胜了法国，也或许真的能征服苏格兰。然而相较于他在国内的辉煌政绩，外事方面只能说是虚荣一场。在英格兰本土，爱德华一世充分地发挥了自身的政治才干，也足够了解内外局势，以及人民的境况——然而在对待苏格兰问题和爱尔兰问题上，他却没能展示出这一系列的优势。

模范议会究竟是什么样的

我们已经了解到，蒙德福特将议会制度带到了世人面前；当爱德华一世年纪尚轻之时，议会制度慢慢地发展了起来；此后，爱德华一世及其两任继承者实现并推动了议会制度现代化进程。对法国、苏格兰的征伐必定需要大笔的资金投入，好在爱德华一世像之后的都铎人一样精于管理，并看到了新兴中产阶级的崛起及其积极作用。他忽然意识到，议会成员（至少是乡绅）、骑士、城镇居民（或者说行政区内的居住者）等，的作用都是不容忽视的。

应该让那些人的代表在议会中占据一席之地，且不是临时的，而是固定的。这么做的益处大致如下：只要他们点头，就可以扩大税收的范围；只要他们出面，就可以让国家政策及其必要性深入人心；只要他们在场，国王就可以与各地各阶层的子民——除却生活在社会底层的、境况尚未得到国王关注的隶农之外——沟通交流；只要他们参与进来，就可以制衡那些位高权重的贵族们。就这样，在1295 年，"模范议会"终于诞生了。在爱德华一世的改革下，我们在这次议会上看到了主教、修道院院长、教士代表、伯爵、男爵，以及各郡所派出的两位骑士代表，各城镇所派出的两位市民代表。

在各个历史时期，所有的国家与民族都为世界文明的发展贡献了一己之力。英格兰人精于治理，贡献了议会制度，以及内阁制度。虽然还不够完美，但议会制度显然比其他制度更优越，能够长期维护人民的自由与自治，并随机应变。特别需要强调的是，我们还可以看到某些违逆时代发展的改革，其中一部分前文已有所涉及，另一些后文将做出论述。在这里，我们暂且先做一些线索搜集和信息整合的工作。人类文明想要发展，制度就得与时俱进，所以那些不符合时代发展要求的议会制度，定然不可能长存于世。当然，人类是在创造历史，而不是在完成预言，而我们所讲述的是 600 年前，甚至更长时间之前的故事，而不是未来的故事。

在英格兰教会看来，国家立法机构的代表席位并没有那么重要。虽然在上议院（贵族院）中，仍然可以看到某些主教的身影，可是到了爱德华一世执政时期，无权无势的教士已退出了议会。自此至爱德华三世执政时期，议会中的修道院及小修道院代表人数从 70 人骤降至 27 人。教会领导者并没有退出议会，究其原因，他们将参与会议视为自己在世俗间的神圣职责，而不是将自己视为教会的代表；他们更热衷于出席教会活动，譬如在约克、坎特伯雷举行的宗教集会，并利用这一途径来征税。这种宗教集会还有个名字是教士会议，参加会议的皆为教士。作为政治集团，教会、贵族与中产阶级之间的间隙是无法弥补的，在这种情况下，民选政府对海峡彼岸其他国家的觊觎只能停留在梦想阶段。正因如此，在民选政府涉世之初，教会便自觉地收拢了自己的参政权。

与法国等地有所不同，英格兰的贵族阶层与中产阶级并没有成为相互独立且利益冲突的政治集团。不可否认，贵族阶层往往与中产阶级存在利益之争；而在王室与贵族的权力之争中，普通民众具有制衡的效用，同时其地位也得到了提升。在欧洲大陆，长子继承制的出现有效地限制了这种存在于贵族阶层与中层阶级之间的突出矛盾。对于欧洲大陆的贵族而言，他们的儿子都享有贵族身份；然而对于英格兰的贵族而言，除了他们的长子之外，其他儿子都是普通人。这些年轻人大多从事的商业贸易活动等工作，当然也有可能从普通人晋升至贵族。因为法律并没有限制联姻这种事，所以贵族阶层与平民阶层始终在人事与利益上互有往来。

正因如此，在英格兰，内战向来不是阶级斗争。在《议会的演变》这本书中，作者波兰德（Polland）写道，英格兰的平民阶层不仅拥有数千位王室后裔，更拥有数十万位贵族后裔。曾有法律条文指出：若有足够证据证明自己是1295年议会特邀成员后裔，即可享有贵族头衔，而这种现象始发于我们眼下所探讨的这段历史时期；至于具有现代政治意义的贵族，其诞生还要经历一段漫长的时光。骑士代表、城镇代表，以及小贵族代表并不在国王的特邀行列之中，他们只得到了法官所颁发的常规书面证明。实际上，直到1660年，斯图亚特王朝复辟，具有现代政治意义的上议院才真正出现在历史中。

的确，没过多久，议会就被一分为二了，虽然具体时间还有待考证。一开始，全部议会成员都被集中在一个屋子中，骑士代表与城镇代表虽然不参与常规辩论，但可以借"发言者"之口发表意见。"发言者"便是下议院议长的前身。下议院（平民院）被独立出来的过程大致如下：平民代表不享有个人发言权，只能在商议并做出决定后，通过"发言者"向议会表达意见。上议院议员并非全是原议会成员中的世袭贵族代表，某位伯爵或男爵可能会被爱德华一世临时召入，但此后并不一定会再次出现。

事实证明，这对国家稳定大有必要。那个时期的议会纵然已领先于时代，不过有违法纪的事情仍然层出不穷，因此中央集权是必要的压制手段；直到此时，蠢蠢欲动的贵族们从未停止过暗中的争斗，从来没有接受过国王和议会的管理。为了制止各地的小骚乱，国王颁布了一则利在千秋的法令，它极大地影响了英格兰人的性格与社会生活。这则法令是以公告的形式出现的：凡年满15周岁之人必须许下承诺，既不会做出偷窃或强盗行为，也不会为小偷和强盗提供容身之所；会协助国家抓捕小偷与强盗；各郡骑士必须严格践行此法令。在爱德华三世执政时期，"治安官"很快演变为了治安法官，后来还需在"季审法庭"中召开地方庭审，这种庭审一年会召开四次。

新型的战争形态令骑士们的封建性质与军事性质变得越来越少，并最终成了乡绅。在地方治理层面，乡绅的服务是无偿的，这是英格兰社会生活的突出特点。这种社会责任感产生自我们所讨论的这一历史时期。乡绅们虽然对法律不甚熟悉，但仍会为那些认可自己、尊重自己的当地人主持公道。人们多少会觉得，当下英国各阶层士人均如此遵纪守法，既有赖于这一制度的发展，也有赖于乡绅阶层所主张的集体精神的发扬光大。

骑士阶层，或者说乡绅阶层的财富与地位在爱德华一世执政时期得到了长足发展。这是爱德华一世很乐意看到的，就像他很乐意看到广大市镇居民，以及自由民们为自己争取政治权力；在与贵族们的明争暗斗中，这种局面可以帮助爱德华一世蓄积起强大实力。在玫瑰战争结束之前，国王与贵族的争斗无休无止地进行了数个世代。虽然贵族数量有减无增，但是贵族势力却没有受到太大影响，他们借着联姻抱团作战。实际上，在数量减少的同时，贵族个体的影响力却在与日俱增。无论是在政治层面上还是在社会层面上，与中产阶级的纵向联姻，以及贵族内部的横向联姻都是极具影响力的。

有权也好，有钱也罢，所有权贵之人都在利用联姻为自己寻求更多的财富，以及更大的权力。一国之君也不例外，为了巩固并发展王权，他对王室成员做出了联姻要求，对象自然是各方权贵。在这种情况下，身为国王弟弟的兰开斯特（Lancaster）伯爵成了富可敌国、权极君王之人。在百年之后，属于兰开斯特王朝的历史将如期而至。

虽然模范议会出自爱德华一世之手，然而在他看来，自己无疑是国家的主宰——在未来很长的一段时期里，国王们依然将秉承此念；还是事实上的立法者、裁判者、执行者——直到现在，这些权力理论上仍归国王所有。

为了巩固王位，贵族、教会、平民都是他必须要掌控住的。退让并不是没有出现过，但他确实在竭尽所能地实现上述目标。在1294年至1297年之间，他遭遇了一阵危机，不得不同时对抗三股势力。在对抗中，位高权重的贵族们打算与平民们联手。在此之前，国王在未经议会决议的情况下增加了羊毛税，而且幅度很大，这让平民们愤怒至极。在两个阶层的共同施压下，爱德华一世被迫在《大宪章》上增加了"不再征收如此高额的赋税"这一条款。不过，他依然有权绕过议会对进口商品征收高额关税——如果外商们没有意见的话。

出征法国、苏格兰所消耗的巨额军费，激化了平民对国王的不满情绪，贵族们利用了这一局面实现了自己的目标，教会也因此与爱德华一世彻底反目。爱德华一世颁布了《没收法》[1]，教会对此反应强烈，奋起反对，要知道在那时，它已经吸纳了一大批英格兰地主。因为各种各样的缘由，无论真心与否，人们开始向教会捐款捐物。然而教会毕竟不是有机体，不会因死亡而灰飞烟灭，如此一来，土地一时为其所有，便将永远为其所有。在《没收法》出台之后，捐赠活动终于受到了限制。除此之外，基于财政所需，爱德华一世站到了教皇的对立面，毕竟教皇曾经不允许教士们为英法之战捐款。1294年，也就是三年之前，因为急需一笔资金，爱德华一世一声令下，而教士们不得不拿出了所有收入的一半。事到如今，爱德华一世为了让教士们违逆教皇之令为自己捐款，竟然以剥夺法律权益为威胁，也就是拒绝在所有法庭上为教士们提供保护。

---

[1] 其中有条文规定：未经国王或贵族同意，不得擅自将土地出让或赠予教会，违者予以没收。——译者注

替征服划下记号

诺曼人在一个世纪之前征服了英格兰，从那时起，方方面面都发生了重大的变化，譬如说语言。早期的扩张活动让被征服部落开始使用盎格鲁－撒克逊语；丹麦人也贡献了一些新词汇。相较于其他方面的变化，现代英语的发生发展是最引人注目的。在无休止的征战与斗争中，它渐渐生根发芽，开花结果，擦肩而过的种种语言都在它的生命里留下了特有的痕迹。到了今日，英语堪称这世上最多元，也最灵动的语言。撒克逊语有许多繁复的变音，因此它属于屈折语；在现代语言体系中，撒克逊语已难觅踪影。在语言学家们看来，这未必是一件坏事。诺曼人的到来令英格兰的上流社会使用起了法语，就像语法的简化进程一样，这一进程可谓毫无阻碍。当然，或许是受到了扩张活动的推动吧。

征服者所带来的影响集中在词汇方面。在威廉一世到来之前，英国文学已显露出了颓然之势，撒克逊语已非书面用语。无论在何种社会中，口头词汇的数量定然比文学词汇、书面词汇的数量少得多。事实证明，日常生活所涉及的词汇是很少的。在知识阶层开始使用法语前，撒克逊语中用以描述高尚思想情操的词汇几乎已荡然无存，在这种情况下，语言体系中便出现了一个真空地带。要说撒克逊语被拉丁语或法语取而代之了，不如说法语和拉丁语为思想提供了传播的途径。我们在这里所提到的思想是繁杂的、抽象的、有目的的、支配行为的，是更高阶或更精密的文明所创造的制度。

社会底层人士仍然使用着撒克逊语，因为他们的生活所需要的词汇并不多。然而，语言在融合；英格兰人在觉醒；对法国的仇恨在增加（下一章将讲述），在这种情况下，一种新的语言工具诞生了。它结合了撒克逊语、法语、拉丁语，以及丹麦语等的少量词汇，将在未来独行于世，并在伊丽莎白时代及后世中创造出震惊世人的文学著作，同时成为西方文明体系下各民族的官方用语。

需要强调的是，爱德华一世是位卓越的立法者。某种层面上来讲，他革新了法律体系的根基。那些由他与议会共同造就的优秀法案，是封建法律观念向现代法律观念转型的推动力，也是封建社会向现代社会转型的加速器。时至今日，其中的部分法规依然具有一定的参考性，特别是与土地有关的条文。

除此之外，在这一时期，法律领域的世俗化进程终于大功告成，教士们再也不是法律先锋了。法庭逐渐被细化为当下人们所熟知的各种形式，譬如民事法庭、财政法庭、王座法庭，等等。与法律有关的职业渐渐发展了起来，并为法律的繁荣拓宽了前路。大学、新式武器，以及商业贸易活动的发生发展推动着民主化进程的前行，打破了教会与贵族的机会垄断——在此之前，教会与贵族控制着知识领域与政府部门中的重要职位。国王在贵族们的强大势力面前，执意削减和打压私人法庭；普通民众越来越信赖国王的裁决，私人法庭最终被国王法庭取而代之。

结合才能、性情、时代背景等因素，我们不得不承认，爱德华一世虽然有独裁者的倾向，但归根结底还是位国家领导者。更何况在他离世之后，英格兰重蹈覆辙了。就算是对战法国，他也对英格兰念念不忘，一心想着一统大不列颠。他致力于民族精神的培养，最能体现这一点的当属他与教皇的第二次斗争及其结果。彼时，主教卜尼法斯八世勒令爱德华一世停止攻打苏格兰，理由是苏格兰的统治权归圣座所有。这个难题被爱德华一世丢给了议会，而议会的裁决结果是，就算爱德华一世选择臣服于教皇，英格兰人民也绝不会同意。

第五章

14 世纪：旧秩序落幕

　　距离恺撒第一次踏上英格兰的土地、见到那些尚未开化的土著，已经过去了一段漫长的岁月。罗马文明浸染下的那些城市、广场、教堂、市政大楼、乡村农庄，已与那段和平时光一道消失在了人们的记忆中，如梦如幻。罗马人退出了，新的入侵者引发了新的恐慌。对于撒克逊人、丹麦人、诺曼人曾经的暴行，后世之人（本章将会讲述）已漠然无感——假设他们听说过这些事。无论如何，历史的脚步不会停下，英格兰也在坚定地向前走着；既有赖于领导者的指引，又少不了人民意志的影响。民众拥有自己的生活方式，希求能在社会中占有一席之地，并获得更大的自由权益。他们意志坚定（英格兰人的重要特质之一），意愿强烈，奋发图强，并努力生活着。

　　相较于刚刚过去的200年，14世纪可以说是籍籍无名，因为在这一时期，我们没有看到惊世的宪法改革。然而这并不能说明，当时没有出现过类似的改革。在这100年中，尽管没有《大宪章》，也没有模范议会，但议会的发展还在继续，权力的进步也很明显。在这个世纪的后半叶，立法机关分为了上议院与下议院，并且相互独立；立法机关对公帑（税收是主要的表现形式）的裁决权增大；就影响力而言，下议院比上议院更甚。这一切进步大多有赖于对外战争，以及年轻君王们的性情。

在这段历史时期当中，共有三位国王先后继位，其中一位于15岁时继承王位，另一位在10岁时便登上了宝座。当代人为了方便起见，惯用朝代来区别不同的历史时期；但是在过去，国王在历史事件中的导向作用与控制作用，远比"朝代"一词所体现的要重要，所以最关键的因素是国王的性情与才干。

这是一段相当动荡的岁月。英格兰人花了一整个世纪与法国人对战；黑死病的到来让英格兰人口锐减了一半；瓦特·泰勒（Wat Tyler）领导的起义差点让英格兰社会解体，在各种天灾人祸面前，英格兰的政治格局与社会格局发生了重要的变化。不仅如此，自然环境也被飓风与火灾改变了。在这100年中，历史走得跌跌撞撞，不过我们还是要沿着都铎王朝所留下的足迹，继续探寻现代英国的成长路径。

议会的大跨步

如前文所述，一国之君的性情是十分重要的，最典型的实例莫过于爱德华二世令人极其厌恶的执政历程。他的父亲爱德华一世是模范议会的创始人，其权威性多少有赖于那出类拔萃的才干与性情。爱德华一世获得了威尔士的统治权，距离征服苏格兰仅以一步之遥，倘若去世得再晚一些，他或许真的能战胜布鲁斯，统一不列颠岛；他很有可能会变得无人能敌，甚至凌驾于议会与法律之上。然而，爱德华二世虽然继承了王位，却没能继承他父亲的才能与强悍；他不勤奋、不聪明，却很顽固、很浮夸，而且还宠信佞臣。毫无疑问，这个黑暗统治时代的始作俑者定然是那帮佞臣——这并不是一个有失公允的评判。例如那位来自异国他乡的、年轻的、可笑的、无礼的加斯肯（Gascon）骑士——皮尔斯·贾维斯顿（Piers Gaveston）。他三度被驱逐，又三度被召回，在贵族们的构陷下，最终死在了沃里克。又例如德斯潘塞父子，身为英格兰贵族，却成了其他贵族的众矢之的。

我们的故事讲到这里，是时候来观察下贵族阶层的变化了。组成贵族阶层的是数量较少的伯爵和数量较多的男爵，不过要不了多久，这两个群体就将在官文中合二为一了。这类似于骑士转变为乡绅的过程，换句话说，贵族也开始转型了。上至国王，下到农奴，各阶层之间的封建关系已开始动摇。然而，贵族们从未像如今这般焦虑过，究其原因，他们不得不迎合中央集权的发展所需。事到如今，他们放弃了前朝封臣所采取的建立地方政权的方式，而是选择站到国王身边，通过影响和操控中央政府来换取权力。相较于奴隶，他们更依赖那些拿着佣金、穿着制服的仆人们，更重要的是，那些仆人实际上还是一只小型武装势力。

除此之外，作为生活中心，伦敦的地位蒸蒸日上。此前，皇宫的选址向来是不固定的，而此时也终于落户伦敦。伦敦还成了议会的召开地，以及最高级别法庭的常设地。作为新兴阶层，律师们对权力与威信十分看重，并在"圣殿骑士"行动失败后，将总部搬进了圣殿内。随着商业贸易活动的兴盛，财富积累可谓顺风顺水，不过奢靡之风也愈演愈烈。贵族们在各个城镇中建起了华美的宫殿，虽然他们还在与爱德华二世针锋相对，并进行着武装活动，但传统的封建关系已渐渐被现代君臣关系取代。

然而，贵族阶层缺少优秀的领导人。拥有领导人身份的兰开斯特伯爵目光短浅，自私自利。贵族们还做出了一个错误的选择：不与平民阶层联手。这便给了国王机会，他号召起了平民一同对抗贵族。当然，在历史层面上，这未必是一件坏事。1311年，爱德华二世收到了贵族呈上的一套法律条文。表面上看来，这套法律条文迎合了国家的改革，但事实上，这是贵族控制国王的工具。爱德华二世没有接受，贵族们揭下了虚伪的面具，轰然而起。在同一时期内，苏格兰的布鲁斯也聚集起了强大的力量，并在1313年征服了斯特灵——英格兰人在苏格兰仅剩的要塞。爱德华二世只能从一部分贵族及其他阶层获得了些许支援，所以在班诺克本铩羽而归。这场战争一打就是 10 年，在签署了停战协议后，英格兰完全失去了对苏格兰的统治权。国内方面的情况是，爱德华二世还得与兰开斯特派持续对抗。终于，到了 1322 年，爱德华二世在巴勒布里奇获得了最终的胜利；兰开斯特被俘，命丧黄泉。

在此期间，爱德华二世曾被迫接受那套约束王权的法律条文；但是，在除去兰开斯特之后，他即刻便赶赴了约克，召开了议会，废除了该条文。此后，尽管他在治国方面并无太多改进，不过在他管理下的议会却有了长足的发展。对于爱德华二世而言，想要制衡贵族阶层，就必须依赖平民阶层的力量，所以在议会所发布的宣言里，我们可以看到一条十分关键的规定：从此之后，但凡与国王、国家即人民有关的事务，均交由"高级教士、伯爵、男爵，以及平民，按照既往法制"予以裁定。在 1295 年，爱德华一世所召开的模范议会上，便已出现了郡县骑士代表和城镇市民代表的身影；不过，这种议会形式并没能维持太久，因为后来的国王有权做出调整。到了现在，它终于成了国家的法律制度之一，自此之后，所有法律都必须经下议院审议通过后方可实行。

虽然爱德华二世没有太大才华，性格也太过柔弱，不过在其执政末期，议会又一次迎来了重大的变革。自此 4 年之后，曾图谋篡权的爱德华二世之妻回到了英格兰，同行的还有其情人罗杰·莫蒂默（Roger Mortimer），以及儿子爱德华。爱德华二世输给了他那手握贵族力量的妻子，德斯潘塞父子也死在了那个女人手下。1327 年，议会在伦敦召开，并通过了决议，要求爱德华二世退位，并拟定他那年仅 15 岁的儿子继位。这次篡权行动可以说是胆大包天，而爱德华二世则别无选择。8 个月之后，他遭遇了谋杀，死在了伯克利城堡。

爱德华二世败在了，更死在了利欲熏心的贵族、无情无义的妻子，以及卑劣无比的情敌的手中，然而对于这样一个执政二十载却功绩寥寥的君王来讲，可以说是自取灭亡。当然，我们不能忽略他做出的开创性贡献：强化了议会与人民的权力，从而也间接地弱化了王权与贵族权力。

在历史中，我们常常看到：倘若前任国王有胆有识，那么后任国王通常会致力于推动自由进程，同时也将为此付出巨大代价。假如爱德华二世真像其父一般有胆有识，那么自治进程恐怕反而会遭遇阻碍。值得一提的是，这种现象是英国宪法演进的典型特征。自此之后，帝国再无类似可涵盖所有的基本原则出现。不难看出，在那个时期，宪法是处理危机和仇怨的途径，并在此基础上继续发展着。人们并不需要费心费力地去创造一套宪法，就像阿瑟·扬（Arthur Young）在总结法国历史时所说的那样："宪法，是依照食谱烹制的糕点。"它的每一次进步，都基于前一次的发展。基于此，一位法国人曾表示，英国宪法坚守着那些存在于宇宙之中、人类世界之中的"令人欢喜的不连续性、于人有益的不一致性、受人保护的矛盾性"。毫无疑问，具有此种特性的宪法绝不是某个忽而独立的民族可以信手拈来的，譬如美国及其宪法。而且，它也不可能适用于任何民族，有些民族恐怕没有办法控制好它。

在前前后后的1400年里，英国人从未停止过对宪法的改良。著名学者布赖斯（Bryce）曾说过，这种宪法只可能在"处事谨慎、尊重传统、遵循经验、乐意参照父辈行事方式"的民族中萌芽并生长。另外，这个民族虽然不善于抽象思考，不善于逻辑推理，不善于坚持己见，但并不会以偏概全、主观臆断，他们懂得接受现实，直面难题。

美国人既没经历过长达1400年的历史洗礼，也不具备英国人的上述特质。缺少历史与特质的民族有的不过是落于纸面的宪法而已，这样的宪法不曾经受漫长历史的塑造。一方面，这样的一纸宪法让美国人遵循着那些突如其来的不够严谨的规章制度；而另一方面，英国人却本能地遵循着历史与特质——虽然谁都说不清楚，他们的特质与性情在未来还会有何改变。

令人头疼的百年大战

　　爱德华三世给英格兰人带来了一段漫长的灾难时代。他不断地向外扩张，并取得了骄人的战绩。在这种情况下，人民的爱国主义情怀油然而生，同时而来的还有不切实际的幻想。爱德华三世15岁时登基，18岁时，也就是3年后便成了婚。在他成婚之前，国家统治权一直掌握在莫蒂默，也就是他母亲的情人手中。同一时期，苏格兰的布鲁斯隔三岔五就跑到英格兰北部地区撒野。尽管布鲁斯年纪已经一大把，身体也不是很好，但莫蒂默仍旧成了他的手下败将，不得不签署了协议，承认了苏格兰的独立身份。一部分贵族对此甚为不满，于是转而拥立被软禁的爱德华三世，帮助他重新掌握了国家统治权。在诺丁汉城堡，莫蒂默被擒获，虽然太后伊莎贝拉竭力为其求情，但他还是没能逃脱被处死的命运。自此，爱德华三世大权在握，可惜权力却成了他的扩张工具。战争无休无止，而且无甚意义。当然，这些战事并非毫无价值，但当人们要看清那唯一的价值时，爱德华三世已经离世了。

　　爱德华三世的首个征战对象是英格兰从来没有完全征服、并入国土的苏格兰。1329年，布鲁斯死于麻风病（这种疾病在此后的很长一段时间里长期存在着），他那年仅5岁的儿子大卫继承了王位。在爱德华三世，以及英格兰贵族看来，如此好的时机自然不容错过，他们意图让巴利奥尔之子登上宝座。在征伐了数年之后，英格兰无功而返，而法国国王腓力六世却和大卫结为同盟，并侵占了怀特岛。

　　自1337年开始，英法之间的战争持续了将近一个世纪。这一战事被人们称为"百年战争"，给两国人民带去了莫大的灾难。当然，无论是英法战争，还是英苏战争，对于三国民族精神的发展而言都是至关重要的推动力。

　　在过去，法国不过是个实力平平的小国家，然而后来接连出现了三位伟大的君主；他们开疆扩土，甚至征服了一部分在亨利二世执政时期归英格兰所有的土地。在这些伟大领袖的带领下，到了 1300 年，法国已晋升为欧洲大陆最强国。然而，此时的法国国王并非王室嫡系。莫蒂默曾经将幼小的爱德华三世送去法国，企图以此控制阿基坦，并让法国接受现实。爱德华三世并没有从法律上将腓力六世扳倒，不过他宣布自己登上了法国王位，并立志以武装形式谋求王权。这无疑是个缺乏政治眼光的决定，毕竟武力所带来的成功都是暂时的。一开始，人们并不反感战争，因为外交方针是由国王制定的。然而，这场毫无意义的争斗在两个比邻而居的强国之间存在了百年之久（虽然偶尔也会有休战），人民就算坚决反对也无济于事。

英格兰方面并非没有做过考量。如前文所述，苏格兰和法国向来都很友好，这让英格兰在北伐苏格兰时遭遇了重重阻碍——至少有这样的可能性。如此一来，打击苏格兰的盟友、欧洲大陆强国法国，就成了英格兰统一大不列颠的良好开端。彼时，阿基坦是英格兰在欧洲大陆的最后一块领地，而法国的迅速崛起对这一时局造成了巨大影响。除此之外，两个国家还在羊毛贸易方面针锋相对。

我们已经了解到，随着商业贸易活动的增加，英格兰的财富也与日俱增，而羊毛贸易更是其支柱产业，羊毛的出口甚至延伸到了佛兰德斯。彼时的佛兰德斯是世界的布业中心。对于英格兰来说，羊毛贸易是商人与乡绅精诚合作的重要因素。乡绅们在各个庄园中饲养着羊群，而商人们则负责羊毛的销售。乡绅属于郡县骑士阶层，商人属于城镇市民阶层，在悬殊的差距面前，他们选择合作，而此间的经济纽带正是羊毛贸易。这种合作还延伸到了议会中，下议院的实力由此得到了发展。

每年出口至佛兰德斯地区各大城市，例如根特、伊普尔、布鲁日等的羊毛占据了总量的 2/3。一旦面临法国的威胁，这些城市便会为了自身利益而求助于爱德华三世。总的来说，战争已成为这两个国家之间的常态，甚至可以说是传统。战争意味着前路危险，但有利可图。并不是只有贵族们对此心怀惦念，其实很多英格兰人都寄希望于此。一种新兴的封建主义已横空出世，并促生出了新的骑士精神：以武力迎合追随者。

然而，无论是在战争年代，还是在和平时期，爱德华三世的领导能力都乏善可陈。在战争爆发的前三年中，英格兰人未能如愿以偿，直到1340年才在斯鲁伊斯（Sluys）海战[1]中首场胜果。那个时候，不仅海峡为法国海军所控制，南安普敦还被他们给烧毁了。爱德华三世动用了一切能动用的船只——虽然大多为商业用船，用弓箭击退了法国海军。

英格兰人赢得了这场战争，却没有赢得太多利益。在经过短时间的休战之后，战争再度爆发。英格兰人在6年后大胜了一场，那场战役[2]可谓闻名天下，但后续的一系列胜利却迟迟未来，直到接下来的一个世纪。爱德华三世草率地挥师法国，一度威胁到巴黎，未曾想遇到了桥梁垮塌，而后又被大队法军袭击。英格兰人只好沿着索姆河一路向下，几近来到了河口地区，最后在一场看起来毫无胜算的战斗中艰难获胜。在那场战斗中，因为后方的溪流挡住了去路，爱德华大军只好蹚过一处浅滩，来到了克雷西一带，立足于一座山丘之上，并在那里与法国人进行了一番殊死搏斗。

在两军对垒中，我们可以清楚地看到两个民族的不同特质。彼时的法国正处于封建时期的早期阶段，贵族是剥削者，农民是被剥削者，而其间尚未出现其他阶层。贵族的人口规模颇大，身着甲胄或盔甲，还没有表现出封建制度所要求的有序性。当然，外国雇佣军还是存在的，例如来自热那亚的弓弩手们；至于雇佣军的数量，据说在6000至15000人之间。再来看看英格兰。在英格兰，超越封建主义发展的新兴阶层：自耕农、城镇市民和乡绅已经出现；经过严格训练的弓箭手也随处可见，虽然那些长弓已

---

[1]　1340年6月24日，爱德华三世向法国宣战。在今荷兰的斯勒伊斯港，双方大打出手，结果法国战败，英吉利海峡被英国控制。这场战争为历经百年之久的英法大战拉开了序幕——译者注

[2]　克雷西战役。——译者注

渐渐被战争所淘汰。另外，英格兰各阶层的团结性，以及英格兰人的实用主义，都是法国人所不具备的。这些方面的不同在战争中尤为凸显：英格兰骑士骑着战马、手持长矛冲锋陷阵，而后下马和弓箭手背对背作战，然后伺机用长将敌人刺死。英格兰大军中各等级的士兵都具有很强的纪律性，而且擅长马下对决，但是法国骑士却只知道骑着马横冲直撞，人人都想建功立业，却毫无章法可言。

热那亚人也没帮上什么忙。作战时，一来弓弩的威力本身就无法与长弓相比，二来法国的雇佣军们没能保护好弓弩的弦，在经历了一场骤雨之后，湿乎乎的弓弩基本上效力全失——英格兰人的弓箭却被保护得很好，弓弦干燥如初。黑太子率领着英格兰人，如同莎士比亚笔下那般：

> 山丘之上是那强悍无比的[1]父亲，
> 嘴角牵起一抹笑容，
> 凝视着凶猛如兽的儿子，
> 遍寻法国贵族的血液。

不难想见，法国军队的伤亡人数是相当可观的，远在英格兰军队之上，当然，英格兰军队的总人数本就比法国军队少。出现在法国阵营当中，未能幸免于难的还有波希米亚王国的"瞎子"国王，他是秉承着骑士精神来帮忙的。众所周知，波希米亚国王的纹章是三根鸵鸟毛，格言是"我服务"（Ich Dien），这些都被年纪轻轻的黑太子，也就是后来的威尔士亲王"占为己有"并沿用了下去。

双方战士都很勇猛，英国获得了最终的胜利，不过这多少都是因为法国执行了错误的战术。法国人没有痛定思痛，虽然他们的士兵后来也拿起

---

[1]　爱德华三世长儿的外号。——译者注

了长弓，并像英国士兵那般熟练，但还是败在了战术了。爱德华三世不是长弓的发明者，更不是长弓战术的制定者，这种作战技术是日积月累下产生的，不足之处在于军队的侧翼很容易被骑兵突破。显然，法国人没能抓着这个破绽。英格兰人虽然也付出了极大的代价，不过通过百年来的无数辉煌战绩，他们的优越感与日俱增，甚至生出一种战无不胜的感觉。

爱德华三世在打完克雷西之战后，马不停蹄地攻击了加莱，并获得了胜利。加莱是矗立于法国海岸边的一座军事城堡，因此对于英格兰人而言，这场胜利不但增加了在法国的军力，还开拓了新市场。在同一时期，法国与苏格兰之间的传统友情开始发挥效力了。苏格兰国王大卫对英格兰进行了突袭，不过却止步于内维尔的克罗斯，最终被擒获，成为阶下囚。虽然赢得了一系列辉煌战绩，不过爱德华三世还是与法国签署了停战协议，在之后的8年里，局势没有发生进一步的变化。休战的原因之一是黑死病肆虐了整个欧洲，并在1348年前后传入了英格兰，我们在后文中将对此进行详述，在这里先继续讨论这场百年之战。

1355年，战争卷土重来。爱德华三世将加莱作为基地，开始了新的征途，而黑太子则率军向法国南部地区挺进。苏格兰出现了叛乱，爱德华三世不得不赶紧返回英格兰；黑太子则长驱直入普瓦解，并在那里赢得了意料之外的胜利：不但打了胜仗，还活捉了法国国王。法国国王被带回了英格兰，作为人质，他可值不少钱。这样一来，英格兰人又可以吹牛了：我们俘虏了两个国王。1360年，也就是4年之后，爱德华三世又一次跨越海峡，挺进兰斯，并企图在那里举行加冕仪式，登上法国王位。然而，他却为这次行动付出了惨痛的代价，他不得不在《布莱提格尼条约》（Treaty of Bretigny）上签下自己的名字，这意味着他不能再对法国王位有所觊觎了。当然，加莱与蓬蒂厄成了他的领地，也就是说，英格兰的边境又向南推进了一大片。战争还在继续。吉耶纳（Guienne）发动了叛乱，以至于西班牙也被卷了进来。

在此后的14年中，英格兰只保住了加莱这一处法国境内的领地；除此之外，英格兰海军在与西班牙人的对战中全军覆没。爱德华三世不仅耗尽了心力，还患上了疾病，于是不得不回到英格兰。黑太子也回到了英格兰，但是在此之前，他扫荡了里摩日，屠杀了所有人。这让我们联想到当今时代的空袭，例如对巴塞罗那进行的那场空袭。所以，我们需要记住，骑士精神背后隐藏着"屠城"这种惨无人道的行为。和爱德华三世一样，黑太子也患上了疾病。在这种情况下，南开斯特公爵约翰——黑太子的弟弟——接过了作战的重任，然而这段时期却是灾难的序幕。

战争已经持续了50年左右（还将持续50年），沉重的赋税把英格兰压得几乎喘不过气来。英格兰将目光与势力投向了不列颠之外的欧洲大陆上。然而，在进行了一系列的征战过后，英格兰的领土反而变少了。在这种情况下，它无暇顾及爱尔兰，对苏格兰也是略微做些对抗罢了。1367年，依照《基尔肯尼法》（Statute of Kilkenny），地方议会在佩勒成立，这意味着爱德华三世放弃了爱尔兰的其他地区。然而，因为苦于和法国对战，英格兰无力守卫佩勒，导致那里常常遭受爱尔兰人的掠夺。

晚年的爱德华三世患上了痴呆症，只能任凭情人爱丽丝·佩勒斯（Alice Perrers）摆布。兰开斯特公爵约翰从佩勒斯手中得到了一部分权力；黑太子久病未愈，无力争权，不过仍然具有一定的威慑力。兰开斯特公爵与下议院中的一部分贵族联合了起来，而这部分贵族都是质疑黑太子的人。于是便有人传出消息，说是等黑太子死后，其子理查德就会被人清理，而兰开斯特公爵将继承王位。

1376年的议会被称为"好议会"，黑太子时任下议院院长（现在的下议院已经独立出来了）。在会议上，兰开斯特公爵失去了参政院的代表身份，爱丽丝·佩勒斯被驱逐出了法庭。下议院还表示，在见到此前财政支出的具体情况之前，不会对新税赋做出表决。这次会议还首次"弹劾"了——用现代话来说——两个贪污君主财产的王室成员兼官员。

可是，会议尚未结束，黑太子就离世了。此时，爱德华三世已病入膏肓，而理查德则是公认的继承者。南开斯特公爵最终"说服"了头脑不清的父亲，并让"好议会"改变了决议。议会最终做出了这样的决定：除去乞丐之外，其他人都得缴纳人头税。在后文中，我们将时常见到人头税这个专有名词。在这一年，爱德华三世也离开了人世，其不算太光彩的人生就此告终。他没能得到任何人的尊重，就连手上的戒指也被那个始终没有离开他的情人偷走了。尽管他征服了斯鲁伊斯、克雷西、普瓦解，还俘获了两位国王，但归根到底他带来的却是半个世纪的混乱统治。

当然，在由他执政的这50年左右的时间里，海峡两岸人民的民族性有了很大进步，这是英法战争所带来的结果之一，也是一件至为关键之事。对于法国而言，最大的敌人不是来自外国的军事力量，而是那些掠夺成性、无组织无纪律的冒险者；就连爱德华三世与黑太子都拿他们没办法。法国始终没能参透新时期战争的诀窍，不过在经过无数历练之后，已然成长为欧洲地区一股强大的政治势力，并与英格兰平分秋色。两大新兴民族视彼此为永久的敌人，或者说对手。二者之间的持久战将延续到19世纪，而此时我们所看到的只是序幕罢了。

无论是克雷西之战，还是阿金库尔之战，一系列胜战给英格兰人带来的是爱国主义情怀、举世无敌的优越感，以及对既成事实的责任感，而这些都将成为他们的传统。莎士比亚在其著作《亨利五世》中写过这样一个片段：在阿金库尔之战爆发前，让国王回忆起克雷西之战，主教伊利（Ely）对他说：

> 复苏吧，有关勇士的记忆；
> 手执强大武器，重铸丰功伟业；
> 他们的后裔，正坐在他们的位置上；
> 他们的鲜血与勇气，为他们带来了荣光；
> 在你的身上，流淌着……

　　历史学家们的研究方向，以及观点总在与时俱进。曾几何时，历史学家告诉我们，经济动机主宰着世界；直到现在，这一观点依然存在。值得庆幸的是，这种看法已被新的观点所取代。事实上，推动人类进步、改变历史进程的驱动力数不胜数。"鼓号"（Drum and Trum Pet）学派偏好对战争进行繁杂冗长的解析，不过备受世人反对。毫无疑问，无论是克雷西之战，还是阿金库尔之战，抑或是最后的格伦维尔（Grenville）之战，都深深地印刻在英格兰人的脑海之中，我们只有先理解这种深刻的影响，才能明白这一民族的性格特质及内驱力。要全面理解一个民族，就必须了解与之有关的历史，例如商业同盟的产生与发展等。

　　所以，在我看来，通过这场持久战，英格兰的国家地位变得明确了。在战争爆发之前，英格兰贵族手中的财富，以及欧洲大陆领地已流失殆尽，致使其法国属性日渐淡化；而且，在普瓦解之战结束后，法语也失去了官方用语的地位，取而代之的自然是最适合英格兰人的英语，无论议会，还是法庭，都开始使用英语。

　　战争所带来的仇怨越积越深，英格兰人对一切与法国有关的事物都怒目以对，从而推动了法国化的进程。这不但是英国文学发展的要素之一，这是英国人情感发展的要素之一。作为先前的官方用语，法语成了低俗的代名词——虽然巴黎人还是觉得它既高雅又动听。法语若始终是官方用语，或是上流社会人士的专属用语，那么必将成为英格兰统一之路，以及民族发展之路上的绊脚石。

比战争更可怕的黑死病

　　如前文所述，在这段历史时期中还出现了一个不容忽视的重大事件，那便是英格兰遭遇了黑死病的侵袭。不管怎么说，倘若某种疾病在短时间内令一个国家的人口下降了1/2至2/3，那么这个国家的经济与民生必定会遭到巨大冲击。在遭遇黑死病之前，英国的历史变革已默默地进行了好几个世代，在这种情况下，它所受到的冲击就更大了。这让我们联想到300余年之后，也就是1665年伦敦地区所爆发的那场瘟疫，它们的存在拥有相同的本质。黑死病的症状有肿胀、出痛、生疮、呕血，以及昏迷不醒；在发病初期，它的传播速度十分惊人，上自坎特伯雷大主教，下至劳动人民，社会各阶层无一幸免。许多人认为这种疾病起源于东方，商人们把它带入了欧洲。黑死病引发了大饥荒，导致英格兰遭遇了一场惊世劫难。

想要真正懂得黑死病之于现代文明发展进程的重大意义，我们得回述一下前文反复提到的封建制度的转型。在革旧迎新的过程中，有许多至关重要的力量，例如弓箭手的问世、部队给养方式的改变，等等。需要特别强调的是，此时的货币经济已出现了新形式，这一点也至关重要。封建领主将手中的庄园、领地交由别无出路的农奴耕耘，通常并不需要使用货币：不用给农奴发薪水，也不用以货币形式缴纳税款。

然而，地主阶层对货币的需求量在逐渐增加。无论是奢侈品，还是伦敦的房屋，抑或是其他商品，都需要以货币形式购买。一些城镇成了商贸中心，在那里做生意的商人们积累起了大量财富，生活水平也得到了提升。另外，无休止的战事急需资金的融入。一开始，控制融资的是犹太人；在犹太人被爱德华一世赶出英格兰之后，控制权落在了意大利人，例如银行家巴尔迪（Bardi）、佩鲁济（Peruzzi），以及他们的家族手中。1345年，意大利人宣告破产，以金融家沃尔特·德·切里顿（Walter de Cheriton）为核心的英格兰人接过了重任，并让融资这件事得到了提升。时代瞬息万变，怀揣着封建梦想的贵族与乡绅也不得不做出了改变。

社会的变革从多个不同的途径影响着领主和农奴之间的关系，但殊途同归的是，农奴即将成为自由民。农奴们经年累月地为地主干着活，地主往往也会给他们些许报酬。报酬的多寡通常取决于庄园、领地的劳作记录。

报酬一旦到了农奴和隶农手中，就不得再被收回，无论何种理由；农奴和隶农已经拥有了一定的自由权，甚至可以从领主那里租来土地，自力更生。当然，还有一部分农奴仍然处于被剥削、被压迫的地位，他们对那部分获得了报酬与自由的农奴羡慕不已。他们满怀希望，虽然面对的依旧是不见天日的耕作。一批批士兵从战场上走了下来，加入了自耕农与自由劳动者的队伍，因而这一阶层的规模得以逐渐扩大。城镇里的传统商人行会日渐没落；工匠行会应运而生，并日益发展壮大；这意味着劳动者就有可能获得与其新时期地位相吻合的历史价值。

传统的封建制度，以及中世纪的经济制度正在发生着转变；以货币经济为核心，以劳动报酬为基础的现代经济制度渐行渐近。无论是城镇还是乡村，都受到了羊毛贸易增长的巨大影响。有传闻说，正是从这个时候开始，上议院中大法官的座位有了"羊毛袋"（woolsack）这个外号。这足以证明羊毛贸易至关重要。羊毛出口的收入向来是英格兰出口贸易收入中最多的一笔，然而爱德华三世却颁布了出口税政策，这不仅刺激了国内布业的发展，还为城镇中的自由劳动者提供了更多的工作岗位。生活在乡村中的地主们为了增加现金所得将耕地改造成了养羊的牧场，以至于农业劳动者无活可做，居无定所。

然而，黑死病带走了英格兰50%以上的劳动力，无论是乡村中的地主，还是城镇中的雇主很快便意识到自己已深陷困境，而且困难来自方方面面。估算下来，他们大概失去了50%的雇佣劳动力和农奴。除此之外，许多租耕土地的佃农也因病而死了，这让地主们的收益进一步受损。最终，无数土地无人耕种。

幸免于难的劳动力借此契机对工资待遇提出了更高的要求；眼看着这一切发生的农奴们决定不再继续为领主劳动，有的农奴还选择了逃离。一面是历史变革的持续，一面是黑死病的爆发，英格兰迎来了有史以来最严重的一次经济危机。农产品价格不仅没有升高，反而还降低了，这种情况无异于雪上加霜。整个英格兰都为贫穷所困。

坐在下议院里的不是乡村地主就是城镇雇主，决然不见劳动者代表的身影。由此可见，下议院是站在地主与雇主的立场上审时度势的。为了维持既有的社会秩序，在1351年，下议院决议通过了《劳工法》，并在此后进行过多次修订。简而言之，依照该法规的规定，所有自由的、不自由的、无土地的、无资本的劳动者不得以任何理由拒绝领主或雇主所需，并且劳动报酬以瘟疫爆发前的水平为标准。在下议院看来，这样能对经济运转有所控制。此外，物价也被固定在了瘟疫爆发前的水平上，他们认为这样或许能让社会平衡得到恢复。工人也好，雇主也罢，一旦违反了《劳工法》，就会面临重重的惩罚，而执行者则是雇主阶层中的治安法官。

然而，劳动报酬以及物价的增长是必然趋势。不管是统治者，还是法律条文，都没有办法令人民低头妥协。劳动力供不应求，以至于雇主们在雇用劳动力时不得不将《劳工法》束之高阁。现实情况是，有很多雇主都违反了《劳工法》。《劳工法》抑制了劳动报酬的自然上涨，对于广大人民而言这无异于一场灾难；没有哪个有悖于经济规律的法律法规能够得偿所愿，这部《劳工法》亦不例外。在《劳工法》及其他因素的综合作用下，英格兰彻底陷入了泥潭。黑死病并没有放过生活在欧洲大陆地区的人们，不过他们所处的历史阶段和英格兰人并不相同。在14世纪末期，英格兰的大多数劳动力就已经获得了自由，而彼时的欧洲大陆正值封建领主－农奴时期，直到15世纪，他们才开始了劳动力自由化的进程。到了都铎王朝时期，在殖民扩张的过程中，以及在铸造世界帝国之初，英格兰人被统治者贴上了充满自由精神的标签，而这一举动不仅影响了英格兰，还影响了整个世界。

黑暗中的一丝光亮

14世纪，战争无休无止，瘟疫不速而至，但这绝对不是一部分人口中的黑暗时代。实际情况是，在这段历史时期内，出现了许多令人侧目的、超越时代的新思想，这些思想成了后世之人前进道路上的明灯。在1350年前后，变革蓄势待发。

14世纪早期，最受知识分子推崇的书籍是法文版的《玫瑰传奇》（*Roman de la Rose*）。到了1356年，举世闻名的约翰·曼德维尔（John Mandeville）爵士结束了他的全球之旅，据说他为此耗费了34年。没过多久，他创作的游记成了人手一本的畅销书。这本书开创了英文游记的先河，不仅极具想象力，还极大地影响了英文文体的发展。然而，虽然曼德维尔说这本游记写的都是他在近东、印度、中国等地的亲身经历，但其实更像是一本汇编的书籍，有许多内容都来自其他图书，甚至法文图书。无论如何，它终究还是挣脱了教会与封建制度的束缚，将游记引入了文学殿堂。另外，不得不说，在英国人的特质中，热爱旅行是不可或缺的一条。

理查德·罗尔（Richard Rolle）笔下的文字多与宗教有关，纵然如此，我们仍能从中体味到那个时代的民主精神。他对彼时的宗教生活与社会生活甚为不满，还认为杰出的英格兰人都具有三种特质：工作诚实守信、待人公平真诚、充满自由精神。

在描述工人阶级崛起的作品中，兰格伦（Langland）所创作的长篇寓言诗《农夫皮尔斯》（*Vision of Piers Plowman*）最为关键。这本书不仅被翻译为了多种语言，还发行了多个版本，某些版本或许还被润色过。兰格伦并不是在推动社会秩序的变革，而是在推动社会的进步——通过提高社会个体的生活水平。尽管如此，他的作品还是被定义为描写英格兰社会变革的开山之作，同时因为书中故事都来自真实生活，因而在民间享有极高的声誉。在那个时期，阅读尚未普及，我们很难想象诗歌经历了怎样的传播过程，并获得了如此大的影响力。在传播度与影响力的作用下，诗歌总能历久弥新，而不单单是那些古文学家、文学家、编年史学家们的研究对象。《农夫皮尔斯》讲的是一次奔赴真理圣地的旅程，参与者既有人类，也有具有象征意义的人物；最特别的是，一个农夫最后成了圣人基督一般的领导者；不是教士，也不是博学多才之人。这足以说明，在那个时代，人们看待世界、批判世界的方式已经平民化了。

在谈到威克里夫（Wyclif）时，我们会将对论述一分为二，后文将对其宗教活动做出阐述，而在这里，在"平民"主题下，我们将着重讲述其新思想。在我看来，把他的财富观念定义为共产主义学说确实不太合适。不过，他的财富观念的的确确与教会制度、封建制度不相容——虽然他沿用了封建制度中"最高领主"这个说法。当然，他口中的最高领主自然是上帝。他认为人人皆与上帝直接相连，而非通过封建制度中的等级链条间接相连；因为上帝青睐正直之人，所以只有谨遵《新约》四福音书之人才有资格拥有私人财产，以及统治他人的政治权力；作为回报，这些人必须服务于大众，并以此确保其地位和财产的合法性。除此之外，他还认为就像正直不能通过遗传获得那样，财富与权力也不应该通过继承或赠予的方式获得。

虽然威克里夫还谨慎地指出，不能因为一个人不够正直而剥夺其财富，不过他的思想依然极具颠覆性与影响力。当然，他的这一补充说明让他在短期内获得了兰开斯特公爵等人的强大支援。这些支持者企图掌控教会，并控制教会的万贯财富。一部分人正为了少数人的利益忙碌着，与此相对的是，兰格伦、威克里夫等人的挺身而出，以及他们对广大人民的促动，为英格兰人的生活与思想注入了新的重要元素。

在人们眼中，教会大势已去，特别是在两位教皇彼此为敌的那50年中。那时，一位教皇在罗马设立了法庭，另一位则在阿维尼翁设立了法庭。英格兰没有接受教皇强行指派的外国主教，要知道其中一些主教其实并非教会中人，不过是教皇的心腹罢了。人们还将一纸诉状递到了英格兰法院，强烈反对阿维尼翁教皇及其定下的各种税赋，特别是国王每年以家臣之名所缴纳的 1000 马克——此前，为了换取教皇的认可，约翰一世做出了这一承诺。从 1333 年开始，在威克里夫思想的影响下，爱德华三世便不再缴纳这笔费用了。

威克里夫促成了英文版《圣经》的问世，并亲自指导了翻译工作。他的思想为此后兴起的新教，以及民主风潮铺就了前路。作为他的追随者，一些无权无势的教士前往各地进行宣讲活动，打动了大约 1/3 的英格兰人。我们可以将威克里夫的信众称为威克里夫教徒，或者罗拉德派（Lollards）。后来，威克里夫提出了一系列涉及神学的教义，例如反对圣餐变体论，反对赎罪券交易，以及反对收取葬礼祈祷费，等等。因为这些言论，一些教徒离他而去，与此同时，教会也将他视为敌人。威克里夫派并没有因受到打压而穷途末路，而是进一步发展了下去，并成了宗教总体改革的一个组成部分。

在那个历史时期内，为了不再受控于罗马教廷，英格兰教会可谓竭尽全力。这不是标新立异，也不是心血来潮。爱德华三世时期的反罗马教廷运动对这一进程具有极大的推动作用。为了与罗马教皇对抗，爱德华三世颁布了一系列法律条文，不承认罗马教皇拥有圣职的任免权；禁止向国外法庭，尤其是教皇法庭提起上诉；禁止主教在政府中任职；等等。教会的腐败、教会中人唯利是图的嘴脸、社区服务的终止、又懒又贪的教士备受劳动者的鄙视，在诸如此类的情况下，人们对教皇和教士的抵触心理越来越深重。与此同时，战争带来了极端的反法情绪，这让法国大主教，以及法国的支持者们备受唾弃。

新思想在既有的社会秩序中蓄势待发，然而这个社会秩序尚未稳定到可以支撑这种随时有可能爆发的强大力量的程度。在与其他因素的共同作用下，新思想即将爆发的强大力量带给英格兰的不仅是紊乱，还有倒退。欲速则不达，事情往往就是这样。

瓦特·泰勒的行动

爱德华三世离世之后，年仅 10 岁的理查德登上了王位，史称理查二世。因为理查二世年纪尚轻，所以新成立的咨议院行使着治理国家的权力。身为理查德的叔叔，兰开斯特公爵因为声誉不佳而失去了摄政的机会。到了这个时候，相较于爱德华三世的统治，想要击败法国，收复爱德华三世时期失地的概率可谓微乎其微，然而战争终究还是爆发了。最终结果自然是徒劳一场，人们甚至没能看到诸如克雷西战役、普瓦解战役之类的，虽然劳民伤财，但多少是能镇痛的伪胜利。议会尚未做出决议，政府就开始不停增税。一部分对国家事务略有所知之人，一心想着自己被迫缴纳的高额税金能用之有效，然而事与愿违；大多数英格兰人所看到的是：屡战屡败、屡败屡战的局面就像一个不断吞噬着财富的无底洞，于是批判之声四起，焦虑情绪有增无减。实际上，每个英格兰人都是这场令人绝望的持久战的始作俑者，只不过相较于探求失败真相而言，人们更愿意简简单单地找个替罪羊。于是，一些大臣因为管理无方而被免职。

1380 年，佛兰德斯爆发了内战，英格兰的羊毛贸易深受打击，导致关税收入大打折扣，政府不得不拖欠了士兵们几个月的工资。国王将奇珍异宝抵押了出去，若是到期无法赎回，那么这些宝贝就会被没收。在被议会问到"最少得要多少钱"时，国王的回复是，鉴于"人们已穷困潦倒"，所以最少还需要 16 万英镑——就购买力而言，这笔钱是现今 16 万英镑的12 倍。

人头税至此已实施了许多年，并在 1379 年时被划分为不同等级，虽然是基于不同群体来划分的，然而实际上却十分可笑，因为一个农民每年需要缴纳 4 便士，相比之下，兰开斯特公爵所需缴纳的 6 英镑 13 先令 4 便士实在是可笑至极，要知道他可是全英格兰最有钱的人。1380 年，农民的税金上涨了 3 倍有余，而且不管是否成婚，凡是年满 15 岁的人就得缴纳这项税。1381年，税制愈加严苛了。议会接受了大法官的提议，决定增收10万英镑人头税——前提条件是，作为"国内第三大领地"的拥有者，教士们必须拿出6万英镑来补齐缺口。或许是怕遭遇最坏的局面，也就是没收财产，教士们出人意料地妥协了。如此一来，人头税一如既往地存在着。上述条文实则极为不公，以致后来整个英格兰都在弄虚作假。就上报的数据显示，在5年之内，已成年的英格兰人数量从133.5万减少到了不足90万。

埋怨和愤懑由来已久。虽然黑死病暴发于上个世代，但它种下的恶果却在这个世代暴露无遗，在英格兰的各个角落，地主与手下的隶农、雇工、佃农纷争不断。实际上，为经济所迫、为仇怨所致的冲突接二连三地爆发了。当然，具体情况因地而异，甚至因庄园而异。虽然议会对《劳工法》修订过多次，甚至重新拟定了相关规定来抑制劳动报酬的上涨，控制物价水平，并严惩违规者，然而效果并不明显。

各方都认为自己有理。地主把自己说成是司法公正、公共秩序、社会和谐的守护者，而在别人眼中，他们不过是为了一己私利。在城镇中也普遍存在引发人们不满情绪的事由。在有的城镇，领主是教士出身，所以居民们认为，相较于那些生活在世俗领主所管辖的城镇中的居民，自己未能获得同等权益，是因为教士是因循守旧之人；在有的城镇，当地大家族控制着地方政府，而人们则与这些土豪势不两立；在有的城镇，特别是在如伦敦之类的大城市，行会中的雇主与雇工早已有了嫌隙，人们也不再欢迎外国商人，因为他们觉得，外国商人的到来意味着英格兰人手中的钱财正在流失，从而会导致货币越来越少，工资越来越低。虽然已经有历史学家从宗教层面上表达了不满，但是在风雨欲来的反抗浪潮中，宗教层面上的呐喊不再重要了。

英格兰爆发了一场又一场叛乱与起义，不过这些活动无一不是松散的、缺乏领导的。不同地区的起义形式也不尽相同，但原因都大同小异，如上所述，新的人头税更是雪上加霜。对于劳苦大众而言，人头税就像一座大山一样重重地压在身上。在英国历史上，冠以地方领袖之名的"瓦特·泰勒起义"最为世人所熟知，同时也是历时最短、变化最大的起义。事实上，"瓦特·泰勒起义"指的并不是一场步调统一的全国性起义，而是无数个爆发于同一时间段内的独立起义的总和。在这里，我们将着重了解伦敦起义，其他起义就不做赘述了。

在到达肯特郡之后，泰勒迅速地成了起义军的统帅，并轻轻松松地闯入了庄园，实施了敲诈、勒索、抢劫，最后还占领了坎特伯雷。他旋即又前往了伦敦，一路上吸纳了许多人，譬如倡导社会主义的约翰·波尔（John Ball）。地方政府及其议员们虽然早已发现，城市无产阶级站在了反叛者那边，然而却心有余而力不足；国王及其咨议院躲在伦敦塔内，在困境面前不知所措。叛乱者一路从肯特郡、埃塞克斯郡来到了布莱克西斯。在 6 月 13 日，约翰·波尔在那里进行了一次闻名后世的演讲，尤其是这两句诗：

> 亚当与夏娃的时代，男要耕，女要织，
>
> 何谈绅士？

波尔告诉众人，人生而平等；贫富差距与社会地位的差别，是道德缺失、不公不法的产物；封建领主与律师应该从这世上消失。不够成熟的国王一度跨出了伦敦塔，他打算见一见那些叛乱者，听他们说一说苦衷，然而当他乘坐的座驾即将到达那 1 万多名叛乱者的驻地时，他听到的是此起彼伏的咒骂声，因而不得不折返回去。就在这一天下午，伦敦的城门被一位市议员拉开了，叛乱者们冲了进来。暴乱即将到来。

叛乱者们在扫荡了兰贝斯宫之后，又将目标锁定在英格兰最奢华的萨伏依府。那是首屈一指的大富豪兰开斯特公爵刚修建好的宅邸，收藏着无数奇珍异宝。叛乱者们不但掠夺了财宝，还焚烧了整个宅子。还有许多地方惨遭洗劫，毁于大火。他们还破坏了弗里特监狱与纽盖特监狱，逃出生天的罪犯们更是助纣为虐。

大概在一天之后，躲在伦敦塔内的国王选择了谈判。他骑着马、带着随从来到了塔外，见到了泰勒等人，并与他们进行了磋商。国王表示自己一定会实施多项改革措施，然而双方并未达成一致。泰勒带着手下人不费吹灰之力便闯入了守备薄弱的伦敦塔。大主教黑尔斯、政府财政总管等人民公敌被斩首。理查二世得以逃脱，躲进了沃德罗波宫殿，那是她母亲的住处。在血洗了伦敦塔之后，更为疯狂的屠杀与焚毁接踵而至，其间至少有 150 名外国人被斩首。翌日，国王再度出马与泰勒进行谈判。泰勒想要置理查二世于死地，所以发动了突袭，这一不光彩的举动让其追随者们备感不适；要知道起义正处于一个至关重要的阶段。国王要求将谈判地定在伦敦以北的开阔之地，他骑马缓行，未遭任何阻拦；谈判持续了 30 分钟，他也熬过了一生中最危险的 30 分钟。

终于，一帮忠义之士与幸存的伦敦人猛然惊醒了，开始联手反击。倘若早这么做，他们也不至于落得如此境地。约有 7000 人挺身而出，一面保护着他们的国王，一面围攻着反叛者，并试图将反叛者一举歼灭。然而，理查二世依然给反叛者们留了条生路；他在见到泰勒的人头时便已明白，14 岁的自己已经成功镇压了叛乱。他把事情告知了母亲，并因此正式继承了父亲的遗产即英格兰的统治权。此时的理查德可谓年轻有为、有胆有识，然而后来他却给英格兰带来了一场大灾难，转变十分惊人。不可否认，前后不过 30 日，这个国家的社会秩序就濒临崩溃了，而拯救这个国家的却是一个孩子。政府采取了宽容政策，被判处极刑的不过近 200 人而已；而基于下议院的提议，其中大多数人逃过了一死。

理查二世接受了叛乱者们的要求，决定在全国范围内废除农奴制；赋予隶农人身自由权，但他们需要向领主缴纳每一英亩 4 便士的年租金；废除了商品贸易统一定价制度，还修订了其他一系列有悖人民意愿的制度。后来，宪章也被废除了，不过各地劳动阶级手中都留有副本，那是他们的奋斗目标。当然，目标终是很难实现的。直到下一个 100 年，诸如隶农制之类的备受人们唾弃的制度才彻底退出了历史舞台，而主要原因是自然经济的缓慢发展。叛乱给资产阶级带来了沉痛的打击，也使他们变成了比底层人民更具慈悲心的群体。叛乱当然不是好事，不过需要说明的是，它赋予了英格兰人两个突出的特质。首先，不同于欧洲大陆地区所爆发的诸多叛乱，在英格兰，纵然是偏僻之处的叛乱也鲜少夺人性命——除了伦敦。伦敦具备了太多不利因素，因而一度出现了流血事件，导致部分人丧生。其次，英格兰人勇于退让，凡事都有商量，正因如此，我们才会看到理查二世与泰勒的谈判；失败的叛乱者并没有被歼灭，自由演讲也没有被封杀，因为英格兰人总是在商量。

第二年，理查二世成了婚，并再度远征法国。这一次，他不仅输得狼狈，还让佛兰德斯落入了法国人之手，如此一来，英格兰最大的出口市场便暴露在了危险之中；法国海军得以更加靠近英格兰海岸，说不定哪天就会突然来袭。在苏格兰方面，他焚烧了爱丁堡，可这一举动除了激化矛盾之外，别无他用。一众贵族得到了赏赐，尤其是国王的两个年轻叔叔，分别被封为约克公爵与格洛斯特（Gloucester）公爵。总而言之，此时的英格兰可以说是混乱一片，人民极其渴望社会变革。

兰开斯特公爵对王位觊觎已久，当他躲到西班牙时，格洛斯特公爵成了反对国王的中坚力量——虽然其爵位与权力均来自国王。格洛斯特公爵掌控了议会，并通过议会要求众人检举理查二世的封臣，还提议设立摄政委员会，对国家进行为期一年的管治。在这段时期内，英格兰人在大海上所向披靡，击败了由法国人、西班牙人、佛兰德斯人组建的联合舰队。理查二世担心自己将永远受制于摄政委员会，所以打算反抗。然而，站在他对面的毕竟是格洛斯特公爵、阿伦德尔（Arundel）伯爵、诺丁汉伯爵、沃里克伯爵、德比伯爵等人，而格洛斯特公爵是他的叔叔，德比伯爵是兰开斯特公爵之子，也就是他的堂兄。相比之下，理查二世势单力薄。议会对他的 5 位重要顾问处以了极刑，但有 3 人侥幸逃生。此时，理查德是名义上的一国之君，而格洛斯特公爵却是实际掌权者。

理查德又一次奋起反抗，而这一次颇为成功。他向格洛斯特公爵等"君王上诉人"（Lords Appellant）表了忠心。历史告诉我们，相较于一国之君的专制，人民更畏惧封建领主集团共揽霸权。领主们或许也意识到了这个问题，因为在 1389 年 5 月所举行的摄政委员会会议上，理查德忽然问格洛斯特公爵，也就是他的叔叔知不知道他多大了，在格洛斯特公爵给出"22岁"这个答案后，他便指出自己已经长大了，可以担当治国重任了。无人反对。理查德马上接受了政务，并将摄政委员会解散了。此后 7 年间，他遵从宪法规定，和议会一道治理着国家，从未做出报复之举，即便是对格洛斯特公爵。在掌管了政务之后，他旋即与法国协议停战，这项举措十分明智，虽然在当时遭遇了诸多反对。这份停战协议带来了 28 年的和平，在 1396 年，两国重蹈覆辙。

国王忽然变得奇怪起来，令人捉摸不透。那位富可敌国、精力旺盛、野心昭昭的格洛斯特公爵趁机又一次策反了。于是，理查二世下令抓捕了他及其同伙沃里克伯爵、阿伦德尔伯爵。在议会上，三位密谋造反者罪行坐实，沃里克被赶出了英格兰，阿伦德尔被处以极刑，而格洛斯特则被押送至加莱监狱，后来死于狱中，毫无疑问，这是理查二世的意思。

理查二世接下来要做的是，将议会召开地点从伦敦改到什鲁斯伯里；与此同时，他还将心腹安排进了议会，而且那些人占据了全部席位。新议会推翻了前议会决议通过的所有法律条文，他们说先前那个"无情的议会"受控于"君王上诉人"；同时还宣布，国王不受任何法律约束。此外，理查二世还将权力下放给了新组建的委员会。委员会共有 18 名成员，包括 12位领主，6 位平民，他们全是国王的拥趸。如此一来，不受宪法约束的国王通过改造议会实现了独裁。

人人都觉得国王很失常，无论真假，就其行为而言，他的确很失常。

不久前他将德比伯爵赐封为赫里福德（Hereford）公爵、诺丁汉公爵、诺福克（Norfolk）公爵，后脚就把人家踹出了英格兰。他不仅四处敛财，还要求人民接受空白"支票"，因为这样一来，他只需大笔一挥就能得到一大笔钱。当时的社会虽然还算和平稳定，但隐藏着一种持续浓重的危机，那便是前文所提到的侍从传统，也就是说贵族们还养了一大批仆人。理查二世开始着手处理这一危机。他不仅对珀西（Percy）父子进行了威胁，还将势力庞大的诺森伯兰伯爵一家人流放到了英苏边境地带。理查二世查封了死于狱中的兰开斯特公爵的丰厚家产——按照法律规定，这笔家产理应由赫里福德公爵[1]继承。

教士们的生活也越来越不好过了。威克里夫派的教徒们奔赴各地为人们讲解着：在国家层面上，教会财产充公有何益处。虽然普通信众大多不同意他们的说法，可他们十分迫切地想要在除了神学教义之外的其他各个方面与教皇划清界限。如此一来，国王和教会渐行渐远，毕竟国王并不清楚教义之于教会的价值。

理查二世与所有人都针锋相对。实力雄厚的贵族害怕被流放、被谋害，或者家产被查封，此类事件早已不是新闻；作为地方统治者，骑士们奋起反抗议会的压迫；教会则殚精竭虑，敌意越来越盛。除却小部分心腹之人，理查二世已成众矢之的，然而此时，他竟然还极不明智地在对爱尔兰发起了进攻——又一场毫无意义的战争——这无疑给了其叔叔约克公爵涉足朝政的机会。

兰开斯特公爵死后，其子赫里福德公爵从约克郡登陆了英格兰——此前，他被驱逐出境，家产也被查封。没过多久，这支队伍又迎来了珀西父子，以及已摄政的约克公爵。理查二世立即回到了威尔士，但原来的手下都如

---

[1] 1397 年 9 月，兰开斯特伯爵之子博林布鲁克的亨利被封为赫里福德公爵。——译者注

鸟兽散了。他藏身于康韦城堡，独自一人迎接着风暴。兰开斯特虚伪地对他说，王位依然是他的，自己不过是他的助手而已。然而，兰开斯特公爵不久便揭下了假面，把理查二世关进了伦敦塔。

1399 年，理查二世在退位诏书上签下了自己的名字。尽管如此，新组建的议会还是按照流程正式废黜了理查二世。兰开斯特继而登上了王位，史称亨利四世。受法律认可的另一位继承者是年纪尚轻的埃德蒙德·莫蒂默，尽管他与王室的血缘关系更近，但并不被重视。针对埃德蒙德的继承者身份，亨利四世提出了质疑，他认为埃德蒙德的曾祖父埃德蒙德其实是亨利三世的长子，而爱德华一世其实是次子。

这一论调虽然离谱却十分有趣。这足以说明，就算已经坐在宝座上，新任国王还是得通过议会推选来确立地位。在一段很短的时期内，纵然已被囚禁，理查德却依然没有放弃争夺王位。后来，囚禁地改到了庞蒂弗拉克特城堡。理查德的支持者们发动起了一场叛乱，规模不大，而且波澜不惊。1400 年，理查德被亨利四世谋杀。英格兰人一片恐慌，甚至有人认为理查德其实还活着。对于亨利四世而言，这一流言给他带来了大麻烦。无奈之下，他只好命人将理查德的遗体搬到了圣保罗大教堂，以平息众议，当然，人们看到的只有面部。至于理查德的真正死因，在坊间一直是个谜。

这一年，独裁者理查二世突然死了，杰弗里·乔叟也离开了人世。相较于独裁者的陵墓，乔叟的墓地着实不起眼。可是，在而今许多人的眼中，理查二世却更像是莎士比亚笔下的虚构人物。杰弗里·乔叟出生于伦敦，其父是酒商，家庭是中产阶级。虽然他创作了无数优秀的诗歌，但他却是生活无趣、循规蹈矩之人。起先，他服务于爱德华三世之子莱昂内尔；在格洛斯特谋得大权之后，他又服务于格洛斯特。他看上去很受理查二世与亨利四世的欢迎，两人都为他提供了工作机会与养老金。然而，到了晚年，他却为贫穷所困，幸而得到了亨利四世的帮助。他不仅参加过英法对战，还担任过英格兰驻意大利等国的大使，对许多国家的民生状态很是了解。

　　他创作的诗歌不但在当时十分流行，而且还对后代的创作影响至深。自此至伊丽莎白统治时期文艺复兴运动的兴起，在近200年的时间里，他在诗坛的地位可以说无人能出其右。无论哪个民族的文学史，都深受时代人物的影响；我们之所以会纪念某些人，是因为他们强于同时代的其他人，而不一定是因为他们有多么不可或缺。当然，对于乔叟，并非如此。虽然他喜欢使用古典词汇，不过他的作品在近600年后依然有很多人阅读。之所以如此，并不是因为读者们爱好古典文学，而是因为他的作品令人轻松愉悦。

　　他的创作颇具跳跃性，因而许多读者会觉得读不太懂。他所用的词汇与当今用语并无太大区别。所谓"moder tunge"[1]的本土英语已经取代了法语，不过那当中包含了许多方言或土话。莎士比亚的用语，以及当今英语实则起源于英格兰的中东部。中东部用语不但为伦敦人所采用，还风靡牛津大学城与剑桥大学城，更是乔叟的用语、威克里夫翻译《圣经》的用语，以及此后卡克斯顿（Caxton）[2]的印刷用语。渐渐地，它成了最正统的英语，而其他地区的英语则被视为粗俗的方言变体。乔叟的文学创作具有明显的阶段性，先后受影响于法语、意大利语、英语，尤其是英语，对其创作后期的所有作品都影响至深。当时，最天马行空的文学类型莫过于叙事诗，然而乔叟的创作并没有局限于此；无论是对人物的描写，还是对自然的讴歌，抑或是对人性的洞察，以及信手拈来的幽默，都出类拔萃。作为彼时的杰出诗人，他若是生在伊丽莎白统治时期，或许又将是一位举世景仰的戏剧家；若是生在维多利亚统治时期，或许将成为一位垂范百世的小说家。

　　他最著名的作品当数《坎特伯雷故事集》，虽然名为故事集，但准确地说这是一个诗体短篇小说集。作品讲述的是：一群人邂逅于伦敦，相约

---

[1]　又写作 mother tongue，是乔叟笔下之词。——译者注

[2]　英国首位印刷学家。——译者注

一同前往坎特伯雷的贝克特朝圣；为了让旅途变得有趣一些，他们一边走一边讲着各自的故事。在开篇序言中，乔叟以特立独行的方式对朝圣者做了介绍，譬如"令人倍感亲近"的骑士、"像5月一般清新"的乡绅、"心怀善意又多愁善感"的女修道院院长、好好学习天天讲课的学者、没钱却"有文化"的乡村教区区长，等等，看起来像是中世纪末期的一场街头生活秀。一个时代悄然而去，接踵而来的是都铎王朝统治下的三个怨声载道的时代，以及现代社会的来临。

现代社会此时已蓄势待发：越来越多的权力集中到了议会手中，虽然偶尔被用于征途；罗马时代的残余被清理干净；宗教改革迎来了希望；乔叟成为现代文学的缔造者。如同一个发育过快的孩童，英格兰的发展之路走得过于急切了，还有些危机尚未过去。只有在健康、成熟、完善的基础上，国家才能变得更有序。

第六章

15 世纪：美丽新世界

　　15 世纪在英国历史上并不是个卓越的时代：与法国为敌，战争无休无止，虽然赢得了阿金库尔之战，不过总的来说是徒劳一场，甚至让人看不到希望；国王与议会关系紧张；王位之争此起彼伏；与威尔士小打小闹；贵族阶层发展迅猛，内斗不断等；一切令 15 世纪的英格兰乱作一团。无论是大规模的战争，还是小规模的争斗，除了那些拥有鼎鼎大名、丰衣足食的统领者之外，其他一切都毫无价值，甚至令人反感，像极了比林斯盖特鱼市上那帮卖鱼妇在怒骂争吵。当然，历史告诉我们，这 100 年的重要性同样不可忽视，虽然它不是"演员们"的实际目标——有史以来，这种现象并不鲜见。除此之外，在这 100 年中，我们还可以看到别的一系列变化：商人的崛起、建筑学的兴盛、世俗化的思想与生活，等等。相较于百年大战和玫瑰战争，这些变化对后世的影响要大得多。

　　欧洲大陆与英格兰不可同日而语。在欧洲大陆，一国之君位高权重、独领风骚，政府——无关是大是小——日趋独裁；直到 19 世纪，这一情况才有所改变；到了 20 世纪，独裁者层出不穷。在英格兰，情况却大相径庭，中央集权每况愈下。如前文所述，亨利四世虽然将自己的篡权行为掩饰得很好，不过想要登上王位，最终还是得通过议会的推选。更何况，掩饰纵然可行，但纸永远包不住火。议会有权推选，就有权废黜，更有权另立君主。对于劳苦大众来说，王位之争向来都会引发一系列悲剧：局势动荡不安，社会混乱不堪，战争一触即发。

在这个历史时期内，君权神授思想尚未诞生，那是200年后斯图亚特王朝时代的事了；由来已久的世袭制依然是处理争端的最佳选择。它不仅具有可持续性，而且对社会稳定与财富积累的影响最小，所以发展得颇为顺利。实力强大的中央集权是时代所需，因为它可以维持贵族与民众的秩序。当然，最关键的是，在自由与自治的发展要求下，人民可以通过法律途径对中央集权进行监督，而中央集权需要根据民意进行调整。这样的中央集权形式与自由形式后来延伸到了帝国各地，只是程度有深有浅罢了；在这方面，他国落后大英帝国好几百年，就连欧洲大陆也有所缺憾。类似地，在全球扩张方面，他国也落后了数百年，当他们打算开疆辟土时，早已物是人非。

然而，鲜有人注意到，在追求自控、自治、自由的道路上，英格兰人也走在了前面。这些能力都建立在民族性的基础上，而民族性的塑造绝非一日之功。英格兰在先天条件不足的情况下，赶在他国万事俱备之前，幸运地、无意识地在好几百年里利用着纷至沓来的条件，并把他国远远地甩在了后面。

如上文所述，这一进程是无意识的。英格兰既没有规划过制度，也没有规划过将来，基本上都是"偶然事件"。这一切都有赖于这个民族在面对历史环境与既有制度时所表现出的一系列或好或坏的特质。假如其封建制度发展异于欧洲大陆；假如其自耕农的发展异于法国的农民；假如其议会的治理措施只适用于英格兰，而不适用于欧洲大陆……毫无疑问，绝不仅仅只是偶然。这和英格兰人的性格有关，也和他们处理"偶然"的途径有关。另外，这些未被规划过的历史进程都是曲线形的，而非直线形的。超速发展通常会伴随着退让、支持与补充，不过追求和平与自由的冲动从未消失过。

自食其果的大贵族们

到了 15 世纪，在和平与自由的目标下，大贵族权力与领地被削减了；议会限制了国王专权；君主立宪制也得以实现。没有人规划过这一切，但它们都接踵而来了。因为这些改变事发突然，所以在接下来的一个世纪里，人们并没有排斥半独裁者都铎·亨利与伊丽莎白。都铎王朝时期的国王们都十分英明，因为他们很清楚王权的基础是人民的应允，自己必须以人民利益为重。

亨利四世的统治只持续了 14 年，不过他心里很明白自己必须好好把握议会这座靠山，毕竟是议会让他登上了王位。不要忘了，在理查二世被杀之后，还有别人也可以继承王位，而且与王室拥有更亲近的血缘关系。为了谋取自己的利益，大贵族及其扈从军队每时每刻都在窥探着机会，想要将亨利四世赶下台。1400 年所爆发的起义不过是众多起义中的一个罢了，与此同时，和法国、威尔士、苏格兰对战也消耗了大量的财力。威尔士人跟随着传奇领导人欧文·格兰道尔（Owen Glendower）发起了叛乱，虽然失败了，不过他们依然将格兰道尔视为伟大的英雄，就连英格兰人都觉得他"法力无边"。在莎士比亚笔下，格兰道尔说"我能唤醒心底之物"，此外还有许多其他故事，人们对此毫不怀疑。1402 年，英格兰举兵威尔士，想要与格兰道尔在沙场比拼，然而却赶上了那时节百年不遇的极端雨雪天气，无奈空手而归。

与此同时，趁着英格兰国内动荡，苏格兰人大举南下，不过珀西家族没有让他们得逞。在当年，这个家族是亨利四世成功上位的强大援手之一。以诺森伯兰伯爵与伍斯特（Worcester）伯爵为领导者的珀西家族可谓家财万贯、权力惊人，并且掌控了英格兰北部的大部分地区。因为生活在边境地区，所以他们得以拥有一支扈从军队，从而既有能力赶走一位国王，又有能力迎立一位新国王。

翌年，珀西家族将矛头对准了亨利四世，不过英格兰南部的贵族们可不想任人宰割；在什鲁斯伯里，珀西家族败给了联合出击的南方贵族们。伍斯特伯爵被擒获、斩首；哈利·霍茨波（Harry Hotspur）[1]，也就是伍斯特的侄子亨利·珀西伯爵也未能幸免。诺森伯兰伯爵被囚禁了起来，虽然后来重获了自由，但最终死在了威尔士。英格兰沿海地区也受到了法国人的侵扰，不过在此后的 25 年里，法国内战给英格兰提供了绝地反击的机会。苏格兰的年轻王子，也就是此后的詹姆斯一世一度成了英格兰的阶下囚，正因如此，苏格兰人一直隐忍不发。

那是个动荡不安的时期，尽管王权受到了议会的一定限制，但议会并不掌握在人民手中。下议院还在管理着国家财政，尽管如此，它却依然受控于上议院的实际掌权者。最重要的当数议会和国王的关系，议会是一个整体，而国王是由议会推选出来的。人民能不能成功地掌控议会，对英格兰未来的发展至关重要。议会的控制力度归根结底是其间那实力更强劲的议院的控制力度。无异于此前的各位国王，亨利四世也需要借助自由民与城市议员的力量来制衡贵族。这个传统让人民手中的权力渐渐地发展了起来；贵族们在军事方面的垄断被瓦解了，这是前无古人的情况；下议院态度明确，不甘再忍受打压。不仅如此，下议院还提议将高级教士们的家产收归国有，以迎合国王变本加厉的资金需求。对于当时的资金需求，莎士比亚写道，"要迎合国王的资金需求，就得没收大概 15 位伯爵、1500 位骑士，以及 6200 位乡绅的身家财产"，再加上 200 个救济院的财富。不过国王并没有同意这一提议，究其原因，并非他对贵族颇有几分忌惮，而是他明白要战胜其他敌人，就要得到自由民、平民与教会的支持。于是，贵族们没有失去家产。在这里，我们不妨跳转视线，来了解下发生在亨利八世统治

---

[1] 即诺森伯兰伯爵一世，1364 年至 1403 年，英苏战役期间的战争领袖。为了反对亨利四世的统治，率领军队在什鲁斯伯里放弃了反抗，最终战死沙场。——译者注

时期的一件事。这件事虽然看上去出现得很唐突，不过历史根源却极为深刻。

让那些锦衣玉食的主教与修道院院长扛起财政负担，对于人民来说并不是件坏事，不过这并不意味着人民开始信奉异教。为了惩治教会法庭所认定的异教徒，教会要求国王制定相关法规，对这些人执行火刑，而无论是上议院，还是下议院都没有对此提出异议。然而，除了玛丽·都铎之外，英格兰的历任国王都不偏好宗教迫害，亨利四世亦复如是。尽管他想要铲除罗拉德派，不过最终并没有多少异教徒死于极刑。

约翰·奥尔德卡斯尔（John Oldcastle）爵士是罗拉德派的领导者，他接受了庭审，被剥夺了教籍。在更猛烈的风暴到来之前，他侥幸逃生，而后与一众追随者进行了秘密商议，发动了叛乱，不过最后败于圣吉尔斯。他们中的大多数人幸免被擒，只有少数人未能逃脱，死在了大火中或绞绳下。数年之后，奥尔德卡斯尔被擒，死于火刑。至此，一场关键性的历史运动戛然而止。此后，英格兰制定了相关法令，没收了罗拉德派成员所撰写的所有书籍。

失而复得的诺曼底

现在我们要来了解一下亨利五世的执政情况，那是一段很短的统治时期，前后不足 10 年。自授封威尔士亲王以来，亨利五世的军事天赋就备受认可，然而在其父离世前的两年时间里，他受尽了冷落。人们对这段时期，以及伟人福斯塔夫（Falstaff）的了解，大多来自莎士比亚的名著《亨利四世》，不过莎士比亚或许夸大了亨利五世的蛮横程度。他年纪轻轻就登上了王位，可见他一定有非凡之处。在其执政时期，罗拉德派的命运实际上反映了一部分宗教本质：无论哪个宗教都致力于往昔教会的复兴。不仅如此，他还觊觎着法国国王的宝座——纵然他找不出丝毫依据。到了最后，他竟然宣布法国王位归英格兰国王所有，然而这两个国家的王室之间毫无亲缘关系。亨利五世是通过议会推举才当上国王的，所以他寄希望于赢得对外战争来巩固自己的王位。这是当今时代各个国家统治者经常采用的手段。

因为国内局势动荡，法国人自然无缘胜战。在那个时候，法国国王的精神状况出了问题，阿马尼亚克（Armagnac）伯爵与勃艮第公爵你争我夺，国家因此深陷泥泽。然而，攻打法国依然危险重重。倘若亨利五世得不到法国人的认可，那么就算他选择借刀杀人，并获得一时的成功，英格兰也不可能就此收服法国。胜利是短暂的，而一开始的失败，哪怕只是一次，也会令亨利四世的英格兰国王之位摇摇欲坠。于是，在出发前的那天晚上，在南安普敦，他杀死了三个对马奇伯爵（Earl of March）[1]之位跃跃欲试的统领；同时，他还将马奇伯爵的头衔授予了自己。相比亨利五世，就亲缘关系而言，那三个人似乎更有资格坐上英格兰国王的宝座。

亨利五世率军穿越了海峡，占领了阿夫勒尔港；再往前面便可到达巴黎，而塞纳河流域也将展于眼前。然而，亨利五世却停下了。痢疾与发烧在不断蔓延，军队损失惨重，4.5万人中有3万人患上了疾病，后来又有5000人因此而无法战斗。假如就这样回国，亨利五世恐怕自身难保。于是，他选择挺进加莱，不料却在路上遇到了阿马尼亚克军队，而且足有5万人之多。尽管看起来运气很差，不过亨利五世还是选择了正面出击，因为他对对手的作战能力进行了精确的计算：对方只是一群乌合之众而已，就像当年在克雷西之战中仓皇而逃的封建主义者。亨利五世采用了当年克雷西之战所用的战术，没想到法国人完全没有吸取从前的教训，从而让亨利五世赢得了英格兰有史以来最辉煌的胜利。这是长弓最后一次战胜落伍的法国骑士，也是它最后一次以主角身份出现在战争中。铁骑与重甲横扫沙场，遍地血

---

[1]　贵族爵位之一，英格兰国王与苏格兰国王曾经都被授予过这种爵位，所以在这里，"马奇伯爵"是"国王"的代名词。——译者注

红沉默入土。到了 1415 年，"新"武器再也帮不了英格兰人了；通过一代人的努力，法国军队拥有了火器，战斗力一跃而上，英格兰人望尘莫及。

阿金库尔战役的胜利令英格兰人欣喜若狂，人们热情欢迎了返回伦敦的亨利五世，还像中世纪那样组织起了盛装游行——英国人向来对盛装游行情有独钟。至于时人有多么激情四射、花枝招展，我们不妨来体会一下：市长、城市议员身披红袍；市民们身穿红衣，头戴红白头巾，把自己打扮得魁梧高大；道路两边满满地挂着五颜六色的服装与帷帐；美丽的少女们快乐地歌唱着"喜迎亨利五世——英格兰与法国的一国之君"。无论如何，亨利五世的英格兰国王之位得到了巩固。

至于此后的战争，我们略作了解即可。亨利五世拿下了整个诺曼底，并得到了新任勃艮第公爵的认同。曾几何时，就在法国王子多芬（Dauphin）的眼前，阿马尼亚克杀死了这位公爵的父亲。在新公爵的运作下，英格兰与法国签订了《特鲁瓦条约》（Treaty of Troyes）。于是，多芬不再享有法国王位的继承权；亨利五世将在法国国王离世后兼任法国摄政王；法国国王之女成了亨利五世的妻子。因为国内局势混乱，悲愤的法国人失去了希望，不得不暂时接受了这位令人痛恨的英格兰人，不过这一局面并不会持续太久。就当时的情况而言，并没有什么因素能让英格兰与法国走到一起；与此相反的是，几乎全部因素都在试图分离两国。法国事实上从未被亨利五世统治过，一天也没有。没过多久，年仅 35 岁的亨利五世就离开了人世，而他唯一的继承者却还在襁褓中，而且法国公主还把法国国王查理六世的精神疾病遗传给了孩子。法国很快便从英格兰的掌控中挣脱了出来，除此之外，兰开斯特家族对英格兰的统治也很快就结束了。

关于圣女贞德的真相

英格兰有句俗语，"国王年纪轻轻，土地厄运连连"。历史告诉我们，这句话并不是没有道理。这一年，一位初来人世9个月的小婴儿登上了英格兰王者之位，他便是历史上的亨利六世；同样在这一年，小婴儿的外祖父，也就是法国国王查理六世也撒手人寰，他又继承了法国国王之位——虽然他只能控制多芬势力范畴之外的卢瓦尔河以北地区。多芬昭告天下，称全法国的土地都是他的。为了帮助未来的统治者亨利六世，亨利五世在临死之前将其年纪最大的弟弟贝德福德（Bedford）公爵封为法国摄政王；最年幼的弟弟格洛斯特公爵封为英格兰摄政王。

老国王亨利五世征服了法国，基于此，兰开斯特家族受到人民的认可，地位坚若磐石。然而，针对亨利六世继承王位这件事，纵然无人提出异议，枢密院（Privy Council）与议会也都支持兰开斯特家族，可是在他们看来，亨利五世并无权力通过遗嘱指定摄政王，而这项权力应该掌握在议会与枢密院手里。后来，贝德福德公爵依旧成了法国摄政王，而格洛斯特公爵却没有成为英格兰摄政王，他只是被指定为守护人，且权力受限。

贝德福德公爵是位胆识过人的将领，而格洛斯特公爵不过是个有野心、无头脑、又不靠谱的人。当年的小婴儿逐渐长大，成了一位拥有宗教信仰、心怀善念，但性格怯懦之人。同一时期，英格兰又开始疯狂地打起了法国的主意。综上所述，此后20年的风浪在所难免。

贝德福德公爵把法国管理得很好。他还与勃艮第公爵的妹妹结了婚，憧憬着这份同盟友谊能够地久天长。他铭记着长久以来的谏言："只有征服了苏格兰才能征服法国。"

一直被囚禁的苏格兰王子詹姆斯一世做出了保持中立的承诺，因而贝德福德公爵给了他自由。格洛斯特公爵冒失地对埃诺发起了进攻，而此时，英格兰人的胜利正好说明贝德福德公爵的策略没有错。格洛斯特公爵的贸然行动击碎了勃艮第公爵的好意。然而，贝德福德公爵并没有停止攻击奥尔良，倘若成功的话，战争或许就能完结，多芬（此时只是自称查理七世）的希望也就彻底破灭了。然而，自称查理七世的多芬不仅年轻、软弱、平庸，而且沉溺于声色犬马，无论如何都不是法国的救星；历史的重担最后落在了一位乡村少女身上，她来自栋雷米，被人们誉为圣女贞德。

圣女贞德的传奇人生众人皆知，我们就不在这里详加描述了。她坚定地认为自己肩负着救国重任；她披坚执锐，驰骋沙场，巾帼不让须眉；她只有18岁，却给法国大军带来了无限的英勇气概与爱国之心；她扭转了乾坤，将法国拉出了泥潭。毋庸置疑，是贞德把英格兰人赶出了奥尔良，也是贞德让多芬有机会成为真正的法国国王，真正的查理七世。然而，游手好闲的查理七世错过了良机。眼看着法国人取得了胜利，心有余悸的勃艮第公爵转身投靠了贝德福德公爵，或者说投靠了英格兰。

贞德替查理七世夺回了君主之位，可这位不争气的君主最终却辜负了贞德。后来，勃艮第公爵俘获了贞德，并厚颜无耻地把她卖给了英格兰，价格是10000金法郎。在法国，无论是军队统帅，还是大臣，抑或是教士，无不为了自身利益而对贞德群起而攻之。所有与贞德之死有关的国家、个体都该备受唾弃。负责审判贞德的是英格兰温切斯特的红衣主教蒲福（Beaufort）、已被驱逐出境的主教博韦（Beauvais），以及来自法国的科雄（Cauchon），他们给贞德定下的罪名是散播异端邪说、使用巫蛊之术。到了后世，教皇将贞德封为圣徒，她成了法国的象征之一，然而在她还活着的时候，除了查理七世，竟无人有意救她于水火。

贞德死在鲁昂，一个木桩，一场大火，永垂不朽。她完成了神圣的使命，而为她所救的人也完成了对无耻的展示。历史从不缺少所谓的机缘巧合。最初，查理七世有意营救贞德，然而被众人劝阻，其中反对之声最响亮的是他那心怀不轨的手下德·拉·特雷穆瓦耶（Ducde la Tremouille）公爵。此后4年，德·拉·特雷穆瓦耶从未前往过英格兰；后来，作为其最后的男性后人，一代法国公爵兼首辅横渡海峡前往英格兰，却在抵达当夜死在了郊外府邸，死因是房屋失火。

在临刑之前，贞德大喊着耶稣的名字，视死如归。此后，英格兰人重整旗鼓向北挺进。就在这一年，已在英格兰接受了加冕的亨利六世被贝德福德公爵带到了巴黎，并在巴黎又接受了一次加冕，正式成为法国国王。不过，贝德福德公爵可不敢让亨利六世在法国待得太久。令法国人恨之入骨的，不但有贝德福德公爵及其部下，还有那个不顾国家安危只顾自己逃跑的查理七世。在此之前，英格兰可以说是好运连连，而在此之后，命运不可能一帆风顺。没过多久，战争天才贝德福德公爵逝世。就连他都没能征服法国，恐怕真的后无来者。在这种情况下，勃艮第公爵背叛了英格兰。后来，作为亨利六世的至近血亲，约克公爵成了新任法国摄政王。英格兰人一心盼望对法国的统治权能长长久久，可是他们的法国领地却在日益缩小，到了 1451 年，昔日辽阔的领地仅剩加莱一处。

拥有美丽标识的玫瑰战争

此时的英格兰，海外领地渐失，国内暴政与独裁渐起。自黑死病席卷英格兰之日起，地主们的生活每况愈下，年复一年，无以复加。在这种情况下，佃农与村民租用的土地被收了回去，用途取决于地主们的意愿——此前，土地的用途取决于佃农与村民的意愿。除此之外，地主们还把农场改成了牧场，这样可以少雇用些劳动力。

有钱人越来越有钱，没钱人越来越没钱，被仆人围绕着的贵族们越来越高傲无理。亨利六世性情柔弱，而且不多时就陷入了精神疾病的困扰。人民抱怨连连，他们对"良好治理"的诉求始终没有消失过。1450 年，爱尔兰人杰克·凯德（Jack Cade）以已逝马奇伯爵私生子的名义，组织起了一支拥有3万人的队伍，发起了叛乱，并提出了由约克公爵执掌政府的要求。在英格兰这片土地上，有钱人对近邻的财产与土地虎视眈眈；没钱人只能在领导者的带领下，发动叛乱，抢劫伦敦。

叛乱被镇压，杰克·凯德被杀，七慌八乱的玫瑰战争时代随之而来。"玫瑰战争"这一称呼与彼此为敌的两大家族有关：兰开斯特家族以红玫瑰为标志，而约克家族则以白玫瑰为标志。在亨利六世犯病期间，约克公爵两度成为英格兰的保护人，然而国王一清醒，他就得退居二线。兰开斯特家族是王室家族，可是国王时而清醒时而疯癫，而且其直接继承者不仅年幼，还极有可能患有家族遗传病，这难免会让人觉得，是时候更新换代了。看起来约克公爵是新国王的有力争夺者。然而，兰开斯特家族一如既往的优秀，而且充满了野心。这场权力之争的核心自然是王位，双方都认为王位应归自己所有，也都获得了一部分贵族及其他人士的站台。事实上，我们不应称之为"内战"。

沃里克伯爵、索尔兹伯里伯爵、马奇伯爵都是约克家族的支持者，他们在南安普敦战胜了亨利六世所率领的大军，并控制了亨利六世。彼时，约克公爵正在从爱尔兰返回英格兰的途中，在听闻这一消息后，他立刻向世人宣布，自己是英格兰的新国王。然而，议会做出的决议却是，亨利六世仍是英格兰国王，待他百年之后，约克公爵方可继位；也就是说，还在襁褓中的威尔士亲王将无权继承王位。除了韦克菲尔德（Wakefield）之战，其他战争不值一提。约克公爵正是死于韦克菲尔德之战，此后，其子爱德华接过了领导约克家族的重任。年仅19岁的爱德华是一位拥有真才实学之人。在后来的陶顿一役中，兰开斯特家族与王后吃了败仗，亨利六世夫妇被迫潜逃至苏格兰。在威斯敏斯特，年纪轻轻的爱德华接受了加冕，史称爱德华四世。

玫瑰战争在大多数民众眼中犹如一场闹剧，伦敦方面对此也持中立态度。虽然财物多有被抢或被损，不过极少有人殒命，就连商业贸易活动也未曾受影响。然而，贵族们所面临的情况绝非如此。对国家毫无助益，只是受危害的贵族们，大多数就此没落了。眼中只有一己私欲的贵族对王权造成了威胁。若非如此，那时的王权或许能将英格兰从混乱之中拯救出来，让国家重新回到安全与和平的状态中。幸好更新换代并没有让人民付出血的代价，统治者之间的疯狂内斗完成了这一历史使命——虽然此时朝代的更迭还没有完全实现。

大体上来说，在英格兰境内那些较为先进的文明的地区，例如南部地区与东部地区，其城镇中的中产阶级与普通市民大多是约克家族的支持者，毕竟约克家族好歹将和平稳定视为奋斗目标。爱德华四世在召开首次议会时将这一目标公之于众，这无疑是一个创举；他对人民表达了感激之情，并承诺将守护广大人民。从兰开斯特家族到约克家族，随着政权的更迭，许多为人所憎恨的贵族丢了性命；国王视议会为坚实后盾，视人民为强大支援。

然而，希望越大，失望也越大。爱德华四世还是没能克服其放纵驰荡、懦弱无能的缺点。兰开斯特家族再次挑起了战争，并得到了沃里克伯爵的相助。还有些人也公开表示反对爱德华四世，在这种情况下，爱德华不得不前往欧洲大陆避难。亨利六世重新坐上了国王之位，但这一局面只维持了几个月。后来，爱德华四世通过和平手段将亨利六世赶下了宝座，给自己那段不怎么光彩的逃亡生涯画上了句号，可是这并不代表他给英格兰带来了和平。彼时，爱德华育有两子：长子时年 12 岁，也就是后来的爱德华五世；以及次子约克公爵。

可是，爱德华自己还有个弟弟，名为理查德。自被封为格洛斯特公爵之日起，理查德便开启了其声名狼藉的一生。他到处造谣，说爱德华是母亲出轨所生的私生子，而自己是王位唯一的法定继承人。不仅如此，他还得到了议会的支持，废除了爱德华五世，并将他囚禁于伦敦塔；一同被囚禁的还有约克公爵。在废除了爱德华五世之后，议会推举理查德为新国王，也就是理查三世。不过，理查三世一直不得人心。人们在得知他将自己的两个侄子，也就是爱德华与约克公爵谋害致死，并打算和自己的外甥女结婚后，纷纷揭竿而起。贵族们也不再支持他，因为他报复心极重，稍不留意便会招来杀身之祸。

白金汉公爵率先发起了叛乱，在被擒获后丢掉了人头。相比之下，被封为里士满（Richmond）伯爵的亨利·都铎则十分幸运，他的祖父是位生活在威尔士的乡绅，祖母凯瑟琳虽然来自法国，却是亨利五世的遗孀。亨利四世并没有留下后代，所以除了早前被赶出英格兰的那位伯爵之外，"冈特的约翰"[1] 的后人中再无其他男性，于是那位伯爵便成了王位的继承人。

兰开斯特家族迎来了继承人亨利·都铎，也就是后来的亨利七世。都铎自法国回到了英格兰，很快便收获了大批支持，后来又在博斯沃斯原野（Boswonh Field）战胜了理查三世。理查德头戴皇冠，战死沙场。在之前的战斗中，他遭遇了斯坦利、诺森伯兰等人的倒戈：在一次胜利过后，斯坦利找回了落在灌木丛里的皇冠，并将皇冠戴在了都铎头上，军队上下于是齐声高喊"亨利国王"。历史拉开了属于都铎王朝的帷幕，英格兰迎来了一段光芒万丈的历史时期。在这个 100 年中，英格兰开始寻求海外拓展，不再只盯着眼前的欧洲大陆，帝国雏形初现。

16 世纪所发生之事的时代特征迥然异于 15 世纪的历史事件，需要注意的是，在国家生活方面所发生的关键变化绝不是偶然事件，那是长期以来各种因素共同作用的产物——虽然当时之人，以及后世的历史学家们都认为，那些因素微不足道。任何历史事件，有趣的也好，无趣的也罢，都会在特定范围内作用于特定类型的事物。无论是克雷西之战，还是普瓦解之战，抑或是阿金库尔之战，等等，尽管无法改变法国或者英国的历史进程，

---

[1]　爱德华三世的第三个儿子，也就是第一位兰开斯特公爵。——译者注

却长久地影响着英格兰人的心理状态。

前文所述的各种胜利给英格兰人带来了自信与骄傲，那些事件不仅被写进了历史书，还被谱写为歌曲，改编成故事。即便是在第二次世界大战期间，它们仍是无数人的精神支柱。据说，身在蒙斯的英国战士曾在天幕中看见克雷西之战中的弓箭手，因此备受鼓舞，赢得了战斗。诸如此类的事件所产生的影响力远比开拓疆土或收复失地更重要。玫瑰战争对双方无益，却铲除了国家蛀虫——贵族阶层，并将那位威尔士乡绅的强大后代推上了统治者之位。英格兰社会也迎来了相对合理的新的阶级秩序，为现代大英帝国的到来铺就了前路。

早在15世纪之前，新阶级就已在英格兰出现了，不过具体时间有待考证，毕竟历史是一个漫长的渐进的过程，而非一级一级的跳跃式发展。中产阶级、乡绅、自耕农、商人、城镇生意人，以及高级工匠陆续登上了历史舞台。他们虽然还没来到舞台中央的位置，不过在都铎王朝时期，也已是非同寻常的一群人了。

当下主流观点认为，中世纪的结束是以15世纪为界限的，此后便是现代了。究其原因，不一而足。出于各种原因，封建统治事实上已有名无实——有些原因前文已有涉及。骑士精神被浪漫主义诗人们理想化了，事实上，就算是在其巅峰时期，它也是极为落后的。无论是在英法战争中，还是在玫瑰战争中，骑士都是毫无人性、野蛮至极的家伙，还不如底层人民那般有礼有节有理想。在原有的社会秩序中，上至君主，下至农奴，不同的阶级享有不同的权力，需要践行不同的义务。那套秩序曾经为时代所需，而此时却被时代抛弃。新兴的国家观念渐渐发展起来，对于往日那些权贵们为了一己私利频繁挑起战事的行径，人民不再漠然接受。

如果我们想要从将来的国家毁灭中挽救民众的话，还是必须了解中世纪关于文明欧洲、文明世界的一些观念——虽然时间不同、空间不同，历史也并不是简单地复制粘贴——换句话说，就是要实现基督教民族的大一统。彼时，基督教几乎可以与文明画上等号。曾几何时，信仰多神论的罗马人一度实现了这一目标，直到 1250 年前后，神圣罗马帝国的君王失去了欧洲统治者的地位。在此后 200 年左右的时间里，罗马帝国的王位被教皇占据。世界各国都在实行源自罗马的基本道德法规，虽然有时候遵守得并不严格。然而，在这个历史时期内，除了思想方面的世俗化趋势（后文将有涉及）有所加强之外，教皇在人们心目中的地位也有所下降——主要原因是身为教皇之人的品性与能力大不如前。一个无关道德、有关国家的新学说及其实践行动正悄然而至：国家不愿再受制于那个凌驾于国家权力之上的权力。

宗教改革此时尚未开始，不过非凡且独立的具有现代政治意义的国家已日见雏形，并于亨利八世执政时期突飞猛进。国家形态焕然一新，但是想要植根下来，则要求统治者必须足够强大，必须与人民为伍，必须不畏强权：王室中的封建贵族旧势力，以及来自国外的强大势力——就算只是心有畏惧也不可取。这是一条崭新的历史道路，英格兰是它迎来的第一个行人；这条道路通向帝国与自由相结合的民族国家，英格兰能行走其间主要有赖于都铎王朝的好运，以及中产阶级的迅速发展。别的国家就没有这么幸运了，都没还出现这样重要的历史转折：一方面新国王申明通义、能干强势；另一方面，社会秩序轻而易举地便由封建等级制转向了现代阶级秩序。

贸易公司的时代即将到来

在 14 世纪之前，英格兰的商业发展只限于原料生产方面。在融资方面，当遇到资金问题时，英格兰的国王并不会找本国资本家借钱，而会找意大利或者低地国家的资本家借钱；在海外贸易方面，运输依靠的也不是本国商船，而是外国商船；羊毛贸易的大半利润也都给了外国商人们。如前文所述，英格兰在 14 世纪便开始出口布料，此后羊毛的出口越来越少；然而，直到 15 世纪，英格兰才会从乡村国家变为殖民国家：坐拥众多殖民地，例如澳大利亚，并将殖民地改造为了繁荣的商贸中心，以及制造业中心。到了这个时候，无论是在融资方面，还是在海外贸易方面，英格兰都可以独立自主了。

15 世纪极具两面性。一方面，位高权重的伟大人物们次第出现在政治权谋与无休止的战争中；另一方面，各种名不见经传的人出没在这段时光中，有人日复一日地打理着店铺与账房，细心饲养着羊群，认真地织着布；有人乘坐着英格兰商船，穿越波涛汹涌的大海，到海外港口做生意；等等。尽管后者的经历比前者的更富有浪漫色彩，更具吸引力，也更低沉悲壮，但其重要性或许并不相上下。前者代表着一个时代的消失，后者代表着一个时代的到来。平民阶层辛勤地工作着，为都铎王朝——亨利父子与伊丽莎白执政时期——的商业贸易发展做好准备。

商业贸易的方向产生了巨大的变化，与此同时经济发展趋势也发生了巨变，这些变化影响着英格兰的民众生活、社会秩序与外交关系，并促生了 15 世纪与 19 世纪的两次工业革命。粗布生产在英格兰已经开展了许多年，但是这并没有影响到佛兰德斯的制造业中心地位，因为佛兰德斯的制造业要精细得多。

于是，英格兰人开始生产细布了，直到此时，他们才发挥出了巨大的影响力。原毛的出口量陡然降至了之前的 20%，所以原毛出口的垄断者斯塔普勒（Staple）[1] 商人损失惨重。英格兰人将自己出产的羊毛用在了自己的织布机上。与此同时，佛兰德斯地区的城镇正日渐没落，生活在那里的

---

[1] 一个商业组织，持有英格兰国王的授权，垄断了当时的羊毛出口。——译者注

人们正备受煎熬，而这种局面将持续一整个世纪。例如伊普尔，在 1408 年时，人口为 8000 ～ 10000 人，仅仅 8 年之后，人口锐减至 5000 人；类似的情况还出现在了布鲁日、根特等城镇。英格兰与佛兰德斯之间的激烈竞争，不仅体现在制造业中，还体现在商业市场上。英格兰生产的细布向来深受人们欢迎，除了欧洲大陆有售之外，在遥远的黎凡特、黑海一带，以及俄罗斯的诺夫哥罗德也能见到。

变化并不只是出现在英格兰国内，也不只是对外国商业造成了威胁；几乎所有人都深受影响，例如佛兰德斯人。英格兰商人曾经凭借原料出口获得了认可，现在开始出口成品，便是拉开了贸易战争的帷幕，随之而来的还有国际贸易壁垒。佛兰德斯政府颁布了相关条例，禁止英格兰布料入境；以相同的方式，英格兰也给予了反击。

英格兰人被当时一个有实力的商业组织，即汉萨同盟（Hanseatic League）[1] 赶出了丹麦；同时还被条顿骑士团赶出了普鲁士。在地中海地区，日益壮大的英格兰商船队伍和热那亚、威尼斯的商船队伍激烈地竞争着，争先恐后地把商品运送到南部港口与东部港口。要知道，那些地区虽然现在没落了，但在当年却盛极一时。就威尼斯共和国的人口而言，英格兰甘拜下风。

在当时，布匹贸易的影响力堪称最大。事实上，随着商业贸易的发展，英格兰商人的足迹遍布各个行业，兴办着各种企业。他们不但为本国制造着船只，还为外国建造船只；他们为新时代战争制造着枪炮；他们抢夺了法国迪南的铜资源，并用于贸易；他们在英格兰开采铁矿、煤矿，并涉足炼铁行业——哪怕铁价翻了一倍，市场依然供不应求。倘若哪个矿山出了事故，就会有成千上万名工人集体示威。

---

[1]　德意志北方城市的商业同盟暨政治同盟，形成于 13 世纪，兴盛于 14 世纪，控制着英国大多数贸易活动；东自诺夫哥罗德，西起布鲁日，以及伦敦都在其活动范围内。——译者注

花边、砖块、玻璃、丝带、亚麻布等工业齐头并进。就算只有一丝希望，新兴工业就会寻找机会闪耀光彩。英格兰人将目光从原料出口转向了国内工业，譬如皮革业。当下许多为人熟知的工业，都是在这个时间发展起来的，而且在当时的影响力丝毫不逊于布业。英格兰还制造并出口着经过漂白的亚麻布。在15世纪早期，英格兰人还喝着普鲁士啤酒；而到了后期，生活在欧洲大陆的人们开始喝起了英格兰啤酒。诸如此类的情况，不一而足。与此形成鲜明对比的是，在这一世纪早期，战事依旧连绵不绝，争端仍然无休无止。

至关重要的是，商贸活动让一夜暴富者对外交与战争另眼相待。作为一个举足轻重的新阶级，他们实在无心战争——无论是王位之争，还是资源掠夺，抑或是开疆扩土。与战争环境相比，风平浪静的环境带给商贸活动的不确定性将小许多。商人们热衷于把利润投入到回报更丰厚，或者更能带来荣耀感的地方；他们可不想让军队拿税收来养兵。

其实他们正在打一场商业战争，相较于旧时的百年大战，新型战争给英格兰带来的将是更好的可持续的发展。在都铎家族统治时期，他们独自奋战着，从未得到过政府方面公开且直接的帮助。然而，政府终究还是改变了商业态度，改换了取财之道。在原料出口，特别是斯特普勒的羊毛出口大行其道时，英格兰王室的大部分收入都来自税收：交易税和垄断出口税，也就是说，让王室赖以生存的并非本国经济，而是欣欣向荣的外国制造业。

依照课税的便利程度，英政府管理着出口贸易，以及国内的原料运输路线。在中世纪，工业行会的组成结构也必须遵循王室及地方政府的要求。随着布业的异军突起，原毛的出口量陡降至原来的20%，王室的收入因此大打折扣。

战争耗费了大量资源，却只开花不结果，相比之下，就算是单纯课税，或者说在国外制造业的"大力支持"下，英格兰也是可以累积起巨额财富的。颇具商业头脑的都铎家族自然对此了然于胸。

　　这种新制度在 15 世纪姗姗而来，而后在 16 世纪伊丽莎白执政时期，迎来了巅峰时刻；它给英格兰带来了巨大的财富与强大的实力，让英格兰民众从战争装备与军队供给的阴影中走了出来。1406 年，亨利四世将布匹出口商组织了起来，创办了商业冒险家公司（Merchant Adventurers），此前，它叫布绸商业行会。从行会到公司，意味着英格兰正在发生改变。原来的行会规则已经落伍了，但成员们仍然受制于此，这让行会的组织形式还一直停留在中世纪。然而在公司里，成员们都是实实在在的冒险家；无论规则如何，"冒险家"一词都适用于所有替公司干活的人；无论来自哪里，加入就意味着冒险。这些人将自己称为冒险家，这个具有现代意义的词汇既充满了时代特色，又体现了公司本质。

　　英格兰越来越富强了。他国若是对其放任不管的话，便会被它切断所有生财之道。在亨利七世执政时期，新时代的商人们占据了下议院席位的 3/4。政府为商人们提供了帮助与保护，并制定了相关法律：禁止进口国内可生产的物品；禁止出口国内生产所需原料，包括半成品在内。当然，在发展海外贸易的过程中，商业贸易冒险家公司主要还是依靠了自己的力量，他们始终在努力不懈地开拓着市场。

　　自亨利七世执政时期起，政府开始打压外商，好让自家商人占据上风。这也就是说，商业冒险家公司之所以会成功，并不都是靠自己。例如，在被拦截了 108 艘船后，汉萨同盟抢劫了英格兰船队的货物。

　　在地中海地区，英格兰与意大利狭路相逢过许多次。在很长的一段时间里，意大利人垄断了地中海地区的商业贸易活动。曾有一次，布里斯托尔商人斯特米斯（Sturmys）拦截了一艘来自热那亚的商船，并抢走了所有货物；然而出人意料的是，在回国的路上，那批抢来的香料又被抢了回去。斯特米斯很走运，英政府抓捕了所有生活在伦敦的热那亚商人，直到他们立下了字据，承诺赔偿所有损失。这便是我们所说的新兴商业模式。从欧洲东部沿海地区到爱尔兰，走私、抢劫、血拼无处不在，而这正是新兴商业模式的发展环境。在商业发展过程中，政府曾干预过许多次，战争迫在眉睫，好在问题最终都通过其他方式解决了。

在布里斯托尔，新兴商业模式发展得非常好；作为引领者，斯特米斯、卡尼吉斯（Canynges）等人从中收获不菲。这群人有头脑、有勇气、有韧劲。新时代商人遍布英格兰的各个角落，立足于各个行业，不断创造着财富，发展中的海上贸易，无论是丹佛、康沃尔等地的走私生意，还是布里斯托尔、伦敦等地的正常贸易。政府官员与船员们将英格兰的贸易事业（不管合法与否）带进了所有有机会的市场；他们一边送货，一边打仗，积极地创建着新的生财之道；在不久的将来，在辉煌的伊丽莎白统治时期，海盗走进了历史，带来了其传统与行为方式。对于后来那些志在"烧掉西班牙国王胡子"，手握世界经济命脉之人而言，眼下这群人无疑是先行之人。

一个不那么强势的政府，既有利于私营公司的发展，也有利于帝国日后的发展。在建设之初，中央集权政府势力过于强大，因而阻碍了帝国的自由发展，类似的情况还出现在法国；另外，意大利、德国也正处于现代专制统治下。此时的英格兰，既不够强大，也不够富庶，在这种情况下，最大限度的自由就是个体创造财富的必要条件，而国家也只有在此基础上才能累积起财富与资源。就全球情况来看，帝国的构建主要基于个体的创造，以及私营公司的商贸活动；私营公司所享有的自由权益象征着政治自由。

15世纪带给人们的不单单是战争、纷争，以及商贸活动。当然，截至到亨利七世执政后期，无论是政治上，还是学术上，抑或是宗教上，英格兰都没有出现过什么名人。除了学术随着经济发展在日益进步之外，政治领域与宗教领域的发展势头有所回落。在宗教方面，包括那些控制着商船运输的"半海盗"在内，商人们的民族精神愈加强烈，而这将决定16世纪的教会要何去何从。

大体上看来，英格兰人的生活环境还很简陋、很不堪，一来是因为当时的文明程度还不够高，二来是因为连年不断的战事令人绝望。中世纪的骑士精神堪称骄傲自大的代名词，然而那些做作的礼节与象征着荣耀的勋章，实在难以掩盖彼时生活的粗俗野蛮；人们像动物一样生活着。教会想方设法地改变着人们的生活，希望大家活得更有尊严一些，也更舒适一些，但同时也造成了两性疏离，从而导致两性关系变得简单野蛮；在这方面，教会责无旁贷。爱情若被视为欲望与原罪，被排斥在美德之外，那么两性关系就不再美好了。女人与男人开始分开居住，人们因此不能相互学习了——幸好人们后来恰当地利用了这一局面。

　　奇迹剧（Miracle Play）再现了《圣经》故事，也展现了普罗大众的日常生活与习惯。在教会的资金支持下，它盛行一时。我们不妨来看一个发生在诺亚身上的故事：诺亚之妻不愿乘坐诺亚方舟离去，因为她不想被别人说三道四，在她看来，与朋友喝酒比逃生更重要。迫于闪（Shem）[1]的强势，她不得不登上了船，但诺亚也被她打了一巴掌。观众们无一不觉得，这一巴掌打得有理，也打得有风骨！在另一幕中，诺亚夫妇先是争吵不休，后来大打出手，而观众们仍然觉得可以接受。无论男女都嗜酒如命，而且偏好野蛮的运动，譬如斗牛、逗熊之类——这些运动流行了好几百年。在提及英国人的民族特质时，我们需要重视其间某些被遗留下来的劣根性，以及缺失的慈悲之心。例如，英国人最爱动物，又最爱以杀生为乐；这是他们性格中两面性的典型特质之一。

　　迥异于斯图亚特时代的国内战争，15世纪的频繁争斗让人们忘了去关注文化人的生活状态，以及以整体形式存在的大学的发展情况。英格兰没有像意大利那样对文艺复兴给予足够的支持：直到15世纪即将过去，英格兰人才在牛津大学开设希腊语课程。即便是文化人也认为，学习的目的是服务于宗教，而非创建有素质、有道德的生活。然而，总的来说，在15世纪，

---

　　[1]　诺亚的第一个儿子，被视为闪米特人的先祖。——译者注

英格兰的思想愈加世俗化了，行动也愈加现实了。

在这个世纪里，英格兰各地修建起了恢宏的宗教建筑与高大的民宅。无论是城镇生活，还是小镇生活，抑或是乡村生活，无不活力四射，生机盎然，远胜如今。当下的情况是，在各大城市的压榨下，乡村生活已不复往日。在 15 世纪，英格兰各地皆有富人，所以财富也较为分散。而在当下，我们能看到的只有旧时权贵所修建的建筑，而往日的繁荣景象早一去不复返。那时的商人们尽管也多有付出，然而却对他人权益视而不见，特别是来自异国他乡之人。可是，美名当下，城镇当前，他们倒是豁然大方了起来。如此一来，盛世美景随处可见。例如，在人来人往的商业中心布里斯托尔，卡尼吉斯重新修建了圣玛丽·雷德克里夫大教堂；教堂里有一座大理石墓碑，墓碑上刻着一个精美绝伦、神采飞扬的头像，那是卡尼吉斯为自己打造的。卡尼吉斯一人坐拥 60 艘商船，垄断了斯堪的纳维亚及冰岛地区的商业贸易，不仅如此，他的豪宅还曾被爱德华四世光顾过。

此外，还有商人修建了布里斯托尔教堂。在其他地区的城镇中，例如东安格利亚地区的萨福克、诺福克等地，金碧辉煌的教堂四处可见，成了光彩夺目的地标性建筑，为城镇平添了一道道美景。然而，纵然修得雄伟壮观，但就实际需求而言，各地的教堂实在有些多了。不过由此可见，这些城镇的人口正越来越多，经济正越来越繁荣；这一切都得归功于当年的布匹贸易，而非农业生产。

建筑风格也有了变化，从先前的哥特式变成了垂直式（perpendicular）[1]。顾名思义，垂直式建筑采用的是直线，而非弧线，尽管略微缺乏艺术性，不过倒也别具一格，而且特别适合用来修建塔楼——当时赫赫有名的一种建筑形式。如我们所知，规模较大的塔楼主要有：坎特伯雷大教

---

[1]　14 世纪至 15 世纪，流行于英格兰的一种建筑风格，主要特征是大拱与直线。——译者注

堂中的贝尔哈里塔楼、约克的中心塔楼、格洛斯特大教堂，以及牛津大学莫德林学院中的塔楼。塔楼建筑有很多，有些规模较小，例如萨默塞特郡的小塔，俨然成了当地特色。人们在谈论塔楼时，无论是大城市中的大教堂，还是小地方的小教堂，自然会想到四周围绕的绿地，或者生机盎然的农场，并觉得英国就是那样的——至少外国人会这么觉得。或许有些出人意料，但在英式建筑史上，英式建筑被认为起源于这一时期。

哥特式建筑与垂直式建筑孰优孰劣，需要专家来定夺；但不可否认，垂直式建筑更具英格兰特色，毕竟哥特式建筑来自国外，而垂直式建筑则诞生于英格兰。实事求是地讲，英格兰境内的哥特式建筑无一能与亚眠大教堂、沙特尔大教堂、兰斯大教堂等杰出的法国大教堂相比。在 15 世纪的英格兰，哥特式建筑发出了最后一道光芒，那便是举世闻名的扇形穹顶式建筑，譬如威斯敏斯特大教堂中的亨利七世礼拜堂；此类建筑在格洛斯特等地亦能见到。这些修建于 15 世纪的伟大建筑，象征着日益增长的权力与财富，而不是对精神和艺术性的追求。在剑桥，我们可以看到一座装有巨大玻璃的国王教堂，它看上去色彩斑斓、绚丽夺目，然而它传递出的情感却更偏向世俗化，而不是宗教化。相较于法国大教堂与意大利的罗马式教堂，国王教堂归根结底还是英式建筑。

同一时期，英格兰式的民宅也应运而生了。尽管几经改造，但诺曼式城堡终究不是具有英格兰本土特色的建筑。作为新生的一代，这时的有钱人修建起了垂直式的庄园及宅院，没过多久，都铎风格也被融入其中。泛泛而谈毫无价值，我们应该对新兴英格兰及其力量与性格做出进一步的研究。虽然都建造于 15 世纪，但相较于比霍斯特曼斯克斯的宅院，沃里克郡的康普顿·维内迪斯（Compcon Wynyates）府则更具英格兰特色；霍斯特曼斯克斯的宅院更接近封建时期的城堡。自这个时期起，城镇商业活动的发展与公司的兴起催生了许多著名建筑，例如建于 1411 年的伦敦行会会馆（Guildhall），以及诸多纵横城镇广场的集市，等等。

　　虽然进出行会会馆的通常都是商人，不过在 12 年后，会馆里便出现了图书馆。在这个世纪里，少有人为英格兰的文学事业添砖加瓦，也少有人为英格兰的教育事业贡献力量，不过人们的精神生活却有了长足发展，变得丰富多彩。

　　在这个时期，英格兰首家出版社诞生了；它位于威斯敏斯特大教堂一侧，是商人威廉·卡克斯顿创建的。而后，伦敦、牛津、圣奥尔本等地也相继有人开办了出版社。卡克斯顿所做的绝非简单的印刷工作，他是位翻译家，还负责对文稿进行校对与编辑。他推动了英语的发展，就这方面的贡献来说，他是继杰弗里·乔叟之后的第二人。除了乔叟等人的作品，他还出版了托马斯·马洛礼的著作《亚瑟王之死》——因为有这本书的存在，亚瑟王的传奇故事得以流传至今。

　　人类进入了印刷时代，手抄本成了稀罕东西，因而价格高昂。印刷产品大行其道，读书的人越来越多，这对语言的校准有利无害。除此之外，卡克斯顿的编辑工作对口语的发展也产生了重要的影响。尽管印刷促进了阅读，然而在不同的郡县中，口语可以说天差地别，人们无法理解彼此说的话。在这种情况下，卡克斯顿在伦敦话的基础上，制定出了标准语言，并竭力将其发扬光大。曾有学者向他提议使用"罕见词"，不过他并没有接受，并解释说："我认为，比起古英语，日常用语更好理解。"

　　乔叟提出并着手实施了这项改革，而卡克斯顿借助印刷品将改革成果传播到了各地。尽管这个世纪没有给我们带来优秀的文学作品，但毫无疑问，它极大地影响了此后 100 年间的文学创作。相较于"现代英语之父"乔叟，或许莎士比亚等生活在伊丽莎白统治时期的伟大作家们笔下的文字更通俗易懂、轻松生动，但我们必须明白，这主要归功于身为商人与出版家的卡克斯顿，而非某个时代下的某个作家。

　　这个时期的绘画艺术与雕刻艺术颇具历史价值，不过我们在这里将要谈到的是音乐艺术。在这一世纪的中期，英格兰的"冒险家"们激情澎湃地到处开拓市场、赚取利益，这不但让英格兰的商业贸易占据了领先地位，还让音乐这门艺术站在了世界前列。卡尼吉斯的商业帝国根基初定，与此同时，一种新兴的音乐形式被约翰·邓斯泰布尔（John Dunstable）带到了人们面前。在邓斯泰布尔那里，音乐一改往日面貌，焕然一新；他为人们打造了一座乐曲的殿堂。

罗拉德派的教义在世纪末重见天日。在牛津地区，思想自由一度受到了限制，威克里夫被禁止发表公论，新教运动迟迟未到。纵然如此，在大多数人心中，思想自由的种子依然在生根发芽。教会的公共职能与财产并没有被剥夺，但已再无能力传播知识与发扬精神了。那些生活在狭小房间里的善男信女们的社会地位逐渐提高了，他们一面崇拜着上帝，一面追逐着财富。无论是教会，还是都铎家族，都不得不面对新教徒人数激增，以及宗教民族主义所引发的各种难题。

1485年，在博斯沃斯的大草原上，亨利·都铎被加冕为王。他就要履行他的历史使命了：让生机勃勃、四面受敌、混乱不堪的英格兰恢复秩序，迎来和平。英国国家肖像馆里有一幅亨利·都铎的画像，我们可以看到，他的面目，特别是眼睛充满了神秘的色彩。有这样一种说法，世界上没有人能真正看穿他的心。历史学家们对其性格的分析也极为不同。但毋庸置疑的是，在千钧一发之际，他拯救了英格兰和英格兰人民。为了巩固王位，他不得不娶了约克家族的继承者伊丽莎白。事实上，还存在别的人比他更有资格继承王位。他没有组建过军队，所以也没有"战士"这个标签。不过他并没有因此而失去王位，相反他缔造了英国历史上最辉煌的王朝。一切都得从他的某些特质说起。

无论是他还是他的后代都坚定地认为，必须要团结人民，尤其要团结发展迅猛的中产阶级，也就是商人们。玫瑰战争余烬未灭，洛弗尔（Lovel）勋爵及其部下便发起了叛乱，而后兰伯特·西姆内尔（Lambert Simnel）、珀金、沃贝克（Perkin Warbeck）等继承者又开始喧嚣闹事，亨利·都铎可谓应接不暇。后来一日，他忽然想，不如把擒获的西姆内尔安排到王室的厨房，让他烤烤肉，做做饭。其间，他还和法国人短暂地见了一面，虽然是在沙场上。他原本不打算参战的，没想到却发了笔横财；这个结果不得不说很有代表性。

和平的到来、财富的增加、商业的发展，这些不单单是一国之君的诉求，更是人民的向往——除了那些还做着旧梦的贵族，以及那帮游手好闲、懒惰无比的"强壮的乞丐"（Sturdy Beggars）；这一来是本世纪各种争端与战争的产物，二来是经济形势变化的产物；下个世纪，亦复如是。然而，随着时间的流逝，既勇敢又坚定的国王有了一些收获。他更多地将乡绅任命为治安法官；这些治安法官们把那些贵族、"强壮的乞丐"，以及罗宾汉们管理得很好。

实际上，在那段历史时期中，治理国家的是国防与法官；在都铎家族统治时期，议会的作用并不大。人民追求着社会的发展与有序；如果和国王团结一致便能实现这些目标，那么他们也就心满意足了。我们不能因此而说国王是独裁者，因为都铎家族的国王们在实施行动之前都会征询人民的意见；他们从不会乱来，在治理过程中会遵循与人民之间的协约，尤其是与议会中坚力量中产阶级之间的协约。在中产阶级的要求下，国王罢免了托马斯·沃尔西（Thomas Wolsey）[1]，此后，中产阶级便控制了议会，成为国家治理体系中不可或缺的一员。

王室不再依赖贵族势力，而是得到了更多的人民的支持，不仅如此，他们还从普通民众中选拔官员，甚至官位高至大臣。商业投资会带来丰厚的回报，类似地，政治投资也会带来丰厚的回报；满腹才华之人越来越多地走上了仕途。在所有的政府部门当中，国王咨议院的地位愈发重要起来。

---

[1]　托马斯·沃尔西，1475 年至 1530 年，英国红衣教主、政治家，亨利八世执政时期的大法官，兼任国务主理大臣。——译者注

在此之前，咨议院的成员都是些大贵族，而他们心中只有自己的利益。都铎家族的国王们显然没有墨守成规，他们破格选用了那些才华出众的人。

亨利七世之所以如此受人欢迎，靠的不是个人魅力。事实上他这个人没有什么独特魅力，只不过很有耐心，懂得坚持，而且工作勤奋，就像从早到晚在账房里精打细算的杰出商人们，譬如卡尼吉斯一样。为了人民的利益，他竭力谋取着外贸优势，例如，他和荷兰订立了《马格努斯条约》（Intercursus Magnus）。当然，他也不会放弃任何可以增加个人财富的机会，而且他的敛财方式向来是专断蛮横的。他有了许多经纪人，比如说恩普森（Empson）与达德利（Dudley），虽然他们的名声可不怎么好听。估算下来，他的遗产高达 180 万英镑。然而，他的主要征税对象并不是劳苦大众，而是那些有钱人，征税的名目则是罚金与"恩税"（benevolences）。就这样，贵族们终于尝到了被剥削之苦，而普通民众只是冷眼观之——与此同时，贵族们还失去了越来越多的权力，而这些权力向来都被他们用在了歪门邪道上。

庇荫与私党（livery and maintenance）是封建领主们的拥趸。在很长一段时间里，他们穿着封建领主的衣服，戴着封建领主的徽章在民间横行霸道，对公共秩序造成了极大的破坏。牛津伯爵曾向国王缴纳了 15000英镑的罚款：国王前来拜访；在国王即将离开时，为了表达敬意，他叫来了许多用人排队欢送。人民当然站在亨利七世这边。如此一来，亨利七世也算是腰缠万贯；虽然罚金制度十分严苛，不过并没有违反法律。普通民众终于可以安心生活了，因为他们发现，国王想要控制的并不是自己，而是那些有钱有势的人。

1497 年，在即将进入下一个世纪之前，英格兰迎来了一件令人骄傲的事，而且此事与王室不无关系。如我们所知，在很早之前，布里斯托尔的商人们就和冰岛做起了贸易。在 1424 年前后，他们借助指南针找到了冰岛，此前英格兰人从未在航海时使用过指南针。后来，哥伦布将冰岛作为前哨，开启了更加漫长的航海之旅，并于 1492 年踏上了新大陆。5 年之后，在国王的资金支持下，虽然一如既往的少，约翰·卡伯特（John Cabot）[1] 朝着新大陆的方向进发。亨利七世并不是想借此机会验证西班牙人的话，或者说验证新大陆的存在。当时教皇已经颁布了诏书，确认了西班牙人有关新大陆的言论，而且新大陆已被西班牙人和葡萄牙人瓜分了。

卡伯特一路向北，航行了很久很久，终于来到了尚不为人知的北美洲——大英帝国在历史上的第一个海外领地。而在 100 多年之后，那里将成为帝国的殖民地。亨利七世去世，亨利八世继位，英格兰即将走出那个欧洲群岛，到全球更多的地方。要不了多久，在商贸活动与版图扩张的刺激下，英格兰人将无数次漂洋过海，并建立起彼时无人可敌的海上势力。在 15 世纪那极具两面性的图卷之后，我们将迎来传奇般的故事。亨利八世让英格兰挣脱了教皇与欧洲的束缚；而在伊丽莎白统治时期，英格兰人将通过航海到全球各地。

---

[1]　约翰·卡伯特，1450 年至 1499 年前后，意大利航海家。——译者注

第七章

瞧，英格兰找到了新方向

在上一章中，针对 15 世纪这个历史时期，以及其间的历史人物，我们给出的解释看起来有些不太一样，这和我们想要强调的事件与关键点有很大关系。15 世纪的图卷不但极具两面性，而且这两面还是相互冲突的。亨利八世这个人，以及他的统治也如此。一个一心探究历史真相的人，若是一边研究天主教历史著作，一边研究新教历史著作；或者同时研究同一领域内不同专家的论著，那么一定会陷入迷惘，甚至彻底失去希望。

我们不做批判也不做辩论，只去剖析亨利八世时代的重要变革，以及这些变革与国王性格、社会环境等之间的关系。亨利八世是英国历史上性格最强势的几位国王之一，他不应被看作傀儡，无论是受他人指使，还是为环境所迫。毫无疑问，他为英格兰带来了一系列变革。那么，亨利八世的动机到底是什么呢？对于这个难题，我们只能尝试着做出回答。

他初登王位时的英格兰，他离开人世后的英格兰，对比之下，我们能看到四个不同点。

第一，英格兰、威尔士、爱尔兰、苏格兰的结盟终于有了眉目，"大不列颠及爱尔兰共和国"的成立指日可待。

第二，作为国家政权的潜在威胁，大贵族被一网打尽，现代国有化这一历史任务得以完成。后文还将提到，在亨利八世尚未出生之前，曾有人对王位虎视眈眈，好在亨利七世意志坚定、实力强大，没有给任何对手丝毫机会。在玫瑰战争中幸存下来的大贵族力量发动了叛乱，在被亨利七世镇压后销声匿迹。自此，国王与议会掌握了国家统治权，当然，国王很大程度上掌控着议会。无论如何，人民憧憬的君主立宪制与议会制将会因此发展得更为顺利。

第三，借由两个途径，民族主义得到了强化。一方面放弃了欧洲大陆，另一方面挣脱了欧洲束缚，英格兰人将全部精力投入到了航海事业中，并缔造了奇迹般的荣耀。多佛海峡只有 20 英里宽，对岸就是欧洲大陆，英格兰人不能掉以轻心。之前，英格兰人企图通过占领欧洲大陆领地来获得强权；现在，他们在用实力与影响力制衡各种强权。这二者天差地别，而后者是一条属于英格兰的康庄大道。自亨利八世执政时期起，英格兰大军重新回到了欧洲大陆的战场上，不过这一次，他们的目标不再是领地和统治权了。

第四，无论亨利八世出于何种想法，或者持有何种宗教观念，不可否认的是，他和教皇分道扬镳了，而且还组织起了英格兰教会。由此，英格兰彻底摆脱了欧洲大陆的控制，人民获得了自由与独立，新教运动也如期而至。更重要的是，因为反教皇情绪持续高涨，英格兰终于向西班牙宣战了，而大英帝国由此得到了巩固。

上述因素都十分重要，同时我们不能简单地认为，它们都是国王的软弱、奢侈、残暴造成的。这些因素在历史中会反复出现。要说亨利八世的贡献，历史学家们并没有一致意见，我们也很难给出一个准确的结论。要找到答案，可能需要从常识角度出发，也就是说，我们必须承认，环境会影响人的个性。亨利八世的个性发展具有明显的阶段性。他在 18 岁就当上了国王，亨利七世留给他的不单单是一个稳定的英格兰，还有一大笔财产。

作为一个统治者，亨利七世十分节省，甚至有些吝啬，从不会穿着锦衣，戴着珠宝在宫里走来走去。不过，他年幼的儿子却得到了许多的馈赠，什么都有。年轻的王子留给别人的印象总是身体强壮，一表人才；开朗活泼，精力充沛，尤爱网球、狩猎、比武等运动；拥有很多的才能，不仅精通音律，还了解神学的隐秘；不仅能看懂文艺时期新兴作品的精妙，还熟练掌握了法语、拉丁语、英语，以及一些意大利语。父子俩是截然不同的两种人，亨利八世并不看好父亲的性格，也不认可父亲的行为方式。当然，代沟是再常见不过的事了。

一开始，亨利八世大肆挥霍着家产，追求着骄奢淫逸的生活。这是其父最厌恶的状态，却也是文艺复兴时期的风尚。他想成为那个时代最风光的国王。毫无疑问，他成功了。在他的授命下，红衣主教兼大法官托马斯·沃尔西掌管起了国务，而他自己却开始研究商业，当然，他不会让自己为其所累的。后来他罢免了沃尔西，亲临朝政后的这些年也就是其性格发展的第二阶段；就其秉性与身份来看，那是一段令他烦恼不堪、疲惫不堪的时光。在最后一个发展阶段中，他的专制欲及劣根性都暴露无遗。

受到"诅咒"的王室

我们还将对亨利八世执政时期的具体情况，以及前文所提到的各个重要方面的细节进行阐述，不过在此之前，需要了解一件对都铎家族与英格兰都十分重要的事。这件事将帮助我们进一步理解接下来所发生的一切。虽然有人试图用某个因素，譬如经济因素来解释过去，或者剖析社会力量，可是一个国家的发展，就像一个家庭的命运一样，与个性、客观环境，以及客观事件息息相关。有时候，这些因素与其影响力看上去并不完全匹配。

在这里，我们将要提到的是，都铎家族那离奇的生育问题。他们的问题不是不孕不育，而是存在某种遗传上的生理缺陷，并且对后世造成了很大影响。家族中人怀孕的次数并不少——在当时也称不上多——不过流产或夭折的却占了多数。波拉德（Pollard）是研究亨利八世的权威，他曾说这种现象和彼时的医学情况并没有多大关系，只不过"约克家族的新生儿生机勃勃，而都铎家族的新生儿弱不禁风"。

前文曾提到过，颇具争议的继承事件会给国家带来灾难。当国家需要一位强力统治者时，如果在直系亲属中没有具备继承条件的男性，或者具备继承条件的男性还没有成年，那么后续的事情大多会颇具争议。人们之所以不接受女性成为统治者，并不是对其能力有所质疑——事实上，女性对国家与教会的影响很大——而是因为在现实生活中，女性统治者如果不完婚，继承问题就得不到解决；而不管她的结婚对象是不是本国人，在继承问题上都会出现争议。基于此，遭遇生育难题的都铎家族给后世留下了巨大的影响。

亨利七世曾经想过，如果能够与爱德华四世的长女，即约克家族的公主伊丽莎白结婚，那么就能与兰开斯特家族，以及约克家族攀上关系；这样一来，自己的继承者身份也就更加合理合法了，不仅都铎家族的王权能得到巩固，国家也将迎来一段和平稳定的时期。然而，生育难题粉碎了他的美梦，与此同时也极大地影响了都铎王朝的统治，以及英格兰的发展。亨利七世生有 3 个儿子和 4 个女儿，其中有两个儿子死在他的前面：一个活了 15 个月，一个长到 15 岁；女儿们都死在了襁褓中，而最后一个女儿的出生还夺走了其母亲的生命。长子亚瑟在 15 岁时和阿拉贡的凯瑟琳（Catherine of Aragon）结了婚，而凯瑟琳是西班牙国王斐迪南二世与丽莎贝拉之女。亨利七世没有接受咨议院的建议，执意让亚瑟夫妇搬进了拉德洛城堡。然而半年不到，亚瑟就撒手人寰了。后来，亚瑟的遗孀凯瑟琳嫁给了亨利八世，也就是亚瑟的弟弟。后文会详细讲述这件事及其影响。

亨利八世前前后后娶了 6 位妻子，不过有幸活下来的合法继承人却只有三位。爱德华六世死于 16 岁那年；大女儿玛丽一生无儿无女；二女儿伊丽莎白终身未嫁。作为亨利八世的第一位妻子，凯瑟琳的生育经历值得关注：

第一胎是个女儿，然而婚后7个月即流产；第二胎是个儿子，孕后8个月早产，出生三天即夭折；因为难产，一个儿子生下不久即夭折；又一个孩子刚接受完洗礼即离世；然后又是一个早产儿，很快夭折。经历了这一切之后，女儿玛丽终于活了下来。

虽然亨利八世结了6次婚，不过就其身份而言，在当时并不算过分。他把女人们娶了回来，又用恶劣的方式把她们赶了出去，然而除此之外，在其他诸多方面，他并不逊于历史上的其他国王。如我们所知，亨利八世至少拥有两个情人；而作为一国之君的情人，那些女人无须遮遮掩掩。有赖于那两位"名满天下"的情人，亨利八世又得到了一个儿子，那便是日后的里士满公爵。或许是担心自己日后没有继承人，所以亨利八世让这个私生子生活在宫里，可惜这个孩子也没有活过11岁。对于都铎家族的生育情况，我们在这里就不一一赘述了，不用多想也知道，亨利八世那两个妹妹也经历了类似的遭遇。

如前文所述，亨利七世原本计划与竞争对手握手言和，以此来巩固王权，以及延续王朝。亨利八世更是疯狂地娶妻生子，然而他的大女儿虽然嫁了人却没有留下后代，二女儿伊丽莎白干脆拒绝结婚。都铎家族的香火就此熄灭。对于英格兰来说，这并不是一件好事，毕竟相较于后来者斯图亚特家族，都铎家族的国王们还是要好一些。都铎家族的生育难题就像个魔咒——假如能够这么说——极大地影响到亨利八世的婚姻观及人格。正因如此，我们才会将这一难题视为影响英国历史的重要因素，并在这里拿出来与大家探讨。

不过，其他因素也是不容忽视的。英格兰终究会脱离罗马教皇的控制，缔造出一个大帝国，而亨利八世的所作所为无疑推动了这一进程的发展；他在一个不被人看好的时机，探索出来了一个全新的方向。无论是时机还是方向，都是历史发展进程中不可或缺的因素。就某个角度来讲，正因为亨利八世及其家族所遭遇的生育难题，英格兰才会在伊丽莎白统治时期极力地想要挣脱西班牙与天主教的束缚，并最终顺利登上了海上霸主之位，为帝国的到来扫清了障碍。而在别的时间，或别的政治结构下，英格兰人则不一定能如愿以偿。时间到底有多么关键？我们不妨设想一下：假如德国不是在 19 世纪，而是在 16 或 17 世纪就实现了统一大业，并踏上了创建帝国的征途，那么世界必定会是另一番景象。接下来，我们将谈到亨利八世执政时期的具体情况。

威尔士人与爱尔兰人的归顺

我们需要对大不列颠与爱尔兰做出明确的界定，对于伊丽莎白统治时期而言，这是十分关键的一步。在亨利七世在位时，英格兰与威尔士的紧张关系得到了缓解。相较于任何接受威尔士教育的威尔士人，亨利七世对威尔士历史与威尔士文学表现出了更多的了解与喜爱。他用婚姻换来了约克家族，以及控制着边境地区的兰开斯特家族的认同。所以在至少 50 年的日子里，他始终控制着这两大家族。

在亨利八世执政时期，帝国有史以来的首部《合并法》（Act of Union）横空出世，这意味着英格兰与威尔士正式结盟了。尽管法案颇为严苛，不过亨利八世终究让威尔士人获得了梦寐以求的秩序与和平，最关键的是，威尔士人兴高采烈地接受了结盟这件事。从前的政治边界消失了，守护边境的官员们也都撤走了。威尔士设立了英格兰式的行政区，即 12 个郡，郡管理着县、城镇；召开于威斯敏斯特的英格兰议会，也为威尔士的郡县代表们提供了席位。

这意味着威尔士成了英格兰的组成部分之一。这一切都归功于亨利八世的据理力争；是他带来了成功。当然，都铎家族原本就有威尔士人的血统，这也是威尔士人选择效忠的原因之一。此外，教会正在发生着变化，法庭用语也从凯尔特语改为了英语；对于两个民族之间的新关系来说，这些都是锦上添花的事情。当然，和爱尔兰的情况类似，威尔士的乡绅们掌控着地方政府，同时上流社会对新秩序忠贞不二，甚至还努力调和着英政府与普通凯尔特人之间的关系。如此这般，在亨利八世执政时期，除去苏格兰，不列颠岛上的联合王国诞生了。

然而，亨利八世没能与苏格兰、爱尔兰搞好关系。法国与苏格兰一如既往地友好着，英格兰与苏格兰一如既往地争斗着。后文会讲到亨利八世与法国人之间的战斗。亨利八世刚刚登上王位，苏格兰就在法国的支持下举兵英格兰了。苏格兰彼时的国王是詹姆斯四世（苏格兰斯图亚特王朝第六位国王，在位时期为 1488 年至 1513 年），他重兵出击了诺森伯兰，后来在弗洛登败下阵来。这是苏格兰有史以来最惨痛的一次失败，苏格兰人将永远铭记于心。在这场战争当中，他们失去了一位国王、13 位伯爵，以及其他许多贵族成员。有人曾说，"苏格兰所有位高权重的家族基本上都在这场血腥的杀戮中失去了至少一位先辈"。下面这段文字或许是有关这场战役的最早的民间歌谣：

> 直白地对你说起，
> 那一万两千人的性命，
> 战争是如此残暴，
> 还有那么多人被囚禁，
> 苏格兰真走运。

死于这场战争的詹姆斯三世其实是亨利八世的妹夫，他的妻子是玛格丽特，也就是亨利七世之女。由此可见，苏格兰与法国之间的友情远胜于政治联姻所得来的关系。在圆满解决了威尔士问题之后，英格兰转身与苏格兰交战，战争从1532年一直持续到了1534年。在实现南北同盟这件事上，英格兰的国王们既和苏格兰人打过仗，也和苏格兰人结过婚，可惜都未能实现与其结盟的愿望。如今，亨利八世左右开弓，依然未能成功；或许他太野心勃勃了。若不是在 1542 年赢得了索尔威莫斯（Solway Moss）之战，他可能不会如此大意；他或许能实现南北同盟，通过幼子爱德华与苏格兰女王玛丽——尽管刚刚出生一个星期——的联姻。詹姆斯五世在听到战败的消息后气绝身亡；他是玛丽的父亲，同时也是亨利八世的外甥。当初，他在玛丽呱呱坠地时曾暗自叹息道："女孩，不管怎样都是女孩。"

苏格兰人接受了这门亲事，然而亨利八世却不想再等下去了，他要求坐上苏格兰的王位。此外，他还想让苏格兰人背信弃义，与法国恩断义绝。在苏格兰人看来，亨利八世的要求太过无礼，于是他们撕毁了婚姻。有赖于盟友法国的驰援，苏格兰暂时无碍。当然，作为共同生活在不列颠岛上的两个民族，英格兰与苏格兰不可能在短期内缔结为同盟了，无论是诉诸武力，还是寄望于联姻。

然而，出人意料的是，在亨利八世的领导下，英格兰终于挣脱了罗马教廷的束缚。这一结果间接地为英苏结盟之路清除了部分障碍。苏格兰人信仰新教，自然不愿与信奉天主教的英格兰人为伍。不列颠岛上的这两个国家同时迎来了新教改革运动，毫无疑问，精神联系将成为政治联系的基础，结盟的难度因此而降低了。

现实情况是，两国的宗教改革路线截然不同。英格兰的宗教改革以国王意志为导向，志在追求政治上的国家独立；苏格兰的宗教改革则深入了民众，领导者多为精通宗教理论、有文化、有独到见解的民间志士，而国王并不赞成改革。苏格兰的民主化有赖于长老会的培植与支持，而长老会管理着苏格兰各地的教堂。爱尔兰的宗教改革既不同寻常又异常悲壮——爱尔兰似乎一直不太走运。不仅仅是新教改革，但凡是宗教改革都不太适合爱尔兰，却偏偏又被强加于爱尔兰人民身上。

如前文所述，亨利八世虽然生在英格兰，长在英格兰，但他身上毕竟流淌着威尔士人的血液，这让他更懂得威尔士人，也让威尔士人更能接受他，并愿意结盟。然而，在爱尔兰问题上，双方既没有感情基础，又缺少彼此理解。爱尔兰还没有树立起中央集权，地方各自为政。凯尔特人忙着内斗；盎格鲁－诺曼人承受着领主的压迫，争端频发，情况更加混乱。

爱尔兰议会的召开之地是英格兰境内的佩勒，而那里的局势也不太妙，因为身为国王代理人的基尔代尔（Kildare）伯爵——他是盎格鲁－诺曼人——正在厚颜无耻地以国王之名以权谋私。亨利八世管人很有一套，并且是个以秩序为重的人。从地理位置来说，爱尔兰十分关键。假如爱尔兰离英格兰没那么近，那么英格兰或许不会想要征服它，就算是偶尔入侵也不会持续很久，如同埃及的命运那般。可是爱尔兰就像悬在英格兰头顶上的一把剑；这把剑一天不消失，英格兰人就一天也不会觉得安心；它是欧洲大陆国家从后方进攻英格兰的跳板。虽然爱尔兰是块难啃的骨头，但英格兰人从未放弃过，而这背后的原因或许是可理解的。

亨利八世决心做出又一次尝试。基尔代尔伯爵接到亨利八世的命令，来到了伦敦，而后被关进了伦敦塔；其子托马斯·菲茨杰拉德（Thomas Fitzgerald）勋爵误以为父亲已死，便发动了"杰拉尔丁"（Geraldines）[1] 起义，举起反对国王的大旗。后来，随着起义的落幕，除了一个男孩之外，这个大家族的其他男性都丢了性命。这是一个极富时代特色，以及国家统治特色的流血事件，是恶行治理的产物之一。

亨利八世想要用对付威尔士的方法来征服爱尔兰，并将爱尔兰改造为英格兰式。在前后好几百年的时间中，爱尔兰人因为受到了英格兰人的阻碍而始终未能实现自治。假如有必要，那些你争我夺的种族也是可以实现自治的，大可不用英格兰插手。然而，作为曾经的文化重地，爱尔兰越来

---

[1] 菲茨杰拉德也被翻译为"杰拉尔丁"，但杰拉尔丁是女性名，用在男性身上带有贬义。——译者注

越衰败了。曾经的爱尔兰人生活在智慧与知识的海洋中，拥有真正的宗教信仰；文艺复兴尚未影响到教士与信众。在众多盛极一时的国家中，爱尔兰大概是唯一没有建立起大学，或者说基本上没有开办过学校的国家。亨利八世不仅废除了英格兰的修道院，同时还废除了爱尔兰的修道院，然而爱尔兰人却蒙受了更多的损失，毕竟在爱尔兰，修道院是无以替代的。

亨利八世真切地推动着两地的融合，他成功地让爱尔兰实行起许多英格兰的法律条文；但是在其他方面却遭遇了失败，例如，将英格兰的语言、服饰、礼仪等推广到爱尔兰——为了达到这一目的，亨利八世规定，会讲英语的人将优先得到教会职务或国家职务；让爱尔兰实行英格兰的土地所有制。为了安抚各部落首领，他将英格兰贵族头衔赐予了他们，并希望通过这种方式让他们遵循英格兰秩序，例如，奥尼尔（The O'Neill）被封为蒂龙伯爵（Earl of Tyrone），奥布莱恩（The O'Brien）被封为托蒙德伯爵（Earl of Thomond），等等，大众则保持了原样。和平随之而来，特别是在部落首领们受命没收修道院财产之后。尽管如此，爱尔兰问题始终未能得到真正解决，在此之后，伊丽莎白等统治者，以及爱尔兰人们将付出沉重的代价。

此时的爱尔兰人正学习着耶稣会的教义，谁也想不到他们日后会成了虔诚的罗马教徒。在改变爱尔兰人传统生活方式等方面，亨利八世太过于心急了，若非如此，他可能早已成为教会的领导者——爱尔兰人或许会像当初英格兰人那样平静地接受现实。爱尔兰议会的管辖范围从局部地区扩展为爱尔兰全境，被封为贵族的部落首领们也成了议会成员。然而，亨利八世或许感到有些纳闷，为什么对爱尔兰的改革不像对威尔士的那般顺利。当然，在某种层面上来说，他确实让爱尔兰变得稳定、有序了；通过爱尔兰议会，他也得以登上了爱尔兰国王的宝座，这意味着两地走上了新的政治关系之路。此前，亨利八世只享有爱尔兰领主之称，这个头衔得来自教皇，也就是说，他只是教皇的代理，而爱尔兰的管理权其实在教皇手中。

亨利八世成功地将英格兰与威尔士合二为一；通过联盟控制了爱尔兰；再过一个世代，英格兰与苏格兰也将携起手来。接下来，我们将集中探讨的是亨利八世执政时期，英格兰其他方面的情况。

都铎家族专制

出类拔萃、一表人才的亨利八世在年仅 18 岁时登上了王位，并得到了人民的热烈欢迎。在那个时候，他的两位兄长都已离世，能继承王位的只有他一个人，这是毫无争议的事实，因而避免了内战或混乱的局面。鉴于他的个人魅力，人们对他推崇备至也是有道理的。贵族势力消失殆尽，只留下了一个公爵、一个侯爵。按照亨利八世的任用标准，那些至关重要的政府职位都提供给了新兴家族中的有才之人，以及才华出众的普通人，譬如托马斯·沃尔西，而不是权贵之徒。亨利八世亲自任命的 16 位摄政贵族，其任期都不曾超过 12 年。与历朝历代相比，都铎王朝时的君民关系尤为和谐，而且这种关系还相当直接。在兰开斯特家族执政时期，议会成员大多都是贵族，在这种情况下，打压贵族就意味着打压议会；换句话说，议会并不能代表人民的意见。

都铎王朝的专制统治，不仅基于一国之君的意愿，更基于普罗大众的意愿；对于英格兰人而言，这是一件十分幸运的事，它让英格兰顺利度过了危机四伏的宪政发展期。无论是亨利八世，还是日后的伊丽莎白，看上去他们都拥有至高无上的王权，实际上他们深谙民心，懂得审时度势，所以绝不会让国家发展违逆人民意愿。对于亨利八世统治时期宗教方面的情况，特里维廉曾做出这样的描述："若有违君王之意，人民将徒劳一场；若有违人民之意，君王也将功夫白费。唯有同心协力，方可无所不能。"作为现代大众传播的媒体介质，无论是报刊，还是广播，抑或是影院，在当时都还没有出现；那时候的"民意"是人民的真实意愿，既不是凭空捏造出来的，也没有经过篡改。

这种统治既异于从前的专制，也不同于后世的独裁。对于英格兰而言，自由也好，议会制也罢，都不是与生俱来的东西。英格兰人对自由的向往超越了其他所有民族，不过我们得承认，他们不会为了寻求真理而抛弃现实。羸弱的政府给英格兰人带来了灾难，因此人们才甘愿舍弃了部分权益，接受了都铎家族的统治，而交换条件是都铎家族必须好好治理国家——亨利八世与伊丽莎白都做到了。不过，在这个不成文的约定面前，没有人真正放弃了自身权益；假如国王有意削弱议会权力，那么人们就会像以前一样，拿起武器奋战到底。

谈谈大陆均势政策

文艺复兴诞生于意大利，后来以别样的面貌来到了英格兰。在英格兰，绘画等形式的艺术发展得不是很好，马基雅弗利及其政治学著作《君主论》也不是很受欢迎。相比之下，英格兰人更想挣脱道德法等方面的束缚。在探究都铎王朝的过程中，我们需要注意那些推动个人主义发展，压制中世纪理想与限制的因素——无论好坏。最低微的变革案例，可能出现在意大利的小气统治者身上；个体主义的发展还带来了伊丽莎白时代"海盗精神"的出现。所以，亨利八世必须要看清面前的政治环境、文化环境和道德环境。

总的来说，英格兰的文艺复兴更倾向于实用性和严肃性；这是其最优秀之处，也是他国的缺憾之处。对于他国而言，文艺复兴主要集中于艺术领域，以及个人修养方面。而英格兰政治家托马斯·莫尔所著的《乌托邦》可谓是文艺复兴的扛鼎之作。作为文艺复兴运动的伟大先驱之一，托马斯·莫尔与亨利八世是长期的挚友。《乌托邦》为人们刻画了一个理想的国度，时至今日仍然备受人们欢迎。这是一本领先于时代的著作，我们需要明白，它不仅是英格兰文艺复兴的硕果，更道出了英格兰人的愿景：在那个理想的国度中，没有剥削，没有压迫；人们各取所需；政府按需分配；个人利益不再重要；信仰自由；国家财政支持生育；所有孩子都能接受优质的教育与培养。在登上王位之后，亨利八世立刻采取了两个行动：首先，将达德利与恩普森押入伦敦塔，两人因帮助亨利七世四处敛财而恶名满身；其次，迎娶了凯瑟琳——曾经的西班牙公主，其兄长亚瑟的遗孀。第二个行动与罗马教皇不无关系；此时，欧洲大陆的新局面即将到来，而亨利八世也因婚事被牵扯其中。

在理查八世统治时期，以及路易十二执政时期，为了开辟疆土，法国对意大利发起了进攻。而后，西班牙、罗马教皇，以及神圣罗马帝国皇帝纷纷打起了威尼斯共和国的主意，不过鉴于法国的强大实力，他们不敢贸然行动。1511 年，罗马教皇、罗马皇帝、西班牙，以及意大利的几大联邦，联手将法国赶出了意大利半岛。1494 年，法国首次进攻意大利，具有现代意义的国家均势理论应运而生；到了这个时候，理论终于付诸实践了。亨利八世的岳父是西班牙国王，所以他决定与西班牙保持统一战线，站在了法国的对立面。他决定兵分南北两路同时出击法国，最终北线告捷。在战斗中，沃尔西凭借优秀的组织能力生平第一次得到了亨利八世的青睐。

不可否认，亨利八世又陷入了危险，因为他再一次惦记上了法国这片土地。自此之后，英格兰再也没有觊觎过法国领土。幸好，英格兰的盟友们在替意大利收拾了法国一顿之后便如鸟兽散了。亨利八世恼怒不堪，尤其对岳父很是不满；他被孤立了。政治给了他一个教训，他将始终牢记于心。他转身与法国歃血为盟，还把妹妹"献"给了年纪一大把的法国国王。英格兰虽然向来与法国为敌，不过最终还是对欧洲大陆地区国家采取了以制衡代替征伐的方针。

现在，国际关系的重要性愈发凸显，而且千变万化；时势造就了许多英雄，也毁掉了许多英雄。1515 年，法国国王老死宫中，继承王位的是他的女婿，也就是弗朗索瓦一世。1516 年，西班牙国王斐迪南二世也逝世了，王位继承者是坐拥荷兰（对英格兰而言，荷兰至关重要）的卡尔；卡尔是斐迪南二世的外孙，也就是后来的卡洛斯一世。过了一年多，神圣罗马帝国皇帝马克西米利安（Maximilian）一世也离世了，因为他是卡尔的祖父，所以卡尔又以哈布斯堡王室成员的身份继承了马克西米利安一世的全部领土，史称理查五世。那时，卡尔才 16 岁。

在神圣罗马帝国，一国之君是通过任命选举产生的。虽然亨利八世与弗朗索瓦一世也参加了竞选，但最终获得胜利的还是查理五世。如此这般，荷兰、奥地利、意大利南部、德意志部分地区、西班牙及其美洲领地，都成了查理五世的管辖范围，而且查理五世还在名义上控制着德意志境内的其他城邦。三个青年才俊占领了全球大部分地区，那一年，亨利八世 28 岁，弗朗索瓦一世 26 岁，查理五世 19 岁。

在此后的 10 年时间里，亨利八世始终致力于结盟与权力制衡，站在他身边的是大法官兼红衣主教沃尔西。在弗朗索瓦一世与查理五世之间，根本不存在所谓的平衡，因为二人的势力范畴相差甚远。神圣罗马帝国拥有众多的民族和众多的王国，他们分散于各地，而且千差万别，所以管理起来很难，而且许多民族与王国都怀有二心。在帝国境内，各民族都拥有自己的语言、习俗与外貌特征，基本上不可能团结一致。与之相反的是，地处帝国中央的法国是个极具凝聚力的国家。除此之外，对于英格兰而言，查理五世所统治的荷兰近在咫尺，是长期以来的劲敌。亨利七世为英格兰奠定了财富基础；当下，亨利八世与沃尔西都在计划用金钱为英格兰换来欧洲霸主的身份。然而历史告诉我们，他们的钱不太够用。

在那段时期，沃尔西迎来了权力高峰。威尼斯大使曾在报告中写道，在初到伦敦时，沃尔西的口头禅是"国王打算这样……"，而后变为"我们打算这样……"，到了 1519 年，口头禅又成了"我打算这样……"。红衣主教沃尔西恐怕是英国历史上最后一位卓越的（他的确很有才干）教会政治家了，他老奸巨猾、八面玲珑，然而其计划却无一成功，换句话说，他的职业生涯其实很失败。这样的人看上去不值一提。

在威尼斯人心里，沃尔西高傲自负、野心勃勃、唯利是图，其一举一动、一言一行都是为了满足自己的权财之欲。在担任主教等圣职期间，他不仅大肆搜刮民脂民膏，还以主教身份牟利于外敌、盟友与同僚；他奢侈无度，排场极人，很不受人们欢迎。在这种情况下，亨利八世若不早点做出决断，便会被他连累，遭到民众的谴责。弗朗索瓦一世和亨利八世曾经有过一次会面，那无疑是沃尔西职业生涯中的至上时刻。他为何会被赶下台？就算是爱慕虚荣、讲究排场的亨利八世在就餐时也遵循着传统，允许一旁的侍者戴着帽子；然而，沃尔西不仅不同意戴帽，还要求侍者跪在地上伺候自己。

毫无疑问，另外两个彼此竞争的年轻人，弗朗索瓦一世与查理五世就要沉不住气了；两人的分歧实在太多，例如意大利问题，等等。英格兰将作何选择？在此后的八九年中，亨利八世采纳了沃尔西的意见——大法官兼红衣主教的专业能力还是不错的。然而，亨利八世最终选择了力排众议。这位统治者在英国历史上的最大影响力，是需要后世验证的；而沃尔西在10年左右的任期内，对英格兰的治理——倘若可以被称为治理——基本上毫无价值。

一面是查理五世，一面是弗朗索瓦一世，英格兰国王摇摆不定，而后做出了谨慎的选择。1520年，在加莱附近，亨利八世与弗朗索瓦一世进行了会面。会面场地的布置奢华至极，被后人誉为"金缕地"（Field of the Cloth of Gold）。然而，那不过是包藏祸心的表象，外交家们个个都足智多谋。事实上，亨利八世与沃尔西早已做出了决定，把砝码压在了查理五世身上。一如既往地，沃尔西将自身利益牵扯了进来，想借这一计划达到自己的目的。他之所以选择了查理五世，或许是因为查理五世曾经做出许诺，在下一次的教皇选举中会给沃尔西投上一票。然而，在金缕地会谈，以及其他一些事件的误导下，弗朗索瓦一世以为英格兰会选择中立。

两年之后，英格兰大举进攻法国；仿若历史重演，苏格兰随即出兵英格兰。事实上，英格兰出不出兵一点也不重要；查理五世优势明显，无须帮忙。1525 年，查理五世在帕维亚大胜，并在战役中擒获了弗朗索瓦一世。如此一来，原属法国米兰公爵的领地成了查理五世的囊中之物；再加上手握着法国国王的性命，查理五世已然成了欧洲大陆地区的统领。作为英格兰国王，亨利八世当然不愿意看到这样的结果。除此之外，在弗朗索瓦一世被擒获的那一年，新任罗马教皇诞生，那便是克雷芒（Clement）七世[1]。无疑，神圣罗马帝国的一国之君查理五世食言了，沃尔西没能如愿成为基督教的最高领导者。于是，亨利八世与沃尔西即刻便与法国缔结为同盟。

我们无法确知，对于国际关系而言，沃尔西的个人影响力到底有几何。但是不可否认，英格兰不再觊觎欧洲大陆地区的领土，而是转型为欧洲大陆均势策略的执行者。这大概也是沃尔西的建议。当然，沃尔西的对外方针终究没能成功。法国吃了败仗，从此对西班牙言听计从，毕竟法国国王弗朗索瓦一世还在查理五世手上。平衡被打破了，查理五世似乎成了世界霸主。在这场反复无常的争斗中，英格兰不但毫无收获，而且失去了制衡新生独裁者的力量。

英格兰因为这场斗争而耗空了国库，而沃尔西却借机发了横财。不过数年时间，英格兰就从国际政坛上的一颗明星沦落到了如今这般模样；随之而来的还有国内的各种纷争。事实上，自白金汉公爵被处死之后，亨利八世的王位便难以撼动了。白金汉公爵曾自称享有王位继承权，并在亨利七世的葬礼上侃侃而谈，将自己与亨利七世之间的各种事情公之于众，这实在是令人厌恶的举动。然而，不得不承认，英格兰是真的缺钱。沃尔西

---

[1]　此处可能是一个笔误，克雷芒七世的任期是 1523 年至 1534 年。——译者注

在任职的 8 年间从未召集议员举行议会；却以外交之名挥金如土，花光了亨利七世的巨额财产。1523 年，他终于召集起议员，召开了以和平为目的的议会。然而在这次议会上，竟然出现了前无古人的一幕，沃尔西向议会索要 80 万英镑，就购买力而言，相当于如今的 1200 万英镑。下议院拒绝了他的要求，他走到议员们的跟前，一如既往地无理取闹起来。身为下议院议长的托马斯·莫尔冷眼相对，告诉他这番举动有违规范。沃尔西不得不灰头土脸地走开了。

毫无疑问，他已经无路可走，只是他本人尚未发现。虽然这笔款项最终还是通过了议会的审批，但金额减少了许多。两年之后，亨利八世与沃尔西向议会索要更多的资金，甚至制定了所谓的"友好贷款"计划，本质上就是搜刮民脂民膏。至于这一计划到底是谁的"突发奇想"，历史学家们尚未达成一致意见。无论如何，沃尔西在这件事情负有不可推卸的责任，而人们也因为这件事情更加憎恨他。战争终要结束，英格兰与法国结为了盟友；查理五世后来释放了弗朗索瓦一世，因为弗朗索瓦一世答应割让一大片领土。然而，弗朗索瓦一世在回到法国后立刻就反悔了。

查理五世手中的权力越来越大，为此心惊胆战的人并非只有亨利八世一人。在教皇的控制下，意大利同盟也不支持查理五世。然而最终的结局却是，查理五世率大军攻陷了罗马城，擒获了罗马教皇。在我们的讲述中，这件事至关重要。

一场看上去有头无尾的离婚案

在这一时期，欧洲大陆还迎来了另一个人物。他迥异于查理五世、亨利八世、弗朗索瓦一世等一众国王，迥异于大法官兼红衣主教沃尔西，迥异于托马斯·莫尔、迪安·柯利特（Dean Colet）等人文主义者；他就是从德意志新教徒运动中走出来的马丁·路德。新教徒运动不仅影响了宗教，更影响了政治。马丁·路德极力反对教会出售赎罪券的行为，他推广着"上帝与人直接相联"的教义，认为个体与上帝之间的关系无须他人干涉。

这本不是新教义，只是马丁·路德适时地举起了这面大旗。1521年，信仰神学的亨利八世执笔写下一本书，旨在批驳路德的言行。基于此，教皇还授予了亨利八世"信仰守护者"的称号，而这一称号当今仍属于英国王室。亨利八世对宗教所持有的态度常常遭人误解，我们需要明白：首先，宗教与政治密切相关；其次，在那个时候，人类正进行着两种完全不同的宗教运动。

一种是新教的新教义运动，与亨利八世并无太大关系。亨利八世虽然离经叛道，却是个真诚的教徒，而且信仰的是旧教义。另一种是反教士运动；这种运动早已有之，而且十分普遍。天主教的信众们都会极力反对教皇与教士的种种恶行，以及对人们生活的控制。这一运动的发起者不仅有天主教信徒，还有新教教徒——历史即明证。

教徒们认为，教皇、教士，以及英国圣公会大主教的权力欲望过重，而且总在毫无依据地求权。特别是教皇，控制教会还不够，还打算统治天下。亨利八世原本是第二种运动的支持者，然而在取代罗马教皇，统领英格兰教会之后，便不再想要改变教义了。正因如此，他才会转而批判那些新教义运动的支持者，以及打压那些反教士运动的反对者。亨利八世深知，反教士运动是大势所趋，但他想以保持既有教义为前提，带领英格兰挣脱教会的束缚，以及外国的左右。随着新教义运动渐渐深入人心，教义纷争愈发尖锐起来；统领英格兰教会的亨利八世陷入了困境。这一困境亦是日后伊丽莎白不得不面对的。亨利八世创立了中途之家（Halfway house）[1]，

---

[1]　有译者曾翻译为"重返社会训练所"，是一种以提高社会适应能力为宗旨的寄宿制矫正机构。——译者注

然而在他的女儿伊丽莎白执政时期，因为宗教信仰问题，邻里间纷争不断，中途之家差一点被毁。

在亨利八世36岁那年，查理五世攻下了罗马。或许前半生的成长略有些迟缓，不过此时亨利八世终于步入了成熟阶段。他接管了沃尔西留下的烂摊子，开始亲自打理国内外的各项事务。红衣主教沃尔西还没有完全退出，好在亨利八世已下定决心亲力亲为。亨利八世的统治能力到底如何？在回答这个问题之前，我们不妨先来看看他和凯瑟琳为什么会离婚。离婚总非好事，更何况他们的离婚几经波折，耗时良久。

谁也不知道亨利八世是从什么时候开始想要离婚的。历史学家加德纳（Gardiner）向来不认可亨利八世，在他看来，亨利八世自从认识了安妮·博林（Anne Boleyn）之后，也就是自1521年起便开始计划离婚。同年，廷代尔（Tyndale）、科弗代尔（Coverdale）、克兰麦（Cranmer）、拉蒂默（Latimer）等剑桥大学学生常常聚集在一间酒吧里讨论路德所提出的教义。或许只是巧合，但未免让人产生些许联想。

关于这起离婚事件，我们需要了解其背后一连串错综复杂的原因与推动力。这不是三言两语能够讲明白的，因此我们没办法给出十分详尽的阐释。简而言之，主要问题出在亨利八世身上。事实上，就道德水准而言，亨利八世远胜于同期的其他君主；作为王室后裔，凯瑟琳心思单纯，很值得同情；她的侄子，也就是查理五世手握着意大利的统治权，就连罗马教皇都甘拜下风；彼时的罗马教皇是克雷芒七世，完全不像格里高利七世那般高尚。克雷芒七世在国家统治上所遭遇的危机，远胜于管理教会时所遭遇的危机。

还有个重原因是，亨利八世已不再年轻气盛。统治和野心成了他此时的主要任务，这让他尤为渴望继承者的诞生，可是凯瑟琳却屡次流产。凯瑟琳为他生下过许多孩子，却唯有女儿玛丽幸存于世。如前文所述，对于国家与王朝的统治而言，女性继承者意味着灾难；而在我看来，或许是因为人们夸大了安妮的历史作用。

举例来说，加德纳的观点是，安妮的出现是导致亨利八世离婚的主因。这一观点不足为信。若真如此，这起离婚事件就不会那么复杂了。安妮曾收到过亨利八世所写的情书，然而在此前的五六年里——虽然安妮常常待在王宫内，亨利八世便有了离婚的打算。除了拥有一双明眸，安妮别无出众之处，而且也不甚聪颖，不过颇有几分风情。她出生于伦敦，家中经商，财力雄厚；姐姐是亨利八世为人所知的两个情人中的一个；在嫁入王室之前，她也是亨利八世的秘密情人之一。一方面，风流成性的她绝不会任凭亨利八世追逐数年而按兵不动——假如亨利八世追求过她的话；另一方面，她压根不可能真正牵制住亨利八世，更别说耐着性子花上数年时间来坐等亨利八世离婚。由此可见，加德纳的推断是不成立的。

在亨利八世身上，有许多未解之谜。那个时期的他盲目崇拜、信仰宗教、向往自由，以及极端追求个人利益。在将他认定为极端自我主义者时，其他一些因素对他的影响也是不可忽视的，譬如良心上的不安，等等；如此一来，事情就更繁杂了。

亨利八世比凯瑟琳小 6 岁，却依然对她产生了兴趣，更何况她还拥有一大片领地；凯瑟琳对婚姻也并无不满之处。然而，他们始终与男性继承人无缘，而凯瑟琳后来还失去了生育能力。当时，王室婚姻的意义主要体现在政治层面上，而不是宗教层面——教皇们总是做出有违教会规定的行为。

早年间，初生牛犊的亨利八世之所以能和兄长遗孀成婚，也多亏了教皇的特批。以教义而言，这原本是个罪过。流产也好，夭折也罢，莫非都是上帝之意？或许亨利八世常常这么想。站在国家与家族的立场上，他迫切地想要迎来一个男孩。大概是出于这个原因，他才会对品行堪忧的安妮动心吧。

不过，后续之事并没那么简单。若是严格遵照教会的规定，亨利八世是不能娶安妮为妻的，因为她的姐姐就是自己的公开情人之一，除非教皇再特批一次，就像当年那样。教皇们通常都不会在这种问题上为难一国之君，不过克雷芒七世却没有办法；他受制于查理五世，而查理五世怎么会眼看着姑姑被抛弃。亨利八世此时所面临的困境，对于教皇来说早已习以为常，而且总有办法能解决。亨利八世要求教皇对外发布公告，早前那次特批是无效的，这样一来，他的婚姻就自动失效了，公主玛丽也就失去了合法身份；他从未想过借鉴《旧约》中的事例，以"特许重婚"来处理这件事。实际上，在1437年，在教皇的特批下，求子心切的卡斯提尔亨利四世便在短时间内先后娶了两位妻子。克雷芒七世也提出了这个建议，可是亨利八世并没有采纳。

以前只有一条路可以，那就是离婚。无论是亨利八世的姐姐玛格丽特，还是他的两个妹夫，所提出的离婚申请都得到了教皇的批准，那么亨利八世为何不可？更何况，经过教皇的特批，亨利八世的女儿玛丽还嫁给了里士满公爵，要知道里士满公爵可是亨利八世的私生子，和玛丽是同父异母的兄妹。教皇把这个难题留给了亨利八世自己，他建议亨利八世先和安妮结婚，然后再去解决婚姻效力的问题。然后，对于这件事，亨利八世可不想一直就这么拖下去，他希望未来的继承人是具有合法性的。假如教皇没有受制于查理五世，假如亨利八世坚持让法庭做出婚姻无效的裁决，并且让教皇再特批一次，那么将会避免后来的许多事。

教皇左右为难，与此同时，沃尔西也举步维艰。倘若他没能帮助国王顺利离婚，那么他的仕途就彻底结束了。可是，倘若他做到了，国王一旦与安妮完婚，他一样没有未来。因为站在安妮身后的诺福克公爵等人将因此而权力大增，而这些人可都与沃尔西不共戴天。他终究将树敌无数，特别是凯瑟琳。

在教皇的指定下，沃尔西与另一位红衣主教不得不在伦敦的法庭上受理这起离婚案；当然，无论结果如何，倘若教皇不肯点头，判决就毫无效力。亨利八世坚持要求法庭将其婚姻判为无效。在公开庭审的过程中，凯瑟琳王后跪求亨利八世：自己20年来从无二心，不应受此屈辱，被无情抛弃。

　　然而，1529 年的庭审没能给离婚事件画上句号。如教皇所愿，这件事一拖再拖。从克雷芒此前的建议来看，他的顾虑与道德无关。事实就摆在眼前：他在此中的身份并不是教皇，而是临时统治者；他可不想看到查理五世震怒。对于英格兰而言，宗教问题退居其次，婚姻问题首当其冲；一国之君的"私事"本不该取决于宗教领袖的意愿，可事到如今，它甚至要受政敌——神圣罗马帝国皇帝暨意大利统治者查理五世的左右。鉴于此，亨利八世打算将这个问题放到国内来处理。

和教皇说再见

　　沃尔西失去了大部分职务与财产，亨利八世只给他留下了约克大主教之职、有限的财物，以及一些看起来还不错的差事。不管怎么说，沃尔西失势是迟早的事。后来，他因串通法国人而被以叛国罪论处。然而，还没登上伦敦断头台，他就半道死在了莱斯特大教堂中。沃尔西谎话连篇，不明就里之人常常受其蒙蔽，而我们绝不能信以为真。假如他所言非虚，诸如"我勤勤恳恳地为上帝服务，为各国王服务，上帝是不会让我早走的"之类，那么显而易见：红衣主教总以个人利益为先，而非他口中的上帝和国王。

　　后续的事情拖拉了近 4 年时间，我们在此只简单讲一讲：亨利八世自1529 年起，连续召开了 7 年议会，议题都与宗教改革有关。这是英国历史上至为关键的一幕，更关键的是，亨利八世重振了议会。原本的情况是，议会已愈发无足轻重；只要沃尔西还在，议会就难以召开，如此一来，英格兰很可能将重蹈欧洲大陆国家的覆辙，偏离宪政之路。

　　红衣主教想尽一切办法都没能领会人民的意图。对于都铎王朝而言，议会就是天赐的礼物，尽管还有待完善，但是能帮助国王了解民意，明确历史的发展方向。需要强调的是，英格兰教会的独立之路，以及英格兰人未来的宗教观都取决于议会，而不是教会会议。

1530 年，亨利八世又一次做出了尝试，希望借助欧洲大学的帮助来说服教皇特批再婚。在欧洲的大学校园中，亨利八世凭借巨大的影响力占据了舆论优势；校园中人似乎并不太认可查理五世。尽管如此，亨利八世并没有如愿以偿。一年之后，亨利八世参照《侵犯王权罪法》（Statute of Premunire）规定，给英格兰境内的所有教士定了罪，并同意教皇将使节权授予沃尔西。为了脱罪，教士们甘愿支付大笔罚金——折合现在 12 万英镑左右，可是亨利八世并没有赦免他们，因为他们还没有低头跪拜亨利八世为统领。最终，教士们屈服了，只是补充了一个笼统的条件："只要不违反基督律法。"

亨利八世并没有打算就此和教皇撕破脸皮，他之所以想要成为教会统领，不过是想在教士和信众中树立权威，然而这一行为却对未来造成了极大影响。时间毫不停留地又走过了一年，亨利八世在这一年通过议会制定了一个法案，法案规定只有国王有权召集召开议会。他之所以要这么做，是为了避免议会擅自行动，尤其是针对其离婚与再婚。因为"教士们的屈服"，托马斯·莫尔爵士辞去了职务；他是继沃尔西之后的新任大法官，整日为教会教义殚精竭虑。一方面，莫尔和蔼可亲，支持乌托邦式的信仰自由；另一方面，他决绝地放火烧死了英格兰境内的异教徒。在他的身上，我们看到了时代的印记，以及其他人的影子。他之所以会辞去大法官之职，或许是洞察到了什么，且不愿被卷入对抗罗马的行动中。

亨利八世并不想与教皇彻底为敌，只是想让教皇听自己的话，准确地说，是想让站在教皇背后的查理五世听自己的话。1532 年，议会颁布了《初年圣俸法》（Act of Annates），宣布扣发所有教士的首年收益，要知道在此之前，这部分收入都属于教皇。教皇并没有做出什么反应。日复一日，一年就快到头，亨利八世也耗尽了耐性。1533 年 1 月 24 日，他与安妮成婚了。仅仅 7 个月之后，伊丽莎白公主便呱呱坠地。

没过多久，《上诉法》（Act of Appeals）得以通过议会决议。这项法案规定，国王既是国家的世俗领袖，也是教会法庭领袖，在其他法庭所做的任何申诉不再具有法律效力。托马斯·克兰麦走马上任坎特伯雷大主教，此后不过数月，他便通过议会宣布亨利八世与凯瑟琳的婚姻无效，并公然与凯瑟琳为敌。尽管亨利八世向教皇提出请求，希望将婚姻一事交由教会的大公会议（General Council）来裁定，可是大公会议始终未能召开。教皇克雷芒七世选择向凯瑟琳伸出援手。在随后的两年中，亨利八世和教皇分道扬镳，各自为营，主要原因是《初年圣俸法》损害了教皇的利益，而让国王坐享其成。

婚姻难题终于消解了。建国已久的英格兰也终于挣脱了欧洲大陆的束缚。欧洲大陆均势政策依旧重要至极，不过英格兰人已不再痴迷于领土扩张，同时也迎来了道德自由与法律自由。对于英格兰而言，只有保护好自己，才能保护好自由，才能不受外力控制，无论是世俗势力，还是教会力量。虽然动机繁杂，不过在亨利八世与议会的励精图治下，英格兰迎来了独立宣言；这意味着英格兰人终于掌握了自己的未来，终于可以自由地创造精神财富、知识财富，以及物质财富了。如果不够了解亨利八世为历史所做的贡献，那么就无法真正明白，为什么在伊丽莎白执政时期，英格兰人会爆发出如此强大的能量，这种能量不仅体现在生理层面，更体现在精神层面。

从亨利八世首次公开提出想要认定自己前次婚姻无效，到与安妮完婚，再到与罗马教皇分道扬镳，前前后后持续了 12 年之久。我们不应该将这 12 年的漫长"斗争"认定为亨利八世有这样那样的生理需求。对于一个一心想要抛弃前妻，甚至不惜与世界为敌的国王来说，要解决生理需求并不用耗时这么久。然而，长期的斗争，以及嚣张的气焰给亨利八世带来了负面影响。从此，他性情大变，越来越古怪。

值得庆幸的是，在新教运动爆发的第一阶段里，亨利八世还十分强势，还有能力守护和平与秩序，虽然偶尔也会显露出残酷的一面。宗教改革覆盖了包括英格兰在内的整个欧洲地区。尽管亨利八世所推行的政策伤害了一部分人，不过那些都是特例。不同于欧洲大陆国家，英格兰人没有遭遇宗教战争，以及大规模的屠杀行动。究其原因，一是因为亨利八世还足够强大，二是因为新秩序多少已得到了英格兰人的认可。

前文反复提及，英格兰人向来都不甘受控于教皇，因此与教皇的决裂是符合民族情感的。另外，除了在行政职务上多有交集，英格兰和罗马的关系并不算太密切。例如，英格兰人很少登上罗马教皇之位，确切地说，有史以来只有一位英格兰人成为过罗马教皇。换句话说，对于英格兰人而言，教皇是"外国人"，而且大多数时候是拉丁人——最不受他们喜爱与怜悯的种族。毫无疑问，一开始，人们并不赞同亨利八世与凯瑟琳"离婚"（事实上是被废除），并且都十分同情凯瑟琳，认为她受到了时代与局势的伤害；同时，渔人得利的安妮未能得到丝毫喜爱与尊重。

不过，长远看来，亨利八世的策略还是颇受推崇的：在推行相关政策的过程中，他从未付诸武力；从未因小失大，引起社会混乱；从未引发过像求恩朝圣（Pilgrimage of Grace）[1]那般沉痛的事件——除了北方地区的小打小闹。总趋势对英格兰教会的独立大有裨益，再加上后来亨利八世又打压了修道士们组织起的宗教教派，并没收了他们的财产。这些宗教教派曾为人们带来了大量的知识、教育，以及公益，不过那已是很久之前的事了，此时他们已对社会毫无助益。说他们败德辱行，或许有些夸张，不过这帮人控制着英格兰的大片土地与大量财富，生活得好不惬意。

在今人看来，教会的土地与财富在被没收之后理应得到有效利用，要

---

[1] 1536年，英格兰北方地区所爆发的叛乱，目的是反对亨利八世及其政府所推行的宗教改革。——译者注

么用之于民，要么用来建立和巩固秩序，总之不应卖给个体所有者。然而在当时，这些土地与财富刚离了教会中人之手，又落入了另一些人的腰包。不过这样一来，土地与财富还算是用之有效，不仅带动了商业发展，还促使城镇与乡村滋生出了一个更加庞大的新阶级——旧秩序的瓦解给这些人带来了财富，所以新秩序得到了这些人的坚定拥护。

当然，也存在其他的可能性。要如何处理原属教会的土地，可行的方式大致有三种：第一种，仍归教会所有；第二种，卖给私人；第三种，归国王所有。如果反对第一种，赞同第二种，那么人们或许要放弃一部分利益才行。教会虽然不甚完美，可相较于异军突起的新兴富豪阶层，也就是那些一毛不拔的个体所有者而言，至少更懂得在诸多方面体谅佃户，顾惜邻里。国王虽然通过出售这批土地换来了新兴阶层的支持，从而推动了改革发展，但也让自己陷入了财政危机，甚至还连累了后世的统治者们。伊丽莎白就没有多少钱，然而她治国有方，深受人民欢迎。斯图亚特家族的国王们就没那么有能力了，也没有那么受欢迎；他们常常为财政危机所困，后来的宪政危机与此不无关联；若非如此，他们可能并不会彻底走上专制统治之路。

亨利八世还期望通过推行宗教政策来提升英格兰人的智慧。经他批准，议会所制定的《十信条》（Ten Articles）得以颁布，旨在让普通信众更好地接受与理解教会的旧教义。在亨利八世的授意下，克伦威尔出版了经过重新翻译的《圣经》，其目的也是提升大众智慧。新版《圣经》的发行量远远超过了旧版，其译者是迈尔斯·科弗代尔，而旧版本的译者则是廷代尔。宗教迫害并不是没有，但出乎亨利八世预料的是，宗教政策的推行让人们开始学着独立思考了。在某种意义上，他的政策激发了以国家与宗教为基础的民族精神。

议会的地位也变化了。为了彻底改变国家与教会的关系，议会颁布了相关的方案，与此同时，其权力也得以增加。对于国王与议会的关系，亨利八世所做的描述是："国家内部的团结一致与密切合作。"无论是亨利八世，还是后来的伊丽莎白，都是一面"操控"着议会，一面依赖着议会；身为专制统治者的他们给人们的印象却是：与议会砥砺同行。而在接下来一个世纪中，这种印象促使人们奋起反对王权，因为斯图亚特家族的国王们不仅不求上进，而且拒绝上进。

在亨利八世执政时期，会议向来听命于国王。1534年，《叛逆法》（Acts of Treason）与《君王至上法》（Acts of Supremacys）相继出台，亨利八世正式成为英格兰教会的统领；凡有意加害于国王及其继承者，或称国王为异教徒、暴君、分裂者、篡位者的人，都将以叛国罪论处。这些法律条文既是巩固王权的途径，又是国王与克伦威尔的权力工具。此时此刻，克伦威尔已成为亨利八世的总代理。由于反对亨利八世成为英格兰教会的统领，莫尔与罗切斯特大主教费舍尔（Fisher）都丢了脑袋；比他们职位更低的反对者们则被定了罪，死于更加残酷的极刑。

第二年，已身为王后的安妮·博林也将被送上断头台。同年初，可怜的凯瑟琳离开了人世。有传言说亨利八世打算抛弃安妮·博林，背后缘由不为人知。或许是出于厌倦吧，彼时的国王可是铁石心肠。在1536年之前，他所采取的大多数行动都基于国家利益所需，而且这些行动都幸运地为人民谋得了好处。可是，后来的情况却与之前大相径庭。在1535年1月，他以国家名义举办了一次舞会，理由竟是庆祝凯瑟琳去世；他穿着鲜黄的衣衫，看起来十分高兴。不难看出，此时他已经无药可救了。在生下伊丽莎白之后，安妮两度流产，而后再无生育。后来，在教会法庭上，克兰麦大主教宣布亨利八世与安妮的婚姻无效。这件事背后的原因很难说清楚，不过安妮之所以被押上了法庭，是因为与其兄长乱伦，以及出轨了4名男子。

作为安妮的叔叔，诺福克公爵主导着整个审判，与其他庭审人员共同裁定安妮罪名成立。5月19日，在伦敦塔，安妮被斩首。上述五个与她有染的男子中有四人以叛国罪论处，唯一活下来的是那位招供者。其实谁都知道真相，但是正如波拉德所言，在安妮死前两日，亨利八世已经成功休妻，假如亨利八世别无用心的话，那么那四名男子何至于还被处死。因此，诺福克公爵以及其他 26 位审判者定然是基于别的意图才给包括安妮在内的 6 人定了罪。

安妮被斩首还不满 10 日，亨利八世就和简·西摩（Jane Seymour）结婚了。因为凯瑟琳与安妮都已赴死，所以国王新生子自然也得到了法律的认可。不过，为了以绝后患，议会还是出台了新《继承法》（Act of Succession）。凯瑟琳之女玛丽早已失去了合法继承权，现在安妮之女伊丽莎白又"前赴后继"。如此这般，简的子女将获得合法继承权。新王后在次年诞下了一名男婴（也就是此后的爱德华六世），然而她自己却死在了几天之后。

1539 年，来自克利夫斯（Cleves）家族的又一位安妮嫁入了王室。身为德意志贵族的她此前与亨利八世从未见过面。等她好不容易来到了英格兰，亨利八世却对其样貌心生不满，尽管如此，结婚大典还是如期举行了。亨利八世给她取了个绰号，叫"佛兰德斯母驴"（the Flemishmare）。数月之后，一手促成这次婚姻的克伦威尔被斩首；安妮不得不同意离婚。1540 年，亨利八世迎娶了凯瑟琳·霍华德（Catherine Howard），而她同样是诺福克公爵的侄女。后来，亨利八世发现她在婚前极不检点，因此在 1542 年把她送上了断头台。一年后，凯瑟琳·帕尔（Catherine Parr）嫁给了亨利八世。值得庆幸的是，亨利八世死在了她前面；在临死前病入膏肓的日子里，她对亨利八世温柔以待。

这便是亨利八世的传奇婚姻史，它对英格兰影响深远。如前文所述，亨利八世其实并没有刻意想要改变教会教义。1539 年，他通过议会颁布了《六信条法》（Statute of the Six Articles），强调了基督在最后的晚餐中的圣血、圣体之存在（real presence）；圣餐礼仪；教士不得结婚；贞洁誓言；个人的弥撒与忏悔；等等。任何人若是不认同上述第一点便会被判处火刑；在人后说三道四，被抓到两次就会被判处绞刑。

　　若是以此为标准来衡量亨利八世的一生，我们可能会感到一丝荒诞之意，不过理应要明白的是，他在制定这些条款时毕竟是一国之君，和出海的舵手一样需要掌握前行方向。英格兰人还处在墨守成规的阶段，尚未对新思想的到来做好准备。16世纪，基于不同的宗教信仰，宗教纷争席卷了世界各地，带来了新的灾难。英格兰已不再对罗马俯首称臣，而且想要独立发展，并让新教义完全取代旧教义；这意味着英格兰人或许将要像欧洲大陆国家的人民一样，在残酷的争斗中付出血的代价。值得庆幸的是，引领这一运动的亨利八世明白何时该收手，由此可见，他是一位了解自身历史使命、了解人民意愿的国王。

　　可惜，玛丽一世并没有继承其父，以及都铎家族的非凡特质。在亨利八世执政时期，英格兰不仅挣脱了欧洲大陆的束缚，还摆脱了征伐欧洲大陆的迷思，而且诸如此类的大事件其实还有许多。英格兰人在不经意间为走出不列颠岛做着准备，而亨利八世更可以说是英格兰皇家海军的缔造者。1515年，"大哈里"号（Great Harry）正式起航了，自此时起，亨利八世便再也没有放下过他的海洋梦想；而在30年后成功将英格兰救出法国人之手的，正是他亲手打造的海军队伍。他不仅创立了海军部，还在伍利奇、德特福德开办了造船厂；相较于国内的商船与他国的舰船，他设计的新舰船在效率上更胜一筹。亨利八世虽然不太受人欢迎，但的的确确是位优秀的国王。在他的统治下，英格兰人得以将目光从欧洲大陆转向了辽阔的海洋，英格兰得以明确了新的前行方向。

第八章

关于都铎王朝的历史插播

　　1546年，亨利八世病入膏肓。他在最后的日子里，一边镇压着反对派，一边镇压着激进派。他来到了死亡边缘，唯一的男性继承人才9岁，而且身体虚弱。亨利八世立下了遗嘱，拟定了继承人的继承顺序：排在第一位的是爱德华王子，其次是玛丽公主，最后才是伊丽莎白公主。此时，爱德华王子还是一个孩子，而其他两位则是女性。如果继承王位的是个孩子，那么国家很有可能将会变得混乱，如果是一位女性，恐怕情况也会差不多，而现在英格兰不得不面对这样的难题。虽然爱德华王子登上了王位，可英格兰的实际统治权到底掌握在谁手里呢？

　　这个问题牵扯着许多人的财富：时日无多的亨利八世，贵族阶层，以及有文化的平民百姓。亨利八世还为未成年爱德华王子设立了摄政院，里面既有改革派人士，也有反对派人士。不过各大家族之间早已开始你争我夺。亨利八世穷尽一生努力保持的社会秩序平衡突然之间倾斜了。在遗嘱中，诺福克公爵被亨利八世指定为大法官，他安排自己的卫兵与王室的亲兵居住在一处，虽然赫罗德（Herald）派坚决反对。

　　有两个人在1547年1月被判处了极刑。1月20日，年纪轻轻的诗人萨里被推上了断头台，他曾将十四行诗带到英格兰。1月27日，诺福克公爵正在伦敦塔中等待着翌日的行刑。他的时间不多了；罪名是叛国罪，毫无挽回的余地。诺福克公爵没有一丝睡意；与此同时，在威斯敏斯特的辉煌宫殿中，亨利八世先一步离开了，死前一直紧握着大主教克兰麦的手。

诺福克侥幸偷生，不过失去了所有权力。亨利八世的内兄爱德华·西蒙成了国家守护人，以及实际掌权者。亨利八世具体的死亡时间应该是1月28日凌晨两点左右，可是葬礼却被拖到了1月31日。这两日里，相关人等紧锣密鼓地准备着一应事务，待到消息传出去时，年纪轻轻的爱德华六世已经继承了王位；改革派控制了摄政院；爱德华·西蒙与赫特福德成了统领者。新国王立即将赫特福德封为萨默塞特公爵，将达德利封为沃里克伯爵，将帕尔——亨利八世另一个内兄封为南安普敦伯爵。

接下来我们将看到两个短暂的统治时期，以及其间的历史事件。不过在此之前，我们需要来看看，在亨利八世逝世前后，英格兰人的生活境况。首先是经济方面的情况，特别是亨利八世执政后期的情况。亨利八世没有继承其父的商业能力，也缺少一位有能力的财政顾问。他和沃尔西都是奢侈无度、挥金如土的人，而这种风气也影响了英格兰整个上流社会；在教会的大量财产被没收之后，这种风气更是变本加厉。

其次，社会底层人民不得不接受现实，商业与农业都在发生变化，尤其是恶性通货膨胀，那可是经济主体中最大的危机。无论是战争，还是奢侈的生活，都需要大量财富做基础；而那些新生富豪们积累财富的方式并非通过发展工商业，而是通过剥削。毫无疑问，亨利八世并不像他的父亲和他的女儿那样，把关注点和主要任务放在发展国家经济上。虽然手握着大量国债，亨利八世还是选择了历史上许多统治者与政府都会选择的措施，也是最便捷的途径，即让货币贬值。货币贬值会引起物价上涨，也就是说，人民的生活成本大大增加，国家经济体系愈加紊乱，在这种情况下，国家很难通过税收来维持财政收入。英格兰的状况越来越糟，亨利八世却选择让货币持续疯狂贬值。就银币含银量而言，1551年所发行的银币，其含银量只有 1506 年所发行的银币的 1/4。

在农业等行业中，劳动者收入的增长速度永远跟不上物价上涨的速度，随之而来的是人民的怨声载道与困苦不堪，除此之外，唯利是图的土地所有者们越来越多地将土地用来牧羊，从而导致许多劳动者失去工作；与此同时工商业发展受阻，无法给劳动者提供更多的就业机会。教会的财产被转移了，慈善事业也每况愈下，因此，劳动就业问题愈发严重。在英格兰这片土地上，到处都是身体强健却游手好闲的人，导致不法行为发生得越来越多。直到后来伊丽莎白登上王位，商业发展、货币贬值、生活贫困等问题才逐渐有所缓解。

在亨利八世离世之后，宗教方面也出现了微妙的变化。亨利八世一手打造的中途之家摇摇欲坠。一来是因为，英格兰挣脱罗马教皇控制的时间并不久，英格兰教会尚缺乏厚重的传统，因而无法深入民心，获得虔诚的追随；无论是老贵族还是其他上流阶层，许多人都对旧秩序念念不忘。二来是因为，在各大城镇，英格兰东部地区与南部地区，人们愈加倾心于瑞士人慈运理（Zwingli）所倡导的新教。比起英格兰教会，慈运理颇为激进；不过比起在苏格兰盛行的加尔文教派，慈运理则还算保守。和经济问题无异，宗教问题的解决也得等到伊丽莎白执政时期了。伊丽莎白的弟弟爱德华，以及姐姐玛丽的短暂执政给英格兰带来的是混乱、耻辱、危机、恐怖，等等；从某种角度上来说，这也让劳苦大众更认同和支持伊丽莎白，也让伊丽莎白女王成了英格兰有史以来最伟大的统治者之一。

孩子王爱德华

爱德华六世少年老成、虚荣心极强。他在位 6 年，后来患上了肺结核，并在 16 岁那年病逝。自亨利八世去世以来，实际掌权的是萨默塞特公爵。

这是个很有意思的人。他有明确的目标，却不清楚该怎么去实现目标，或者说，他不清楚在追寻目标时会遇到何种阻碍。例如，他为了收服苏格兰，让爱德华迎娶了苏格兰女王玛丽；爱德华比玛丽稍大几岁。

照理说，这一目标未必不可实现，然而萨默塞特公爵却沉不住气：打算武力夺取苏格兰王位。这样一来，苏格兰人定然会奋起反抗，目标注定只会渐行渐远。在平基－克鲁（Pinkie Cleugh）一战中，英格兰人轻松获胜，苏格兰人死伤过万；然而，英格兰人并未选择乘胜逐北。最终，苏格兰再次与法国携手反击，英格兰又一次愿望落空；苏格兰人心中的仇恨又深切了一些。

除此之外，风华正茂的苏格兰女王玛丽走进了法国王宫，与法国的公主王子们一同学习知识。她将以天主教为信仰，并与法国的王位继承人弗朗西斯结婚。后来，伊丽莎白继承了王位，同一年，苏格兰与法国秘密地签订了一份婚约：假如玛丽没有诞下子女，那么法国国王将登上苏格兰王位。又一次大好的结盟机会随风而逝，英格兰与苏格兰之间的痛苦关系还将延续下去。

在经济方面与宗教方面，萨默赛特公爵同样没有展露出优秀的能力。和同时期的其他贵族一样，他一心想要过上奢靡生活，甚至还用不法收入修建了壮观无比的萨默塞特宫。不过，他看上去较为民主，也很同情工人阶层和底层人民。然而，在他的治理下，这些人的生活不但没有得到改善，反而越来越恶劣了。他在宗教方面也毫无建树。他看起来似乎比同时期的所有人都要大度，可历史告诉我们，他的大度是因为他对那个时代的环境一无所知。

大度，来之不易却脆弱不堪，正如当下的欧洲所表现出的状态那样；它并非适用于世界每个角落。英格兰才刚刚迈出中世纪，政府的首要职能是对社会秩序进行管治与维护。无论是亨利八世还是伊丽莎白，他们都很清楚，只有方方面面都有序了，国家才有机会在某个方面突飞猛进。政治与宗教向来关系密切；彼此求同存异这种事情在 19 世纪或许是有望实现的，因为那时的社会既有法治保障，又足够强大；然而，在 16 世纪却是根本行不通的。

有人觉得，某个目标既然可以在一种条件下得以实现，那么理应也可以在另一种条件下得以实现；这种观点大大地误导了人们。大不列颠民族最伟大的成就莫过于，在斯库拉（Scylla）[1] 与卡律布狄斯（Charybdis）[2] 的残暴统治下，在一片混沌中，在言论自由、思想自由与重重压制之间，发展出了民主。

16 世纪，政府从中世纪形式转型为现代形式；在思想文化领域，新观点屡见不鲜。眼下的难题是，英格兰接下来要如何发展？发展得多快？问题的答案取决于统治者，而且要求统治者必须具备强悍的治理能力。在本章所谈论的都铎家族中，未能诞生出这样的惊世之才。萨默塞特公爵太不严厉，而玛丽又过于严苛；他们都太极端了。英格兰必须做到不偏不倚，否则发展就会受阻。

在国家守护人的要求下，议会不再禁止教士结婚，并废除了部分亨利八世所颁布的过于残酷的法案，例如《叛逆法》，以及限制罗拉德派的条文，等等。政府还下令粉碎了许多圣徒画像与五彩斑斓的玻璃窗，甚至还强拆了许多教堂，而这些事物早已深入民心，而且备受喜爱。迫于人们的施压，政府无奈宣布：未经允许，教士不得布道。由于不满改变教义，邦纳（Bonner）大主教与加德纳大主教被关进了伦敦塔中。在议会的授意下，第一部英文版的《公祷书》正式开始为人所用；其中多数内容都出自克兰麦之笔，既庄严得体，又优雅动人。

新教改革得到了迅猛发展，尽管如此，萨默塞特公爵从未制造过宗教

[1] 神话中的海妖，出没于意大利与西西里海峡之间。——译者注

[2] 神话中的女海妖，有六个脑袋，会吞没路过的船只。——译者注

迫害事件，彼时的宗教对话相当自由。然而，天主教徒与新教徒们往往会把自由讨论演变为宗教争端。他们曾在牛津地区制造过一场大骚乱，政府无奈地进行了干涉，事后有教士被判处了绞刑。

在康沃尔、丹佛等地，骚乱升级为叛乱。生活在康沃尔的大多数工人与农民还在使用凯尔特语，他们不满于教堂礼拜采用了"不知所云"的英语。实际上，对于他们来说，此前所采用的拉丁语照样是"不知所云"，可毕竟习以为常了；他们为此发动了叛乱。丹佛的叛乱紧随其后而来，但发起者和领导者是教士本身。在埃克塞特，叛乱的队伍被团团围住了。一批外国雇佣军受命前来。历时数月，残酷的战斗终于结束，叛乱者告败。不可否认，新教的教义改革走得太快了些，而萨默塞特公爵的大度也来得太早了些。

英格兰东部的叛乱接踵而来，但导火索是经济问题，而非宗教问题。最初，萨默塞特公爵一如既往地摆出了一副人民亲友的模样，宽仁大度，可是在制革工人科特（Ket）带领数以千计的农民工攻下诺里奇之后，他不得不行动起来。关于此次叛乱，背后的问题由来已久：越来越多的土地被用来养羊，越来越多的农民们失去了工作。彼时，这一问题已出现在了议会议程中。

所有的愤怒都事出有因。起义者们——或许可以这么称呼那些人——假如就此散去，便不会被追究法律责任。然而，科特并没有这么做，因而被定罪为叛国罪；在诺里奇，他的人马节节败退。终于恢复了平静。平定此次叛乱的外国雇佣军曾几何时还出现在英格兰西部的战场上，士兵们都是德意志人或意大利人；这也是自约翰一世统治时期之后，首支出现在英格兰土地上的外国雇佣军。他们的出现意味着情况紧急。顺便一提，约克郡的叛乱未成气候，被就地镇压了下去。

同一时期，国际关系亦十分紧张。1546年的协约规定，作为财政抵押，法国港口城市布伦被割让给了英格兰。这显然是让法国人痛心疾首的事。

在发现英格兰内患不断后，法国不但提出了收回布伦的要求，还对英格兰所辖的泽西岛发起了进攻。英法之战又一次开启，萨默塞特公爵势必穷途末路。几周之后，他被关进了伦敦塔。

没过多久，诺森伯兰公爵沃里克掌握了大权。势力强大的贵族阶层——沃里克并非国家守护人——到底会站在新教这边还是旧教那边，成为时事焦点。不太在意个人利益的沃里克基于政治所需选择支持新教。此时，国王意愿是决定性因素；年纪尚轻的国王信仰新教。1552 年，议会对旧《公祷书》进行了细微修订，而新《公祷书》直到现在还在发挥着效力。1553 年的《公祷书》共有 42 项条例，而伊丽莎白执政时期的《公祷书》减少为 39 项。改革派的领导层很清楚，自身权力大小取决于国王意志；诺森伯兰公爵沃里克亦是这么想的，所以站队新教。

然而，他却与法国人做了个不光彩的约定：返还布伦港，虽然割让期限未满。英镑再度贬值，而诺森伯兰公爵的应急方案是：在 1543 年的基础上，增加货币的含金量与含银量。然而这是完全行不通的，毕竟旧货币还处于流通阶段，这对新货币的流通造成了极大的影响；与此同时，人们开始大量囤积新货币。商业环境愈发恶劣，诺森伯兰公爵民心大失。

萨默塞特曾有幸获释，据说还差点咸鱼翻身，不过后来又被判了刑，掉了脑袋，而这次审判得到了年轻的国王，也就是其外甥的许可。能力平庸的诺森伯兰公爵后来控制了国王，然而其推行的宗教政策实在太过激进：和天主教没得谈。玛丽公主信奉天主教，一旦继位便会对诺森伯兰公爵造成威胁，这种威胁甚至有可能是致命的。此时此刻，国王身患重病，而情况越来越糟，看起来没几天好活了。这意味着诺森伯兰公爵大势将去。

想要逆转乾坤，唯有放手一搏。依照亨利八世的遗嘱，倘若爱德华过世，则由玛丽继承王位；此后是伊丽莎白。诺森伯兰公爵明白，爱德华是自负的，而且畏惧教会势力，因此他打算利用这一切，给爱德华灌输这样的思想：既然亨利八世可以立下遗嘱，那么，同样身为一国之君的爱德华为何就不能这么做呢？假如玛丽继位，新教便无路可走了。

然而百密一疏，亨利八世的遗嘱是经过议会决议的"法案"；但爱德华的遗嘱却不可同日而语。诺森伯兰公爵推荐的继承人是简·格蕾（Jane Grey）；她是亨利八世一位妹妹的孙女，而且信仰新教。为了自保，他还让自己的儿子吉尔福德·达德利和简·格蕾结了婚。考虑到国家及教会的未来，爱德华听从了建议，立下了遗嘱，不过这份遗嘱几经波折才通过了大法官的审批。一开始，大法官拒绝在遗嘱上签字，理由是：依照宪法，国王不得驳逆议会法案。

别的法官其实也是这么想的，不过他们并没有拒绝签字，毕竟遗嘱是国王亲自立下的，而且只有签字才不会被国王追责。如果说他们在替国王考虑，那么实在不算勇敢；不过他们所持有的反对态度则彰显了议会的强悍——就连那些尊重国王意志的大臣们也这么认为。

玛丽与伊丽莎白的继承权都被剥夺了；她们被认定为不具备合法的继承资格，而与此相关的一系列决定也都被认定为无效。简·格蕾成了合法继承人。

爱德华六世刚刚离世，简就在伦敦继位了。然而游行典礼却备受冷遇，大街小巷鸦雀无声，空气中弥漫着不祥之兆，更别说欢呼喝彩之声了。坊间有传闻说，那个讨厌的诺森伯兰公爵正在密谋一桩大事，但究竟是什么却无人知晓。人们原本准备迎接的是玛丽女王。亨利八世、枢密院、议会不都认定玛丽为爱德华六世的继承人吗？在爱德华六世执政期间，地位高贵的玛丽一直行事稳重，而且威严有度。虽然她是天主教徒，可人们还是很认可她。尽管16岁的简·格蕾相貌出众、性格沉静，而且颇有教养，可毕竟很少抛头露面，所以不太为人熟知。在人们看来，让一个年轻小女孩继承王位着实是个冒险之举；两个女人之间的你争我夺，定然会带来巨大危机；更关键的是，简很可能会受控于诺森伯兰公爵，成为傀儡。

简是英格兰有史以来最值得同情的一位小女王，虽然那时她的年纪其实并不是很小，但这位小女王从来没有听到过人们的欢呼声。人民的眼睛是雪亮的。国王之位怎能取决于一个 16 岁孩子的遗嘱，取决于一场有悖民众意愿的贵族阴谋，尽管议会颁布了相关法令。简注定无法得到英格兰人的认可。在她登上王位之后，没过几日，玛丽就率领 3 万大军造反了。诺森伯兰公爵不但没能如愿抓住玛丽，反倒被自家士兵给抛弃了；在舰队士兵的威胁下，舰队指挥官也倒戈了。如此一来，诺森伯兰公爵的阴谋就成了泡影。不到 9 天，玛丽就登上了王位。她宽容地赦免了大多数参与阴谋的人，只是将简、简的丈夫，以及个别人关押了起来；在所有顾问的一再坚持下，她处决了诺森伯兰及其两个同伙。

虽然此时的玛丽尽显善良之意，没有对仇敌赶尽杀绝，但是后来的她却让众多异教徒付出了血的代价。虽然她在位不过 5 年，但是历史告诉我们，她的统治完全就是一场灾难。接下来我们将详细讨论这一时期内的宗教迫害、对法宣战、王室婚姻等重要事件。

血腥玛丽

玛丽继承了都铎家族的强势，甚至比亨利八世更顽固，但她缺少亨利八世那般出众的判断力。她并没有意识到人民的重要性，也没有想过要为英格兰的发展做出贡献；她甚至不像都铎家族的其他国王那般专制。就某种角度而言，坐上宝座的玛丽深知这一切都得益于人民的支持，而在临死的时候，她也深知自己是人民的眼中钉肉中刺；在爱情方面，她不仅一心一意，而且付出了很多，然而到头来却惨遭抛弃；推动教会发展是其终身目标，她为此尽心尽力，然而教会却在她手中毁于一旦。总而言之，相较于同时期的其他君王，历史待她或许过于严苛了些。极为讽刺的是，她将宽仁之意用在了仇敌身上，仿佛从前的统治者都没有她这般大度，最后却因宗教迫害而落下了"血腥玛丽"的恶名。

英格兰人希望和平能重新回来，生活能恢复正常，商业能继续发展下去。假如玛丽可以做到，或者至少让人们看到她在努力，那么中途之家或许有机会被重新建立起来。在她召集召开的首次议会上，教堂礼拜中的弥撒得以恢复，同时恢复的还有"教士不得结婚"的法令；罗马教皇依然被拒之门外，教会财产也没有被退回。玛丽当然明白，接受罗马教皇意味着违逆英格兰的民族发展趋势，也会点燃新教徒的怒火；退还教会财产意味着树立更多的敌人，尤其是之前获益的那些人——既涉及上流阶层，也涉及黎民百姓。

在会议上，玛丽还企图说服议会批准她和一个西班牙人结婚；那个人名叫腓力。议会对此表示反对，一来因为英格兰人向来不喜欢西班牙人，二来因为腓力信仰天主教。腓力比玛丽小 12 岁，但深得玛丽宠溺。大不列颠民族刚刚挣脱了欧洲大陆的束缚，摆脱了种种世俗的、宗教的权力控制，原本正享受着骄傲的荣光，没想到转瞬间却又陷入了焦虑：女王将因为宠溺丈夫而让国家受制于天主教，而天主教的全球势力在当时可谓无出其右。除此之外，玛丽还要求重新施行前朝那些排除宗教异己的法案。

玛丽的各种要求激发了人们的怨气；身为简的父亲，萨福克公爵联合托马斯·怀亚特（Thomas Wyatt）发动了叛乱。尽管玛丽登上王位的时间尚不满一年，不过她身后毕竟站着议会与民众；尽管她的盘算让许多人心惊胆战，但还不至于引发内战，也不至于要被赶下台。叛乱与失败告终，两位领导人都未能逃过一死。尽管萨福克的初衷是想要拥立伊丽莎白，而非替简夺回宝座。

政治联姻、阴谋诡计、以下犯上，这些都是亨利八世曾处心积虑想要规避的风险；一个女人成为国家的统治者，再加上继承权引发了争议，那就意味着危机四伏。伊丽莎白并没有参与谋反，她十分谨慎地与谋反之人保持了距离，可最终还是被囚入了伦敦塔。当然没过多久，她就获得了去伍德斯托克的机会，然后还可以去哈特菲尔德，不过是在监听监视的前提下。简的处境截然相反。她已经利用阴谋诡计登上过一次宝座了，她的丈夫一度还打算自立为王；现在她的父亲又开始谋反，虽然她没有参加，但必然会受到影响。

伊丽莎白在掌握了大权之后，花费了数年工夫才下定决心处死极具威胁的苏格兰女王。众所周知，苏格兰女王是伊丽莎白的死对头。由此看来，玛丽绝非宽容之人，简的结局要坏得多。虽然一部分历史学家为玛丽做出了辩护，不过简夫妇确实被判处了死刑，这或许可以称得上是玛丽女王的污点之一。如果说实行宗教迫害政策，是因为受到了宗教势力的胁迫，与个人因素或政治因素无关；那么，简及其丈夫的死亡，则完全取决于个人意愿或政治要求了，不得不说是污点。

在接下来的一次议会中，玛丽与腓力的婚姻终于被批准；因此，腓力不再只是女王之丈夫，更是英格兰国王了。在再后来的议会中，英格兰教会又回到了罗马教皇之手，而尚未被没收财产的教会将不再会失去财产了。毫无疑问，这是无耻的退让。除此之外，玛丽女王、英格兰国王，还有英格兰议会上下议院的成员们都跪在了教皇使节、红衣主教珀尔（Pole）跟前，为自己所犯下的过错——不承认罗马教皇至高无上的权力——求得饶恕。对异教徒处以火刑的旧法案重新施行起来，这也激发了后续一系列事件。这一切看起来似乎都应归咎于玛丽女王，不可否认，她是整个事件的始作俑者；可是，对玛丽女王唯命是从，对罗马教皇卑躬屈膝的议会难道就没有一点责任吗？实际上，假如议会能像关注财富多寡那般关注国家命运——就算是稍稍关注，玛丽女王治下的英格兰也不会是这般模样。

没过多久，宗教祸害此起彼伏。最先死于火刑的是大主教胡珀（Hooper）等人；紧接着大主教里德利（Ridley）与大主教拉蒂默（Latimer）也以同样的方式死在了剑桥。面对死亡的拉蒂默鼓励大家说："不会痛苦的。人们将为今天点上一支蜡烛，善良的上帝呀！在英格兰的土地，我所信仰的，将永不磨灭！”而后赴死的是克兰麦，也就是《公祷书》的执笔者；他曾迫于压力签署了放弃信仰的声明，可惜仍未能幸免。他因自己背弃了信仰而懊悔不已，于是在刑场上高举起了那只签字的手，直到整个人被大火吞噬。

宗教迫害历经了4年左右，因信仰而死的人有三四百位。相较于众多欧洲大陆国家，这个数据可谓微不足道；但它毕竟成了后世之人的可怕回忆，对英格兰影响深远，甚至成了英格兰人的又一个性格标签。英格兰的宗教迫害事件纵然残酷无情，但并没有滥杀无辜，也并非出于复仇之心；总而言之，相较于暴力解决问题，它还有理智、有包容性，也懂得退让。诸如法国大革命时期那般的可怕景象，在英国历史上从未出现过。玛丽女王所推行的宗教迫害政策效果明显，然而最终得到巩固的却是新教，而非天主教。玛丽女王在临死前终于想明白了，自己所付出的所有努力都不可能达到目的。

同样没有成功的，还有她的婚姻。她从未获得过丈夫的关爱，腓力想要的是英格兰的王位和权力。在其父退位后，腓力接手了西班牙所辖的一大批属地：欧洲属地、美洲属地、法国部分属地、意大利部分属地，以及整个荷兰属地；霸占了新大陆上数不胜数的黄金白银。作为妻子，玛丽心里除了天主教就只有丈夫，时不时也会想到生儿育女的事；然而腓力却一心扑在欧洲大陆上。终于有一天，他忽然发现，玛丽女王已经无法生育了，这意味着伊丽莎白将成为国家的统治者，而且她信仰新教。玛丽女王失去了丈夫，不过她并没有发动英法战争，因为腓力之前继承了法国属地；当然，英格兰失去了加莱。两百年来，加莱一直都是英格兰在欧洲大陆上的唯一领地；失去加莱这件事着实让英格兰人很受伤，不过对于英格兰而言却未必是件坏事。

人民纷纷站到了玛丽女王的对面。宗教迫害、可憎的婚姻、失败的战争，简直是噩运连连。英格兰的商业贸易发展遭受了重创，极为关键的一点是，实力惊人的西班牙同盟宣布自己是海洋霸主，以及新大陆主人，在这种情况下，英格兰商人、船员们的活动便受到了极大的限制。英格兰人始终是向往自由的，他们希望用契合民族特质与个体性格的方法来处理宗教问题——虽然异见不可能消失，但希望找到一个向外扩张的机会，以便展示英格兰的实力。无论是在哪个方面，英格兰人的实力都被束缚了起来；只有等到玛丽女王逝世的那一天，人们才能得到解脱。1558 年 11 月，因水肿而备受折磨的玛丽女王离世；仅仅两天之后，教皇使节珀尔也去世了。各种束缚如烟消散，英格兰人迎来了伊丽莎白女王，也迎来了一个光芒万丈的时代。

第九章

伊丽莎白女王殿下的光荣与梦想

在历史上，伊丽莎白女王是最卓越的女性统治者之一。尽管伊丽莎白时代前后不过数十年，但其影响力绵延了整个后世。事实上，她让英格兰又一次容光焕发，并给英格兰人带来了新的特质；而那些新的特质将在大英帝国的建设过程中发挥巨大作用。当然，客观地讲，社会力量也同样发挥了重要作用；虽然那些社会力量毫无规律可言，甚至矛盾重重，但伊丽莎白女王凭借非凡的思维能力与理解能力，将它们与英格兰人的特质融合到了一起，为帝国的建设做足了准备。

在玛丽一世去世之后，伊丽莎白一世登上了历史的舞台；她没有倾国倾城之容，却实为端庄秀丽。年仅 25 岁的伊丽莎白改变了英格兰前行的方向。她继承了父亲特有的审美与品位，热衷于观看，甚至参与盛装游行。在斯宾塞（Spenser）看来，她就是"光荣女王"。这份光荣有赖于其治下的人民所付出的努力；而她则是这份光荣的代言人。伊丽莎白女王在英格兰这片土地上的"盛装出行"可不是作秀；她的威严与华美是那么引人侧目，深入民心。

相较于包括诺曼底人威廉一世在内的其他统治者，伊丽莎白的英格兰血统更为纯粹；虽然其个性与性情并不怎么像其母亲安妮，倒是与父亲亨利八世更接近，而安妮是地道的英格兰人。对于这一点，她颇为骄傲，认为自己和人民一样都是地道的英格兰人。她在位期间始终没有结婚。并不是所有统治者都能像她一样，不在乎个人生活，更在意国家命运；也不是所有统治者都能像她一样，象征着民族性格与民族期望。

在获悉玛丽一世去世，自己即将来到台前的时候，她正身处哈特菲尔德庄园，坐在一棵大树底下。她接受过良好的教育，而且涉世已深，因此有能力担负起眼前的重任。在经历了文艺复兴时期之后，贵族精神开始对那些有文化、有知识的女性宽容以待。在这种情况下，伊丽莎白想要获得他们的尊敬并非难事。她能讲一口流利的法语与意大利语，对拉丁语与希腊语也颇为熟悉。在她看来，这一切都有赖于老师罗杰·阿斯克姆（Roger Ascham），以及各种书籍的帮助；然而事实上，这一切都是她自己努力得来的。

在她三岁未满之时，母亲安妮就被送上了断头台。从那个时候开始，伊丽莎白身边就充斥着生离死别、大喜大悲和拨乱反正。曾有一次，她被以"同谋"之罪囚禁于伦敦塔中，并一度以为自己在劫难逃。此后，她变得谨小慎微，对人半信半疑。因为手中没有武装力量，她只好极力地发挥着身为女性所特有的魅力与智慧——在整个执政时期内，她一直在这么做。她能从男人们的倾慕、野心、滥情、欺骗中看到危机，找出解决之道，并果断且勇敢地做出决策。童年经历——对今人而言，或许有些放荡，不过这种事情本就没有什么对错之分——告诉她要懂得克制情感。虽然她此后为此付出了极大的代价，不过沉着冷静的她依然保持着前行的步伐。

最为关键的是，伊丽莎白继承了都铎人对人民的理解与信任之心，并将人民利益视为自身利益的基础；这正是玛丽一世未能意识到的。除此之外，她还对亨利八世十分敬仰，并沿袭了其治国理念与治国方针。当初玛丽一世将她因禁于伦敦塔，在生死未卜之时，议会与人民站到了她的身后。她始终记得这一切。随着英格兰越来越有实力，越来越富足，她手中的权势与财产也在日渐增长。尽管如此，她并不是在以个人利益为目标，为英格兰的独立、强大与辉煌付出努力，而国家在洞悉这一切后必将报之以忠。

伊丽莎白一世对官员们的管理是十分严明的，她警惕着所有潜在的危机，正因如此，她给人留下的印象常常是严酷、悭吝的。她是为了国家才这么做的，而非为了一己私利。这让英格兰重获了生命力，让人们甘愿冒险尽忠。她的专制颇具都铎特色，一面控制着议会，一面顺应着国家意志，追求着国家目标；正因如此，她才能在临终前坦然面对下议院："上帝给予了我如此殊荣，我有幸能为皇冠增光添彩。你们的爱，是我治理国家的基石。"

我们的故事还有另一面，不妨来了解一下。无论是玛丽一世，还是伊丽莎白一世，都一度被国家法庭剥夺了合法继承权。就法律角度而言，苏格兰女王、法国太子多芬之妻玛丽·斯图亚特都比伊丽莎白更有资格继位；伊丽莎白之所以能顺利坐上宝座，得归功于亨利八世的遗嘱，以及议会法案。假如议会的权力至高无上，那么伊丽莎白继位就是毫无争议之事。然而，不同于玛丽一世，罗马教皇并不认可伊丽莎白的继位，也就是说，她的继位有悖天主教的教义；这就好比在斯图亚特王朝，议会享有最高权力是有违君权神授理念的。换句话说，伊丽莎白女王的统治权来自议会，而她也一直铭记于心。无论是她自己的继承人身份问题，还是她身后继承人的身份问题，都相当复杂，人们需要理智对待、理性分析。部分评论家认为，在伊丽莎白执政时期，国家政策常常摇摆不定，或者跟不上节奏，多少都是因为受了上述因素的影响。

在宗教方面做出的努力

事实上，伊丽莎白一世继承了一个"烂摊子"。她不得不面对内忧外患、财政告急、海军颓势难挡、陆军迟迟没有着落等问题。毫无经验可言的伊丽莎白女王立刻发挥出了非凡的才干。在玛丽一世逝世（1558年11月17日）之后，威廉·塞西尔（William Cecil）在几小时内便写好了伊丽莎白的登基公文。伊丽莎白十分清楚，塞西尔是位极具才能与特长之人，因此马上让他做了自己的总顾问。她的这个选择是他人无法想象的，不过却是最佳的。政治家塞西尔并非贵族出生，名气也比不上佩吉特（Paget），然而他着实很勇敢、坦诚、可信，不仅对工作兢兢业业，而且拥有很强的组织能力。他和伊丽莎白女王脾性相投，但凡遇到任何不确定因素，都会万分警惕，而不会草率行事。

教会问题是英格兰此时所面临的最棘手的问题，毕竟，解决教会问题是需要一些前提条件的，譬如上下团结一致、社会和平稳定，等等。爱德华的统治表明，操之过急、暴力推行新教改革是行不通的；而玛丽的统治则说明，宗教信仰不可能因火刑的存在而被改变。

伊丽莎白一世需要穷尽一生去做的，并不是重建亨利八世的中途之家，找到一条中庸之道。这条中庸之道既要能够随机应变，又要为大部分人所接受，或者说忍受。至于两个宗教派别中的极端分子，那就需要分而治之了。在外交方面，为了不让英格兰受控于外国，伊丽莎白一世选择与他国结盟。在国内方面，天主教的反抗很是激烈，但相较于清教徒们激进且混乱的行动，其危害性并不算太大。

伊丽莎白一世启用了宗教委员会，成员们都是不偏不倚的新教教士，这自然有利于接下来宗教政策的推行。在她召集召开的首次议会上，《统一法》（Act of Uniformity）得以通过；出版于爱德华执政期间的第2版《公祷书》在经过细微修订之后得以沿用；会议还通过了《君王至上法》，要求相关人员必须进行宣誓，承认伊丽莎白女王是"世俗的、精神的、宗教的"最高统领。

"相关人士"指的是获得大学学问之人，以及公职人员；违反规定的人将被撤销学位和公职。伊丽莎白一世从来没有想过要进行宗教迫害，甚至对那些暗地里做弥撒的人睁一只眼闭一只眼。不过，她并没有纵容新教里的左翼极端分子，那些人扰乱了国家秩序，而且其想法是大众所不能接受的。

值得庆幸的是，不同于爱德华与玛丽，伊丽莎白并不是疯狂的宗教分子，无论是对新教义，还是对旧教义，所以她才能够以解决政治问题的方式来解决宗教问题。在解决宗教问题的过程中，她所秉承的主旨是：让国家长治久安；假如可能的话，再进一步统一大众意见。在其统治之初，通过与人民的同心协力，她一度实现了自己的目标。她任用了许多天主教教士，以及了解天主教的人；然而议会提出了反对意见，大主教与上议院中的许多贵族都不赞同她的做法。如此一来，她的宗教政策便很难落地了；重建英格兰教会的重任就落在了女王自己，以及下议院身上。最终，宗教改革只得到了一位大主教的认可；而女王罢免了其他的大主教。尽管如此，毕竟民意所趋，至少有 7/8 的教士们很快就成了伊丽莎白一世的支持者。

于是，普通信众开始执掌教会，越来越多的宗教事务被交由女王与议会裁定。时至今日，英格兰依然采用着这一体系，而且宽容程度正在逐渐增加。当下的美国是没有国家教会的，其宪法允许不同宗教共存共生，这在一定程度上也影响了它的政治。然而，在伊丽莎白执政时期，过度宽容必将导致政治问题，当然这些问题要到下一个 100 年才会为我们所见。

因当初玛丽一世的宗教迫害被驱逐出境的新教徒们，陆续回到了英格兰。在一部分不太能接受宗教仪式与教会法衣的民众看来，那些人不是基督教徒，而是天主教徒，会影响人民团结。在解决宗教－政治问题时，加尔文派（长老会）的信众所带来的威胁则更大。这个由约翰·加尔文所领导的教会所提出的要求相当严苛：独立于教皇与任何国家之外；同时它又相当民主，权力来自每一位教徒——没有高低贵贱之分。在长老会里，大主教是不存在的；当然，在法国等部分国家中，信众会选举出统领。作为全国性机构，信众会的权力同样基于信众，旨在反对独裁统治。

约翰·诺克斯是加尔文派在苏格兰地区的领导人。苏格兰也有个类似的机构，并吸纳了许多贵族成员；他们旨在推翻旧制度下的大主教，并掠夺其财产。当然，推动改革的主力军还是农民与劳苦大众。和英格兰加尔文派相比，苏格兰加尔文派之于信众的控制力度更大。这一方面是因为两个民族有着不同的政治观。自都铎王朝之后，英格兰的国家教会比独立的教会——无论是被教皇控制，还是被教徒控制——更适用于民众。

　　另一方面是因为加尔文派本身纪律严明，而且追求苦行。在各个地方的教堂中，长老皆由信众推选产生，负责监督信众的私人生活与个人道德品质，并有权剥夺行为恶劣者的会籍。所谓的行为恶劣，包括打扑克、唱歌、在安息日进行消遣娱乐，等等。"老成持重"的苏格兰人并不排斥这一制度，但伊丽莎白治下的英格兰人却很难接受。关于这一时期英格兰人的性格特质，后文将做出阐述。然而，就在同一年里，新教在英格兰东山再起，而更激进的新教在苏格兰遍地开花——虽然二者拥有不同的形式——对于这两个为敌已久的国家而言，这一事实至关重要。

　　天主教与新教之间的博弈在欧洲蔓延开来。天主教对欧洲大陆旧势力的政治同盟进行了强化，但是新教还是逐渐占据了上风。在伊丽莎白一世刚刚继位，各方权力尚不平衡的时期，苏格兰出人意料地成了左右局势发展的关键地区。西班牙依然占据着霸主地位。苏格兰女王玛丽·斯图亚特在其公公离世之后，很快便当上了法国皇后。如前文所述，玛丽·斯图亚特和法国太子多芬的秘密婚约有个附加条件：假如玛丽没有后人，法国将获得苏格兰的管辖权。然而现实却南辕北辙。

　　玛丽·斯图亚特不仅宣布自己拥有英格兰的统治权，还一朝成为法国王后。在她的命令下，苏格兰士兵与英格兰士兵驻扎在了一起。对于英格兰而言，苏法同盟自始至终都是巨大威胁；现在苏格兰和法国又都为一人所操控，无异于雪上加霜。就地理位置而言，英格兰如同一颗被两头钳制的坚果；与此同时，它还需要应对欧洲大陆地区的两大天主教势力：西班牙天主教与法国天主教。法国与英格兰之间就隔着一个多佛海峡，距离不过 20 英里；西班牙控制着荷兰全境，距离英格兰也不过 60 英里。当然，英格兰也绝非一无是处，而且伊丽莎白一世很快便意识到了这一点。

身为英格兰前女王玛丽一世的丈夫，西班牙国王腓力二世不仅信仰天主教，而且在欧洲权势过人，虽然他手中的领土太过分散。倘若有朝一日，法国、苏格兰、英格兰归一人所有，那么腓力二世的霸权将烟消云散。因此，对于他来说，即便无法拥有英格兰，也不能让英格兰落入他人之手。身为伊丽莎白的姐夫，他向伊丽莎白求了婚；基于姐姐的不幸遭遇，以及人民的性情，伊丽莎白心知肚明，和西班牙人结婚是十分危险的行为。在这种情况下，她一边向腓力二世传递出"两人十分般配"的讯息，一边迟迟不接受求婚；她选择欲擒故纵。她看得十分透彻，无论是菲利普四世，还是法国国王亨利二世，都不会真心实意地为她着想，也不会任由他人触及英格兰的统治权。

接下来的故事颇具戏剧性。亨利二世出人意料地被谋杀了，作为其子弗朗西斯二世之妻，苏格兰女王玛丽·斯图亚特成了法国王后。几乎在同一时间，伊丽莎白一世与法国签订了停战协议，玛丽一世所掀起的英法战争就此告一段落；没过多久，她又和西班牙签订了和平条约。此时，苏格兰女王玛丽·斯图亚特尚还年轻，其母玛丽·德·吉斯因而成为苏格兰的实际统治者；玛丽·德·吉斯信仰天主教，对苏格兰人民十分严酷。苏格兰议会中的贵族阶层号召起了支持他们的农民奋起反抗，心有畏惧的玛丽·德·吉斯一度向伊丽莎白一世求助。

伊丽莎白一世足足思考了一年的时间。其间，身在苏格兰的玛丽·德·吉斯招募了一群法国人，组建了一支军队；玛丽·斯图亚特更是对外宣称，自己不单单是苏格兰女王、法国女王（王后），更是英格兰女王。在这种情况下，伊丽莎白一世一声令下，英格兰海陆两军同时挺进并占领了利斯。在数百年中，尽管苏格兰人很愿意和法国人结为同盟，同时也十分感谢法国人的帮助，然而他们可不想被法国吞并。与此同时，加尔文派也给既有的苏法同盟带来了致命一击。

　　实际上，英格兰人有多么不喜欢西班牙人，苏格兰人就有多么不喜欢法国人。在 1560 年的最后一段时光里，法国国王弗朗西斯二世离世，其幼小的弟弟查理九世继位，其母凯瑟琳·德·梅第奇（Caherine de Medicis）摄政。凯瑟琳·德·梅第奇不仅反对玛丽·德·吉斯，而且也不信任玛丽·斯图亚特；此前还声称自己为三国统治者的年轻女王失去了法国王后之位，并无奈地回到了爱丁堡，以期得到民众的庇护。眼看着伊丽莎白一世占领利斯的法国人不得不接受了其英格兰女王的身份，可玛丽·斯图亚特却没有服软。伊丽莎白一世自然不乐意让这样一位王位竞争者踏足英格兰土地，所以玛丽·斯图亚特只得远渡重洋回归故土。

女王的心思不要猜

　　这两个女人几乎穷尽一生彼此为敌；如此强势的博弈恐怕前无古人后无来者了。玛丽性情柔弱，所以容易感情用事；善于制定复杂且长远的规划，可又常因小不忍而乱大谋。伊丽莎白虽然性情冷漠，但骨子里还是个女人。就在玛丽即将回到苏格兰时，伊丽莎白因为一个男子筑下了大错。那人便是罗伯特·达德利勋爵，即诺森伯兰伯爵之子。有关伊丽莎白与罗伯特的传闻在坊间大行其道：罗伯特为了和伊丽莎白走到一起，竟计划毒害原配艾米·罗布萨特（Amy Robsart）。

　　罗伯特一朝成为英格兰风口浪尖之人；他要是真成了孤家寡人，伊丽莎白到底会不会嫁给他？没有人知道答案。后来，罗伯特之妻死于一场疑点重重的意外；伊丽莎白很快发现，自己与罗伯特不是一路人，于是很快回头。如果此时伊丽莎白还执迷不悟的话，那恐怕就再无回头的机会了。从此之后，就算常有男子陪伴伊丽莎白左右，就算她为莱斯特或埃塞克斯付出过真心，但所有婚讯看上去都是在为她的统治服务。在医学界有这样的推论：伊丽莎白因生理缺陷而放弃了婚姻；当然这只是一种有待考证的推论而已。然而不可否认的是，她不打算结婚是因为不想国家利益受到损害。

相比之下，苏格兰女王玛丽所缺乏的正是这种自我克制的能力。她并不是在苏格兰长大的，而且崇尚享乐，因此对她来说，霍利鲁德与凡尔赛有着天壤之别。无论当初她是不是出于自愿回到了苏格兰，但她确实把握住了一个好时机。在此之前，伊丽莎白因为没有接受阿兰（Arran）伯爵的求婚而为自己树立了一个强大的敌人，对方是苏格兰的强大势力之一。更重要的是，虽然伊丽莎白拯救了苏格兰的宗教改革，但是苏格兰人还是站在了自家女王，也就是玛丽女王那一边。玛丽不但失去了法国王后之位，并且成了法国人眼中无足轻重的角色。如此一来，是个男人便认为，重新接受玛丽女王将不会对苏格兰的独立造成影响，苏格兰不会成为法国人的囊中之物。更何况，玛丽女王看起来并不打算干涉加尔文派建立起来的秩序，虽然诺克斯对她的私人生活甚为不满，例如硬要在王室教堂中做弥撒；痴迷于舞蹈等娱乐活动。

迎接她的是诺克斯的嘲笑与指责，以及绝大多数贵族的鼎力相助。在那段历史时期内，苏格兰只有贵族阶层与农民阶层，除此之外别无其他。渴望婚姻生活的玛丽没有接受伊丽莎白的建议，选择嫁给了达恩利（Darnley）勋爵亨利·斯图亚特。达恩利勋爵既不聪明也没风度，甚至在某些方面堪称愚笨，然而就是这样一个人却在日后缔造了英格兰斯图亚特王朝。接下来，玛丽女王遭遇了一场叛乱。作为玛丽父亲的私生子，玛丽的哥哥默里伯爵（Earl of Murray）集结了一批人付诸行动，最后无功而返；他本人则逃往了英格兰。此时，达恩利勋爵疑心玛丽与其秘书，即意大利人大卫·里奇奥（David Rizzio）有染。关于玛丽女王移情别恋一事，真相实难考证；但我们不得不承认，相较于丈夫和宫廷琐事，玛丽女王或许更乐意与那位通晓音律、文质彬彬的拉丁人相处。

就在王宫之中，心怀怨念的达恩利勋爵谋害了里奇奥。时间过了约三个月，玛丽女王诞下一子；这个孩子正是苏格兰历史上的詹姆斯六世，以及英国历史上的詹姆斯一世。再后来，她又与博思韦尔（Bothwell）伯爵坠入了爱河。然而，这个人不仅粗野无比，而且逆行倒施。他到底是爱上了玛丽女王，还是爱上了玛丽女王手中的权力？恐怕没有人能说清楚。这场恋爱的双方都是有家室的人。达恩利勋爵后来在一幢无人居住的别墅中被炸药炸死，据说他是被人骗去的。博思韦尔和妻子离了婚，并将玛丽骗出了宫，和玛丽结了婚。

鉴于这位悲剧女王一生中所经历的其他各种事件，人们对于她的这次婚姻众说纷纭，谁也说不清她到底有没有谋害亲夫；然而无论如何，她越来越不得人心。博思韦尔逃亡到了丹麦；玛丽无奈逊位。为了逃避牢狱之灾，她来到英格兰向伊丽莎白一世求助——她早前还在大言不惭地说自己是英格兰女王。这该如何是好？伊丽莎白实在头疼；既不能帮她夺回苏格兰王位，也不能把她送回法国那个阴谋重重的地方，更重要的是，伊丽莎白可不打算承认：人民有权罢免统治者。最后，伊丽莎白将这件事交给了委员会处理；委员会此前还处理过达恩利勋爵谋杀案，以及震惊世人的"银匣信件"事件[1]——这是一个为人熟知的历史谜团，但其实是一个真实事件。委员会裁定玛丽有罪，也就是说她谋杀了亲夫。在此后的岁月中，玛丽只能穿着囚服，尽管如此，她所带来的麻烦却一点也没因此而减少。

在法国，天主教与新教之间的争端引发了内战；英格兰被牵扯其中。1564 年，双方协议停战；英格兰白忙了一场。这一结果导致在此后大约 25 年时间里，伊丽莎白不能在欧洲大陆地区持有武装力量。

如前文所述，尽管伊丽莎白试图找到一条对宗教与教会来说不偏不倚的道路，并打算以此笼络普罗大众，然而她还得想办法应对两股势力的强

---

[1]　据说，在 1567 年 1 月至 4 月期间，玛丽和博思韦尔一共写了八封信，以及无数十四行诗；这也是后来给两人定罪的物证。——译者注

大压迫：一是英格兰北部地区与苏格兰低地的联合力量；二是大贵族势力。作为旧教义的支持者，威斯特摩兰（Westmoreland）伯爵与诺森伯兰伯爵自然更希望被夺权的玛丽——玛丽此时正打算与诺福克公爵成婚，而诺福克公爵信仰天主教——把伊丽莎白挤下台。1569年，"北方叛乱"[1] 不期而至，不过来得快去得也快；领头人逃脱了追捕，而支持者们大多死于极刑。

　　威斯特摩兰伯爵与诺森伯兰伯爵逃至苏格兰。而在此时的苏格兰，幼小的詹姆斯六世的摄政者默里伯爵已被谋害了，一部分贵族正秘密商议着要复立玛丽。对于伊丽莎白来讲，这是个极为危险的信号；无论在哪个国家里，天主教信众都更愿意玛丽成为苏格兰女王，以及英格兰女王。更何况，在人们眼中，玛丽好歹育有一子，而伊丽莎白后继无人，相比之下，玛丽自然更有利于日后的和平继位。1570年，天主教会又给伊丽莎白上了一课：罗马教皇庇护五世剥夺了伊丽莎白的教籍，并煽动英格兰人民与之为敌。

　　谁将成为英格兰的统治者？这一问题被提上了日程。随之而来的问题是：统治者的决定权应该掌握在罗马教皇手中，还是议会手中？此间的冲突到底会有多么尖锐？10年之后，身为罗马教皇的格里高利十三世写信对阴谋家们说，让伊丽莎白一世死掉并非犯罪；1580年12月，枢机秘书也曾致信罗马教皇安排在马德里的教廷大使。由此可见，罗马教皇对伊丽莎白一世恨之入骨，并且十分急迫地想要达成所愿。

　　除此之外，其他危机也此起彼伏。基于各种原因，英格兰与西班牙、法国始终僵持不下。在阿尔瓦（Alva）的带领下，西班牙想要对荷兰的新教一网打尽，而且方式极为残忍，由此激起了新教徒和天主教徒的反抗，以至于最后无法应对。法国又一次爆发了宗教战争，虽然后来逐渐平息了下来，然而统治者不愿看到英格兰重新回到天主教的控制之下，若真如此，

---

　　[1]　1569年，英格兰北部地区的一众贵族，为了支持天主教、反对新教，选择在诺森伯兰、威斯特摩兰等地发动叛乱；在失败后，北部地区的天主教势力损失惨重。——译者注

英法两国的天主教徒便极有可能携手共进。

在这种情况下，英格兰的天主教徒向西班牙的天主教徒发出了求助信号。生活在伦敦的意大利银行家里多尔菲（Ridolfi）是他们书信来往的中间人。英格兰的天主教徒请求阿尔瓦向英格兰派驻军队以领导宗教起义，在他们看来这么做一定能获得胜利。在他们的计划中，首要任务是置伊丽莎白女王于死地，西班牙国王腓力二世对此深表认同。虽然只知道这次阴谋的些许情况，但伊丽莎白一世决定将计就计：她佯宣自己决定嫁给安茹公爵，当然，她其实并无此意。情报机构在掌握了阴谋的全部情况后发现，曾向玛丽求婚的诺福克公爵也参与了其中，随即便让他丢了脑袋。与此同时，议会提出了处死玛丽的要求。

上述，以及此后一年间的一系列重大事件，将缔结出英格兰有史以来最辉煌的战果，并有力地推动大英帝国的发展。法国国王查理九世此时不但年幼稚嫩，而且地位不稳；在其母凯瑟琳·德·梅第奇的诱骗下，他误以为胡格诺派正在策反。他原本是胡格诺派的支持者，而现在，为了惩戒那些所谓的策反者，他即将引发一场可怕的灾难，那便是圣巴托洛缪大屠杀[1]。身为海军上将的科利尼（Coligny）正是死于这场屠杀。胡格诺派的教徒大多是法国各行业中的顶尖工匠，因为这场屠杀，他们中的许多人最后都去了英格兰生活。移民活动本就具有非同寻常的意义，而更为关键的是，从某种角度而言，屠刀下的工匠们都是科利尼手下，乃至法国彼时最优秀的海事专家。若不是因为对科利尼与工匠们赶尽杀绝，法国或许能和英格兰在海上多竞争几个回合，何至于尽落下风，又何至于出师不利。在下一章中，我们将了解到，倘若没有1572年的这场屠杀，德雷克等"海盗"们也不会这么快就将英格兰带上了帝国之路。在查理九世死去之后，新一轮

---

[1]　自1572年8月24日起，历时好几个月的杀戮由巴黎开始了；它迅速蔓延至整个法国；这是一场天主教徒对胡格诺派教徒的血腥屠杀。——译者注

的内战彻底束缚住了法国人。

在这段历史时期内，荷兰共和国发展迅猛；西班牙在荷兰的势力以及天主教在荷兰的势力都迅速陨落。西班牙曾一度坐拥墨西哥与秘鲁的无数矿藏，原来他并没有好好地利用。残忍的宗教压迫的最终结果是，荷兰有18个行省将西班牙人赶了出去。虽然南方的11个信仰天主教的行省仍然支持帕尔马（Parma）公爵，不过位于北方沿海地带的7个信仰新教的行省却在奥兰治王子的带领下成立了共和国。这意味着荷兰对邻近国家——信仰新教的英格兰不再构成巨大威胁，不过英格兰日后的大陆政策却深受影响。

爱尔兰方面所构成的威胁还没有消失。那些在此时影响盎格鲁人与爱尔兰人关系的事情，影响力将持续到玛丽女王当政时期，到那个时候，玛丽将把爱尔兰变成殖民地。实际上，自始至终，爱尔兰和19世纪的意大利没什么两样，不过是个地理概念，而非一个主权国家。很多人认为爱尔兰命中注定就是等着被开发的殖民地，像美洲新大陆一样。现实亦复如是——殖民者与原住民水火不容，你死我活；土著首领们相互之间也毫不客气，常常兵刃相见。很长一段时间以来，对于英格兰而言，爱尔兰不仅是敌人，同时也是其他敌人登陆英格兰、对英格兰发起进攻的立足点。

宗教形势让这种危险性愈发突显。特伦托大公议会尝试着进行了宗教改革，合并天主教会；西班牙骑士依纳爵·罗耀拉（Ignatius Loyola）顺应潮流建立了耶稣会，其主旨是通过光复教会，重塑声誉，恢复严格的纪律性，以及恢复人们——无论是未开化之人还是极富教养之人——与生俱来的非凡的适应能力，获得强大的权力与影响力。爱尔兰人向来信仰天主教，但一系列动荡不安的改革到来，信仰的程度便大打折扣了。耶稣会的出现引发了一场巨变，爱尔兰的原住民们渐渐开始信仰天主教，并且变得骁勇好斗。在这种情况下，在这个非常时期，英格兰天主教徒们将爱尔兰天主教徒视为了盟友。

1580年，坎培奥（Campion）和帕森斯（Pasons）将耶稣会引进到了英格兰。英格兰的天主教徒们似乎看到了未来。就在这一年里，西班牙人打败了荷兰人；葡萄牙连同自己的殖民地一起被腓力二世占领；意大利人与西班牙人联合了起来，对爱尔兰发动了进攻。1579 年，一支小型部队在教皇的命令下也入侵了爱尔兰。尽管这些外来人最后都无功而返，但足以让英格兰人警惕起来。在这一年里，教皇有意对伊丽莎白一世实施暗杀——这次暗杀行动已经得到了史料的验证，不过在当时乃是惊天秘闻。后来，共犯泰瑞尔（Tvrrell）与帕里（Parry）经不住严刑拷打全招了出来，并被处以了极刑。1568 年，在法国的杜埃，一座大学校园横空出世；它的职责是培养神父。特别是日后前往英格兰任职的神父。从此时起，越来越多的大学毕业生选择回归英格兰。

击败无敌舰队

在当时那个时代，宗教与政治极大地影响着国家的安定。议会决议通过了英国历史上首部《不服国教法》，其间可见如下规定：凡是逃避英格兰国教礼拜仪式之人都会被惩罚。正因如此，坎培奥在经历了酷刑后难免一死。帕森斯侥幸逃了出来，并找到了西班牙国王腓力二世，以及法国的吉斯公爵，准备继续实施暗杀行动。爱尔兰的德斯蒙德伯爵发动了一次起义行动，结果不言而喻，同时他也死在了争斗中。曾有人认为，仅仅是在 1582 年就有 3 万爱尔兰人丧生。天主教徒伦诺克斯（Lennox）成为苏格兰的实际掌权者，并极大地左右着幼小国王的心智。到了 1583 年，在帕尔马的冲锋陷阵下，西班牙已经占领了荷兰共和国的大部分土地，以及部分重要的港口。与此同时，无论是法国还是西班牙，抑或是苏格兰，开始觊觎英格兰这块肥肉。

这些人最终还是原形毕露了。西班牙驻英格兰大使被罢免。数月之后，那些企图暗杀伊丽莎白一世的家伙把奥伦治王子给杀了。四面楚歌的伊丽莎白一度采取了之前的方法，利用婚讯分裂敌方阵营。这一次她利用的是法国人德阿列松（D'Alesson）公爵。然而在1584年，德阿列松就撒手人寰了。此后，信仰胡格诺派的纳瓦拉的亨利（Henry of Navarre）登上了法国国王之位。在这种情况下，法国又一次陷入了宗教战争之中。我们很容易做出这样的联想：腓力二世是在借法国之力建设西班牙帝国，而西班牙进攻英格兰的可能性较之以往要大得多。

1586年，伊丽莎白在王宫中遭遇了暗杀。暗杀他的人是一些信仰天主教的年轻人，他们曾得到伊丽莎白的允许留在宫里，而后在安东尼·巴宾顿（Babington）的指示下对伊丽莎白实施的暗杀。相关证据显示，苏格兰女王玛丽或许参与其中。玛丽将被执行死刑；伊丽莎白收到了议会的请愿书，议会希望她能在玛丽的死刑判决书上签字。伊丽莎白似乎还没有下定决心——不论真假，到最后她还是签下了自己的名字。第2年，玛丽死于福泽林盖城堡。远在苏格兰的玛丽之子詹姆斯六世是一位新教徒，现在他有了继承英格兰王位的资格。如此一来，谋反者只能放弃暗杀伊丽莎白，他们本想让玛丽重返王位，从而达到让英格兰扶持天主教的目标。但是玛丽已经死了，想要实现这一目标，只能等到革命爆发、战争重启，或者王朝更替了。

如此一来，虽然伊丽莎白暂时没了性命之忧，但战争之忧却大大增加了。好在爆发国内革命的可能性微乎其微。无论是女王的性情，还是西班牙人的丑恶嘴脸，抑或是女王连遭暗杀的事实，都让英格兰人更加忠诚了。当然，如我们所知，伊丽莎白的基石不只是人民本身，更是人民无与伦比的积极性，以及人民越来越充足的勇气。毫无疑问，伊丽莎白也通过很多方式给人们带来了积极性与勇气。因为自己没有太多钱，她只好找议会资助。彼时的英格兰并没有国家军队，海军可以说尚未被建立起来，然而冒险家却遍地都是；他们时时刻刻都在做着准备，希望有朝一日能为国出征，与西班牙、罗马教皇一决高下。

1584 年的晚些时候，为了伊丽莎白的安危，许多人自发地联合了起来，誓要将所有企图谋害伊丽莎白之人清除干净。次年，这一组织得到了议会的承认；神学院神父与耶稣会信众都被赶出了英格兰，不从者都被判处了死刑。其实伊丽莎白还向荷兰派驻了一小队人马，只是其统帅莱斯特伯爵很不负责任。当时，许多英格兰年轻人正是通过这样的途径获得了名望，譬如一马当先的菲利普·西德尼爵士。

尽管英格兰没有正式出兵西班牙，不过在伊丽莎白的默认，或者说授意下，许多英格兰人联合起来向西班牙开了战。德雷克等人劫持了西班牙商船，特别是从西班牙美洲属地返航的大商船——那上面堆满了真金白银；以及在西班牙及其荷兰属地之间穿梭来往的商船。无论如何，这些海事战斗闻名一时。每次争斗都带着宣战的意味，可两国看起来始终没有做好战争准备。另外，无论是基于传统还是国际法，都无法认定那些争端到底是海盗行为，还是个人行为，抑或是国家行为。此时的英格兰人与荷兰人正是钻了这个空子。

最后还是西班牙先宣战的。腓力二世昭告天下，称自己才是玛丽一世的合法继承人，并将于 1587 年率领海军向英格兰发起进攻。然而他未能如期发兵，因为西班牙港口遭到了德雷克率领的舰队的攻击，一大批补给船被破坏，西班牙舰队被迫放弃了出征。次年，西班牙"无敌舰队"终究还是启航了。按照计划，他们横渡海峡，登陆佛兰德斯；海军士兵——船上的士兵可比水手多得多——在与帕尔马的队伍会和后，对英格兰沿海地区发起冲击，并想借此打开英格兰的大门。

英格兰似乎毫无胜算。不过实际情况是，无敌舰队的"无敌"实力只存在于想象中，或者说只流于表面。在拖拖拉拉了一段时间后，无敌舰队终于组织起了 197 艘舰船，包括既有的 130 艘和皇家海军的 34 艘；此外还招募来了许多志愿者。就总吨位、船员数量、武器多寡而言，无敌舰队都比英格兰舰队多出了整整一倍。然而，无敌舰队的统领梅迪纳·西多尼亚

（Medina Sidonia）却是个无能之辈，而且他是被迫参加这场战争的。

与此相成鲜明对比的是，英格兰舰队的统帅霍华德·埃芬厄姆（Efflnzham）勋爵手下能人无数，譬如德雷克、霍金斯（Hawkins）、弗罗比舍（Frobisher），等等。西班牙人的舰船与战术无法适应新式战争，而英格兰人却运用了许多新的海战技术。在百年之前，甚至在更遥远的过去，英格兰人就通过英法陆战——赢得了克雷西之战与阿金库尔之战——学到了许多战争经验。相较于西班牙人，英格兰人拥有更纯熟的航海技能，在气势上也更胜一筹。

7月19日，集结于普利茅斯的英格兰舰队与无敌舰队相遇了。8月2日，最后一艘耗尽弹药的英格兰舰船从西班牙舰船中全速撤离了英格兰东部海岸地区，一路向北而去。在此期间，舰船的调动从未停止过，战争的火光也从未停息过。西班牙舰队一度躲进敦刻尔克港口，后因英格兰火攻船的突袭而不得不再次逃离。西班牙舰船的缆绳被砍断了，船锚也不知去向，以至于许多人丢了性命。一路逃亡的西班牙舰队在英格兰人的追击下彻底乱了阵型。英格兰舰队没有选择近距离作战，而是发挥自身优势极尽扰乱之举。英格兰人拥有火力强大的重炮，而在甲板上挤作一团的西班牙人对此毫无招架之力。一场可怕的杀戮就此被刻在了历史之墙上。

西班牙人从海峡退了出去，向北海驶去；转身便是死路一条，只能先前往苏格兰北部地区，然后绕回西班牙。西班牙舰船先是丢了锚，而后又遭到重击，现在还不得不面对致命的海上飓风。在苏格兰沿海地带与威尔士西海岸地区，四处可见支离破碎的舰船。谁也不清楚最终得以顺利抵达西班牙的舰船到底有多少，据估计在34至60艘之间，不过毫无疑问，西班牙人输得很彻底。英格兰人尽情享受着胜利的喜悦。这一战不仅缓解了英格兰人的压力，还巩固了他们的民族情怀与独立精神。虽说遭遇了飓风，不过西班牙之所以会输得如此狼狈，主要原因还是英格兰拥有更大的海上优势。通过战争正式爆发前的屡次"演练"，英格兰人已经十分清楚自身优势之所在。自此之后，英格兰人都坚信自家海军才是真正无敌的，大不列颠终有一天会成为海洋霸主。

西班牙一度想要卷土重来，不过未能获得法国支援；结果不言自明。此后，法国国王与吉斯公爵先后死于暗杀；纳瓦拉的亨利继承了法国王位——他假意信仰天主教，并以此获得了巴黎人民的认可。腓力二世奋起反对；法国人对此怒不可遏，就像当初的英格兰人那般。纳瓦拉曾获得过伊丽莎白的人员支持与资金帮助，所以此时的法国视英格兰为盟友，视西班牙为敌。对于英格兰而言，尽管西班牙与罗马教皇的威胁已暂时解除，不过国内情况尚未好转，主要是宗教问题、爱尔兰问题等尚未解决。本章接下来将对这些问题进行简单阐述；下一章将对该时期除政治外的其他领域做出讲解。

虽然天主教曾经与伊丽莎白为敌，不过在英西战争中，大多数天主教徒都忠心耿耿，譬如英格兰舰队的士兵爱芬厄姆。然而，对于英格兰人来说，西班牙与罗马教皇之于英格兰的恶意是永远都无法抹去的，因此在战后一年内，天主教所面临的法律环境不仅没有变得宽松，反而愈加严苛了。

在天主教徒安分下来之后，激进的清教徒们又开始兴风作浪。对于大多数人所在意的法衣、仪式等，惠特吉夫特（Whitgift）却不放在眼里；在他看来，身为教会领导人的伊丽莎白女王自然会替他们着想。在反对者层出不穷的情况下，为了避免宗教分裂，宗教事务高等法院应运而生；它的职责是对违规教徒进行处理。尽管高等法院只接受针对牧师的起诉，不过仍然有许多违规者被关进了监狱，甚至被处死。

大多数清教徒都希望建立起国家教会，并赞同对独立派（Separatists）进行压制，当然也有少数人对此持反对意见。独立派也就是布朗派（Brownists）——这个名字源于其领导人罗伯特·布朗（Robert Browne）。在接下来的王朝里，独立派是大英帝国殖民美洲的中坚力量。它的目标是：不求国家教会改革，不求教会改革，但求独立于国家教会；要求信众进行自我管理，因为只有自己知道谁能完成救赎。此类教义曾引发暴力事件，例如马尔普雷莱特事件[1]。政府不得不针对此教义的信众采取一些措施；若是照此下去，政府就会失去对宗教自由的控制权。

在世界缓步发展的同时，宗教教义也在持续发展着；然而就当时的情况而言，宗教教义发展的结果并非宗教自由，而是社会与政治的混乱。当今的大部分英国人都这么想。支持独立派的人越来越多，随之而来的是异见者的大肆指责。这是所有改革者的必经之路。议会颁布了相关法令，对那些私自举行宗教集会却拒不前往教堂做礼拜的人进行了惩罚。有三位独立派领导人被处以了绞刑。

同时，爱尔兰问题迟迟得不到缓解。因为没多少英格兰人愿意迁往爱尔兰，因此殖民政策宣告失败。爱尔兰终于出现了一位具有领导力的人，即被驱逐出英格兰的休·奥尼尔，也就是蒂龙伯爵。西班牙原本打算伸出援手，可腓力二世却在这时候逝世了；后来，其继承人登上了王位，西班牙这才出兵相助。奥尼尔还打败了一群英格兰人。由此可见，英格兰大概要和爱尔兰分道扬镳了，而爱尔兰即将成为西班牙的门户；至于西班牙，将在腓力三世的统治下，选择天主教。作为伊丽莎白钟情之人，埃塞克斯伯爵临危受命，并被寄予厚望，然而他没能挽回败局。最后，他丢下了士兵，一个人潜回了英格兰，而士兵们只能听天由命。他以为凭借伊丽莎白对自己的感情就能确保地位不失。然而，当他风尘仆仆地出现在女王面前时，女王却态度大变；她没有饶恕他的临阵脱逃。在被囚禁了数月之后，他还是重获了自由，不过再也不能踏足王宫半步。后来，头脑不清的他竟发动了叛乱，其借口是反对女王手下的首相。他大概并不是想要与伊丽莎白为敌，不过是想重新上位而已。审判者还发现，他与苏格兰国王詹姆斯六世有书信联系，而且内容涉及

---

[1] 也被称为马尔普雷莱特论战。1588年—1589年，英格兰清教徒刊发了讽刺和反对国家教会宗教制度的宣传册，导致印刷行业的从业者全被关押了起来，并对统治者造成了极大影响。——译者注

叛国。伊丽莎白女王忍无可忍，终于下定决心处死他。

1601 年，西班牙人终究还是踏足了爱尔兰。这一次爱尔兰人的统帅是芒乔伊（Mountjoy）勋爵，和埃塞克斯不同的是，他战胜了西班牙人。1603 年，奥尼尔和他的军队被团团围住。然而在那个时候，爱尔兰人并没有屈服于英格兰人，英格兰人被迫撤离。

非凡的伊丽莎白女王也垂垂老矣了。同时代的伟人们相继离世，例如女王的心腹之臣伯利（Burghley）勋爵塞西尔。西班牙国王、法国国王、苏格兰女王，以及埃塞克斯伯爵，一众敌人与朋友纷纷离开；伊丽莎白手上戴着的戒指就是埃塞克斯伯爵送给她的礼物。在伊丽莎白的统治下，英格兰渐渐走上了繁荣富强之路，法国与西班牙则愈发颓然。英格兰虽然没能在欧洲大陆摧城拔寨，却收服了威尔士与爱尔兰；过不了多久，苏格兰也将成功收服，因为伊丽莎白将王位传给了苏格兰国王。

在执政之初，伊丽莎白曾被催婚，不过她宣布自己只会嫁给国家；直到离世，她还是处女。基于国家利益，她也曾有过结婚的想法，不过从未付诸过实践。她是一心一意为人民服务的统治者，这样的一国之主屈指可数。在接下来的一章里，我们将看到伊丽莎白女王所缔造的海外帝国，以及富庶的生活。不过现在摆在我们眼前的是，女王即将离去。或许是为了让人们相信自己的不婚决定，她从未取下过加冕礼戒指。但在这个时候，她不得不把戒指锯开，从手上取下来，因为戒指已勒进了肉里。

1603 年 3 月 24 日黎明时分，卓越的伊丽莎白女王没了呼吸。信使匆匆忙忙地赶赴北方大道（Great North Road），通过邮站把消息传往爱丁堡；苏格兰国王詹姆斯六世收到消息后终于明白自己已经成为英格兰国王詹姆斯一世。伊丽莎白的去世意味着都铎王朝的时代就此告终，斯图亚特王朝的时代即将到来。都铎王朝经历了最初的内战与无序，最后为英格兰带来了无上荣光；随后而来的斯图亚特王朝尽管一开始以和平方式打造了联合王国，但最后却极为尴尬地逃跑了，把危机留给了英格兰。

第十章

活力四射的时代：航海、探险与文艺的大爆发

　　虽然英格兰人向来认为，女性统治者背后总是隐藏着灾祸，不过耐人寻味的是，无论是伊丽莎白女王，还是维多利亚女王，都有力地提高了英格兰人的生活水平，并创造了非凡的时代。在两位女王执政时期，政治绝不是第一位的；发现与创造照亮了未来之路。这是两个活力四射、积极向上的时代；人们的生活迎来了天翻地覆的改变。

　　这就是伊丽莎白女王所创造的恢宏时代的关键特质。英格兰仿佛被换上了一颗年轻的心：无所畏惧、勇于冒险、充满理想，寄情诗歌，热爱生活。不过，在日益强大的生命力与事业心的背后，阴影也在日渐扩大：贫富差距越来越大，投机行为越来越多，财政支出毫无节制，以及经济模式转型所致的失业潮流。

　　如前文所述，伊丽莎白对政治的兴趣并不大，所以才能与议会一起为英格兰开创出美丽新天地。她一共在位 44 年半，然而议会开会的时间累积只有 35 个月。不过她始终是人民中的一员，就算议会成员不常聚首，但是在宪法的保护下，议会的地位始终牢不可破，言论自由、议员免拘禁等既有权力也得以被保留下来。一国之主与国家立法机关（也就是议会）之间的矛盾有时候也很突出，然而一来伊丽莎白很清楚何时应该妥协，二来国

家并未遭遇太过麻烦的宪政危机，毕竟女王一直坚持走在人民及其代表所选择的发展道路上。她在帮助人民达成理想，所以人民并不会与她争论不休。

宗教争端偃旗息鼓。伊丽莎白女所施行的不偏不倚的宗教政策虽然无法满足那些极端分子，不过暂时从整体上让英格兰人平心静气下来。在接下来的一百年中，政府结构方才会受到宗教争端的影响。于是，人民的智慧自然而然地集中到了那些与生活有关的领域，而不是政治领域和宗教领域。同时，其他很多方面也爆发出了惊人的活力。

并不是每个人都能接受这突如其来的时代变革。当时有人对改革恶语相向，然后现在看来，那些见解无不可笑至极，不仅做出了错误的判断，甚至还有悖事实。我们还需要看到的是，时势造就了许多优秀之人，而优秀之人则创造了辉煌的时代。我们没办法罗列出所有优秀者的名字，只能略微提及一部分：德雷克、霍金斯、格伦维尔、吉尔伯特、弗罗比舍、斯宾塞、雷利、弗朗西斯·培根、菲利普·西德尼、克里斯托弗·马娄、莎士比亚，等等。这些人的出现告诉我们，伊丽莎白女王有力地推动了英格兰的发展。

橡木破天荒地被用在了私人建筑上，作为这段激情岁月的见证者，哈里森对此说道："瞧一瞧这世界的改变：以前我们是橡木人，用柳树盖着屋子；现在我们是柳树人，甚至是稻草人，却用橡木盖着屋子。多么令人悲伤的改变啊！"然而没过多久，德雷克就铸就了辉煌的航海事业，并战胜了西班牙无敌舰队。

除却玛丽一世与爱德华一世所带来的短暂停滞期之外，英格兰人在都铎王朝时期收获了大量的财富、权力，以及民族自豪感。都铎王朝的影响力不但体现在国家层面，还体现在其他诸多方面。在合适的时机下，新发现会带来精神解放；而既有的精神世界、艺术世界，以及琳琅满目的物质世界又反哺了新的发现。这一切首先有赖于文艺复兴光复了原本已被遗忘的希腊文明与罗马文明。欧洲在转瞬之间——就漫长的历史而言——进入了一个充满未知的精神世界，并从心理上极大地影响了人类的本性，而这种本性已经被压抑了很久了。第二有赖于哥伦布、麦哲伦、哥白尼等人的冒险实践，以及他们所留下的科学论著。人们对欧洲的印象改变了，地心说也被推翻了；随之而来的，是人们的心智改变了，古典思想、古典艺术，以及传统的生活方式渐行渐远。人类迎来了精神解放，迎来了创造力，迎来了前无古人的乐观主义；能与这一时代比肩的，恐怕只有 19 ～ 20 世纪的科学时代吧！

抢夺珍宝船

英格兰人的探险事业曾一度停滞。在亨利七世的授权下，卡伯特曾出海远航，并最终抵达了新大陆；自那之后 60 年左右，英格兰人在探险上一无所获。他们在诸多方面都略显孤僻，就算统治了 1/4 个世界，也始终没有融入占主导地位的欧洲生活。在都铎家族的统治下，虽然商业得到了一定的发展，不过英格兰依然是个不算富裕的小国。它的经济支柱是羊毛业与布业；当时的出口总额为一百多万英镑，其中八成来自上述两个产业；商人们收获了越来越多的利润，不过还算不上腰缠万贯。威尼斯大使曾估算过，当时最有钱的英格兰商人手头的资金在 5 万英镑左右。相较于奥格斯堡的富格尔家族，他们实在微不足道。富格尔家族的资产约为 87.5 万英镑，并在欧洲商业重镇成立了一间与众不同的私人通讯社。

基于对财富，以及奢侈生活的向往，英格兰商人们手中的钱确实越来越多了。除此之外，如前文所述，中产阶级的地位亦有所提高。都铎家族向来对中产阶级青睐有加；正是在他们的努力下，伊丽莎白时代才会收获商业、战争、文学等领域的繁荣。在伊丽莎白执政时期，有备而来的他们终于有了一展宏图的机会。对于英格兰而言，世界忽然敞开了大门，而且是大大地敞开了。不妨来看看英格兰的第一群探险家；他们脑子里想的都是商业利益，而不是科学探索，当然也夹杂了些许好奇。

在 1492 年，哥伦布将新大陆带到了世人面前；27 年之后，麦哲伦成功穿越了后来的麦哲伦海峡。尽管哥伦布没能活着走出菲律宾，不过其船队中有一艘船替他完成了环球航行，最后途径好望角返回西班牙。诸如此类的探险活动并不鲜见。葡萄牙人沿着非洲海岸线前行，陆续来到了印度、东印度群岛，以及日本。意大利人也探索了遥远之地，不过不同于西班牙人与葡萄牙人，他们并没有将那些地方发展为自己的永久居住地或商业基地。无论是西班牙，还是葡萄牙，都对外宣传那些"新大陆"——除了东瀛日本与北非西北部之外——归自己所有。英格兰不仅一直置身事外，而且连地中海地区的商贸活动都被海盗抢走了。如同数百年后的德国，在已知世界被蚕食殆尽时，英格兰才来到了起跑线上，准备争夺殖民地与商业市场。

然而，地球北方的土地虽然已有部分被占领，不过尚还能够进行自由贸易与探险活动。自 16 世纪中叶起，英格兰的商人与探险家迅速崛起，并将目标锁定在那遥远的北方。大法官休·威洛比（Hugh Willoughby）爵士一行人绕过了北角（North Cape）；休·威洛比更是由陆路南下，抵达了莫斯科。商业贸易活动也随之发展了起来。在伊丽莎白女王继位的第一年，詹金森（Jenkinson）顺着伏尔加河前行，穿过里海，抵达了希瓦、布哈拉。接下来的一次探险活动又让他与波斯人有了来往。我们已经知道，汉萨同盟的生意做到了俄罗斯，意大利人的生意做到了波斯；现在，新的航海线路让英格兰成了新的贸易后方。在俄罗斯北部地区，英格兰人卖给拉普人等当地人的商品主要是鱼、毛皮、石油。然而没过多久，法国人与荷兰人便横插一脚，抢走了英格兰人的部分生意。

在新兴市场的诱惑下，商人与冒险家们的欲望越来越大，居然有人公开向西班牙人与葡萄牙人宣战。1562 年，约翰·霍金斯率领船队来到了葡属非洲，并将那里的奴隶贩卖到了西属西非。一方面，非洲的海岸线着实很长，因此葡萄牙的巡逻船完全无法顾及周全。另一方面，西属西非的种植园主们急需劳动力，因此宁愿冒着违法的风险也要找英格兰人买奴隶。奴隶交易一刻不停地进行着。1567 年，弗朗西斯·德雷克也干起了这个勾当，不过他和他的船队在乌略亚海湾遭遇了西班牙舰队；只有两艘船侥幸返回了英格兰，而船上的人全都早已饥肠辘辘。正因如此，英格兰人始终与西班牙人为敌。

但霍金斯和德雷克想做的可不仅仅是从被禁止的海岸贩卖奴隶到被禁止的港口，他们还对西班牙的美洲属地觊觎已久。我们在上一章中讲解过西班牙与英格兰的关系，以及伊丽莎白女王与英格兰人民所面临的困境。西班牙人不仅阻碍了新教的推行，还阻碍了英格兰人的独立发展。对于英格兰而言，就算打不赢西班牙，也要竭尽所能地扰乱它、折磨它——不管在什么时候，在什么地方。在大海上，在远地间，霍金斯与德雷克等人终于完成了这一任务，并且有效地避免了国家战争。他们并非海盗，他们的船队也并非持有武器的私人船只——部分作者倾向于这样的定义，他们得不到政府的庇佑，能依靠的只有自己。

弗朗西斯·沃尔辛厄姆（Prancis Walsingham）勇猛无畏，塞西尔小心谨慎，两人性格实为互补；他们的大胆行为得到了支持——伊丽莎白女王亦复如是——并共同分享着由此得来的政治利益。1577 年，他们带来了一个更令人震惊的想法，并得到了伊丽莎白女王的默认和许可。这是个有风险但很新颖的想法：抢劫西班牙人运输珍宝的船只。截至目前，西班牙人还从来没有在太平洋上被人抢劫过。西班牙人将大批珍宝从秘鲁运到巴拿马海峡以西地区，再经陆路转海陆送至西班牙。

德雷克不过只有几艘船而已，不过他还是打定主意经由麦哲伦海峡进入禁海区域，去拦截西班牙人的珍宝船，而那些船基本上都没有配备武装力量。德雷克将想法付诸了行动，然后麦哲伦海峡实在是个险恶之地，最终顺利穿过的只要德雷克的"鹈鹕"号（也就是后来的"金鹿"号）。虽然人数不过百，但他们还是成功占领了西部沿海地区，并截获了西班牙人的珍宝船，霸占了船上的无数真金白银与宝石，然后绕地球一圈返回了英格兰。谁也没有从他们口中听到过，他们到底掠夺了多少财宝。在经过好望角的时候，德雷克的身边只有 57 个船员，以及 3 桶水。在出发 3 年之后，他们顺利返回了普利茅斯，而其劫获西班牙珍宝船的事情早已横渡大西洋传进了西班牙人的耳朵里，西班牙政府对此极为不满。假如他无功而返，那么定然会被伊丽莎白惩治。略加思考之后，伊丽莎白决定向西班牙发出挑战：她亲赴德特福德港口迎接了德雷克，并上船与其吃了顿饭，甚至还在甲板上授予了他爵士爵位。

在太平洋和大西洋上，与西班牙人针锋相对的"海盗大战"持续了很长一段时间。无论是珍宝船还是藏匿珍宝的海港都是抢劫的目标。从 1586 年至 1588 年，托马斯·坎迪什（Thomas Candish），也有人说是卡文迪什（Cavendish）追随着德雷克的脚步来到了美洲西海岸，开启了又一次环球航海之旅，亦为女王"寻得"了一大批宝物。西班牙无敌舰队一败涂地，英格兰人收获了巨大的成功；英格兰精神日渐强大起来，他们终于可以勇敢地漂洋过海，开疆扩土了。战争尚未打响，英格兰持续并富有节奏地抢夺着西班牙的美洲港口与欧洲港口，以及满载美洲矿藏的珍宝船。1591 年，一起乌龙事件引人注目。包括伊丽莎白女王的 6 艘舰船在内，约有 20 艘舰船伺机而动，他们的目标是即将离开亚速尔群岛的西班牙珍宝船；没想到最后来到他们面前的却是舰船数量更多，船员更多的西班牙海军。英格兰舰队毫无抵抗之力，而且还遭遇了暴风；舰船被损坏，供给不足，饮水缺乏，大半船员都出现了健康问题。

大多数人都保持了理性，选择逃往远海，可心有不甘的理查德·格伦维尔爵士却带着一艘舰船及 190 名船员——有 90 名患了病，根本没什么作战能力——与西班牙人对垒；西班牙舰队约有 10000 名海军士兵。他们腹背受敌，与西班牙舰队中最大的两艘舰船僵持不下。战斗持续到翌日上午，格伦维尔的船已经千疮百孔，甲板上尽是血迹与尸首。誓不投降的格伦维尔最后引爆了自己的船，而他自己身负重伤。西班牙人攻上了那艘船，但无法阻止它在暴风中沉入大海的命运。此类战斗尚不足以被称为战争，但无论如何，这是伊丽莎白执政时期的重大事件之一，格伦维尔也是英国海军史上的英雄人物之一。就塑造大不列颠民族精神来说，格伦维尔那最后一搏的作用远超众多谋划已久的胜战。

伊丽莎白执政时期的这些掠夺者让我们联想到了当初在英格兰沿海地区疯狂掠夺的维京人与丹麦人。虽然细节大有不同，不过必须承认，这类事件在大英帝国的发展历程中实为常见。

和西班牙人的一番较量终究成就了英格兰的海上霸主之位——在这里，我们只能详述其中一些事件。相较于此前单纯的海外贸易发展，此时大英帝国才真正开启了航程。曾有英格兰人由大陆通道到达过印度，不过和海上通道相比，大陆通道走起来很是艰难。在时代精神的召唤下，有人在欧洲地区奋起抵制西班牙人的垄断，也有人在远东地区与葡萄牙人对抗。前有詹姆斯·兰开斯特爵士，后有与本杰明·伍德（Benjamin Wood），他们皆途径好望角，抵达了受葡萄牙控制的东非与马六甲，并开启了探险与掠夺的征途。1600 年，在得到授权后，兰开斯特爵士等创立了英格兰东印度公司，并远赴东印度群岛进行活动。1608 年，在渡过了航程的 1/3 时，他们来到了印度苏拉特（Surat），并让一位代理商，或者说经纪人留了下来。自此，英格兰和印度便建立起了联系，而且这种联系具有强大的持久性与影响力。

马丁·弗罗比舍、约翰·戴维斯、亨利·哈德逊（Henry Hudson）等人也进行了探险活动，并一度踏足蛮荒的北极地区。在更早之前的 1583 年，汉弗里·吉尔伯特（Humphrey Gilbert）便开辟了一块纽芬兰殖民地，不过后来又与其他殖民者一道被遣返，并因为一场风暴而消失在了归途之中。

沃尔特·雷利（Walter Raleih）爵士没有听取西班牙人的建议，前往弗吉尼亚开辟殖民地，但是未能成功。到了1607年，英格兰人才得以在弗吉尼亚定居下来。另外，雷利爵士还曾计划开辟殖民地圭亚那，结果不言而喻。虽然上述殖民行动都失败了，不过英格兰精神终将带领人们走向成功。在谈到英属美洲殖民地时，吉尔伯特认为："那不是一个适合生活的地方，空气里弥漫着危险与死亡的气息。我们只是心里想着为国家服务，为自己添彩。"在吉尔伯特即将离世前，雷利淡然地表示："在我看来，它就是英格兰的一部分。"

在伊丽莎白执政的最后一段时期里，英格兰大概只有不足500万的人口，资源虽然已经累积起来，但还无法与西班牙争夺帝国这一称号。英格兰很走运：若不是得到了南美洲与中美洲的资源，它的前行注定不会如此顺利，此后所发生的事也将大相径庭。英格兰抢劫了西班牙，却没有因此而被惩罚，不能不说是幸运的。

贸易所带来的赚钱机会

英格兰国内一片大好景象。以现在的标准而言，其农业发展滞后，农村也很贫穷落后。没有冬季播种的农作物，排水系统尚未建立起来，化学肥料十分匮乏，牲畜的数量也未见明显增长。落后于时代的三圃制、针对畜牧业与林业的公地制度，从各个方面阻碍着农业的发展。村民们只能靠自己把秽物浇灌到田间地里。动物杂交的情况屡见不鲜，对品种改良极为不利。母牛的体形远小于如今，很难完成耕种田地的任务。公牛的普及率高于马，不过因为瘦弱而不适合当食物。绵羊的皮毛很有用，但人们对羊肉并不感兴趣。肉类是时人的主要食物，相关法规甚至要求人们每星期食用三日鱼肉；蔬菜很少会出现在餐桌上。

无论是农庄还是村庄都与外界保持着距离，村民们过着自给自足的生活，基本上不用花钱；每家每户都自己制作衣衫、食品与日用品，以及饲养牲畜。事实上，美洲大陆上的生活也出现了此种矛盾。为生活服务的农业开始转型，为商业服务。对于公地制度与公共管理的传统村庄的农业生产已经无法迎合经济所需，而且对改良造成了阻碍。在当时的传统体制中，改良的建议会遭到个体或集体的反对。

从另一个角度来说，公有制及单一的经济体制能让农民专心务农，对农民给予了保护，杜绝了私有制的危害。在这个时候，封建制度几乎已退出了历史舞台。自由农民、自由工人、小佃农，以及一心想从土地经济中赚大钱、筑声望的中产阶级等新阶级逐渐崛起。领先于时代的农耕技术推动了社会进步，不过也对那些没有足够资金，或者没有能力运用这些技术的农民造成了压力。这些农耕技术不再需要那么多的劳动力，且要求合并土地，以及扩大生产规模。在这种情况下，许多人失去了工作，小块土地的所有者们也失去了土地。

现实情况是，失业者与穷人越来越多了；在乡村中，随处可见"有手有脚却无事可做的流浪汉"。乡间小道与城郊地带是强盗们经常出没的地方。在莎士比亚的著作《亨利四世》一书中，年轻无知的王位继承人曾做出过这样的冒险行为；他有没有触犯当时的法律，我们不得而知，但是不可否认的是，很多家境富庶却看不见希望的青年都做过类似的事情。在他们身上，我们看不到任何社会职能，当下的话来讲，他们是"技术性失业人员"。在数年之后，他们中的大多数人都成为大英帝国的建设者，漂洋过海到遥远的大陆开辟殖民地。在伊丽莎白执政时，英格兰的刑法严苛无比。在其执政的最后一段时期中，凡是盗窃价值12便士以上的物品之人，均会被定下重罪，甚至被判处死刑；当时英格兰的人口不足500万，然而每年却有800人左右被判处绞刑。若是被定下重罪，所有财产都会被没收，因此大多数人都不会认罪。然而这样一来，财产虽是保住了，死刑却极有可能降落到他们头上。

　　我们可以将 1569 年的"无主之人"调查视为第 1 次失业调查。最终结果是，13000 余人被依法拘留。英格兰颁布了许多救济穷人的法案，许多条文都被记录在《法令全书》当中，直到两个半世纪之后还能查阅。我们虽然无法对伊丽莎白时代的此类法规进行详细阐述，但是可以通过部分细节来探究当时的法律精神。例如，"无所事事的流浪汉"若无法找到雇主并工作一年以上，就会被鞭笞或者烧穿右耳朵。这一定义所涵盖的人群非常广：没有雇主的健康人，没有土地的健康人，没有技能的健康人，做不了生意的健康人，以及各个地方拒绝以平均工资劳作的工人。

　　最后，在政府的调控下，物价与报酬被固定下来，这一点至关重要。这一制度虽然基于中世纪的经济理论与经济活动，却忽然成了当今时代的新风尚。其实它已经落伍了，无法像当初那般立竿见影。在政府的安排下，贫困家庭的孩子们被送去当学徒，而那些无法以"无所事事者"来定义的穷苦老人们则得到了一些帮助。需要强调的是，上议院比下议院更富有同情心；而组成下议院的主要是中产阶级。

　　尽管英格兰还处于农业社会时期，不过其商业贸易活动发展得也十分迅猛。来自世界各偏远地区的大量财富，流入了乡绅们的口袋，成就了英格兰乡镇的繁荣。股份制公司风靡一时，而且一般都持有某些特定国家的贸易垄断权。例如俄国公司。这家公司有 15 位董事，以及约 160 位员工，持有俄罗斯、亚美尼亚、波斯、里海等地区的贸易垄断权。通过垄断手段，他一度将绳子的价格抬高了 1.5 倍。前文提及的东印度公司则垄断了远东地区的香料生意。没过多久，詹姆斯一世建立的弗吉尼亚公司就垄断了美洲地区的烟草贸易。东方公司控制了波罗的海地区的重要贸易。黎凡特公司则控制了土耳其地区的贸易活动。

　　这些垄断公司的主要成员是商人。不过，在伦敦、布里斯托尔等港口城市，一些未能进入公司工作的商人们发起了抗议。所以在某些时候，这些公司也做不到全面垄断。例如，为了完全垄断土耳其地区的贸易，黎凡特公司无奈地向君士坦丁堡派驻了工作人员，并斥巨资贿赂当地官员。尽管很冒险，但在巨额利润面前，许多个体商人依然选择派出商船到各地做生意，而对公司口中的垄断权置之不理。实际上，这些"闯入者"控制了各行业的大多数贸易活动。自伊丽莎白时代到斯图亚特王朝，垄断经济与自由经济之间的博弈始终是商业领域的一大问题。

许多英格兰港口城市的商人越来越活跃，也越来越大胆；他们既反对西班牙人的贸易垄断，也反对自家人的贸易垄断。西班牙人垄断了美洲地区的贸易，虽然有军队的保护，但英格兰人并没有就此接受。不难想见，如伦敦科尔特斯特（Colthurst）之类的公司怎会任凭黎凡特公司垄断土耳其地区的贸易活动呢！

就算是在今日的英格兰，也有人极力反对贸易垄断。必须强调是，伊丽莎白女王既是女王，又是穷人——她不愿让人民饱受苛税之苦。不施重税的她深受人民爱戴，而作为统治者，她又激发了人民无穷的创造力。尽管人们还得靠自己谋求未来，不过伊丽莎白时代的人民忠诚度是英格兰有史以来最高的。作为回报，政府向民众开放了部分贸易垄断权，譬如某些特殊商品的买卖。后来，人民对贸易垄断越来越抵触，伊丽莎白女王审时度势做了妥协。关于这一点，她在执政末期所做的那次演讲是最好的体现；那次演讲深受人们认可。

在那个时代，伊丽莎白的决策可谓开创了历史先河，同时其弊端也总被人夸大其词。然而不可否认的是，许多规模较小的城镇无法参与到商业贸易活动中来——尽管在17世纪，英格兰已经有了十分细致的地形图，从中可以看到，交通网络至少已触及南部规模稍大的城镇，形式与当下的铁路图差不多。商品交易会随处可见——现在也是；在时人眼中，交易会在一定程度上象征着自由竞争与自由贸易，并且有利于打破地域垄断。时至今日，英格兰的大城镇依然会每年举办一到两场商品交易会，而且某些地方会更多。部分交易会有商品类别的限制。小城市的交易会通常都是临时举办的，任何商品都能参加，而且有时候还会设置游戏环节，或者加入热闹的表演，犹如本·琼森所著《巴塞洛·缪市集》里的场面。交易会商品的价格都低于当地市场售价，所以深受人们、特别是小地方人们的欢迎。

沿袭自中世纪的物价制度其实已濒临崩溃，例如食品价格。从前，受交通限制，人们的食物主要源自当地农业，在这种情况下，许多地方一歉收就会饿死人，而丰收又会供大于求。于是，为了防患于未然，这些地方只好在丰年储粮，可是当地的食品价格基本上都是固定的，而且制定得十分草率。随着交通体系的日益发展，地方间的交易逐渐频繁起来，而且愈发专业，市场供应也日渐全国化。随之而来的情况是，各地物价不尽相同又难以统一；政府想要对物价进行管制，然而难度不是一般的大。

随着交通越来越便利，外出旅行与出差的人也越来越多了。1572 年，在主要的交通线路的基础上，邮政系统得以建立起来。尽管邮件的传送不属于政府职能，可以通过驿站和马匹来完成。在交通相对完善的地方，送信的速度约为 1 小时 10 英里。有时候还会有更惊人的速度：例如在传递苏格兰女王的死讯时，罗伯特·凯里奔走了 160 英里，却只用了不足 24 小时的时间。

虽然大部分外出旅行的人主要采用的还是骑马或者步行的方式，不过四轮马车及四轮送货马车已经得到了普及。1577 年，第一本交通指南，或者说旅行手册问世。为游人们提供住处的小型旅馆层出不穷，而且发展得很好。在路上，随处可见欣欣向荣的风貌，以及无与伦比的田园景致，看上去和当下并无二致；具有现代意义的海外旅行与海外商务活动亦发展了起来，而且不再属于冒险活动，而是属于以游览与培训为目的的欧洲"旅培活动"。许多人选择前往波兰、德意志、奥地利、法国、意大利，以及一些低地国家或小国家。英格兰人最爱去的是威尼斯。在威尼斯的历史巅峰时，它是名声在外的休闲胜地。

毫无疑问，伦敦是英格兰最大的城市及生活中心，无出其右。在 1600 年前后，其人口达到了 20 万左右。人们的生活用水来自河流，那时，无论女王、大主教、市长、商人，还是普通民众，都是乘着驳船来往于河流之上。河畔建有许多剧院、华丽的私宅与屋舍，每栋建筑都配备有栈桥，以及水门。从某种角度而言，当时的船夫就像现在的威尼斯船夫，或者的士司机。在某些时候，国葬会举行于水上，而不是道路上。在伊丽莎白执政初期，在伦敦还看不到四轮大马车；到了末期，大街小巷已开始堵车。对于堵车这件事，时人埋怨之声绝不小于今人。伦敦的户外活动也愈发欧洲化了，人潮汹涌，聒躁不安。我们可以在户外看到木偶戏表演、各式各样的展览，无数商贩，以及琳琅满目的商品。场地有的是固定的，也有的是流动的；此起彼伏吆喝声自此便成为伦敦的一种象征。时至今日，一部分吆喝声依然回荡在这座城市之中。

除去 18 世纪，伊丽莎白时代的服饰，特别是男士服饰的奢华程度是其他时代无法企及的，无论是价格还是风格。色彩也好，款式也罢，从有钱人所用的丝绸、天鹅绒、蕾丝与织锦，到劳动者所用的粗布与皮革，都与当时的建筑相映生辉，并构建出了仪态万千，生动绚烂的美好景致。如前文所述，英格兰人向来偏爱色彩斑斓的事物，这是他们的独特个性与品位。在别的国家，例如曾经对色彩、款式与盛装出行极为在意的东方国度，都痴迷于汽车与千篇一律的黑西装时，英格兰人却依旧陶醉于五光十色之中。在举行国家级的游行时，一国之主会身着传统服饰，乘坐一辆由黄金与玻璃打造而成的四轮大马车参加仪式。类似的游行还会出现在市长就职当日，以及威斯敏斯特大教堂举行加冕仪式的那天。如今的英格兰人还深爱着这类传统，一是因为其本身具有吸引力，二是因为它们意味着国家的统一、国家的历程，以及往日的成就、辉煌与理想。不过在当时，它们尚未被历史赋予别样的意义，英格兰人之所以会对它们推崇备至，并不是因为它们意义非凡，而是因为它们能让人快乐，一种简单的朴实的快乐。

　　特例也是存在的。在彼时英格兰的剧院里，我们可以看到穿着光鲜亮丽的演员，却看不到任何舞台布置。相反，在那些不太追求华美生活的国家里，剧院却会有着华丽的舞台。英格兰剧院中最夺人眼球的是帷幕边的指示牌，舞台很是暗淡。在伊丽莎白执政初期，戏剧的演出场所是在客栈的户外院落，观众就坐在周围的长廊里，或者房间的窗边，抑或是院子中间。人们对戏剧越来越感兴趣了，在这种情况下，剧院应运而生，例如为人所熟知的"球状"剧院。就布置而言，剧院与客栈院落并无太大差别；时至今日，许多剧院也一定程度上保留了这样的格局。要说有什么不同，那就是：那时的舞台延伸到了观众席中间，换句话说，人们观看演出时的视角是不同的，而且至少有三种选择。这样一来，舞台布置这件事自然就无须再提了。

　　随处可见的私人花园是伦敦的又一个知名特色。因此我们说，伦敦是最绿色、最田园的大城市。伦敦市民不但对各式各样田园般的城市公园情有独钟，而且还热衷于打造私人花园。这种情愫自伊丽莎白时代延续至今。自那个时候起，花园就成了人们生活中至关重要的事物，其重要性丝毫不亚于果园与菜地。作为伊丽莎白时代，或者说都铎王朝统治早期的代表，哲学家培根在《论花园》里这样写道："无所不能的上帝最先造的是一座花园。实际上，它给人们带来了最单纯的欢乐。"英格兰人很可能就是从这个时候开始营造花园的。如同美洲殖民者没空也没心思种花种草，英格兰人最初也没这样的想法。后来，居住条件越来越好，财富越来越多，娱乐越来越重要，英格兰人开始对花花草草感起了兴趣，并一发而不可收。

　　城镇生活与乡村生活也随之得到了改善。很快，全国各地修建起了无数新住宅，而且大多数住宅都不小。对于有钱人而言，住宅的房间数量越来越多，用途也越来越多元化。这意味着人们越来越有钱，品位也越来越好。人们在厨房旁边建起了"冬季客厅"，在冬天的时候取暖十分便利；还建起了别致的走廊、起居室、早餐室、书房或图书室。迥异于以前那种带有军事用途的屋子或城堡，新的住宅并不是用来应付战争或突袭的。

英文中的"家"一词，大概也源自此时。这一时期的新式建筑就用途而言基本上都是家庭住宅，不仅没有出现教堂建筑，就连大型的公共建筑也只有皇家交易所这一个。皇家交易所带有商业背景，剪彩人是伊丽莎白女王，由此可见，英格兰的商业已经发展到了一定程度，并已成为国家经济的支柱产业。就风格与设计而言，虽然中世纪建筑看上去美轮美奂，而且极具英格兰特色，但它们大多是不规则的，房间的安排和窗户的位置设计都是以使用便利程度为基础的，而与对称等因素并无关系。这类建筑最初出现在诺尔、彭斯赫斯特、哈登霍尔等地区。后来，随着前往意大利旅行的英格兰人日益增多，意大利古典风格开始出现在当地建筑中。

基于中世纪建筑、哥特式建筑与古典建筑等建筑风格，英格兰人开创了英式建筑，虽说不是完完全全的英格兰风格，不过至少与其他建筑不同。谁都不会把该时期的英格兰宅院看成其他地方或其他时期的建筑。总的来说，宅院的设计有了一定的标准，一般都是 H 型或者 E 型，户外院落被设置在宅邸的中央。基于对称性原则，内部房间的安排得到了优化。诸如此类的建筑有南萨奇王宫、朗利特庄园、哈迪维克·霍尔庄园和霍尔登比庄园，等等。拿霍尔登比庄园来说，其屋子前面的空地宽达 410 英尺，而且修了许多扇窗户；我们今天依然能看到镶在窗棂上的玻璃，虽然有些褪色——在那之前，玻璃只被用于教堂建筑。对此，培根曾不满地说："四周全是玻璃，没人知道阳光来自何处，反射光又从哪里来！"培根喜欢凸窗，因为他觉得凸窗既能挡住阳光和风雨，又"十分温馨，适宜于隐居生活"。

又宽又大的木质楼梯也是新出现的建筑特征，而且楼梯的扶手与雕饰都制作得十分精致。不妨来看看巴特菲尔德庄园。没有经过任何过渡，木质楼梯取代了传统建筑中常用的窄小的环形楼梯——譬如教堂塔楼中的那种楼梯。环形楼梯的防御性较强。时至今日，我们依然能看到这种环形楼梯，不过其社会功能已有了天翻地覆的变化：有钱人穿着奢侈的衣衫站在楼梯上，楼梯本身也是奢华异常。

这些大宅院的占地面积是令人震惊的。就拿霍尔登比庄园来说，其一楼的房间有近 60 个。建于更早时候的诺尔庄园被修缮过好几次，其中央庭院占地数英亩之巨。在这类世袭制的家庭宅院中，不仅生活着主人及其家庭成员，还生活着随从与侍者——类似于封建时期男爵养的家兵——以及来来往往的宾客，甚至是蹲在大门外的那些无家可归的穷苦人。宅院的维护费用令人震惊，特别是在需要接待出行的女王及其队伍时。西奥博尔兹庄园是伯利勋爵的产业，伊丽莎白女王先后去过 12 次。伯利勋爵每次都要花上两三千英镑，大致等同于如今的 1 万英镑至 1.5 万英镑。

在那个时候，礼仪尽管已规范不少，不过依然较为粗鄙，就连伊丽莎白女王也会向身边的侍者吐口水，仅仅是因为她讨厌那人的穿着打扮；她还会当众打人耳光、骂人脏话，等等。女王成了人们效仿的对象。如果说这种效仿愚蠢至极的话，那么下述行为或许就不单单是愚蠢的问题了。因为伊丽莎白女王面色白皙，亭亭玉立，所以许多视她为偶像的女人将沙子和灰作为食物。当时也有人对此表示了不解："为了让自己变得纤瘦，这些女人将被怎样勒住、搓揉与拉伸？"在那个时候，卫生状况也很堪忧；沐浴并不是常有的事，所以人们总要使用香水。在宅院内，家庭成员与宾客们同桌进餐，而侍者与随从则在一旁的矮餐桌上进餐。那时的人是不刷牙的，刷牙是 50 年后才有的事情。在餐桌上还看不到叉子。在苏格兰，人们会用链条将餐刀固定在餐桌上，这在当时是很精明的做法。许多面积较小的房间只会拿灯芯草铺地。人们在河边或井边用牛粪之类的东西洗衣服，而用肥皂是很奢侈的事情。在城镇中，人们总是从临街的窗户把卫生间的污物与污水扔到街上；大街小巷早被过往的马匹污染得又脏又乱。因为民众缺乏卫生与医学常识，所以瘟疫常常来袭，并导致许多人失去生命。尽管英格兰人的生活日益奢侈，各种消耗也日趋增大，不过许多方面依然简陋至极。

诗歌与戏剧的绽放

不过，在杂乱的生活中，在船员、个体掠夺者、商业冒险家、地痞流氓、流浪汉以及粗枝大叶、铺张浪费的丰富经验等各种因素的共同作用下，思想与文学几近到达了巅峰。在对该时代的思想与文学做出论述前，不妨先来看看其他艺术的发展情况。有意思的是，不同于意大利、荷兰等国家，新兴商人阶层与中产阶级的发展，以及财富的积累并没有有效推动英格兰绘画艺术的进步。新崛起的商人们宁可花大价钱购买家具与餐具，也不会重视绘画这门艺术——除了肖像画之外，而大部分肖像画也都是出自霍尔拜因（Holbein）等一众外国画家。站在某个角度来看，这群来自国外的画家其实是英格兰的王室画家。

英格兰人对家具的要求很高，许多家具的制作成本十分高昂。宅院所使用的"大床"一般都价值不菲，不会低于如今的 1000 英镑。在伊丽莎白女王离世之后，住在诺尔庄园中的詹姆斯一世购置了一张锦绣金丝帷幔大床，其成本不少于当下的 40000 英镑——实难想象。真金白银源源不断地从美洲流向欧洲，以至于英格兰农民使用上了银质的碗碟。就设计与工艺而言，该时代的碗碟工艺无出其右。如果说这是一种艺术的话，英格兰在此又一次超越了欧洲其他地区。

音乐在熬过了前朝的颓败后重整旗鼓。特别是世俗音乐，即便还谈不上领先于他国，不过至少也不算逊色了。这与社会培养无关，而得归功于自下而上的民间运动，以及民族运动。英格兰堪称彼时的音国国度；有数据显示，莎士比亚的戏剧一共使用了 420 首左右的歌曲和音乐；并涌现出了一大批优秀的作曲家，例如威廉·伯德（William Byrd）、奥兰多·吉本斯（Orlando Gibbons），等等。英格兰音乐风靡一时，许多英格兰音乐家只身前往，或者相约前往德意志等欧洲大陆地区的各大城市表演。

不过，伊丽莎白时代最卓越的艺术还是文学。文学突飞猛进，并缔造了人类思想史与艺术史上的黄金时期。到底是什么缔造了这一时代的这些艺术成就？我们不得而知，不过我们发现，某些要素为艺术发展注入了活力：新的经验激发了人们的创造力，探险活动和对个人的关注激发了人们的志气、信心与优越感。我们曾在巅峰时代的希腊看到过这些要素，现在又在伊丽莎白执政时期的英格兰看到了。虽然无法用它们来解释一切，但它们可以帮助对这一时期的进步做出分析。文艺复兴与宗教改革促进了思想解放与精神解放；美洲大发现改变世界格局与宇宙观念。人类由此迎来了意料之外的新天地和无穷的机遇。

当然，除了那些要素之外，英政府也发挥了关键作用。伊丽莎白女王让这个岛国逐渐走向上了强大之路，守护着全球的新教教徒，并勇于向当时最强悍的宗教国家——天主教西班牙宣战。民族精神、爱国热情，以及献身于国家与女王的思潮蔓延到了英格兰的各个角落。除此之外，出于政治需求与历史必然性，伊丽莎白女王激励人们进行探险并追求成功，从而激发人民的生命力。这些人虽然以个人身份进行着探险，不属于陆军或海军，不过背后站着的却是国家；凡是有战争成就或商业成就的人都会得到伊丽莎白女王的封赏。这种封赏不失为一种推动力。人们为此而努力奋斗，变得英勇无畏；生活因此而充满了冒险，并滋生出思想与骨气。这是那些受控于政府的民族无法获取的生命力。

这一时期的优秀文学作品皆是以感知为基础的，注重人性与冒险，而很少涉及宗教与政治。正因如此，它们才能流芳百世，而非只风靡一时。从中，我们还能看到作用与反作用的关系：生活与个性影响着文学，文学也影响着生活与个性。出人意料的是，那时候的文学思想与措辞很大程度上影响了当下英格兰人的日常生活，虽然大部分人不太清楚那些思想与口语源自何处。许多作家后来又经历了詹姆士一世时代，不过总的来说我们还是认为他们属于伊丽莎白时代。究其缘由，几乎全部的文学先驱及其经典作品都诞生于那时。在那个时候，是伊丽莎白为国家带来了源源不断的活力。

对于伊丽莎白执政时期的最后 20 年，以及詹姆斯一世统治初期的文学著作，我们无法再进行详述，只能列举些优秀作家的大名。然而在此之前，我们需要先谈论下出版于 1611 年的《圣经》，那是女王亲自审核过的版本。它文字优美又不失肃穆，以散文形式存在，又如同咏叹调一般；它潜移默化地影响了日后的大英帝国，以及其他英语国家人民的思想与言语。这些国家的人民看起来差别不小，不过都在用英语表达内心世界，对于他们来说，英语是最佳表达方式，是一种效力强劲的黏合剂。它对语言产生了深远影响。后文将谈到班扬（Bunyan）在其作品《天路历程》（*Pilgrim's progress*）中所运用的短语逐渐流行起来，甚至建构了一个语言体系；这本书在宗教方面的影响只在《圣经》之下。除此之外，值得一提的是，当时有好几百万人从来不会将精力花在书写上。在少数专家的努力下，英格兰出版了截至目前全球最普及的一本读物，同时也是唯一一本沿用了三百年的《圣经》。通过反复的阅读，人们的言语渐渐多出了一份朴质与一份端庄。

在散文方面，伊丽莎白执政早期的哈克路特（Hakluyt），以及之后的珀切斯（Purchas）等人写出了经典的航海游记。在英格兰的航海历史上，哈克路特是一位极富传奇色彩的人物，在其影响下，许多青年才俊都勇敢地走上了探险之旅。他以极为经典的散文作品为英格兰人开辟了一番新天地。

毫无疑问，散文的崛起是该时代的一个显著特征。无论是托马斯·胡克（Thomas Hooker）的《教政体制》（*Ecclesiastical Polity*），还是培根的《随笔》（*Essays*）都是后世作品难以超越的。培根的《随笔》既具有韵律感，又具有高贵感，而且令人感觉清丽新鲜。实际上，尽管培根认为自己更擅长拉丁语创作，不过他创作的大部分作品却是英文散文。在此后的三百多年里，别无其他散文比培根的散文更受人欢迎。究其原因，大概是因为培根可以说是散文随笔这一体裁的创始人。诸如小说、戏剧之类的体裁一直在历史的长河中颠沛流离，而散文却始终独具魅力。其实，并不是所有新体裁的开创者的作品都能流行好几百年，更何况后世会涌现出各种新颖的题材，以及更完善的创作工具。这也从侧面验证了培根作品的深邃、美好与普适性。

在此之前，阿斯克姆（Ascham）的《校长》（*Schoolmaster*）、福克斯（Foxe）的《殉道者》（*Book of Martyrs*）、黎里（Lyly）的《尤弗伊斯》（*Euphues*）、西德尼（Sidney）的《阿尔卡迪亚》（*Arcadia*）与《诗辩》（*Defence of Poesie*）都已相继出版。不过这些作品都没有呈现出散文体裁的特性。身为编年史学家，霍林斯赫德（Holinshed）与斯托（Stowe）为当时的优秀剧作家们贡献了许许多多的素材，不过其作品本身的价值还只限于文献资料领域。

伊丽莎白时代最耀眼的光芒来自诗歌与戏剧领域。它们几乎包揽了这一时代的一切美誉。最卓越的诗人当数埃德蒙·斯宾塞（Edmund Spenser），他被誉为"诗人中的诗人"；他笔下最知名的作品是《仙后》，文中的英文诗堪称一流。那是一部寓言式的长诗，而当下之人对斯宾塞的短诗更加熟悉：《牧人月历》（*Shepherd's Calendar*）、《爱星者与星》（*Astrophel and Stella*）、《婚曲》（*Epithalamium*），以及部分十四行诗。相较于乔叟与莎士比亚，斯宾塞对英格兰诗歌的影响更为深刻，也更为持久。若非如此，他的作品便不会在18世纪末期又一次流行起来。就某个角度而言，他为三代之后的文学浪漫主义运动埋下了种子。到了今天，大概只有研习文学之人才会阅读沃纳（Warner）、德雷顿（Drayton）、丹尼尔（Daniel）等诗人的作品了。尽管如此，伊丽莎白时代的歌谣及歌词依然意义非凡。首当其冲的是莎士比亚，还有坎培奥、李利、皮尔（Peele）、雷利、格林（Greene）、本·琼森等人，他们的作品流传至今。如下这些令人愉悦的歌曲可谓无人不知、无人不晓：斯蒂尔主教（Bishop Still）所创作的《无肉不欢》（*I cannot Eat But Little Meat*）、代尔（Dyer）所创作的《我的心灵就是我的王国》（*My Mind to Me a Kingdom Is*）和《与我同栖，做我爱人》（*Come Livewith Me and be My Love*），以及琼森所创作的《只需用你的眼睛为我祝酒》（*Drink to Me only with Thine Eyes*），等等。接下来我们要谈论的是莎士比亚；他是英格兰乃至全世界最赫赫有名的戏剧家，其作品极富英格兰色彩。需要强调的是，英格兰的戏剧与希腊、法国等国的戏曲截然不同。它是由中世纪的奇迹剧发展而来的——融入了更多的英格兰元素，而且进步明显。如果说法国的奇迹剧是以圣人生活为主题的，那么用英语与英格兰人的方式表现的英格兰奇迹剧则极具英格兰人的幽默感。这些戏剧大多以圣经故事为主题，无论是技巧还是特点都趋于世俗化。

在这一时期与斯图亚特王朝早期，优秀的戏剧层出不穷；请原谅我们无法将所有戏剧家的名字都写在这里。

首先不得不提的是人们口中的"全才"，例如基德（Kyd）、纳什（Nash）、洛奇（Lodge）、皮尔、格林，还有杰出的马娄。这些人大多离世很早，活着的时候最爱在酒馆——与后来的俱乐部颇为相似——里对饮畅谈以刺激创作灵感。马洛死的时候才29岁，不过是参与了一场斗殴。他的作品，例如《帖木儿大帝》（*Tamburlaine*）、《马耳他岛的犹太人》（*Jew of Malta*）、《爱德华二世》（*Edward II*）等文字华美，言辞夸张；不过如《海洛和利安得》（*Hero and Leander*）等诗，以及戏剧中的诗歌却优雅动人，极富创造力。正因如此，他才能在文坛上和斯宾塞、莎士比亚并驾齐驱！不妨来看看，当浮士德博士产生了幻觉，以为特洛伊的海伦正在恳求自己时所做的激情澎湃的讲演。

> 这时这张面孔引来了千艘战船，
> 让伊利昂[1]的高塔化为灰烬！
> 美丽的海伦，

---

[1]　即古特洛伊城，这里用的是其拉丁名。——译者注

只一吻便可赐我永生。

我的元神已被她的朱唇吸走：

瞧，她在那里飘啊飘。

你那无与伦比的美丽，

足以让夜幕中的星辰黯然失色。

　　对于生活在伊丽莎白时代与詹姆斯一世统治时期的卓越人物，不得不提及的还有博蒙特（Beaumont）与弗莱切（Fletcher）——他们是关系密切的工作伙伴，所以名字常常同时出现，还有乔治·查普曼（George Chapman）、约翰·马斯顿（John Marston）、托马斯·德克（Thomas Dekker）、约翰·韦伯斯特（John Webster）、西里尔·特纳（Cyril Tourneur）、托马斯·海伍德（Thomas Heywood）、托马斯·米德尔顿（Thomas Middleton），以及在莎士比亚出现之前，堪称最杰出的"独一无二的本·琼森"。他或许是学识最渊博的一位戏剧家，不过他的经典剧作都与伦敦生活和伦敦人有关：《人各有癖》（*Every Man in His Humour*）、《沉默的女人》（*The Silent Woman*）、《炼金术士》（*The Alchemist*），等等。

　　如此这般，戏剧作为一种文学体裁得到了大众的认可，就像我们现在喜欢读小说一样。上述优秀作家及其作品足以让其他时代难以望其项背。他们是伊丽莎白时代的象征，在各个领域埋头前行；他们活力四射，勇于冒险，而且干劲十足。在小酒馆里，博学多才的琼森与莎士比亚斗酒斗文，斗智斗勇。即便没有出现莎士比亚这样的人物，伊丽莎白时代依然是英国文学史上的黄金时代；而莎士比亚的出现，让它变得无法超越。

　　颇为奇怪的是，基本上没有人了解莎士比亚的生活。纵然他无比卓越，然而我们对他的了解却实在太少，甚至会有人误以为他的作品并非出自他之手，而是培根、牛津伯爵等人的作品。1564 年，莎士比亚在斯坦福呱呱坠地。长大之后，他去了伦敦，从演员到戏剧编剧、从剧场管理者到剧场所有者，而后成了前无古人的戏剧家。他在晚年时候衣锦还乡，最后逝世于1611年。且不论他采用了何种语言进行创作，他笔下的文学作品共计3万册左右，数量之巨无人能出其右。在这里，我们无法细致地介绍他的所有作品，不过我们将他的作品划分为了三大类：诗歌、十四行诗、戏剧。

再无他人能对人性——除了宗教之外——做出这样全面且深刻的分析。莎士比亚通过戏剧营造了另一个世界，如他所说："世界是个舞台。"或许也可以说，舞台是一个世界。虽说莎士比亚营造了一个世界，但这个世界却被深深地烙上了英格兰印记。他一生笔耕不辍，将作品视为时代之镜。他最擅长通过各种方式描写人性；其历史剧既富含历史细节，又描写了历史人物的方方面面。例如在创作《约翰王》时，他对《大宪章》只字未提。他的作品充满了对英格兰的热爱，并极大地影响了民间传奇故事，而那些故事的主题大多是光荣与奉献。对于英语国家的人民而言，那些作品还是思想与语言的桥梁。300年之后，莎士比亚的名言依然深入人心——虽然很可能许多人都不知道那些句子的来历。

莎士比亚的作品不仅数量巨大，而且内容丰富。我们不妨来看一看，他是如何表达对英格兰的诚挚情怀，以及如何通过文字向英格兰同胞传递这种情怀的。在他的著作《理查二世》里，兰开斯特在与约克谈论英格兰时这样说道：

> 国王之位，帝王之岛。
> 庄严之地，战神之祇。
> 新的伊甸园，人间之天堂，
> 造化女神的城堡，
> 百毒不侵，战乱不入，
> 伟人诞生于，
> 这渺小的世界，

嵌在银闪闪海洋中的珍宝，

海水好似围墙，

也像是房屋四周的沟壕，

阻隔了来自困苦之地的祈望，

幸福的国度，在这片土地上，

这个国家，是英格兰。

　　这是一段激情澎湃的话语，体现了诸多英格兰人的特质，而且这些特质在当今英国人身上同样可见。所谓"帝王之岛"，言下之意是人类有史以来有过太多君王，却没有哪个君王如英格兰及此后的大英帝国的统治者那般对国家充满感情。他国的统治者好坏都是个人行为，但是在英格兰，如序言所述，王权是国家象征。在英文中，"帝王的"（sceptred）是一个形容词，蕴含有"公正的"之义；不过在欧洲其他国家的语言系统里则没有这样的词汇。除此之外，英格兰人希望英格兰被看作一个独立的整体，认为那种感觉很棒，不会被拿来与他国混为一谈；这样的话就要求英格兰独立起来，抵御外敌，保护家园不被侵占。它坐拥得天独厚的地理条件，海洋与海峡是它的保护伞，这样的局面延续了好几百年，直到莎士比亚时代，人们也会下意识地这样认为。关键之处在于，这样一个伊甸园堪称世外桃源，渴望幸福美满的人们生活在这里；大家越来越热爱这个"新的伊甸园"，这样的情愫静静地在人们内心深处发酵着。这和法国人的国家荣誉感极为不同。类似于英国的其他方面，我们难以对这一方面做出精准分析；值得庆幸的是，莎士比亚等优秀作家既创造了那些珍贵的艺术品，又通过诗歌给了我们答案。那些诗歌颂扬着自由、法制、自治等精神，是"店小二民族"[1]最慷慨的贡献。

---

[1] 拿破仑给英格兰人起的绰号，带有贬义。——译者注

第十一章

从卖东西到建领地

如上一章所说，包括莎士比亚在内，有许多卓越的人都经历过詹姆斯一世执政初期，其中有一些成就斐然的作品其实并非出自伊丽莎白执政时期，或许称其为詹姆斯一世时代的作品更为贴切一些。在伊丽莎白女王逝世后，出于惯性，英国文学的发展，以及生活方方面面的发展都持续了数个年头。然而实际上，16世纪的英格兰生活与17世纪相去甚远，或者说都铎家族治下的人民的生活与斯图亚特家族统治时期的情况大为不同。

斯图亚特王朝的关键词是反对权力与传统。历史的车轮从未停止，每个时代都会留下一定的传统。在16世纪，英格兰清除了封建残余，走上了现代社会；在实现转型的过程中，强势的统治者无疑是有力的推动器。英格兰很走运，亨利七世与伊丽莎白女王很了解人民的需求和时代的要求，并引领着人们朝目标迈进；同时，他们也收获了民众的爱戴与敬仰。

然而，都铎家族耗尽心力培养且已崛起的力量，譬如中产阶级，绝不会止步于此；这些力量还会朝着既定方向继续走下去。英格兰早已今非昔比。在詹姆斯与查理的统治之下，君权神授思想占据了绝对优势，不过民众发自内心地认为，那是有悖宪法精神的政治手段。在宗教方面，人们对信仰更宽容了；在思想方面，人们期望获得更多的自由；在政治方面，人们想要把家国命运掌握在自己手里。"都铎专权"效果不错且深受好评，不过在面对触及宪法的问题时，人们依然只能奋起抗争。个人统治者们的辉煌时代已经过去，议会正在朝着民选政府的方向发展。作为立宪制与民选政府之间的纽带，内阁尚未产生。

确切地说，上述政治理念并非英格兰人的创造发明，而是从漫长的发展历程中自然而然地出现的。在此期间，英格兰人将耗费至少150年的时间来处理摆在斯图亚特家族面前的难题。人民志在建立新型的立宪政府，但方向并不明确；他们的力量到底有几何，不妨来了解下如下事实：内战过后，他们先是建立了共和国；后来君主复辟，又实施起了独裁专政；接着又在缺少有力的政权基础的情况下发动了新的革命。如果是足智多谋又善解民意的都铎统治者，那么这一局面一定可以得到有效控制，然而历史没有如果。现在坐在宝座上的人来自斯图亚特家族，这意味着以暴力解决争端的时代即将开启。

一颗不定时炸弹：君权神授

詹姆斯在结束了豪华旅行，从阴暗的霍利鲁德抵达伦敦后，受到了人们的认可，被拥立为詹姆斯一世。原因之一是王位继承并无异议，继承者为男性，能够保证王室血脉的延续；原因之二是詹姆斯学识过人，虽然有些呆板，不过心怀善意，不太可能施行暴政，看上去对伊丽莎白女王的治国方针颇为认可。美洲人民即将迎来自由与自治，这在一定程度上有赖于詹姆斯一世时期所颁布的宪章；到了查理二世执政时期，马萨诸塞州率先开始推行宗教自由政策。然而很可惜——不只是对于斯图亚特王朝而言，对于英格兰来说也是——前文所提及的宪政危机正是爆发于这一时期，也就是说，斯图亚特家族的统治者没能控制好局势，也没能带领英格兰挣脱出漩涡。

詹姆斯一世此前从未到过英格兰，因此既不了解英格兰人的个性，也不了解英格兰人的诉求；他儿子尽管身在英格兰，不过对英格兰人了解得更少。詹姆斯一世刚到伦敦就遭遇了麻烦，不过在讨论这件事之前，我们先来了解下斯图亚特家族的恶意——君权神授思想，这个恶毒的想法将把他们与国家的关系推向深渊。詹姆斯一世明白自己应该对人民负责，不会他还认为，最好是把决定权紧紧攥在手里，当然包括律法制定权。在他看来，君王是"上帝安排在人间的助手"，因此人们应该无条件接受一国之君所制定的律法与秩序，就像接受上帝启示录那般。国王不应受制于法律与议会，理应凌驾于它们之上。在人民越来越祈望自治的时候，此种想法自然会激发起巨大矛盾。詹姆斯一世视自己为上帝，对人民居高临下，而且还是个极为虚荣之人，所以从来都很自以为是。

更关键的是，不同于伊丽莎白女王，他没那么干练，也没那么狡黠。在拟定未来接班人时，伊丽莎白女王对自身权力地位的影响力做出过深刻的考量。她和亨利八世一样头脑清晰，知道怎样做既能维系人民的忠贞与善良，又能表现出极大的宽容，还能达成目的。詹姆斯一世缺少的恰恰是这样的政治敏锐性。在其继位前，他和他的家族并不是人们效忠的对象；他之所以被人们接受，完全是因为人们相信都铎家族统治者的决定。现实情况是，英格兰人不喜欢苏格兰人；英格兰人民与詹姆斯一世"结婚"仅仅是为了方便，而不是真挚的感情。由此可见，尽管得到了英格兰人的认同，以及一定程度的欢迎，不过詹姆斯一世依然不能掉以轻心。

詹姆斯一世没有罢免曾为伊丽莎白工作过的国务大臣罗伯特·塞西尔爵士。他在继位后的首要事务是与西班牙商议和解之事，并把主战派的代表沃尔特·罗利关押到伦敦塔里——罗利原本被判犯了叛国罪，照理说难逃一死。出于宗教方面的原因，普罗大众并不支持议和；出于商业方面的原因，商人们也不支持议和。在英格兰人看来，如果签署了和解条约，就不能再攻击西班牙人的珍宝船与殖民地了，同时也意味着利益损失。

在伊丽莎白统治时期，包括在与欧洲和平相处的那些日子里——有法律约定的情况下——德雷克他们的"跨界行动"，以及穿越大西洋的行动都在一定程度上获得了政府的认同与支持。在詹姆斯一世登上王位之后，这些支持便消失得无影无踪了。一部分人煽动了海上战争，就像伊丽莎白执政时期那样，不过他们的行为绝不是合法的，因此也得不到承认；最后这些人成了地地道道的海盗。另外，在詹姆斯一世看来，海上事业并不是英格兰的发展方向，因此海军并没有得到重视。在这种情况下，换句话说，鉴于詹姆斯一世与伊丽莎白女王的不同想法，英格兰海军士兵对斯图亚特王朝可以说毫无忠心。英格兰生活正在发生巨大的改变，而上述事实不仅不利于此，还对它造成了阻碍。

英格兰人对新教投入了越来越多的感情与虔诚之心，特别是清教。如此这般，就需要对各方信众多些宽容，或者允许国家教会。詹姆斯一世此时是有机会做出选择的。一份由 1000 个清教徒联名的请愿书呈到了詹姆斯一世眼前：请求在尚未独立前，不用在教堂内身着白法衣，也不用参加或举行宗教仪式。

为了商议此事，詹姆斯一世召集并主持了汉普顿宫会议，与会者是一部分大主教与清教教士。了解苏格兰却不了解英格兰的詹姆斯一世担心英格兰出现类似于长老会的教会组织。在召开会议的这些日子里，他发表了一段闻名后世的"无主教无君王"的论述，并不满地说，凡是不严格遵守教会制度的教士都会被驱逐出境。没过多久，约有 300 个教士便被赶出了英格兰。毋庸置疑，英格兰不再求同存异，即便是教会内外琐碎小事上的分歧也不例外。自此之后，政府控制，准确地说是教会控制成为缓冲民情的利器。

詹姆斯一世与罗马天主教方面发生了矛盾。1604 年，神父们被国王赶出了伦敦；第二年，国王要求天主教堂缴纳罚金——这项罚金曾被他取消过。在罗伯特·盖茨比（Robert Catesby）带领下，心怀怨念的天主教徒们秘密谋划着要在詹姆斯一世带着两个儿子去参加议会时，将议会大厦炸毁。盖伊·福克斯（Guy Fawkes）把火药桶放在了议会大厦的地下室里，万事俱备，只欠东风。1605年11月5日，这个秘密计划被传了出去，涉事人员全都被抓起来，被判处了死刑。

然而，詹姆斯一世渐渐失去了民心。他想要将苏格兰与英格兰合二为一，但这个计划遭到了许多人的反对。事实上，他不但想要坐拥两个国家的王权，更想将苏格兰人改造为"英格兰人"，还想在这两个国家推行自由贸易。他与议会就资金问题争执不下。他想要打破爱尔兰部落与其首领之间的既定关系，并对爱尔兰土地法视而不见，正因如此，爱尔兰人越来越厌恶他了。在奥尼尔部落与奥唐尼尔部落的首领躲到西班牙之后，国王没收了这两个大家庭手中的6个郡，并安排了许多苏格兰人与英格兰人到那里去生活。然而，解决爱尔兰问题需要耗费大量的资金，可是詹姆斯一世已经穷得叮当响了。

从那时起，詹姆斯一世开始对进口的葡萄干征税，虽然这项税收的利润并不大，不过这件事本身是很值得一提：在下一世纪的革命到来之前，这一事件引发了英格兰与美洲殖民地之间的矛盾。大商人约翰·贝特认为国王并不享有征税权，这项权力应在议会手中。然而在财政法庭，这项税种最终被大法官定义为贸易控制，而非违法敛财。詹姆斯一世在处理好了对外关系之后，便将这项税务纳入了王权范畴。基于法庭的审判结果，他得以在议会之外收获利润，然而尽管如此，这些收益依然微不足道。

究其原因，多种多样。如前文所述，亨利八世没收了教会的土地，然后赠予或是低价出售给私人。除此之外，物价暴涨也是个难题。通货膨胀所带来的压力遍及各处，个体的购买能力深受影响，就连一国之君的购买力也随之下降了。且不论统治者们的个性，摆在斯图亚特王朝面前的问题——针对议会、依赖法国，以及后文将提及的诸多问题——的症结在于财政困难。对此，斯图亚特家族必然要承担大部分责任，但是绝非全部责任。

1611 年，詹姆斯一世在十分恼怒的情况下做出了决定，誓要克服财政困难。为此，他与议会进行了商议。然而，他却在事后解散了议会，而且这种没有议会的日子整整持续了三年之久。

召开于 1614 年的议会被人们戏称为"笨蛋议会"；这一次，国王一无所获。议会对他提出了要求：针对在 1604 年被赶出英格兰的教士们，理应恢复他们的身份；实施一些改革措施。如果国王不做出承诺，议会就不会拨款给他。最后，议会又一次被解散。同一时期，宫中屡屡出现贪赃枉法、结党营私之类的事。一国之君非但不召开议会，还想方设法地四处敛财，并新设立了准男爵这一爵位：连续三年缴纳 1000 英镑便可成为准男爵。1620 年，有人花 2 万英镑买来了财政大臣的职位。

白金汉[1]等国王的心腹之臣得到了许多垄断特权；人民的生活成本因此而越来越高。詹姆斯一世不但没有想办法迎合民心，反而一直为王权增添砝码。鉴于民众常对自己说三道四，他索性在 1616 年公告天下："国王要做一件合情合法的事，让所有法庭恪守己责。"而他要做的另一件事是要求法官谨遵国王制定的规则。

除此之外，欧洲大陆即将迎来长达 30 年之久的战争。考虑到引发战争的各种因素，詹姆斯一世选择站在西班牙这边，毕竟只有这样才能守住其女婿在巴拉丁（Palatinate）的领地。与此同时，他还打算让儿子理查和西班牙公主结婚。然而对于英格兰而言，这两件事可并不怎么好。再加上别的许多事情，詹姆斯一世愈发不得人心了。譬如，埃塞克斯伯爵与其妻离了婚，因为伯爵夫人一心想要嫁给詹姆斯一世的心腹大臣罗伯特·卡尔；

---

[1]　乔治·维利尔斯（George Villiers，1592 年至 1628 年），1616 年成为维利尔斯子爵，此后三年陆续被封为白金汉伯爵、侯爵和、公爵；逝世于 1628 年，此前的权势地位相当于首相。——译者注

托马斯·奥弗伯里爵士为了阻止伯爵夫人的疯狂行为而被毒害；罗伯特·卡尔及其新婚妻子因投毒杀人而锒铛入狱，而后却被国王赦免。人民对王室的感情因此而大打折扣。在这种情况下，国王还曾试图施行更加专断独裁的统治。

詹姆斯一世还罢免了首席大法官爱德华·柯克爵士（Sir Edward Coke）。在维护习惯法方面，柯克的贡献比其他法官所做贡献的总和还要多；他被罢免是因为与詹姆斯一世志不同道不合。

1621年，在迫不得已的情况下，议会终于得以召开。议会的第一个议案与滥用职权有关，例如，议会要求詹姆斯一世收回白金汉手中的那些垄断权。随后，下议院又公开对大法官弗朗西斯·培根表示了反对。培根是垄断权的支持者，并被查出曾有受贿行为；他因此失去了大法官之职，并缴纳了罚金，还被关进了监狱。下议院即刻建议詹姆斯一世让王子与新教徒成婚，并表示宁可兵刃相见也不赞成王子与西班牙人的婚事。不过在詹姆斯一世看来，一方面自己并没有征求下议院的意见，另一方面，下议院也没有参与此事的权力。不过下议院则强硬地说，自己享有参与国家公共事务的权力，并将这番言辞记录在了会议纪要里。最终，詹姆斯一世撕掉了会议纪要，第三次解散了议会，而这一次他没有得到任何承诺。

不妨来看看国王与议会之争的其他方面。议会并不是国家的代言人——这一目标的实现还得等到19世纪或者20世纪，民主革命完成之后。詹姆斯一世与查理一世执政时期其实是财阀横行的年代；站在某个层面上来讲，议会也是谋求个人利益的工具。一定程度上而言，这是王权与议会权力间的较量，其实与普通百姓并无太大关系。在都铎家族家庭式的管理模式下，人们迎来了繁荣的英格兰，并且对这种模式十分认可。可惜，斯图亚特家族的统治者并不认为自己与人民是一个整体。他们认为议会尊重法律，超过尊重自己；认为自己与议会之间的不和并不是国事，而是私怨；正因如此，他们才未能进一步加强统治基础。假如他们在面对宪政问题时具有更开阔的思路，并借助民众的力量来压制日趋腐败的上层阶级，就像从前的国王们对待从前的贵族们那样，那么他们一定会意识到议会的日渐强大并不是一件坏事，如此一来便能免去日后的诸多麻烦与危险。当然，如果并不是事实。彼时的英格兰同时实行着两种不同的专制统治：国王专制与议会专制。然而它们都没有如以往一般让英格兰行进在既有的方向上，反而给英格兰人民带来了血光之灾。

和国内的管理措施一样，詹姆斯一世所实行的对外方针也十分失败。除了一部分人因为怕他而"心甘情愿"地捐献了一些钱之外，他压根拿不出更多的钱来支持女婿。他们终究没能保住巴拉丁奈特。于是他们将希望寄托在查理的婚事上，想通过迎娶西班牙公主来收复失地。抱着这样的想法，查理与白金汉前往马德里求婚，并与对方就婚事进行协商。彼时的马德里上演了一出令人捧腹的滑稽剧：神学家在争论、政治家与大臣在密谋，还有两个年纪轻轻的人在胡闹。结果不言而喻：查理求婚失败；西班牙人怎么可能帮助一个外人收复失地呢？

两个外交失败的年轻人灰溜溜地返回了英格兰。在一段短暂的时光中，他们在英格兰人心目中的形象稍有改善，原因就是他们破坏了一个民众并不支持的计划。在返回英格兰之后，白金汉被封为公爵；歇斯底里的查理强烈要求出兵西班牙。没过多久，查理和法国公主亨莉雅妲·玛利亚（Henrietta Maria）的联姻被两国提上了商议日程。詹姆斯一世与查理曾在 1624 年向议会保证：就算查理之妻信仰天主教，英格兰也绝不会向天主教徒敞开大门。然而，斯图亚特家族再次展示了其伪善与不可信的一面。面对法国国王的强烈要求，他们表示将允许英格兰人信仰天主教。

1624 年年底，英格兰派出了一支 12000 人的军队前往巴拉丁奈特。然而法国国王却没有提供过境便利。无奈之下，军队只好借道荷兰。很快，因为补给不足，在遇到敌人——查理的岳父例外——之前就损失了 3/4 的人马。在共同经历了马德里的失败之后，白金汉公爵成了查理的好友；他一门心思地想要增加赋税。没过多久，白金汉公爵迎来了自己的权力巅峰：查理会在数月后（也就是 1625 年 3 月）登上王位。在最后的几个月里，詹姆斯一世瘦成了一把骨头，走不了路，口水直流；纵然心高气傲，终也抵不过病痛加身。斯图亚特家族的第一位国王就这样离开了人世。

为什么是印度

在送走"基督教世界中最愚蠢的笨蛋"——法国国王亨利六世给詹姆斯一世所下的定义——之前，我们需要特别强调一点，也是其统治时期中最重要且最具建设性的一个方面：海上帝国的正式启航。前文已经讲过商业贸易的产生与发展，以及在此基础之上出现的非流动性的"代理商馆"，不过詹姆斯一世执政时期发生了许多更加重要的事——虽然英格兰在印度的发展趋势，与在美洲的发展趋势截然不同。

前文曾提及远东地区的贸易活动，其中分支众多，较为重要的是印度与马来西亚群岛——香料群岛（也就是马鲁古群岛）也包含在内。率先踏足这些地区的人来自葡萄牙；在1580年，葡萄牙与西班牙曾有过短暂的合体，而这些小国正是在这个时候被牵扯进了纷乱的欧战之中，仿佛被西班牙舰船牵引着的小艇。香料群岛，以及其他一些岛屿已经落入了西班牙人之手，印度亦复如是。然而在前后百年时间中：西班牙人对原住民残暴至极；道德观念较差；和当地种族通婚，出于这些原因，葡萄牙人的当地地位每况愈下。

远东地区的利益让英格兰人与荷兰人垂涎三尺，有时候他们还会联手对付葡萄牙人。在詹姆斯一世执政时期，英格兰人还遇到过一些事。英荷两国不仅与西班牙为敌，还与葡萄牙人过不去，尽管如此，到了1604年，詹姆斯一世还是选择和西班牙、葡萄牙议和了。至于荷兰，在1641年以前，一直在与西葡对战。英格兰东印度公司与葡萄牙人的私人恩怨从未间断，但它从未得到过英政府的帮助。反观荷兰政府，却实实在在地帮助着自家人民。

另外，荷兰东印度公司积累了很多财富与势力，并在一些岛上修建了军事堡垒，还派驻了军队。荷兰人觉得英格兰人在坐收渔翁之利，因而怨恨之意油然而生；此前的阵营被打破，两国商人开始针锋相对。就结果而言，荷兰人俘获了一部分英格兰商人，不仅施以酷刑，还残忍地杀害了他们，并最终将英格兰人赶了出去。这是英格兰人刻骨铭心的记忆，也是此后爆发的英荷战争的导火索。在这场战争中，克伦威尔是英格兰大军统帅。

岛屿地区的商业贸易活动被迫中断，英格兰东印度公司不得不将全部精力都投入到印度地区。然而印度的模样早已不是当初葡萄牙人所看到那样了。印度南部地区呈现出城邦割据之势；蒙古人则接二连三地迎来了才能出众的领导者——建立国家的巴布尔（Baber），以及此后的阿克巴（Akbar）、贾汉季（Jehangir）、沙·贾汉（Shah Jehan）等，在他们的带领下，莫卧儿帝国在北部地区横空出世。沙·贾汉的统治与查理一世同期，他主持修建了阿格拉的泰姬陵与珍珠清真寺等恢宏的印度建筑。

彼时，莫卧儿帝国实力强大，社会发达。为了与之取得联系并获得贸易特权，詹姆斯一世派出了一位使者前去拜见贾汉季。然而，贾汉季的答复是，假如答应了英格兰人，恐怕葡萄牙人会找自己的麻烦。言下之意，英格兰人必须先摆平葡萄牙人。1612 年，葡萄牙舰队输给了英格兰东印度公司的 2 艘商船；1614 年，又输给了它的 4 艘商船。1622 年，霍尔木兹海峡附近的葡萄牙堡垒被英格兰拿下。

葡萄牙人再也不是英格兰人的对手了。英格兰人在印度的地位越来越高，并在孟加拉湾一带修建了许多不同的交易场所和代理商馆。很快，查理一世登上了历史舞台。1639 年，英格兰东印度公司从印度贵族手中买来了一块地皮，修建了圣乔治堡，也就是现在的马德拉斯市。

从此，大英帝国在印度这片土地上扎下了根，并将迎来迅猛的发展。值得一提的是，无异于帝国在别处的植根，这一次的开拓仍然与政府没有直接关系，而是个体公司的行为。无论是西班牙，还是葡萄牙，抑或是法国，日后的海外殖民地开拓都是政府行为；荷兰的情况大体上也无二致。当然，政府行为有利有弊。如果说英格兰没有计划性，总是随机应变的话，那么上述国家就是活力不足、动力不够、灵活度不高了。英格兰人给当地政府带来了更多的可能性，同时也为那些远离故土来到印度生活或做生意的新移民带去了更大的自由。

后文还将谈及英属印度后续的情况，不过此时需要强调的是，就气候条件与人口密度而言，印度并不是个高质量的殖民地。英国殖民印度的历史篇章是个与众不同的故事：英格兰人并未诉诸武力，而印度人没有融入不列颠的民族大家庭，印度文明也没有被不列颠文明同化。

新英格兰是怎么来的

詹姆斯一世治下的其他殖民活动就没那么顺利了。先来看看美洲地区的情况。和远东地区相差无几，美洲地区也包含大陆与群岛；不过那些位于大陆以北的岛屿已被西班牙人捷足先登。那里气候宜人，对于白人而言是很不错的聚居地，而且岛上的原住民也很少。虽然法国还得等上至少50年才有能力在印度和英格兰一较高下，不过在开拓美洲殖民地这件事上，它毫不落后于英格兰。

早在1603年，优秀的法国探险家尚普兰（Champlain）便沿着海岸线来到了加拿大与新英格兰地区；次年，他试图殖民新斯科舍所辖的罗亚尔港。经过4年的摸爬滚打，他在圣劳伦斯一带的陡峭海岸上建立起了一个沿用至今的交易场所；它就是魁北克。法国人很快便将加拿大东部地区、五大湖地区，以及密西西比河流域视为自己的探险地与传教地，不过在此后很长的一段时间内，法属加拿大的主要产业并非农业，而是毛皮交易，同时人口增长缓慢。法国只开发了美洲大陆的很小一部分；英格兰人确实很走运。1763 年，英格兰从法国那里接手了加拿大，而在此之前，他们一直压制着法国。至此，除了那些规模较小的殖民地，例如荷兰人手中的纽约港及其周边地区、哈得孙河流域，以及瑞典人手中的特拉华部分地区之外，英格兰人已经得到了法属加拿大以及西班牙人手中的整个佛罗里达沿海地区。

弗吉尼亚是英格兰移民的首选之地。令人惋惜的是，曾预言英格兰会拿下弗吉尼亚的沃尔特·罗利爵士没能看到这一切。他在 1617 年之前一直被囚禁在伦敦塔，获释后经同意去了圭亚那找金矿，结果金矿没找到，却和西班牙人狭路相逢，兵刃相见。后来，西班牙首相对此表示了强烈的谴责，为了缓和矛盾，英政府处死了罗利。

在 1606 年，先后有两家公司被允许在大西洋沿海地区开辟殖民地。弗吉尼亚公司的殖民地位于北纬 34 度至 41 度之间；普利茅斯公司的殖民地位于北纬 38 度至 45 度之间；双方还针对交界的狭长地带做了约定。在缅因州，普利茅斯公司的发展不是很好，在这里我们就不赘述了。1607 年，隶属于弗吉尼亚公司的一群移民登陆了切萨皮克湾海岸，并在几个星期之后为英格兰创建了第一个美洲殖民地——詹姆斯敦，然而这并不是个幸运的地方。那里生活着印第安人，而且土地贫瘠、治理得也不好，但英格兰人克服了这些困难。不过，我们谈论的重点是弗吉尼亚公司的所带来的宏观影响，而非微观事件。

先来看看最早的殖民特许证，以及 1624 年的修订版特许证。特许证将政府与个体公司之间的合作合法化了；在开拓殖民地的过程中，英格兰常常采用颁发特许证的方式。还有一点也不容忽视：殖民活动的资金从何而来？在 1609 年，仅伦敦一地便有 56 家公司及 659 名个人获得了特许证；在这些个人中有贵族 21 人、骑士 96 人、医生与牧师共 11 人、船长 53 人、地主 28 人、乡绅 58 人、商人 110 人，以及其他人等 282 人。由此可见，殖民活动所带来的经济等方面的利益散落于社会各阶层之中。虽然公司事务不属于国家政务，不过依照特许证规定，公司必须接受枢密院监管。1624 年，英格兰国王开始向殖民地派驻总督，从而结束了公司控制殖民地的时代。一方面，总督的任免权在国王手里，另一方面，总督享有殖民地政府上议院议员的任免权，而下议院议员则产生自选举。1619 年，在美洲大陆上，终于有地区召开了开创历史的公民大会（次年，百慕大群岛也迎来了公民大会）。

大体上，所有殖民地都是这样发展起来的，除了某些特例之外。从此之后，在英政府的支持与法律的保护下，作为国王代言人的总督与作为当地人民代言人的地方议会共同治理着殖民地。

如我们所知，英格兰的宪政制度尽管发展较慢，但始终很稳定；很少采取武力解决争端。这一章的后半部分将涉及英格兰内战，美国的独立战争也诉诸武力。不过大体上来说，英格兰的殖民制度进行得十分顺利。这一制度既保留了地方自治，又巩固了大英帝国的统治；大英帝国会为殖民地提供保护。现在的英联邦，即大英帝国便是由此而来的。尽管斯图亚特王朝存在诸多严重问题，但至少它为英格兰的海外事业提供了法律框架，奠定了自由基础。

弗吉尼亚公司的殖民扩张活动，例如开发百慕大群岛等，其目的皆是追求个人利益。1620 年，在弗吉尼亚公司开辟了普利茅斯之后，帝国的建设生出了新的要素，虽然这个要素在那个时候被认为与商业有关。许多对教会失望的英格兰人，譬如布朗派（也就是独立派）教徒来到了荷兰。作为一名独立派的牧师，斯克鲁比在 1606 年来到了荷兰；然而没过几年他便发现，荷兰不太适合居住，而位于美洲地区的新英格兰看起来更好。

在参考了各种意见之后，有人打算移民弗吉尼亚，并获得了弗吉尼亚公司的批准。这些人的经济并不宽裕，只有一家伦敦公司为他们提供了移民资金。1620 年，"五月花"号载着 100 位左右的移民起航了。出于偶然因素，他们遭遇了一场事故；无奈之下，从阴暗潮湿的科德角湾登上了大陆。后来，他们给这片土地取了个名字：普利茅斯。事实上，这里已经超出弗吉尼亚公司的势力范围了。

这批历经艰险来到美洲的移民们有着两种完全不同的追求。其中有 1/3 的移民是"朝圣者"——荷兰人对这些人的称呼——追求的是自由；剩下的 2/3 移民仗着拥有伦敦公司的资金支持，总是惹是生非，而且不守规矩。因此，在弗吉尼亚公司"越权"来到普利茅斯之后，这个沿海地区的秩序马上被打乱了，治理也遭遇了挑战。船长是轮船上的秩序维护者与发号施令者，现在也是一样。在一部分人看来，这种保持秩序的方式应该也能适用于陆地上，并认为大家应该选出一个统领。

而事情并未如这些人所愿，《"五月花"号公约》横空出世。它所表现出的管理准则是：任何人都不得违反多数人所遵守的规范。由此可见，英格兰人已经有了很强的自治意识。这份公约并不具有历史转折性，也不是为了建立新的民主国家，不过是英格兰人在面对这种情况时所做出的常规行为；从中我们也可以找出一些蛛丝马迹来解释：为何在多年以后，克伦威尔的独裁统治尚未开启就遭遇了失败。

这又一次证明了，英格兰人在解决政治生活与政治制度问题时，喜欢采用简单的方式。在面对这类问题时，他们的危机感并不强；他们善于抓重点，并创建普适性的规范。在需要解决问题的时候，他们会像商人那样去思考；在解决问题的过程中，他们会具体问题具体分析，而不是去依赖那些经济学理论。

寒冷的 12 月，夜幕下的"五月花"号，对于其上的朝圣者而言，"五月花"公约不过是：在必要时所需用到的常识；而不是治理方针。在美洲大陆生根发芽并茁壮成长的民主制度，一定程度上而言，是英格兰人政治天性与边境生活共同作用下的必然产物。然而，虽说边境生活是十分关键的因素，可为何尚有边境地区未实现自治？看来那神秘的政治天性才是重点。那么，政治天性究竟有多么重要，多么稀罕？不妨想想：除了现代大英帝国及其分支也就是后来的美国之外，还有哪个国家敢说自己拥有坚不可摧的民主制度。

在詹姆斯一世执政时期，英格兰人除了开发美洲大陆之外，还开发了部分美洲岛屿；譬如前文所提及的百慕大群岛，还有开发于 1625 年的巴巴多斯岛，以及开发于 1623 年的圣基茨岛。在美洲大陆上，除了殖民地普利茅斯之外，在马萨诸塞沿海地区也生活着一些移民，他们从安角地区来到现在的塞勒姆，以个体或小规模群体的方式定居于此。毫无疑问，英格兰人已经走过了单纯从事海外贸易的历史阶段，并逐渐走向海外殖民扩张，以及创建新英格兰的历史阶段。这一变化对于英格兰乃至全世界都至关重要。在完成新的历史任务之前，英格兰坐拥着全球 1/4 的土地，并成为人类历史上第一个也是最后一个海上帝国——虽然没能保住美洲殖民地。

《权利请愿书》如是说

登上国王之位的查理一世年纪不大却十分固执，不但缺少政治经验，也缺乏政治智慧；比起其父詹姆士一世，他的君权神授观念更加严重。此外，他还有个十分要命的缺点：没有信心和决断力。不过，他在改革王室礼节和艺术品收藏方面颇有建树，在某些场合与某些方面也表现得颇有绅士风度。不过就统治而言，他确实不太靠谱，而且不值得信赖。上述特质在其统治之初便暴露无遗。他一度向法国国王做出承诺，假如法国国王同意他和亨莉雅妲·玛利亚结婚，那么英格兰将为天主教徒提供保护。就是因为这个原因，查理一世在结婚——准确地说是在委托结婚——之前始终不敢开启议会。后来，议会终于得以召开，他为了筹措征战西班牙的资金，转而开始迫害天主教徒。前后不过数月时间，他先是欺瞒了议会，后又欺骗了他的岳父。他的反复无常贯穿了其整个人生，不能不说是一出悲剧。

然而，议会并不买他的账，不愿让国家深陷征战欧洲大陆的困局，因此只提供了很少的资金；同时还表示，如果查理一世任用的首辅不值得信赖，那么他就无法获得更多的资助。这一要求自然针对的是贪腐无能，却对国王影响至深的白金汉公爵。查理一世不仅没有接受议会的要求，还把议会解散了；他不想"抛弃"白金汉公爵，因为在他看来，自己若是依照下议院的喜好来委任重臣，就会失去许多专制独裁的权力。后来的历史告诉我们，议会所选择的道路将通往大臣个人负责制、内阁集体负责制，以及君主立宪制。然而这并不代表，那时候的下议院有多么高瞻远瞩，毕竟他们还没有提出制定新宪法。

查理一世与白金汉公爵认为，假如能掠夺到足够多的财富，就有可能让议会回心转意。基于此，他们派出了一支海军前往攻占加迪斯，并期望以此拦截西班牙人自美洲返程的珍宝船。无论是计划本身，还是后来的行动都十分失败，可以说让他们颜面无存。那群士兵且无军纪，下船后只知道喝酒，完全不在意加迪斯的情况；西班牙人的珍宝船一帆风顺地回到了既定港口。

白金汉公爵一心致力于构建大陆同盟。他曾前往阿姆斯特丹与荷兰银行家商议，通过典当王室珠宝来换取资金，不过精于算计的荷兰人可不会把钱借给他们。无奈之下，查理一世又一次召集召开了议会。鉴于郡守必须留驻各郡，查理一世就把一众下议院领头人任命为郡守，这样一来，他们就没有办法出席议会了。然而，在议会中又出现了新的领头人约翰·埃利奥特（John Eliot）；在他的带动下，议会一如既往地反对着白金汉公爵，也一如既往地被解散了。

在筹措不到资金的情况下，查理一世开始向民众索要捐赠，不过最终徒劳一场。后来有人向他进谏说，虽然法律不允许国王没收民众家产，不过身为一国之主，倒是可以向民间强行贷款——这种贷款注定有去无回。查理一世立刻付诸了实践，而许多拒绝向国王提供贷款的人在国王或枢密院的一声令下之后成了阶下囚。

显然，当时的议会表现得太苛刻，太小肚鸡肠了，哪怕查理一世真的有资金需求。他们对国王与人民所面临的经济困境视而不见。如前文所述，物价飞涨会导致经济结构变化，随之而来的是人民生活与所有制度的改变。1648年的小麦价格相较于1570年增长了2.5倍，此类日用品价格的飞涨极大地影响了国家发展。就算是在当今时代，经济秩序失衡也极有可能拖垮一个政府，从而改变全球格局；这种事情的影响力绝非中世纪之人能意识到的。包括国王在内，没有人能躲过通货膨胀所带来的灾难，摆脱这种经济困扰；当然，他们很清楚自己正遭遇着一场"莫名其妙"的危机。

同一时期，欧洲大陆也深陷泥泽。英格兰人没能赢下巴拉丁奈特之战；为了帮助以罗谢尔为首的胡格诺派教徒，白金汉公爵亲自带兵征伐雷岛，却败给了法国舰队，并折损了一半兵力。

作为斯图亚特家族中的第二位国家统治者，查理一世不但要面对宗教问题、大陆问题，还得面对贯穿于当时英格兰法律体系的基本理念问题。在这些基本理念中，有两个十分重要。第一个理念来源于罗马法，也就是：君王乃法律的源头，有权制定律法，也有权命令大法官制定与落实律法。我们所说的大主教法庭（例如星室法庭[1]）便是由此而来。第二个理念来源于本土的习惯法，特别是由首席大法官柯克所提出的：法律高于君王与人民；唯有议会有权对现行法律做出修订。

在都铎家族执掌政务时，这两个理念尚能和谐共生。无论是亨利七世，

---

[1]　15世纪至17世纪期间，英国的最高司法机构；创建于1487年，创始人为亨利七世；常设于威斯敏斯特王宫之中，因为大厅的天花板上装饰着星形图案，所以被称为"星室法庭"。大主教法庭、枢密院、高等法院等机构是英国历史上至关重要的专制机器。——译者注

还是亨利八世，抑或是后来的伊丽莎白一世都未曾享受过太多特权，同时大主教法庭有能力快速地、有效地处理好诸多事务，所以人们对此并没有表现出太多的反对，甚至很是认可。

在斯图亚特家族执政之后，情况变得大不相同。国王以权谋私的程度大大超出了人民所能承受的上限。普通法庭里满是国王的人，似乎随时随地都会成为大主教法庭的分身。5 名不愿向国王发放贷款而被囚禁的骑士向王室法庭提起了上诉，希望能获得人身保护令。他们在进入法庭之后才明白，他们的牢狱之灾压根就与法律无关，不过是因为国王和枢密院的一声令下。国王律师声称，一国之君有权以威胁国家安全为由降罪于任何人，哪怕毫无依据。上诉无疾而终，骑士们再次被收押。虽然没过多久查理一世便把他们放了出来，但这一情况所引发的问题已经引起了人们的思考。1628 年，查理一世又一次被迫召集了议会，这些问题也被正式提上了讨论议程。

出于同样的原因，托马斯·温特沃斯（Thomas Wentworth）和埃利奥特一度身陷牢狱之中。此时，他们已是下议院领头人，不过风格迥异。身为乡绅的埃利奥特心中只有人民的利益；而温特沃斯后来却为国王马首是瞻，置人民利益于不顾，并因此而获得了斯特拉福德伯爵的头衔。最初的时候，两人曾联手反对贪腐无能的白金汉公爵，抵制查理一世的治国方针；不过需要强调的是，温特沃斯对议会心存质疑，他更倾向王室的政治理念——他只是觉得查理一世因为太过看重自身利益而做出了错误的行动。与查理一世一样，他认为相较于管理理论，高效管理更加重要；而高效管理向来不是议会的特长。在温特沃斯看来，没有人会比国王更爱自己的国家，更有能力服务于国家，以及更有可能带领国家走出逆境；除了国王之外，没有人有能力高效管理英格兰及其海外殖民地。事实已经很明了了，自由与效率未必能和平相处；有人注重效率，有人看重自由，但他们或许都会对最终结果表示不解。在议会与国王之间，温特沃斯最终选择了那个"迷茫的统治者"，这并不代表他不热爱自己的国家，他不过是选择了效率罢了。

埃利奥特的看法则是，国王理应遵循下议院意志。下议院正在拟定《权利请愿书》，起草人包括埃利奥特、柯克和塞尔登（Selden）；该法案涉及了如下内容：废除戒严法令；不得在民间强制驻兵；不得强制民间向国王贷款；未经议会批准不得擅自征税；不得强加罪名囚禁民众；等等。查理一世本想拖延时间，敷衍了事，不过碍于议会控制着财政拨款，因而不得不做出了退让，同意实施该法案。此后，议会给他发放了一笔巨款以支持其新征程——帮助罗谢尔。白金汉公爵本是此次征程的统帅，然而在出征之前，这位查理一世的心腹在普利茅斯被人杀死。

财政问题依然严峻。按照惯例，统治者可以通过议会得到一些关税所得，例如吨税与磅税的收益；然而议会并没有这样对待查理一世，因为他私下也在征税。在查理一世签署了《权利请愿书》之后，议会答应每年给他提供一些资金，条件是他必须遵循《权利请愿书》的规定：未经议会批准不得擅自征税。就法规本身而言，税种的界定已经不重要了；作为一国之君，假如查理一世继续征税——毕竟征税所得占了王室收入的1/3——即便没有议会的资金支持，他的生活也能很舒适。

宗教问题愈发尖锐起来。查理一世做出了这样的规定：对于有争议的问题，不得在公开场合进行讨论。下议院对此甚为恼怒。为了议会权力着想，埃利奥特提出了有关吨税与磅税的议案——很多议会成员手中的货物都被征收过这两种税；乡绅约翰·皮姆（John Pym）积极附和道，议会不应该如此狭隘，只站在"国家自由"的立场上想问题。议会通过了这个议案，并提出让那些货物被海关扣押的官员们前来听证；然后，查理一世却没有同意。

冲突直接明了，查理一世命令议会暂停议程。可是，尽管议程暂停了，但查理一世还是没能想出什么好办法。议会成员们重新聚拢到一起，下议院院长站起身来，告知大家国王下令会议继续延期；埃利奥特上前将他推回了座位，然后向众人宣读了三项早就拟定好的决议。决议的大致内容是：

任何人不得在未经议会许可的情况下进行宗教改革、吨税改革和磅税改革，以及擅自征税；违反此规定者将被视为国家与自由的敌人。在座的议员们稍感不安，不过在看到大门被关上，埃利奥特又一次宣读了决议时，大家纷纷表示了强烈"认同"。议会被查理一世解散了。大门被打开，议员们冲了出来；在此后的 11 年里，下议院再也没有出现过。这场君民之争终告一段落，统治者赢得了独裁的机会，人民陷入了深深的沉默。

第十二章

被送上断头台的一国之主

查理一世罢免了为人正直的大法官，而且再也没有召开议会；如此一来，他便获得了最高程度的专制权。在治理国家的过程中，他从来没有放弃过对专制的追求，如今终于如愿以偿了。成为议会成员的埃利奥特等三人虽然想有一些特权，但最终还是为自己在下议院中的言论付出了代价，成为伦敦塔中的囚犯。埃利奥特没能活着走出伦敦塔，而另两位则有幸熬过了11 年，等到了议会的重新开启。在这 11 年中，查理一世始终在私自征税。曾有一位商人被判处了监禁，并缴纳了 2000 英镑的罚款，原因是他公开表示英格兰的关税远高于土耳其的关税。国王还通过其他方式大肆敛财，尽管法院对此睁一只眼闭一只眼，但民众的反对之声却此起彼伏。

"造船税"是查理一世的敛财通道之一。为了发展海军，英格兰一直都在向港口城镇征税；然而到了 1635 年，内陆城镇竟也被要求缴纳造船税。在查理一世看来，发展海军既然有利于国家利益，那么全国上下都该为此而努力。这显然有悖传统，英格兰人指责查理一世违反了《权利请愿书》的相关规定：未经议会批准不得擅自征税。大法官为国王辩解说，在必要之时，国王有权做出对国家有利的决策。至于必要之时是指什么样的时刻？那就得依照国王的意思了。

　　毫无疑问，假如查理一世有能力用其他方式积累财富，那么他就不会想着通过压制议会来获取专制权。1638年，作为一位生活在内陆城镇的乡绅，约翰·汉普顿公然拒绝了缴纳造船税。对他进行审判的是12位来自伦敦的法官。尽管汉普顿没能赢得诉讼——5票支持，7票反对——不过为他投下支持票的法官们的意见，渐渐在全国范围内蔓延开来，并获得了民众的认同。

那些去了美洲的人

　　在托马斯·温特沃斯与大主教威廉·劳德的运作下，查理一世的国家政策得以实施下去。后来，温特沃斯被任命为爱尔兰总督，并对爱尔兰进行了极为残酷的治理；1639年，在返回英格兰之后，他被封为斯特拉福德伯爵，并以首席顾问的身份站在国王身后。大主教威廉·劳德践行着国王的"绝对专制"，将国王彻底置于社会各阶层的对立面；同时，为了加强教会的制度性与权威性，他企图将布道限制在教会之内，并对教会仪式做出调整，这显然与清教徒的信仰背道而驰。不光是清教徒，就连其他新教徒也遭遇了迫害。最高法院与大主教法庭做起事来肆无忌惮，民众忍辱负重、怨声载道。

　　无论是针对教会还是教士，大主教威廉·劳德的权力观念还停留在中世纪；在他的授意下，宗教法庭给许多普通教徒定下了所谓的罪名。英格兰人一直走在反对教权主义的道路上，然而道阻且长，眼下看上去或许又将重蹈前人覆辙。劳德的教权主义与查理一世的宪政主义可谓狼狈为奸；遍及英格兰各处的牧师在进行布道时总不忘宣扬王权至上、君权神授的理念。清教徒遭遇了更加猛烈的迫害，而天主教徒则逐渐被宽容以待：一来王后信仰天主教，二来劳德还不想对天主教徒赶尽杀绝。后文将谈到上述教会政策在海外的发展情况。

　　到了这个时候，人们猛然发现，英格兰的商业开始走上了下坡路，出现了许多不确定因素；而这一趋势将贯穿接下来的 20 年。眼下的一切——商业的颓然之势、与国王的宪政之争、新一轮的宗教迫害——令各阶层的有志之士失去了希望；许多人选择移民美洲或西印度群岛，并期望在新的土地上组建起新的英格兰族群。自查理一世最后一次解散议会算起，在 12 年左右的时间里，大约有 65000 名英格兰人来到了美洲，其中有 27000 人以上选择生活在大陆殖民地，剩下的人则选择定居岛上，譬如基茨岛、百慕大群岛、巴巴多斯岛、安提瓜岛、圣卢西亚岛、圣尼维斯岛，等等。

　　虽然不是刻意为之，不过大体上说来，查理一世与大主教劳德正式拉开了大英帝国跨越大西洋的帷幕。英格兰人享有移民自由；包括新英格兰与美洲殖民地在内的许多新领地成为英格兰人的避风港，大大地缓解了人民对英格兰本土，或者往日居住地的怨恨。

　　英政府不但没有限制移民，而且特许令的申领政策也很宽松；无论是政治迫害还是宗教迫害都不会波及殖民地。最为关键的是，马萨诸塞湾公司也获得了特许令；这家公司的控制者是一些优秀的清教徒。在选择移民美洲的新教徒中，大多数人都是为了躲避有可能持续混乱的政局，譬如沃里克伯爵、曾被关押在伦敦塔中的汉普顿、皮姆、约翰·温思罗普（John Winthrop），等等。

　　移民们很是偏爱新英格兰与西印度群岛。曾有一段时间，新英格兰的人口数量低于西印度群岛的人口数量，然而在不久之后，就自身发展与帝国发展而言，其重要程度将远超西印度群岛。马萨诸塞湾公司所获得的特许令其实是商贸特许令，然而最后却被用于了殖民活动。在经过公司的全面解释后，它的效用超出了商贸特许令的范畴，倒更接近于一套成熟的自治区宪法。

　　宗教分歧与宗教迫害也推动了其他新英格兰地区殖民地的发展，譬如罗德岛、康涅狄格、新罕布什尔、纽黑文（后与康涅狄格合二为一），等等。　在某种层面上，这些地区隶属于马萨诸塞；不过各地的教会组织是相互独立的。因为具有移民地特性、地处边境地带，以及无须听命于英格兰，这里似乎更有可能发展出民主独立的国家。依照殖民特许令规定，人们以选举的方式成立了下议院。在之前讲述弗吉尼亚公司时，我们已经对此有所了解。马里兰的状况大同小异。前往马里兰的殖民者所持有的特许令存在一些特殊之处，那里最终成了一个类似于英格兰达勒姆一般的伯爵领地。最终获得这块领地的是巴尔的摩勋爵，因为他信仰天主教，所以马里兰成了天主教徒们的自由地。在当时，这种现象显得十分怪异：查理一世与大主教劳德一方面在英格兰本土实施着政治迫害与宗教迫害，另一方面又推动着民选政府与宗教自由在殖民地上生根发芽，迅速成长。

他们似乎看到了那些因各种原因而对英格兰心生怨念的移民们对海外殖民地所做出的贡献。事实的确如此，移民的影响力不容小觑。当然，不管怎么说，叛乱之类的事情是不太可能出现的。尽管查理一世手无一兵一卒，不过曾经门客无数、势力强大的大贵族也早已名存实亡了。

此时的英格兰人已习惯了安稳的生活，也习惯了通过议会和平发表意见——大体上的做法是，在国王答应补偿条件之前绝不给他拨款。英格兰人不喜欢通过非公开组织处理问题，这意味着，失去议会就等于失去带头人。另外，国王只会在遇到资金问题的时候召开议会，而在其他时候，他与教会控制所有国家事务的走向。这种情况虽然激起了民怨，不过在短期内不会得到改善。

在苏格兰，查理一世遭遇了统治危机。苏格兰议会由来已久，不过一向被人忽视。因此，查理一世觉得自己有能力轻松地在苏格兰推行独裁统治。然而他没有意识到：虽然英格兰教会受制于英政府，但苏格兰的情况却恰恰相反。在英格兰，查理一世因针对议会而激起了英格兰人的意志，而今他又将因针对苏格兰教会而激起苏格兰人的意志。苏格兰人一旦觉醒，将比英格兰人更易走上武装斗争的道路。虽然封建制度几乎已退出了历史舞台，不过苏格兰传统的氏族生活仍未彻底消失。除此之外，苏格兰人还能很快集结起一批军事领导人，并做出迅猛的反击——在这一方面，一心想要安居乐业、发展商贸的英格兰人甘拜下风。

在苏格兰，大主教向来都是国王的心腹；而加尔文派与长老会的民间势力则十分强大。只要查理一世不掺和，和平状态就会持续下去，毕竟无论是大主教还是贵族都不希望既有秩序被打破。然而在1637年，愚昧的查理一世要求苏格兰教会遵守新版英格兰《公祷书》，同时还在教会的重要职位上安插了一批大主教。

教士们立马反应了过来，贵族们随之给予了支援。那些贵族们不满于大主教占据了教会中的重要职位，同时又生怕劳德收回他们之前所得到的教会土地。没过多久，爱丁堡突发暴动。次年初，苏格兰上上下下达成了一致意见：拒绝接受查理一世所要求的新仪式，继续沿用旧仪式。同年，查理一世收回了关于遵行新版《公祷书》的要求，并在其他一些方面做出了妥协。

在这一年的11月，全体代表大会在格拉斯哥举行。苏格兰人不顾查理一世特派员所传达的命令，一方面保留了军队，另一方面赶走了一众大主教，创立了长老制。就违抗国王之命，保留军队建制这一点来说，他们相当于是在"废黜"国王。查理一世这一次没有向议会要求资金支持，而是尽己所能召集了一小队人马向北方奔去，然而，他终究还是没能让队伍团结一致。在爱丁堡的全体代表大会和议会上，主教制度被废止了。与此同时，查理一世已着手筹备新一轮的进攻。然而，打仗也是需要钱的。在这种情况下，斯特拉福德伯爵从爱尔兰匆匆赶回了英格兰，并提出了召开英格兰议会与苏格兰议会的建议。

停不下来的宪政之争

爱尔兰议会表示可以帮助查理一世征伐苏格兰，并会在物资方面给予支持，但条件是查理一世不得再干涉天主教徒的信仰自由。英格兰议会则没有做出任何表态，因为国王还没有就之前的行为对他们做出补偿。这次的议会只存在了三个星期，史称短期议会。没有得到足够补偿的英格兰人选择任由苏格兰人摆布。查理一世打算作战到底，并筹措到一些资金——尽管十分微薄，却多少为自己挽回了一些颜面。他以赊账方式购入了一大批辣椒，然后以很低的价格售出。可惜的是，这微不足道的资金断然无法扭转纽伯恩之战的局面，他终究还是败下阵来；他手下的士兵都是被迫前来的，负心违愿，精神萎靡。在约克，查理一世召集贵族开会，而那些贵族只给他了一个建议：召开议会。

接下来的这次议会史称长期议会，历史地位举足轻重；权威人士特里维廉曾说它是"英语族群有史以来真正有意义的政治转折点"。这次出兵苏格兰并不是毫无斩获，正因如此，查理一世的统治地位才暂时没有被动摇——除非他资不抵债，或者被其他两个王国公开抵制。新组建的议会主要通过下议院在行使权力，与此同时，上议院也渐渐觉醒了。

议会与斯图特亚特统治者之间的宪政之争持续了一个多世代之久，在此过程中，它逐渐失去了都铎王朝时的模样。在都铎家族统治时期，商业发展规划由枢密院进行拟定，然后由议会进行裁定；然而在斯图亚特家族执政时期，统治者一味追求君权神授理念，对宪法与民众特性置若罔闻，议会也因此陷入困境。不过，议会在克服困难的过程中逐渐成熟起来，并拥有了立法功能。到了这个时候，出现在查理一世眼前的已然是个严谨的、成熟的立法机关了；一些议员能力出众，堪称英格兰的象征，例如皮姆、海德、汉普顿、福克兰，等等。

在史实方面，包括日期在内的信息大多比较准确，有的甚至可以说不容置疑；而有一部分信息则未必那么准确，会掺杂着个人的见解、解释或推断等。例如，对于政治家所记录下的行为动机，我们很难判断其真假；可能是有心欺骗，也有可能所言非虚但认识有限。关键行为的动机通常都不单纯，涉及范围也很广，从政治事务到宗教事务，再到私人恩怨，例如经济能力有限，请不起七八个随从之类；约翰·温斯洛普选择移民的原因有可能很多，成为马萨诸塞奠基者的原因也可能很多。历史学家并非神灵附体，无法参透人们所思所想，也无法准确判断出动机的真假，更无法确凿地说出，在那些真实的动机中，哪些重要，哪些不重要。

换句话说，历史可能有科学因素，不过有时候我们看到的并非科学上的事实，而是历史学家的解析——毫无疑问，里面夹杂着个体的性格、看法与憧憬。除此之外，我们对历史上的事件与人物的认知，也会收到当代思想的影响；同时，当下的一切又都源自历史。思潮如浪涛一般，威力无穷。

在这里提及这一话题的原因是反独裁统治的思想力量每况愈下。我们可以看到在这个历史阶段有一个十分突出的趋势：通过压制议会来巩固斯图亚特家族的地位。最初，长期议会偏向于除旧革新，可国王却偏向于坚持传统和既有宪法。宪法向来充满了变数，就算是落定纸面的宪法也不例外。到了这个时候，议会与统治者之间的宪政之争必须要解决了。我们并不能认为这场争斗是统治者与人民之间的争斗。

斯图亚特家族不是都铎家族，其专制一度被人们误解为宽容的独裁统治。治国无方，无视人民，怎么说都与宽容毫无关系。国家发展提出了新的要求，历史进步也提出了新的诉求，如此一来，改革一触即发，宪法必须修订。现实情况是，对旧宪法的极力维护，即忽视民众需求，反对修订宪法，也算是一种史无前例的做法；而致力于缔造历史新阶段的新和谐的做法则极具革命性。或许在某些领域，国王的权力比议会的权力更能在全国范围内发挥作用，然而查理一世却没有意识到这一点。许多与会成员都很看重个人利益；在此后10年间，民选政府的前路也是一片荆棘；尽管如此，在我看来，就未来而言，我们找不到任何证据来证明，斯图亚特家族的专制统治比议会的暴躁管理更有利于民选政府行使权力。

在查理一世最危难之时，他的两位心腹，也就是斯特拉福德与劳德正在伦敦塔中度日如年；斯特拉福德已经被罢免了。1640 年至 1641 年，议会不断剥夺着查理一世手中的权力，看上去他们没有要停下来的意思。查理一世不得不在相关法案上签了字；该法案规定：无论国王意下如何，议会最起码都要每三年召开一次。在该法案中，还有一个看起来没有什么依据的条文：在未经议会允许的情况下，无人有权解散议会。言下之意是：议会将成为常设机构，不受国王控制，也不受政府控制。该法案还取缔了大主教法庭、高等法院等诸多特权机构。

为了巩固这场胜利，议会还将斯特拉福德的罪名重新认定为叛国罪，没收了他的家产，剥夺了他的公民权，并逼迫上议院接受了这个结果。查理一世及其妻子私下里谋划着要以武力镇压议会，还想把斯特拉福德从伦敦塔里救出来。

然而，查理一世的计划被人发现了。上议院和下议院都警惕起来，无不担心颇有手段的斯特拉福德在出狱后继续替国王卖命，并协助国王重新获得那些被议会限制的权力。于是，议会决定剥夺斯特拉福德的公民权。在此期间，伦敦人民一直支持着长期议会，甚至自发前往白厅街，来到英政府门前，高喊着要将斯特拉福德处死。查理一世被怒气冲天的民众吓到了，立刻在法案上签了字。很快，斯特拉福德就掉了脑袋——虽然查理一世曾经做出过保他性命的承诺。

查理一世身边最能干的这个人在被推上了断头台，即将被刽子手砍下头颅时，低声说出了一句令英格兰人永远无法忘记的话："国王断不可信！"在前文中，我们谈到斯特拉福德的政治理念。他固执己见，不过其政治思想只有在国王的庇护下才能在现实生活中发挥作用；然而国王并没有对他不离不弃；查理一世的所作所为足以证明，他根本不可能为斯特拉福德的政治体系奠定坚实的基础。斯特拉福德的政治体系若要结出累累硕果，国王的鼎力支持是必不可少的。这一政治体系之所以无法发挥效用，一来是因为人民并不认同斯特拉福德与劳德的政治理念，二来是因为查理一世软弱无能。无论如何，斯特拉夫德被处死改变了历史的发展方向，并最终让查理一世也走上了断头台。

经历从未经历过的内战

假如查理一世没有拒绝改变自己的定位，也就是成为立宪君主，同时宗教问题也得到了解决，或许当时英格兰通过宪政所获得的稳定局面，能够推动现代英国政治体制更快更好地发展起来。然而查理一世并没有做出这样的选择，同时宗教问题也变得更尖锐了。

英格兰军队原本规模本就不大，现在又被议会解散了；苏格兰军队也撤出了英格兰；不过查理一世却另有所图地前往了爱丁堡。在很多人看来，查理一世此举是想要召集一支苏格兰军队，以便对抗国内势力。若真如此，那么显而易见的是，查理一世又失败了：他孤身一人返回了英格兰。就在这个时候，爱尔兰境内爆发的动乱。信奉天主教的爱尔兰贵族们向查理一世做出承诺，假如国王批准他们执掌爱尔兰政府，那么国王就能得到一支爱尔兰军队。谈判陷入了僵局，如坐针毡的爱尔兰人攻击了都柏林，血刃了数千移民；这些移民中既有英格兰人，也有苏格兰人。想要维持爱尔兰地区的秩序，以及巩固对爱尔兰的统治，英格兰就必须派出一支军队。可是这支军队应该由谁来统领？是查理一世还是议会？假如是查理一世的话，那么他的真正目标或许是英格兰议会，而非爱尔兰人。

在宗教问题上，议会成员分作两派。两派都不赞成劳德所提出的宗教改革，其中一派的意见是：只有废除主教制度才能将英格兰救出水火；另一派则担心这么做会让长老制占据上风。《废除主教制议案》被提了出来，要求罢免大主教，然而并没有得到下议院的同意。虽然议会成员们在宪政问题上意见一致，但他们在宗教问题上却一点也不团结。汉普顿与皮姆、海德与福克兰分属两派，针锋相对。

1641年11月，《大抗议书》横空出世，列举了查理一世的无数罪责，在议员中掀起了轩然大波，导致了纷乱的争论。该议案明确提出，国王所委任的大臣必须接受议会管理；只有议会下属机构有权处理宗教事务。海德与福克兰派表示，如果教会对议会负责，那么英格兰教会和《公祷书》都将成为历史，长老制将成为主导。让他们担心的事情还有，军队不再对国王负责，而只能听议会调遣。在许多年之后，世界上才会出现容许两个教会制度共生共存的政治宗教理念，以及其付诸实践的可能性。先前共同反对查理一世的人们此刻分成了两个阵营；查理一世原本可以轻松获胜，毕竟那些效忠于英格兰教会的人尚还是其拥趸。然而查理一世却选择走上武装道路，这意味着他选择了失败。

大主教们也没能选择正确的道路。他们被伦敦人民当街责骂。一位大主教在被人推搡时，联合身旁其他11位大主教高喊道："我们不在场，上议院的所有决定就都不合法。"贵族们对此愤恨至极，选择支持下议院，因为下议院正在控诉那12位大主教，而且这样做的话还可以笼络国王的反对者。

没过多久，查理一世控诉了反对自己的议员们，例如上议院的金博尔顿；下议院的皮姆、汉普顿、霍尔斯、斯特罗德、黑兹里格，等等。1642年1月4日，他带领500个人闯进了议会，想要抓捕下议院中的5位"叛国者"。然而他想要抓捕的人早已踪影全无。这次行动以失败告终，查理一世只能怏怏地走了出去。与此同时，他的耳边传来了议员们的呼喊声，大家高嚷着"议员的权力"。伦敦政府公开表示站队下议院，查理一世不得不逃出了伦敦，一路向北来到了约克。到了这一阶段，议会与国王都开始筹备人马了。8月22日，查理一世在诺丁汉举起了战旗，开启了内战。

这一场冲突不同于美国在19世纪爆发的地区冲突，也不同于法国在18世纪爆发的社会冲突；它与宪政有关，也与宗教有关。它没有导致爱尔兰所遭遇的屠杀事件，也没有导致欧洲大陆所遭遇的30年持久战；它或许称得上是一场悲天悯人的战斗。大体上看来，英格兰的西部地区和北部地区是查理一世的势力范围，那里生活着贵族、天主教徒，以及拥有土地的传统乡绅；议会的势力主要集中在南部地区和东部城镇，那里生活在许多商人与清教徒。一开始，对战双方都没有武装势力，不过查理一世麾下有一位十分厉害的统帅，那就是鲁珀特亲王；他是查理一世的侄子，而且年纪不大。而议会方面则获得了海军的军事支援，以及伦敦政府的资金支持。

最初的时候，双方都得自己掏钱来支持步兵作战，然而最终决定战争成败的却是骑兵。在战争爆发初期——准确地说，是在奥利弗·克伦威尔开始拉练铁甲兵之前，鲁珀特亲王旗下的骑兵团可以说是战无不胜。第一场对战在埃奇希尔（The Battle of Edgehill）打响，亲王骑兵团以绝对优势获得了胜利。不过，查理一世在挺进伦敦的过程中，因为缺少鲁珀特亲王的支持，在特南格林败给了民兵队，而后不得不撤回牛津。

1643年，保王党决定兵分三路进攻伦敦；然而因为兵力太过分散，所以即便小有斩获，最终还是全盘皆输。究其原因，一是军队没能按期为士兵们发放军饷，二是士兵们没有做好打持久战的准备，三是大家害怕后院着火，不愿离家太远，以免蒙受财产损失。在8月的时候，查理一世带兵对格洛斯特发起了进攻，然而伦敦却向格洛斯特伸出了援手。在纽伯里的第一场战役（First Battle of Newbrry）打响之后，查理一世便不得不退到了后方，原因是弹药匮乏。

议会党人保住了北部地区的赫尔港，以及西部地区的布里斯托尔。对于此次内战而言，这一局面至关重要。他们还竭力促成了东部同盟，从而得以在东部地区的5个郡县中构建起了牢固的防御体系。东部同盟的领导人是克伦威尔。他从不在乎士兵们来自哪个阶层，也从不在意他们信仰哪个教派，只是要求他们严守军纪，无论是在精神上，还是在意志上，抑或是特质上。在夏天即将结束的时候，克伦威尔在盖恩斯伯勒与温斯比首场胜利。不过，他们还需要一段很长的时间才能迎来决定性的胜利，这意味着英格兰的内战将会持续很久。

无论是查理一世还是议会都在借助各种谈判笼络外援。查理一世想说服爱尔兰人提供帮助。爱尔兰天主教徒回复说，假如查理一世同意爱尔兰议会由天主教徒掌管，那么他就能获得 1 万大军的支援。不过此次谈判拖延了很久。相较而言，皮姆还算走运，他所求助的苏格兰迅速地做出了反应；双方订立了《神圣同盟和公约》。公约规定，英格兰议会成员，以及所有支持英格兰议会的人，都必须宣读誓言："以最好的教会改革范式来推进英格兰教会的改革。"苏格兰人认为，最好的教会改革方式当数长老制。这句誓词后面还有一句："遵此上帝之意。"我们很难说清楚这句话到底有没有问题，毕竟仁者见仁，智者见智。苏格兰人接受了这项规定。英格兰议会立刻向苏格兰方面拨了款——与此同时，查理一世穷得要命。1644年 1 月，一支苏格兰大军横跨特威德河，来到了英格兰境内；走在最前面的大卫·莱斯利是一位拥有丰富战争经验的优秀统帅。

糟糕的是，宗教问题又一次打破了后方的团结。虽然长老制大致上已被极具权威性的威斯敏斯特会议所承认，然而却遭遇了许多普通教徒的强烈反对。参与会议的一个小团体，也就是"独立派"认为应该创建如下制度：任何教派都不应受到总部的监管与介入。亨利·范恩（Henry Vane）与克伦威尔对此深表认同。在宗教方面，克伦威尔向来都很大度，而范恩则在该制度风行于世之前一度生活于马萨诸塞。

更糟糕的是，议会成员中最杰出的政治家皮姆离开了人世。基于皮姆的离世，以及军事上的联手，英格兰与苏格兰创立了一个委员会；该委员会由英格兰议会成员与苏格兰议会理事共同主持。虽然面临着外部威胁与内部分裂，议会党还是出资坚持着战斗，并在 1644 年，于马斯顿沼泽地区战胜了保王党。就某个角度来说，这场胜战主要得益于克伦威尔的领导才能，以及旗下军队。另外，埃塞克斯因为运用了错误的战术而在康沃尔败下阵来，曼彻斯特伯爵也"大意失荆州"。在这种情况下，查理一世在纽伯里的第二场战役中又一次狼狈而逃。这引发了议会成员之间的纷争，从而激发了独立派与长老会派的矛盾。长老会派主张停战，而独立派则主张奋战到底，誓要夺取最终胜利。

作为长老会派的领头人，曼彻斯特伯爵遭到了克伦威尔的反对。不容置疑，倘若军队的统帅们对战争结果，以及作战目标都各执己见的话，那么胜利的果实注定将与他们无缘。议会更认同克伦威尔的想法，于是撤换了许多军队统领。按照众所周知的克己条例，所有被撤换的军官都必须递交辞呈。最终，托马斯·费尔法克斯（Thomas Fairfax）被议会任命为总司令，克伦威尔被任命为副司令；两人共同执掌骑兵团。这一决定无不说明，议会所支持的不是长老会派，而是独立派——至少在战事未结束前是这样。

想要解决军事问题，托马斯·费尔法克斯与克伦威尔自然是最佳人选。此外，那些不称职的下层军官与士兵们也被勒令离开军队，取代他们的是怀揣着获胜信念的英勇之人。在议会的组织下，模范新军被建立起来；其特点是：士兵们能定期获得不菲的军饷，而且发放者不再是地方政府或组织，而是议会。议会终于组织起了自己的武装力量。这支军队不再受制于地方政府，并且战绩惊人、纪律性强，禁止一切掠夺行为。反观保王党的军队，士兵们不仅常常遭遇疾病袭击，而且还常常无法拿到军饷，战斗力持续下降，士气大不如前。身无分文的士兵们开始四处掠夺，人民不仅讨厌他们，而且还很惧怕他们。

模范新军的任务是找到查理一世，然后击败他的主力部队——无论他们身在何处。纳西比成了两军对垒的最后战场。议会党人依靠克伦威尔所率领的骑兵团收获了决定性胜利：查理一世大军几乎全军覆没；查理一世侥幸逃脱。人们开始搜寻查理一世的踪迹。1645 年 5 月，这位英格兰国王逃到了苏格兰；6 月的时候，牛津伯爵举起了白旗。至此，英国历史上的首次内战落下了帷幕。

苏格兰人要求查理一世在英格兰实行长老制，然而他并没有同意。因此，他在苏格兰过上了囚犯一般的生活。针对议会所提出的条件，查理一世竭尽所能地拖延着时间。最终，苏格兰人发现这位英格兰国王毫无价值，于是在英格兰议会答应支付战争费用之后，把查理一世送到了议会理事的面前。在议会理事的"安排"下，查理一世被送到了南安普敦郡的霍姆比庄园，并被囚禁于此。

国王的噩运

很可惜，无异于世界大战等各类战事，一个有能力高效作战的政府未必有能力和平治国。议会当下所选择的道路必然通向后期的独裁统治，以及斯图亚特王朝的东山再起；当然，还会"途经"查理一世所点燃的第二次内战。国家上下无不对和平翘首以盼，若能实现和平，至少战争双方能损失得少一些。问题依然出在立法委员成员身上。议会成员中的长老会教徒们同意了查理一世的意见：成立为期三年的长老会，并在此期间确立教会形式。鉴于议会的武装力量主要来自独立派，因而长老会对议会军队的畏惧程度远胜对国王的敬畏程度，虽然这种畏惧看起来有些没头没脑。假如议会能按照约定支付军饷，那么就能轻松地解散军队，然而他们却做出了一个十分危险的决定：只支付部分军饷。真不敢相信他们居然做出了这么蠢的事！

军队立刻做出了反抗，不但没有听话地解散，而且还与议会及长老会派领导人针锋相对。霍尔斯被处以绞刑。克伦威尔认为军队理应获得合理的酬劳，同时各教派也理应被宽容以待；当然，他十分清楚，假如军队失去了控制，那么政府将危机四伏。

在个人利益及长老会利益的驱使下，长老会的领导者参与了一场阴谋：挟制查理一世，以及帮助苏格兰进攻英格兰。在这个阴谋败露之后，在克伦威尔的授意下，查理一世被带出了霍姆比庄园。没过多久，议会在伦敦地区组织起了一支新的军队；士兵们大多是长老会教徒。然而，模范新军执意不让 11 位长老会领导人出席议会。他们所得到的回应是：伦敦人民闯进了议会，并威胁了议员中的独立派人士；心惊胆战的独立派人士不得不向军队求助。留在议会中的长老会派人士都同意进行武装反击。基于此，模范新军占领了伦敦，攻入了威斯敏斯特王宫与伦敦塔。

克伦威尔一心想要通过和平合法的手段平息争端。他借军队之名和查理一世取得的联系，并初步拟定了一份《建议纲领》：议会改为两年一度；除却天主教徒，其他教派的教徒享有宗教自由权。然而，议会并不满足于此；军队也逐渐失控，甚至宣称要对国王进行审判；对议会进行清洗；制定《人民公约》，也就是他们口中更民主的宪法；并表示如果得不到支持就会发起叛乱。

查理一世原本打算逃到沿海地区，不过一如既往地失败了，最后还是被带上了怀特岛，关押在卡里斯布鲁克城堡中。克伦威尔想方设法地镇压着叛乱，与此同时，查理一世又找到了苏格兰议会理事，打算为苏格兰进攻英格兰一事讨个说法。英格兰议会极不明智地查封了保王党的所有财富，这一举动在诸多地区引起了民愤。在尝到失败滋味之后，这些地方的人们都乖乖地缴械投降了。这很符合英格兰人的特质，在公平公正的条件下，认输并不是一件尴尬的事。人民已对军队厌恶至极，不想再因他们的折腾而让自己受苦。

暴乱层出不穷，甚至会卷土重来。不久之后，英格兰遭遇了史上第二次内战。克伦威尔与费尔法克斯依然是军队的将领。为了将无人支持的政策方针执行下去，议会随即颁布了一部法案以压制舆论。后来，议会还打算把查理一世接回英格兰，并先与查理一世进行了谈判。

无论是对待自己人，还是对待谈判者，查理一世向来都模棱两可，要不了多久，他便会自食其果。军队对国王与议会忍无可忍，索性强行将查理一世关进了大牢。1648 年 12 月 5 日，下议院对外宣布打算与查理一世议和；翌日，在普莱德少校的带领下，一小队人马闯进了议会，强行将保王党人士赶了出去。

在经历了"普莱德的清洗"之后，余下的议会成员于 1649 年 1 月 1 日提出，由高等法院负责对国王进行审判，同时上议院成员必须避嫌。仅仅过了几天时间，这些议员便宣布自己是英格兰人民的代表，享有最高权力，并正式成立了高等法院。想要找到足够多的人出席查理一世的庭审着实很难，最后出席的人有六七十位。这样一个法庭说起来并不合法。查理一世没有为自己辩解，最终被判处了极刑。他在 1 月 30 日走上了位于白厅前方的断头台，成为英格兰有史以来第一个也是最后一个被判处死刑的统治者。

在斧头落下的瞬间，周围的人群发出了胆战心惊的尖叫声，英格兰也迈进了更加扑朔迷离的时代。掉落的不只是查理一世的头颅，还有英格兰人早已习以为常的，历经数百年才得以形成的历史、法律与制度。国王已死，这个消息从伦敦逐渐扩散到了全国各地，传进了一座座教堂，传进了一个个庄园，传进了一间间乡村小屋；国王的支持者也好，反对者也罢，所有人都在焦虑地想着：未来将会如何？

第十三章

护国公及昙花一现的共和国

在查理一世被砍头之后，英格兰陷入了极端危险的局面。面对查理一世的死，以及长老制的摒弃，苏格兰人打算揭竿而起；"和爱尔兰保持统一战线"这一理念不过是英格兰人的一厢情愿；无异于苏格兰人，爱尔兰人和查理一世的年轻儿子（也就是日后的查理二世）也在图谋不轨；一部分海军选择投靠王室；鲁珀特亲王手下的英格兰舰船也干起了抢劫之类的勾当；除了处于半独立状态的清教徒聚居地新英格兰之外，其他英属美洲大陆殖民地都在高喊着独立的口号；马里兰、弗吉尼亚、巴巴多斯岛、圣基茨岛、安提瓜岛、百慕大群岛等地都自顾不暇。

对于英格兰来说，不但要应对国内危机，还要面对来自欧洲大陆其他国家的敌意。在海外势力的帮助下，查理一世的年轻儿子看上去很有可能继承王位。在国内，国王之死激起了民间的反感情绪。虽然这种情绪有可能被夸大其词了，不过在共和国建立之初，它与前一章最后所谈到的诸般因素，确实给国家治理带来了许多麻烦。

除此之外，突如其来的告别——与过去的历史、制度与法律，让许多英格兰人深感厌恶。最为关键的是，新政府的成立非但不符合宪法要求，更没有基于人民意志——在接下来的日子里，这将成为与所有难题有关的重要因素。历史证明，这场试验没能成功——不过也不是一无所获。然而，在接下来的三年里，英格兰将重新获得帝国其他领土的统治权，并让欧洲其他国家望而生畏。这一结果有赖于一些伟大人物的引领，譬如克伦威尔。至于议会，一方面先天不足，另一方面缺乏人民基础，所以难有建树；即便有也微不足道。

对于这段历时 10 年的统治时期，最有趣的看法是：在已成为习惯、符合宪法的政体退出历史舞台之后，人们或许将面对接踵而来的个人或集团独裁统治。历史将反复印证这一看法，并将它植根于我们的大脑。

当然，我们仍然需要对民族特性与事件本身做出分析，特别是查理一世之死。将统治者送上断头台，显然与英格兰的民族特性不相符合。英格兰人向来更喜欢退让与和解，反感使用暴力，或者血拼——除非走投无路（这种局面极为罕见）。在此前的三个世纪里，使用暴力的情况只出现过两次：第一次是由于斯图亚特家族没能以传统手段解决问题；第二次是由于美国爆发了独立战争。在这两次"暴力运动"中，大多数英格兰人都很排斥暴力行径。

穿着黑衣蒙着脸的行刑者拾起查理一世的脑袋，让惊恐的民众看个清楚；此时此刻，最棘手的问题是：明天的英格兰，将由谁或什么来统治、来守护、来重建，以及来维持秩序。英格兰能人辈出；这些人对革命贡献良多，甚至一部分人堪称历史伟人。在革命的激情退却过后，克伦威尔在人们心目中的形象愈发光辉了。他秉承了英国传统文化中的现实主义思想，做起事来简洁明了。他与一众志同道合者不仅极富激情，还致力于维护公共利益。他不得不面对反复无常的、不值得信赖的、固执己见的斯图亚特家族给英格兰带来的一系列麻烦，而且有时不得不在未经法律许可的情况下，果断地开展自己的工作。无论是对国王进行审判，还是对国王处以极刑，照理说克伦威尔根本就没有权利这样做；关于这一点他自己也心知肚明，他的言行都是不合法的。不过，假如可能的话，他也愿意借助法律手段来管理国家；实际上这一直是他的奋斗目标，只是从来就没有成功过。相较于其他领导者，他拥有更丰富的政治常识，也更清楚政治趋势，所以他才明白应该用什么样的方法来解决此后的各种难题。

罗伯特·布莱克（Robert Blake）也是一位优秀的领导人。此时，他即将走上仕途；未来，他将成为英格兰有史以来第三位杰出的海军司令官。除此之外，我们还能看到范恩、艾尔顿（Ireton）、弥尔顿（Milton）、蒙克（Monk）等伟大之人的名字；尤其是蒙克，他是这段历史帷幕降下前的重要存在。

对于政府而言，君主制已成为过去，上议院也已不复存在。在历经"普莱德的清洗"之后，下议院余下的成员屈指可数，只能被称为"残缺的议会"，也只能从形式上维持着议会模式。和民众内部一样，军队内部也出现了分化的趋势：一些带有极端民主思想的人组成了平等派。平等派所推崇的政府模式在那个时候是不可能实现的，所以就连克伦威尔也下令镇压他们。在弥尔顿看来，政府与人民之间的关系是一种契约关系；这种关系同时也是政府行政的根基。在后世众多宪政之争中，我们常常听到有人说起弥尔顿的名言："人生而自由。"弥尔顿的理论被无限夸大和扭曲了，犹如烈酒一般令军人和诸多民众恍惚不已。在那段毫无秩序可言的日子里，弥尔顿理论不可能滋生出君主立宪制或者民主立宪国家，它带来的只会一片混沌。

"残缺的议会"的头等大事是告诉人们，既有成员足以支撑起一个议会；因为没有国王，也没有上议院，所以此时的英格兰实则为共和国。因为议会成员的数量缩减了一半，至少接近一半，而且保王党已经被肃清——尽管保王党在当时的英格兰还拥有很大的势力；不过革命派人士也早已被赶了出去，所以这个议会无法代表社会各阶层人士。然而，它却得到了军方的鼎力相助（除了平等派之外）。"残缺的议会"还组建了一个相当于政府行政部门的国务委员会；成员共有41人，大多数来自下议院。

如此这般，政府便实现了寡头统治，人民无法参政议政，只有军方可以稍加控制。鉴于英格兰的民族特质，以及议会制的日久根深，上述政府形式是没有办法延续下去的——虽然它坚持了好几年。在国务委员会的成员名单中，我们可以看到弥尔顿与范恩的名字；他们为人坦诚，尽忠职守。如后文所述，为了满足军事方面的需求，他们每年都得征收 200 万英镑的税金，这可是个十分艰巨的工程；就算没收了保王党的财富，他们也得向人民征收史无前例的重税。

在宗教方面与法律方面，"残缺的议会"也采取了一些改革措施。凡是接受基督教基本教义的民众均享有宗教自由；教会不再限制教士派别，接纳了圣公会教徒、长老会教徒、浸信会教徒，以及独立派教徒。谁也不清楚这样的制度能不能维持下去，不过它至少拓展了宗教自由的定义，强化了宗教自由思想，并促生了更开放的宗教理念。

爱尔兰人与苏格兰人殊途未同归

无奈之下，克伦威尔从伦敦前往爱尔兰与苏格兰，以维护两地秩序，以及控制局势。在爱尔兰境内，罗马教皇派出的使者企图发起天主教革命以反对新教、反对英格兰，不过终告失败。前国王顾问奥蒙德公爵继而联手天主教徒，拥立查理二世为新国王，试图将英格兰爱尔兰共和政府赶下台。

1649 年的夏天，克伦威尔登陆都柏林，开始整顿爱尔兰地区的秩序。克伦威尔曾通过一次演讲清晰且有力地表达了对爱尔兰的态度。令人遗憾的是，他的态度可以说代表了彼时，乃至时下大多数英格兰人的态度。他从未想过为何爱尔兰人自始至终都充满了怨气，在他看来，爱尔兰原住民只会搞破坏，不想安稳地生活；爱尔兰人不值一提，不管是在政治领域，还是在社会领域都比不上英格兰人。9 月的时候，拒不投降的德罗伊达遭到了克伦威尔的猛烈攻击。那个时候的战争有一个残酷的法则：不投降又打不赢的一方将会惨遭杀戮；而后，约有 2000 人死在了克伦威尔的屠刀下。鉴于正在崛起的人道主义思想，克伦威尔不得不另找借口来掩护自己的恶行，而不是诉诸传统的战争法则。不久之后，韦克斯福德等诸多城镇也相继重蹈覆辙。

1550 年的春天，克伦威尔抽空返回了英格兰，同时命令埃尔顿与勒德洛坚守阵地。两人很负责任地履行着自己的职责，然而镇压行动却愈发惨无人道了；在很长一段时间里，这都是当地人刻骨铭心之痛。这场因保王党而起的战争，逐渐发展成了种族战争与宗教战争，苏格兰成了主要战场。就专断程度而言，克伦威尔所采取的政策与大主教劳德、斯特拉福德伯爵的不相上下，给英格兰造成了巨大的伤害，特别是其推行的土地政策。实际上，生活于香农河以西地区的原住民并没有被全部赶走，不过确实失去了大片土地；克伦威尔用没收来的财富支付了军饷等战争费用；除外，他还将凯尔特人的土地分配给了英格兰的军人与地主，让他们开荒种田。

这一制度使往日频发的叛乱暂时偃旗息鼓了。不过，随着天主教徒越来越多地被召入当地军队；地主越来越久地远离土地，以及越来越疯狂的地租，这一制度终于在 19 世纪引发了大混乱。当然，相较于此前及此后一段时期内其他领导者所施行的土地政策，这一土地政策至少不算最坏。爱尔兰始终是大英帝国身上的一道伤痕，这与其民族特质，以及那永远无法抹去的被歧视的经历有关。

克伦威尔没在英格兰待太长时间，很快他便有了新任务：前往苏格兰平息叛乱。爱尔兰是前国王与天主教的支持者，这让克伦威尔陷入了两难：到底要不要把英格兰意志强加在爱尔兰这片土地上。在苏格兰问题上，他也犹豫不决。1650 年 6 月，查理一世的年轻长子——也就是日后的查理二世——前往了苏格兰；他皈依了长老会，并因此得到了苏格兰人的认同。作为共和国的军事领导人，以及内战时克伦威尔的上司，费尔法克斯认为，苏格兰人不过是选择了自己信赖的国王与政治体制罢了，他们不应因此而被征讨。不过，克伦威尔却不这么想。假如查理二世登上了英格兰与苏格兰的国王之位，那么他就有可能冲过特威德河，向英格兰发起进攻，并夺走英格兰的累累战果。

在这种情况下，他选择了北伐。他强攻了爱丁堡，但未能成功，而后不得不撤退到邓巴；与此同时，退回英格兰的路也被苏格兰人切断了。克伦威尔急需一场胜仗，要不然英格兰国内恐将爆发叛乱。值得庆幸的是，苏格兰人仓促行事了；克伦威尔趁机转败为胜，并拿下了爱丁堡。

然而到了次年，未来的查理二世领着一帮苏格兰人风风火火地来到了英格兰，计划发动叛乱。克伦威尔即刻返回了英格兰，并在伍斯特歼灭了那支苏格兰军队，而那一天刚好是他获得邓巴大捷一周年的日子。尽管查理二世侥幸逃脱了，不过对于克伦威尔来说，这辈子终于不用再为苏格兰与爱尔兰操心了。随后他回到了英格兰，结束了其军事生涯，开启了其政治时代。

第一次且不是最后一次的英荷战争

在这个时期，议会将主要精力投入到了商业贸易活动当中。新时代即将到来，并将极大地影响帝国的发展，这也是为什么我们必须要谈谈这个时代。1648 年，革旧迎新的时代拉开了帷幕。在这一年中，荷兰独立终于得到了西班牙的承认。尽管西班牙与法国还在纠缠不清，不过《威斯特伐利亚条约》（The Peace of Westphalia）终于将这些欧洲国家从长达 30 年的战争中拯救了出来。宗教战争终于宣告结束，人们看到了和平的曙光。从那以后，宗教再也没有成为过欧洲战争的导火索，取而代之的是地位、领土与商贸。中世纪终于远去，新时代的面纱终于被揭开：一个以殖民霸权与商贸利润为目标的时代。

在威廉二世总督[1]逝世之后，荷兰省的大商人们控制了荷兰共和国，这意味着革命一触即发。来自鹿特丹、阿姆斯特丹等大型港口的船队逐渐垄断了欧洲地区的大多数海洋运输。以现在的眼光来看，荷兰这个国家虽然不大，可是在那个时候的商贸比拼与国家竞赛当中堪称领头羊。面对这样的局面，英格兰议会在1650年与1651年先后颁布了两部法案。第二部法案得到了大多数历史学家的重视，而第一部法案却很少被人提及。表面上看来，其内容涉及在巴巴多斯岛、百慕大群岛、弗吉尼亚、安提瓜岛等保王党的势力范围中已经发生或者可能发生的叛乱；就其根本而言，它涉及了三项被帝国付诸实践的原则，而这些原则背后却隐藏着莫大的危机。

这三项原则分别是：在英属殖民地，议会享有最高权力；殖民地地区的商贸运输不得由其他国家的船只负责；国务委员会有权撤销私人或公司的特许令。该法案的时效期限截止到1660年，尽管如此，英政府已然从中获得了商贸活动的政治股权。一定程度上来说，接下来一个世纪所爆发的美国独立战争与此脱不了干系。

第二部重要法案是次年颁布的《航海法》，尽管表面上看来，其内容大多涉及商贸活动与商贸运输；然而其实际目标却是国防建设。鲜有人能意识到这一点。该法案规定，除特殊情况外，英格兰及英属殖民地在进行商业贸易活动时，运输事务只能交给英格兰、爱尔兰，以及英属殖民地的船只，而在这些船上工作的英格兰人占了很大一部分比例。

借助法律手段来控制海洋贸易运输并不是稀罕事。不过相较于其他相关法案，例如查理一世执政时期的法案只是单纯想要控制贸易活动，而此时这部法案却致力于构建帝国海运体系；这在所有相关法案中是绝无仅有

---

[1]　威廉二世，1626年至1650年，腓特烈·亨利之子；亦是奥兰治亲王、拿骚伯爵；1647年起，为尼德兰地区（除菲仕兰省之外）总督。——译者注

的。如其序言所述，它堪称"共和国财富与安全的关键性保障"。贸易活动——无论哪个行业，哪个地区，是增是减已不重要，重要的是要大力建设英格兰商船队。这件事究竟有多么重要呢？不妨来看看下面这件事。1650年，艾斯丘（Ayscue）在西印度群岛与美洲殖民地平息叛乱，然而因为缺少船只，他整整多花了一年的时间。斯图亚特家族的统治者几乎没有关注过海军，直到查理二世登上王位，英格兰才有了第一支真正意义上的海军，以及商船队。受到城镇商业利益的触动，共和国政府猛然醒悟：对于这个持续发展的海上帝国而言，无论是对外御敌还是对内联合，都很有必要建设一支强悍的海军队伍。

作为国务委员会的成员，亨利·范恩同时也是海军委员会的带头人。在他的领导下，一支精良的海军舰队诞生；布莱克被任命为海军司令官。在50岁之前，布莱克从未出过海，他对海上作战所需的独特的作战方式完全不了解。然而事实证明，海军委员会没有看走眼。同一时期，艾斯丘也来到了海上。在镇压巴巴多斯岛叛乱时，他花了三个月时间封锁了整个岛屿，方才使得对方举起白旗。在面对其他三个主动向国王投怀送抱的殖民地时，他几乎不费吹灰之力便赢得了胜利。如此一来，在1652年英荷大战爆发之前，共和国政府得到了爱尔兰、苏格兰，以及英属殖民地的承认。

在和鲁珀特亲王的对战中，布莱克可以说屡战屡胜。双方的较量一度蔓延到了地中海地区，这是英格兰海军首次踏足地中海，由此可见，布莱克的确是一位杰出的司令官。实际上，鲁珀特也是有才干，只是他不太走运，先是在大陆上碰见了克伦威尔，后来又在海洋上碰见了布莱克。过不了多久，布莱克将和势均力敌的特龙普（Tromp）相遇，那人是荷兰舰队司令。

英格兰与荷兰人之间的恩恩怨怨，已经延续了一个世代。两国之间之所以会爆发战争，并不是单纯因为英格兰颁布了《航海法》；当然荷兰人确实对这部法案恨之入骨，毕竟它极大地破坏了荷兰人对海上贸易活动的垄断，并让局面陷入了危险状态。伊丽莎白女王已经远去，斗转星移，物是人非；尽管英格兰海军舰队的规模毫不逊于荷兰舰队，但是海军士兵的经验却比荷兰士兵要少得多。荷兰人手中所控制的贸易活动远超英格兰人，他们在这方面拥有很大的优势，同时也具有两个劣势。首先，因为它所占有的海洋财富比英格兰大得多，所以战争损耗也多得多；实际上，据我们估计，相较于英格兰商船队在战争爆发之初所掠夺的财物，英格兰海军得到的战利品整整多出了一倍；不难看出，荷兰的实力与财富受到了重创，而且难以恢复。其次，海上贸易可谓是荷兰的经济命脉，荷兰若是战败，或者遭受巨大影响，那么就再也没有机会在经济比拼和国家竞赛中保有一席之地了。

大战八场，小战无数，蒙克与布莱克捷报频传。尽管荷兰并没有就此沉入海底，但它彻底失去了海上霸主之位。英格兰人将取代荷兰人驰骋海洋。1654 年，荷兰终于同意在合约上签字，无奈地接受了《航海法》及其带来的巨大影响；并答应为上一辈人的错误行为买单：就安汶岛屠杀[1]事件进行赔付。英格兰人终于一雪前耻。

要不要改变政体呢

英格兰逐渐走出了内忧外患，不过其政府，特别是议会却愈发不得民心。民众不满于缺乏公平性的募款方式，不满于一部分议会成员贪腐无能，不满于议会不替人民说话。范恩曾经递交过一个改革方案，不过在克伦威尔等人看来，自由民选的结果极有可能是国王复辟——这个推断并不一定是错的。

---

[1]　1623 年，荷兰政府在安汶岛上进行了大屠杀，其间有 10 名英国人、10 名日本人，以及 1 名葡萄牙人遇难；英荷两国之间的仇怨难解难分。——译者注

还有人提出，议会既有成员可以不用参与选举而直接进入下一届议会，同时有权推选和开除其他成员。这一方案遭到了克伦威尔的反对，其他人也表示需要再议。然而，克伦威尔次日就得到了一个消息：下议院正在审议这一方案，并打算通过。

他闯入了下议院，并开始了一段演讲；当有人打断他说话时，他猛然喊道："好了，我们忍无可忍了！我的决定是，你们再也不用出现在这儿了！"随后他带来的守卫，把场内的人都赶了出去。不符合宪法规定的"残缺的议会"终于被解散了，虽然这不是一件令人惋惜的事，不过往后又该做些什么呢？问题并没有解决。鉴于自由民选尚不具备可行性，克伦威尔等人这样的方式重新组织起了议会，史称"贝尔朋议会"（Barebone's Parliament）；其中一个议员名叫赞美－上帝·贝尔朋，是个清教徒。

议员共有 140 名（包括 5 名苏格兰人与 6 名爱尔兰人）。人民曾将希望寄托在他们身上，然而没过多久，历史就证明这种"圣徒统治"是行不通的。军方的"第五帝国派"——他们对外宣扬说，亚述帝国、波斯帝国、马其顿帝国、罗马帝国早已相继没落，而今身为圣徒的他们将要接过管理第五帝国的重任——比议会好不到哪儿去。某天一大早，议会中的少数人在其他人毫不知情的情况下宣布了解散议会的消息，并将最高权力交给了克伦威尔。

眼下的问题依然是：如何是好？做何管理？基于人民意志创建立宪政府的可能性已经微乎其微；克伦威尔的独裁统治是大势所趋。新定的《政府约法》（Instrument of Government）得到了众多高层的支持。该法案规定：克罗威尔享有护国公头衔，以及等同于国王的一部分权利与义务，并接受议会和枢密院的监管；枢密院并不由他控制。下议院被保留在议会中，会议以三年一度为周期召开，不过其权力大大受限于《政府约法》的相关条款，同时无权制定有悖该法案的律法条文。发展了数百年之久的英国宪法，而今依然是一纸空谈，无法落实。

选举新议会成员的选民资格被锁定：保王党人士被排除在外，财产不足 200 英镑的公民也无权投票。虽然制定了诸如此类的防患于未然的措施，然而召开于 1654 年的新议会仍然做出了如下决定：并非所有私人集团都享有宪法的制定权。新议会并不认为《政府约法》是合乎宪法的，并提出就选举权而言，议会享有比《政府约法》更高的权力。有 100 位左右的议员不愿意签署相关文件以接受《政府约法》，克伦威尔将他们统统赶出了议会。在经过克伦威尔允许后，余下的议员制定了新宪法。新宪法如果避开了那个敏感话题：军队到底应该对议会负责，还是对护国公负责，那么可能会得到克伦威尔的认可。我们最终看到的却是，议会又一次被解散了。在客观形势的推动下，克伦威尔大步流星地走在命运为他安排的道路上。

无论是在英格兰境内，还是在苏格兰境内，小规模叛乱仍旧不断，不过都未成气候。克伦威尔陷入了困境，他无法基于所有人的意愿创建一个不会给国王任何机会，并由清教徒控制的政府。在一片混沌之中，他走向了军事独裁的方向，将立宪理想束之高阁。他将英格兰划分为 11 个区，每个区都被安排了一位行使管理权的少将；要求保王党人士缴纳收入税，税点为 10%；禁止民众使用《公祷书》做私人礼拜。维持社会秩序无法给那些少将们带来满足感；渐渐地，他们将严苛的清教教义作为民众生活的规范，譬如要求人们遵循安息日制度，不得饮酒、娱乐、咒骂等。

英格兰人向来都很自我、很叛逆，不甘听命于人。当大多数权力集中于某一人之手，或者被某一人所夺取时，自由与法律必然会退到幕后；如此一来，克伦威尔又将如何统治英格兰呢？这个问题很值得探讨。

依照《政府约法》的相关规定，在议会休会的日子里，护国公享有制定法律条例的权力。克伦威尔做出了尝试，然而一部分法庭对此并不太认可。无异于斯图亚特家族的统治者，他革除了涉事法官的职务，并将部分律师拘禁于伦敦塔。对于独裁统治而言，这类事件屡见不鲜，现在不过是历史的重演罢了。克伦威尔甚至觉得，出版自由也必须废除。他在 1655 年颁布了这样的公告：在英格兰全境，只允许发行两份经由政府代表审定的周报。

为了转移国内视线，克伦威尔还采用了一些为人熟知的外交政策：他与处于对战状态的法国与西班牙均结为了同盟。因为西班牙人没有满足他的需求，他便出兵占领了西印度群岛的部分重要岛屿，这无疑有利于大英帝国的发展，例如，牙买加自此成为英格兰殖民地。毫无疑问，打仗是需要很多钱的。1656 年，为了筹措资金，克伦威尔召集召开了议会。反对者定然不会少，不过他还有两张王牌。

第一，作为地方管理者的少将们已经想方设法地在议会中安排了可信之人；第二，克伦威尔绝不允许自己眼中的敌人出现在议会中。在会议开始之前，他毫不客气地赶走了大概 100 名议员，然后与余下的议员继续开会。独裁统治下的立法机关就像是个玩笑，譬如议会。因此，议会并没有拒绝克伦威尔的拨款要求，甚至还琢磨着要不要多拨一些。听说在那个时候，英格兰军队拦截了一些西班牙珍宝船，战利品足足装了 48 车，并且即将抵达伦敦。

无论如何，英格兰逐渐走向了失控。克伦威尔随时有可能遭人暗杀；以和平形式组建起来的，人员经过筛选的议会也萌生出恢复旧体制的想法。下议院向克伦威尔递交了《恭敬顺从的请愿暨意见书》，希望他对宪法进行修订，并自立为王。在克伦威尔的组织下，上议院得以恢复，成员都是他亲自选出的。他不再驱赶下议院的议员们，不过仍坚守着上议院议员的任免权。

如此一来，清教教义便得到了保护，并能够抵挡住下议院的冲击。

虽说克伦威尔的统治有违宪法，独裁专断，不过在我看来，他也在试图寻找一种合法的、持久的解决办法：既要符合民族特质，又要遵从固有的宪法精神。克伦威尔之于英格兰的关系很耐人寻味，一方面英格兰是最不可能被独裁的民族，另一方面独裁者致力于创建非专制政府。克伦威尔曾在数年前告诉勒德洛："和大家一样，我也很想创立一个基于民意的政府，可是，我要到哪里去找民意呢？"如今，他成立了新政府，并表示："现在我们应该抛弃受人唾弃的专制，并竭尽所能地解决问题。"

克伦威尔并不怎么在乎国家的发展，他想要的是地位和荣耀，由此可见，他并不是一个志向高远之人。他曾经努力缔造了一系列成功，不仅仅是为了个人利益，更是为了那份荣誉；尽管如此，他终究还是没能逆天改命，导致英格兰重新受到了斯图亚特家族的控制，他的所有成果都成了过眼云烟。然而，他所坚持的方向并没有错。在此后40年左右的时间里，历史再次证明，随心所欲的斯图亚特家族统治者不是好的国家治理者。不过，克伦威尔也不是没有责任。

假如克伦威尔坚持建立民意政府，那么身在境外的查理恐怕再难登上王位。"他应该遵从国家意志"，或者说，他应该放弃建立其他形式的政府，若真如此，人民或许会支持他，斯图亚特家族或许也不可能重掌大权。说起来容易做起来难。这就好比，美国人民十分赞赏华盛顿那坚定不移的——或者说顽固不化的——意志与胆量，就算国家怨恨他的坚定不移，他也依然坚定不移。克伦威尔的统治其实算不上独裁，不过其个人意志确实凌驾于人民意志与军队意志之上。当一个民族开始反感既定目标，而其领导人却执迷不悟时，这位领导人还值不值得人民一如既往地支持？

无论如何，基于民众的认同，克伦威尔不失时机地创立了新政府。国王统治下的一些政府机构被保留了下来，例如上下议院，虽然名称不再一样。谁也不知道他有没有过自立为王的打算，不过就其经历的一切而言，特别是拥有军方的支持，他原本是有机会登上王位的——与个人利益无关，仅仅是为了重建英格兰人所习惯的旧体制。然而他并没有走回头路，而是选择了新的方向。可惜的是，他终究没能成功。

1658年，议会召开了第二次会议；数百位曾被克伦威尔赶出议会的议员重出江湖。为了应对这一局面，他在上议院中安排了许多自己的支持者。然而，下议院对上议院发起了攻击。两个星期之后，议会再度被解散；克伦威尔表示："我们之间的恩怨就留给上帝来审判吧！"与此同时，从海外传来了一系列好消息：在特讷吕弗海战中，布莱克击败了西班牙人；西班牙的另一支军队也败下阵来；敦刻尔克告捷。就在英格兰血刃西班牙这个强大敌人的时候，法国悄然无声地崛起了；对于英格兰而言，在不久的将来，法国将成为继西班牙之后的又一位强敌。如此看来，克伦威尔所推行的外交政策并不成功；他想的还不够长远，没有意识到新的同盟时代正蓄势待发。

留给克伦威尔的时间不多了。就算他如钢铁一般强大且勇猛无比，此前15年间的经历所带给他的压力也着实让他喘不过气来。1658年8月30日，狂风大作，克伦威尔精疲力竭。他的对手们念叨着，夺命鬼已来到他身边。9月3日，克伦威尔一命呜呼。他的一位知己留下了这样一句话："在我看来，他那伟大的灵魂再也不想被禁足于身体之中了。"

克伦威尔的离世意味着共和国也到了弥留之际，而且接下来的日子不甚光彩。克伦威尔之子理查德顺利地继承了护国公之位。理查德不如其父那般优秀，尽管一度比其父更得民心，毕竟他没有从过军，也不偏袒清教徒——当时的大多数人都很讨厌军人与清教徒。然而没过多久，他与军方的矛盾便爆发了。1659年1月27日，理查德召集召开了其治下的第一次议会，然而在2月22日，迫于军方的压力，他不得不解散了议会。5月25日，他被迫交出了护国公的头衔。

在5月初，在军方的组织下，来自"残缺的议会"的42位议员，以及长期议会余下的议员们召开的议会。然而，那些心高气傲的议员们极不理智地提出：收回军队管理权；废除克伦威尔所颁布的所有法规；退还先前向克伦威尔政府缴纳的所有税款。少将们带走了这帮人中的大多数，局势朝着人们所想看到的方向发展着：朗伯表示，军队可以领导议会很好地履行职能，正如议会对军队的领导一样。后来，为了平息一场由保王党发起的叛乱，他命令军队对议会进行了清洗。

军方撇开了议会，开始独自管理政务，然而其内部总会冒出不同的声音；无奈之下，军方召集召开了"残缺的议会"。局面已经变得一塌糊涂。作为苏格兰的军队统领，向来不问政事的蒙克将军终于坐不住了。1660年1月1日，他带兵进入了英格兰境内，一路直指伦敦；其间，菲尔法克斯也加入了其中。在抵达伦敦之后，他清楚地看到"残缺的议会"已成众矢之的，在这种情况下，他决定要以自由选举的方式重新组织议会。压力扑面而来——不过并没有遭遇暴力事件——"残缺的议会"以投票方式宣告解散。3月的时候，具有特殊意义的长期议会也结束了历史使命。

4月4日，身在境外的查理在《布雷达宣言》（Declaration of Breda）上签下了自己的名字：反斯图亚特王朝者被宽恕；议会认为可豁免之人被赦免；向当下所有者返还被查封的财产；许诺发放军饷；通过并实施"良心自由"法。这些决定无不和议会日后的决议相符合。按照宣言所述，议会保留了上下议院，"依照英格兰王国自古以来的、基本的法律规定，政府的组成部分是，也理应是国王、上议院与下议院"。英格兰终于回归了正途。至于斯图亚特王朝的复辟，我们将在下一章中娓娓道来；在讲述那个全然不同的时代之前，我们需要简单地介绍下，英格兰人在战争时期，以及共和国时期的艰辛生活。

生活从来都是不如意的

对于文学的发展来说，战争和混乱的政治局面都是极为不利的因素；然而在这一时期，我们仍然看到了诸如弥尔顿之类的杰出人士。弥尔顿在这些年里创作出了一些极为经典的短诗，例如《柯玛斯》（Comus）、《利西达斯》（Lycidas），等等；在未来的日子里，他将为我们带来众多政治散文，正如他自己所言，"不妨用左手试试"。在斯图亚特王朝复辟后，他将创作出著名的《失乐园》。

除了战争这个因素之外，文学的发展同时还受到了其他因素的影响。在内战爆发的同时，宗教改革也不期而至；清教的崛起对英国文学造成了两方面的影响。首先，随着宗教日趋受到人们的重视，宗教作品也层出不穷，杰里米·泰勒所著的《圣洁生活的规则和习尚》与《圣洁死亡的规则和习尚》，理查德·巴克斯特所著的《圣徒永恒的安息》，以及托马斯·富勒所著的《英格兰名人传》等作品广为流传；厄舍、奇林沃斯等人则开始研究神学，以及教会的管理模式。其次，因为剧院遭遇了清教徒的强烈抵制，所以戏剧作品的创作日渐消沉——从 1642 年起，剧院陆续被迫停业。

关于政府与宪法的争议从未间断，因而许多文学作品都以此为主题，例如托马斯·霍布斯笔下的《利维坦》，以及詹姆斯·哈林顿所著的《大洋国》，等等。不过匪夷所思的是，除了风靡一时且极具影响力的《国王圣像》（*Eikon Basilike*）之外，在 1603 年至 1660 年期间，再也没有其他宣扬君权神授的作品出现。与此形成鲜明对比的是，数百本宣扬极端民主主义思想的作品却很受欢迎；这些作品声称男性公民应享有选举权，并极力推广着弥尔顿所提出的"人生而自由"等观点。

战争之于文学的影响并不是一成不变的，内战所造成的影响与共和国统治所施予的影响也大不相同；无论是数量，还是所受影响的程度都是令人震惊的。艾萨克·沃尔顿所创作的《钓客清话》（*The Compleat Angler*）在英语国家中尤为盛行；作者是如此喜爱大自然，热爱没有战争、没有政治、没有宗教争端的生活，并酷爱钓鱼。托马斯·布朗爵士以相同的心境，用充满古典韵味的笔调写出了优雅端庄的散文，为后世的读者们献上了一份愉悦。在诗歌方面，赫里克、马维尔、沃恩、卡鲁、萨克林等人的作品汇集了许许多多美好的辞令，尤其是萨克林的诗歌，足足流行了大概 125 年。事实上，恐怕没有哪场战争能如此有力地推动文学的发展。

现代报纸的诞生是值得一提的。在那个时期，小报层出不穷却难以持久。有数据显示，在 1643 年至 1649 年期间，英格兰相继发行过 170 份小报。这些小报需要接受政府的监管。彼时的报纸（供人阅读，以及传递信息）与咖啡厅都大不同于今日。在伦敦，出租马车应运而生；基于长途、急行等需求，邮政用车也做了改进。此时，清教徒与保王党人间的思想矛盾依然存在，并主要体现在人们的装束，特别是男性的装束上。尽管生活不像伊丽莎白执政时期那样奢华，不过保王党人仍然偏好价格高昂、与众不同、镶有花边、丝带飘飘、艳丽夺目的服装；清教徒们则喜欢质朴、素雅的服饰。因为清教的一系列规定，以及其他方面的约束，这一时期的英式建筑和生活习惯出现了些许变化，但幅度并不大。

剧院纷纷停业。虽然残忍的"逗熊游戏"很受人们的欢迎，但逗熊场还是被迫关门了。人们不能再肆意斗鸡、喝酒，以及骂人了；五月柱[1] 被推倒在地了；用来嬉戏打闹，寻求娱乐的星期天下午被规定为死气沉沉的清教安息日。这些企图改变人们的生活习惯，并抵制娱乐的措施遭到了人民的反对。这也解释了为何在查理二世复辟，"优秀传统"回归时，英格兰人会那么开心。

令人震惊的是，这一时期出现了许多与平等化，或者说与民主化有关的元素。在一些与彼时伦敦风貌有关的作品中，我们可以看到，贵妇们的马车常常遭到孩童们的泥巴攻击，还被小孩子们骂作"泼妇"；平民们"见不得绅士"，打扮绅士的人常在路上被人骂作"法国狗"之类。这个时期因革命而动荡不安，在革命渐行渐远之后，或许只有重新建立起有赖于国王与上下议院的君主制，才能拯救政府与社会。无论是个人还是组织，都愈发期待恢复传统，从而回到平和的英格兰式的生活中。

---

[1]　按照古老传统，英格兰人会在每年的 5 月 1 日举行庆祝冬去春来的仪式，并祈祷年谷顺成。届时，人们会将绳子系在老牛身上，拉起"五月柱"，然后绕着柱子载歌载舞。这种庆祝方式因不符合清教教义而一度被禁。——译者注

不过，任何痛与付出都绝不会百无一用。尽管克伦威尔没能创立适合英格兰的民意政府，但至少他让英格兰人明白了，不能指望只具备一个议院的专制政府，不能指望实行专制的国王，不能指望劳德口中的教会政府或教会领导，更不能指望军事独裁者。

对于英格兰人乃至所有欧洲人而言，暴政与常备军是恶魔一般的存在。假如斯图亚特家族的下一位统治者不吸取查理一世的教训，那么他一定会遭到人们的一致反对。另外，火之审判极大地影响了英格兰人的生活。坚持一个教会、一种信仰、一个崇拜的老旧思想已经穷途末路。无论英格兰教会将作何发展，也无论它与政府将保持何种关系，至少有一点是十分明确的：接受异教徒，容忍异教徒。异教徒们的遭遇或许不会就此终结，不过至少不会因反抗而丢了性命。

因为受到了清教教义的限制，英格兰人的思想与生活或许会在某些方面变得狭隘，不过与此同时，他们确实也获得了新的道德力量。不少人因此而开始遵行政治行为规范与个人行为规范，而这些规范的基础又是超越个人利益的。虽然上层阶级中有许多清教徒参与了运动，不过中产阶级的反应更加强烈，特别是那些生活在城镇中的市民、商人，以及劳动者。这个坚若磐石的道德内核渐渐影响着英格兰人的心理状态；在这些观念、动机与行为的共同作用下，一种在外人看来无法理解的矛盾心理油然而生，而这种状态自然与旷日弥久的清教革命有很大关系。就影响力而言，这场革命远胜于很久之前的"可爱的英格兰"，以及伊丽莎白执政时期的"音乐国度"。

毫无疑问，人们依然需要谨遵安息日制度，而且少数人也已接受了清教教义；不过总的来说，英格兰尚未做好照单全收的准备。许多人认为将教义作为生活规范是过分之举，并因此而奋起反抗。在接下来的一个世纪中，我们将看到卫斯理兄弟所领导的循道运动——基本思想与清教如出一辙，不过更倾向于情感层面与道德层面的观念，而对神学则不甚关注；在那之后，英格兰人更加向往道德复兴了。实际上，信仰新福音主义的人与早期的清教徒迥然有别；类似地，卫理公会的教徒们也大大地不同于亨利·范恩爵士、哈钦森上校、弥尔顿等人。就本质与发生时期而言，上述两次运动可谓天差地别，不过它们对民族特性与生活方式的影响却不分伯仲。

第十四章

斯图亚特王朝卷土重来了

　　身在境外的查理被邀请回国继位。1660 年 5 月 25 日，他从多佛港出发了。英格兰上下一片欢呼。那些居住在查理必经之路（自多佛港至白厅）上的民众尤为激动。鲜花铺满了道路，五月柱被重新立起，各个村庄的广场上满是翩翩起舞的人群。虽然仍有人不置可否，不过绝大多数人都很欢迎查理回国。

　　这再一次印证了当下英国人的复杂性格，既饱有清教徒般的严肃、严格、严于律己，又对多彩且愉悦的生活，以及体育竞技充满热情。大体上说来，虽然英格兰人甘愿为了自由抛弃传统，不过他们无法抹去共和国带来的影响。

　　对于一位穷尽一生环游地球，四处探险，只为追求自由与责任的英格兰人来说，英格兰永远是自己的家，他永远不会忘记那个小小的岛国。类似地，大不列颠民族也十分关心着民族历史的进程。查理深受英格兰人欢迎的原因并非在于其相貌出众、性格浪漫，而在于人们终于熬过了日复一日的艰难岁月，重新找回了快乐；而这又代表着民族历史将得以延续下去。虽然英格兰人大多对民族历史的细微之处不甚熟悉，不过其心态与特质，当下与未来都是民族历史的产物。

查理走进了王宫，站在窗户边上，凝视着夺走其父生命的断头台；谁也不知道他想了些什么，不过从始至终他都会告诫自己不能"走父亲走过的路"。最起码，他不会在自己的统治生涯中犯下与查理一世相同的错误。事实证明，他真的做到了。然而，在他开开心心地回到英格兰28年以后，他的弟弟詹姆斯二世将被免除职务，并狼狈地逃亡到了欧洲大陆上。人民对詹姆斯二世痛恨至极，并最终推翻了他的统治；在分析这一局面背后的原因时，我们将暂时放下时间脉络，而选择沿着该时期的其他线索来一探究竟。

对殖民者放手

在30岁的时候，查理终于得以回到伦敦；可以说他流离失所了大半辈子。他私生活的淫逸程度令人咋舌，虽然此时的大多数英格兰人并不会感到难以接受，除了清教徒之外。查理二世不信仰任何宗教，也不在乎任何荣耀，或者说他没有荣耀观念。他是个软弱、懒散、偏好奇技淫巧之人，总是把国家事务留给他人处理；他又是个聪敏、幽默、开朗、亲和、有风度、有同情心的人，因而受到了人们的认可。在查理二世执政初期，能力过人的克拉伦登（Clarendon）伯爵替他分担了治国重任。在查理一世执政时期，克拉伦登伯爵位至国家首辅；查理二世在归国之前一直有赖于他的竭力帮助。在此后的日子里，查理二世还挑选了许多有才之士来帮助克拉伦登伯爵处理事务。

在我们所选取的线索中，最为人所熟知并称道的是查理二世所推行的殖民政策；这也是在他统治下唯一的功绩。在查理二世的统治下，帝国的殖民范围进一步扩大了；英格兰首次明确地颁布了殖民政策；在这个过程当中，我们将看到许多伟大的人物——无论是英格兰人，还是其他国家的人，例如英格兰的克拉伦登伯爵，以及第一任沙夫茨伯里（Shaftesbury）伯爵，等等。隶属于枢密院的殖民委员会也发挥了至关重要的作用，在它的保护下，殖民活动基本上没有受到日益严重的贪腐现象的影响。

除此之外，查理二世所任用的殖民地总督个个都很能干，也很真诚；在他们面前，下一世纪的总督们可以说不值一提，要么无才无能，要么是政治上的投机主义者。我们并不是在为查理二世开脱，他在这方面也犯过错。例如，在 1664 年前往新英格兰的特派调查员就力不胜任。另外，查理二世还把殖民地分配给了心腹大臣。他的这一举动引起了民众的反感。不过总的看来，复辟政府对殖民地的态度还是十分负责，十分端正的。

美国人比较在意新英格兰历史的特殊进程，对此我们会在后文中做出论述，不过无论怎样，一方面大英帝国都是一个整体，另一方面我们不应该将查理二世对英格兰本土的拙劣管理推及整个大英帝国。巴巴多斯岛的威洛比勋爵，利瓦德群岛的斯特普尔顿、林奇、阿特金斯等地方总督们被证实是极具独立性、能力过人，而且诚实可信的。一定程度上来说，正是从这个时候开始，殖民地的文化职能部门逐渐发展了起来。不可否认，查理二世及其下属们甚至做到了不拘一格降人才，就连没有投靠保王党成员的托马斯·莫迪福特也成了牙买加殖民地总督。

因为绝大部分殖民地都曾受到共和国的控制——有的是出于自愿，也有的是为形势所迫，因此查理二世在登上王位后所面对的殖民地状况十分复杂，不过他从来没有对殖民地做出过惩罚。他在执政期间，不但将地方议会——可以在很大程度上控制住——的选举权交给了殖民地，还在殖民地推行宗教自由政策，甚至是强制推行。在海外殖民地所实施的这一系列政策，在英格兰本土却很难贯彻下去。沙夫茨伯里伯爵还曾提出过一个极具现代色彩的建议：在殖民地做立法实验，就像美国对其各州所做的那样。

上述政策都是在危机四伏的环境中实施的。在 1640 年之前，发展兴旺的殖民地大多出自英格兰人之手，同时这一批人与英格兰本土保持着密切的联系。然而当时间来到 1660 年时，出生于殖民地的新一代人长大了。他们从未到过英格兰，而且血统也并非纯正的英格兰血统。关键之处在于，在此前的 20 年当中，几乎所有的英属殖民地都很独立。譬如说新英格兰，马萨诸塞移民从踏足美洲大陆的第一天起便宣扬独立精神。

海外殖民地的范围越来越广，人口也越来越多，在这种情况下，物资生产、商业贸易，以及交通运输的重要性日益凸显。英格兰从未放弃过建设大英帝国，或者放弃自己的中心地位。自治与宗教自由给英属殖民地带来了别样的优势，而且这些优势令他国难以望其项背。英格兰在上述两个方面原本就遥遥领先于他国，觉得它应该做得更好之类的想法确实有些强人所难。然而出人意料的是，英格兰所实施的改革成功地逆转了彼时有关殖民帝国的主流看法——殖民帝国理应控制自己与殖民地之间的商业贸易活动。

这是当时的商业理论所遵循的原则。简而言之，我们可以从中看出两处错误。首先，因为贵重金属被视为财富的重要组成部分，因此人们总认为，唯有真金白银的交易能为国家带来实际利益。同时，由利息、服务等所维持的"透明"的贸易平衡一直以来都不被重视，甚至有人认为这些都是不存在的。其次，无论哪个殖民帝国都应竭尽所能地在金融领域、原材料领域，以及制造领域做到独立自主——悲观地说，这一条在如今依然是商业基本原则之一。

如今这个时代与当年那个时代具有许多相同之处，因此现在的人们依然选择相信前人的那套商业理论。尽管这套理论在当时十分流行，不过最终还是被人们抛弃了，而且备受指摘。对于一直在打仗的国家来说，自给自足当然是最佳策略。不可否认，遥远时代的国家常常甚至一直处于战争状态，而在当下，没有哪个国家想要跟别人打个不停。1938 年的历史学家们理应比 1900 年的历史学家们更清楚，人们毫无理由对 17 世纪或 18 世纪的殖民政策，以及英格兰人进行批判。

从所有殖民帝国的历史进程中，我们可以看到，基本上全部殖民地——除去新英格兰——的支柱产业都是原料出产，例如西印度群岛出产糖与糖浆；弗吉尼亚出产烟草；其他一些地方则出产木材、香料、鱼、毛皮，等等。帝国本土则致力于制造业与海外贸易的发展。如此这般，如下观点应运而生：无论哪个国家与地区都应当只从事自身能力可以做到，或者习以为常的事。换句话说，殖民地只能选择出产原料，以供帝国本土发展制造业与海外贸易所用；完全不可能在制造业和商业方面与本土一较高下。

查理二世废除了颁布于 1651 年的《航海法》，及其他一系列法律法规。这部《航海法》致力于建设英格兰海军，而颁布于 1660 年与 1663 年的其他两部《航海法》则致力于推动帝国内部的合作与商贸活动，并追求一定的公平性。这两部法案规定：无论哪个国家的殖民地船只（不包括苏格兰）享有与英格兰船只相同的运输权。不过后面还有一条补充条款，那是一份长长的货品清单，而清单上的货品只能销往英格兰市场。

在中世纪风靡一时的"斯塔普勒观念"卷土重来了：特定商品只能售往特定的地区市场。不过我们也能看到人们在公平性方面所做出的努力，举例来说，美洲地区出产的烟草只能销往英格兰市场；同时英格兰本土被禁止生产烟草，也就是被禁止与殖民地竞争。然而，如果我们将目光放长远一些便会发现，这样的规定只会让殖民地利益永远屈从于帝国本土商人利益，同时极为不公平地抑制了殖民地的制造业与海外贸易的发展。尽管当时人们对制造业与海外贸易的需求还很小，将来假如殖民地逐渐崛起，并且持之以恒地争取自身的权利与利益，那么毫无疑问，我们现在所看到的这一商业体系必然会遭遇重重麻烦，甚至冲突不断。

政治家们在洞察了真相之后，很快便看到了最容易出问题的地方。新英格兰地区气候寒冷、地势形态可谓支离破碎，而且土质也不好，没办法种植像样的农作物；如此一来，新英格兰若想进口英格兰商品，自己就得先开发制造业与商贸活动，然后采购原料，最后再与英格兰交易。尽管有部分殖民地表示抵制，不过在下世纪来临前，这些声音并不大。

查理二世之所以要推行这样的殖民政策，是为了在内战后重建秩序，也是为了加强帝国内部的联系。无论是站在历史的角度，还是站在他自己的角度，这样的殖民政策都不算严苛，也不算有失公允。在充满独立精神的马萨诸塞，在人们日益高涨的宗教自由思想与民主思想面前，英政府选择了退让。我在别处曾阐释过寡头统治政府获得殖民地高度控制权的过程，然而对于大英帝国来说，殖民地一面躲在英格兰的庇护下，一面高喊着独立自主。在这段时期中，殖民地政府的智商与道德即将跌到历史最低点，所有人都将知道它的小肚鸡肠：只有新英格兰教会的成员们拥有选举权；而浸信会教徒与贵格会教徒则遭遇了残酷的迫害。

英政府坚持要求殖民地践行誓言，尽忠职守；要求殖民地善待英格兰教会成员；要求将选举权资格给予拥有不动产的公民——当然前提条件是"未曾有过恶言恶行并信仰正统宗教"；要求停止迫害贵格会教徒。令马萨诸塞人心心念念的罗得岛获得了政府所颁发的特许令。《航海法》的实施给新英格兰带来了毁灭性打击；对于要不要废除这项法案，人们的争论持续了好些年。身为殖民地总督的爱德华·伦道夫在困难面前做出了失之偏颇的举动，因而也遭到了殖民地民众的唾弃。

忽略了新英格兰的贸易需求，这或许是该时期殖民政策的重大失误之一。结果，在1683年，马萨诸塞的特许令被强制吊销了。当然，以历史的眼光来看，对于殖民地而言，这一结果并未触碰最大利益。

查理二世对帝国的治理可谓谨小慎微，与此同时，帝国的版图也越来越大了。在伊丽莎白执政时期横行霸道的个人海上掠夺者早已销声匿迹，海盗与冒险家们迎来了他们的时代。其实海盗已经存在了很长一段时间，不过在这个时期内，在亨利·摩根（Henry Morgan）[1] 的指挥下，他们在巴拿马地区的势力渐渐达到了巅峰状态，尤其是在 1671 年前后。当然他们的所作所为并不是在为帝国建设添砖加瓦；开拓海外殖民地的手段依然是战争或者移民。

英荷战争结束之后，英格兰得到了原属荷兰的新阿姆斯特丹殖民地与特拉华殖民地。为了向查理二世的弟弟约克公爵致敬，新阿姆斯特丹正式更名为了纽约。如此这般，自缅因至佛罗里达的整个沿海地区，以及至关重要的伸入内陆地区的哈得孙河都成了英格兰人的地盘。沙夫茨伯里伯爵等人在一年前得到了卡罗来纳，特许令一如既往地赋予了该地区民选议会权与宗教自由权。其他被割让给英格兰的荷属殖民地也同样得到了特许令，例如后来的新泽西。1681 年，贵格会教徒威廉·佩恩（William Penn）被特许享有宾夕法尼亚殖民地的开发权。英属殖民地基本上都是沿着海岸线建立起来的，当然这不包括后来的佐治亚。在下个世纪到来之前，这样的格局将不会被改变。

1670 年，哈德逊海湾公司通过一次探险活动深入了北极地区，来到了加拿大的北部。他们并非为了开拓殖民地而来，不过是想避开众多警戒点贩卖毛皮。北部地区气候寒冷，南部地区气候炎热，因而它们的发展模式有着天壤之别。南部地区的皇家非洲公司是帝国崛起的强大动力之一。在 1663 年至 1672 年间，这家公司垄断了全球的奴隶贸易。对于信仰基督教的国家而言，与贩卖人口有关的特许令无疑是最令人心生胆寒的特许令。大西洋"中央航线"承载着无数人的苦难，充斥着尖利的叫喊、无助的呻吟，以及可怖的死亡；这场悲剧还将持续 200 年，直到美国内战爆发。大体上来说，

---

[1]　亨利·摩根，1635 年至 1688 年；17 世纪横行于西属加勒比海殖民地的海盗头目。他后来获得了查理二世的赦免，并被任命为牙买加总督，负责缉拿海盗，从而推动了牙买加地区的商贸发展。——译者注

奴隶制是美国内战的导火索。而在当时当刻，几乎所有英格兰上流人士，例如主张自由主义思想的哲学家约翰·洛克、各个殖民公司的股东们等，以及新的教士与商人们都拥有奴隶，并参与奴隶买卖。

无异于别的地区，以奴隶为劳动者的美洲注定会遇到大麻烦；不过与此同时，奴隶制也刺激了人口的大幅增长、财富的快速积累，以及相关权力的诞生。在北部地区，奴隶制并不能促进经济发展，因为当地人很早就从道德上摒弃了这种制度；在南方地区和西印度群岛上，却一直都发展得很顺利。在奴隶制的作用下，这部分地区得以快速发展起来，若非如此，它们很可能要被让给其他国家，因为在帝国看来，这些地区人烟稀少、发展滞缓、价值寥寥。无论怎样，在查理二世及其后人执政时期，奴隶贸易是推动帝国建设的重要因素之一。在后文中，我们将谈到英格兰得到孟买的过程；在这里，我们先来了解下英格兰本土的情况。

越争辩越无解的宗教矛盾

宗教和解已成燃眉之急。查理二世和伊丽莎白女王一样，虽然不信仰宗教，但对宗教也没什么偏见。他是个平易近人、宽容大度之人，看起来应该可以很好地解决宗教问题。然而令人惋惜的是，查理二世不仅没有继承伊丽莎白女王的政治才干，而且还很青睐日益强盛的罗马天主教。查理二世曾在《布雷达宣言》中发誓，将遵从信仰自由，抵制宗教迫害。不过他还表示，对于自己的这一誓言及其他誓言，议会享有最终决定权。最初的困境的确是议会一手造成的，与查理二世及首辅克拉伦登关系不大。

保王党在重新执掌了大权之后，打算重新起用《公祷书》与主教制度。长老会同意重启主教制度，不过提出了让英格兰教会来进行监管的要求。查理二世也没有反对，不过也提出了一个新要求：接受天主教。然而，无论是保王党还是长老会都对这一要求心生畏惧，最终，议会没有通过这个要求。在萨伏依会议（举行于萨伏依宫）上，上述两方各执己见；宗教和解的议题不得不留待下届议会定夺。

　　除却宗教纷争，查理二世所面临的问题还有很多。保王党人在内战时期、共和国执政时期，以及护国公统治时期陆续被没收了土地与财富，此时此刻，其内心升起了阵阵复仇情绪。他们曾遭到那些不支持国教之人的掠夺；宗教争端可以说就是这么扩大的。1662 年，《克拉伦登法典》通过了议会决议——实际上，该法典的制定者既不是克拉伦登，也不是议会。

　　因为《统一信仰法》的实施，那些无法全面遵行《公祷书》的教士与教师被免除了公共职务，人数达到 2000 名左右。在一系列法案颁布之后，凡是不支持国教的人都被迫离开了大学，因此英格兰文明受到了限制，人们的目光开始变得短浅了。1664 年，严苛的《集会法》得以施行。该法案规定，凡是参加了非英格兰教会宗教仪式之人，都会被驱逐出英格兰；以参加此类活动的数量为标准，最长驱逐期为 7 年。为了削弱《统一信仰法》所造成的影响，查理二世一度向议会提出要求，同意他以国王之名赦免一部分人，然而议会却搬出了《集会法》，并表示一定要将天主教的神父们驱逐出境。

　　1665 年，议会又出台了《五英里法》。该法案规定：在查理二世承诺永不改变国家统治制度和教会制度之前，凡是因《统一信仰法》被驱逐的神父不得回到先前教区方圆 5 英里之内。就某种程度而言，我们可以从这些法案中看到保王党对天主教及非国教教徒的不满之意与畏惧之心，以及浓烈的复仇情绪。这和美国在内战后重建南部地区时所抱有的政治经济动机有着一定的相似之处。遭到宗教迫害的非国教教徒来自不同的教派：浸信会、独立派、长老会，以及日渐强大的贵格会。许多长老会教徒一边践行着《公祷书》，一边在议会中做着斗争：为那些不践行《公祷书》之人争取法律上的宽大处理。尽管如此，还是有许多人遭到了破坏，并被驱逐出境；实际上，这些人最终成了西印度群岛上的奴隶。

不支持国教的人大多来自中产阶级与下层人民，就中产阶级而言，大多又是城镇中的市民与商人；支持国教的大多来自上层阶级，以及拥有土地的乡绅阶层。如此这般，国教与非国家的对立逐渐形成，并将长期存在。查理二世几度想要缓和局面，然而他的国王特权未能得到议会的许可。他在1672年颁布了《大赦谕告》（即《信教自由令》），表示支持天主教徒及非国教教徒享有宗教自由权。然而，人们极度厌恶天主教，也不支持斯图亚特家族统治者的王权，在这种情况下，作为该法案的受益者，非国教教徒们依然备受压迫。限制王权是必须要做的事，不过议会权力尚还无法完全战胜王权。尽管颇有才干的斯图亚特家族统治者没有被赶下台，然而目前看来，英格兰与其统治者之间的关系似乎无法回到从前了。危险不速而至，英格兰准备不足。假如当时的议会真的能替人民说话，那么让国王交出最高权力恐怕并非难事。然而，要让查理二世乖乖听话，议会还必须建立起真正能代表民意的立法机构，以及反应迅速且具有现代意义的执法机关——内阁。如果说一位"永远正确"的统治者是自由之路上的绊脚石，那么一个不能真正代表民意的议会同样会对自由的发展造成阻碍。

在处理宗教事务的时候，尽管查理二世是"信仰守护者"和教会领导人，不过显而易见，决定权并不在他手里，而是在议会手中。不到一年，查理二世被逼无奈地撤回了《大赦谕告》。我们将在后文中详细讲解他与议会之间的关系，不过在此处不妨提一句，他最终输给了议会；所有人都放弃了国王，选择了议会，就连当初深受议会之害的人也是如此。

尽管看不透查理二世与天主教会之间的关系，不过人们感受到了危机，毕竟查理二世婚内无子，而继位者很有可能是他那信仰天主教的弟弟约克公爵。1673年，《忠诚宣誓法》通过了议会审议；该法案规定，天主教徒不得出任任何公共职务。无奈之下，查理二世签字默认了；他如果不这么做，就得不到下议院的拨款。

如前文所述，假如除了那令人讨厌的约克公爵之外别无其他合法继承人，那么查理二世就可以高枕无忧地活下去，然而事实却是，仍然有人企图谋反。

一个极具舆论影响力的谣言是由图斯·奥茨（Titus Oates）——一个厚颜无耻、不足为信之人——引起的，被称为"天主教阴谋"。谣言宣称，在查理二世死于谋杀之后，耶稣会将帮助天主教徒詹姆斯成为统治者。在谣言传入民众耳朵之前，天主教问题已在民间造成了史无前例的恐慌。鉴于一部分贵族议员是天主教徒，议会对《忠诚宣誓法》做了修订，宣布将所有信仰天主教的贵族驱逐出境，当然不包括约克公爵（在法案中具名）。在所有信仰天主教的贵族中，有5人深陷伦敦塔，詹姆斯夫人的秘书当时也被判处了死刑。

在这件事发生之后，詹姆斯继承王位的可能性成了一个大大的悬念。其实查理二世所推行的宗教政策并非基于个人想要在本土及殖民地贯彻宗教自由的想法，而是遵照了人民的意愿——相较于议会贯彻民意的程度来讲。如前文所述，查理二世动机不纯，不足为信，所以他口中的宗教自由——常常包括天主教在内——是无法落到实处的。

一些英国权威历史学家指出，在那个时期，与一味退让相比，对宗教问题进行处理（而非解决）或许更好一些。假如在国教之外，允许所有其他教派，而非部分教派存在的话，那么非国教教徒们将在以后的日子里，凭借自身的财富与地位发展出新形态的宗教宽容；相较于彼时的教会选择性地接纳了一些教派，而将其他教派排除在外，这么做或许更容易实现宗教宽容。假如不是国王也不是天主教，而是议会控制了教会，并享有宗教立法权，那么人民便能更全面、更及时地行使监督权。实际上，直至查理二世执政后期，在上下议院中仍有许多议员和非国教教徒保持着利益往来，而规模尚小的辉格党并没有表示反对。

我们已经知道，查理二世曾在《布雷达宣言》中提到，将致力于改进政治制度与宗教制度，不过同时又给自己留了退路，将最终决定权与执行权交给了议会。当然，议会可不希望查理二世秉承其父亲的理念，专注于收割绝对至上的权力。查理二世被议会钳制住了；在他所召集召开的第一届议会上，包括大主教法庭、高等法院在内的特权机构——被废。在前期流亡海外期间，他欠下了300万英镑左右的债务；在平日里，他向来出手阔绰，不但肯为自己花钱，还肯为无以计数的情人们花钱，一没有钱就伸手向议会要。

尽管统治者与立法机构之间的关系发展并不会遵循某种发展定律，不过历史证明，复辟统治者的权力大不如前，而议会权力却蒸蒸日上；这是君主立宪制发展进程中的重大标准之一。查理二世的专制之所以能够在苏格兰施行，是因为苏格兰的情况大不同于英格兰；而在英格兰，他比其父更懂得审时度势，并适时地做出让步。

与现代接轨了：内阁与首相的出现

对于宪政发展来说，内阁的出现是极为关键的因素，当然在那个时候它的名字还不是内阁。彼时的英格兰已拥有超过500万的人口，分散于各处的众多殖民地，以及巨大的商业贸易领地。行政部门的任务越来越艰巨，仅凭传统的都铎王朝的治理方式，也就是由枢密院负责全部事务，已经无法解决所有问题了。虽然枢密院还在，而且规模日益庞大，然而各项事务还是被分配给了各个委员会。各委员会领导人及要员需要向枢密院汇报工作，并参与协商会议。查理二世也有参与过会议，不过因太过懒散而无法履行如现代首相一般的职责，倒是克拉伦登很好地扮演了首相这个角色。克拉伦登并没有出任任何公共职务，不过仍受到了查理二世超乎寻常的特别对待。凭借出类拔萃的才学与能力，他被公认为所有委员会的带头人。

英国内阁（迥异于美国内阁）在治理帝国的过程中起到了至关重要的作用；值得一提的是，它极富英格兰特色：在面对棘手的治理问题时，不以教条主义或规划为基础，而选择实用且明智的做法。尽管前文曾提到过首相办公室，也就是内阁的起源，然而在成为现在我们所看到的这个机构之前，它还经历了很多的磨砺。例如，克拉伦登从未想过要让内阁与议会发生关系；从下议院中也从未走出过委员会领导人。实际上，议会的模式还没有固定下来，甚至可以说风格多变。有的人认为应该效仿荷兰议会，在每一个工作日里围桌商议；有的人则建议坚守传统，让枢密院（或者是内阁）成为常设政府机构，如有必要就召开议会，以处理申诉、税收等问题。

启动首届议会选举的消息并非出自国王之口，所以那时的议会还只能叫作"大会"，而且只存在了几个月时间。包括《保障法》在内的一系列法案得以通过；很多在此前极力反对国王的人被赦免。尽管后来许多人被关进了监狱，或者被迫缴纳了罚金，不过最终被判处死刑的只有 13 个人；在给查理一世定罪的人当中，这只占了很少一部分。虽然克伦威尔、艾尔顿、布拉德肖等人尸首被挖了出来，遗骸被公开悬挂在绞刑架上，皮姆、海军司令布莱克等人的尸首也被人从威斯敏斯特大教堂的墓地中挖了出来，扔进了别处的土坑。然而总的来说，查理二世的复仇之心并不太重。在拿到所有军饷之后，军队就被查理二世解散了。议会得以重启，专制统治结束了，立宪政府正款款而来。

国王很想一个人说了算

伴随着 1661 年的春光，议会得以重新召开。这一届议会坚持到了 1678年，直至被查理二世解散。随即，查理二世开启了属于自己的独裁统治时代。然而，时间刚走到 1679 年，他就遇到了大麻烦。英格兰与西班牙之间的战争因为毫无实质进展而在 1662 年戛然而止，依照停战协议，敦刻尔克成了英格兰的领土。

同年秋，在议会休会期间，法国人花费 40 万英镑从查理二世手中买下了敦刻尔克。无论是议会还是人民都对此义愤填膺。在过去的一年里，查理二世解散了军队，导致伦敦遭遇了小规模叛乱；而查理二世却以此为借口组建起了一支拥有 5000 人的部队。人们自然心生疑虑。在无力承担部队开支时，查理二世没有伸手向议会要钱，而是选择卖掉敦刻尔克；这样的行为无疑会让英格兰蒙羞。

说实在的，当时的敦刻尔克或许并不具备太大价值，而且每年所消耗的驻军费与维护费至少也得有 10 万英镑。尽管如此，查理二世的专断独行，以及他的各种打算让英格兰陷入了深深的恐慌之中。如前文所述，他还颁布了首版《大赦谕告》，企图重塑国王特权并夺取议会的立法权；这一行为激起了下议院的怒火。

除此之外，他与凯瑟琳·布拉干萨——葡萄牙摄政女王之女——的婚姻为他带来了大量财富。凯瑟琳当时带过来的陪嫁品折合下来大抵有现在的 80 万英镑，更不用说孟买与丹吉尔这两个地方了。假如英格兰采取激进的地中海战略，那么丹吉尔无疑会是个极为重要的军事基地；不过英格兰并没有选择走这条路，不仅撤掉了驻扎在丹吉尔的军队，还彻底将它束之高阁了。孟买作为第一个英属印度领地并未引起查理二世的重视，并在 1668 年成为东印度公司的财产。

在普罗大众看来，国王婚后最重要的任务就是生养继承人，免得不受欢迎的詹姆斯将来独揽大权；然而，查理二世夫妇没能完成任务。在这场婚姻的助力下，一个历时不久但十分关键的同盟诞生了：英国与法国开始携手攻击西班牙——当时西葡战争正如火如荼。风华正茂、性情温和的查理二世忽然发现，自己的表弟路易十四竟是如此光彩照人，并对路易十四那日趋耀眼的荣光与绝对权力心生嫉妒。这场婚姻还带来了更为惊人的一幕：在接下来的两个半世纪当中，英格兰与葡萄牙一直维持着友好且团结的商贸伙伴关系。

议会与统治者之间的矛盾日益尖锐了。尽管如此，在 1664 年，议会还是废止了《三年法》；对于查理二世来说，这无疑是个实现个人独裁统治的好机会。在不远的将来，他的确没有让这个机会轻易地溜走。最早的《三年法》规定，定期召开议会；休会期为三年以上。然而，在临近休会前，因为担心该法案被人利用并导致议会解散，议会对《三年法》做出了修订，明确表示至少每三年就得召开一次议会。很遗憾，他们忘了制定相关机制以避免国王的干预。出于这一原因，《三年法》为查理二世实现独裁统治留下了余地——假如他不想看到议会，假如他想选择独裁；最起码，查理二世随时都可以做出这样的选择。

英格兰与荷兰又打了起来。查理二世向来与荷兰人有仇——他的外甥、前荷兰总督、来自奥兰治的威廉被荷兰共和国罢免了；尽管如此，这次双方争夺的关键却是贸易权。在战争爆发之前，英格兰收割了新阿姆斯特丹，却被荷兰人抢走了非洲沿海地区绝大多数可以进行奴隶贸易的港口。1665 年，议会接受了这场战争的存在，并拿出了 250 万英镑作为资助。在洛斯托夫特，英格兰海军完胜。然而，随之而来的却是一场大瘟疫，英格兰海军也因此失去了海洋上的优势。这场瘟疫将蔓延至英格兰的各个角落，会在后文详细描述。

按照与荷兰人的约定，路易十四在 1666 年 1 月 1 日宣布要出兵英格兰。实际上，他几乎只是动了动嘴皮子。那一年的夏季时光一定会记住英荷海军在海洋上的几场大型厮杀。没想到的是，英格兰又一次遭遇了天灾人祸：一场大火吞噬了整个伦敦，就破坏程度而言堪比前文所说的那场大瘟疫。

英格兰人想要停战，可这战争一打就是一年。在这一年里，查理二世与路易十四秘密约定：查理二世承认西属尼德兰归路易十四所有；路易十四承诺不再以任何形式支援荷兰。在西班牙国王腓力四世于 1665 年一命归西之后，一众欧洲国家纷纷开始对这个国土广袤、属地众多的帝国的继承问题指手画脚。眼看法国人直逼尼德兰边境，荷兰人立刻答应了和解条件。很轻松地，《布雷达条约》得以签订。为了继续自己的娱乐生活，查理二世解散了海军，遣散了士兵。在见到麦德威河中的荷兰舰船时，英格兰人愤怒至极，倍感屈辱。最后，战争以一纸条约结束：英格兰彻底退出了香料群岛，不过保住了先前得到那些原属荷兰的美洲殖民地。

下议院将怒气统统发泄到了身为首辅的克拉伦登身上，痛斥了其所采用的战术。另外，下议院还做了一件极具现代意义的事情：要求查理二世对议会拨款的用途做出说明。此前，下议院已经做出了决定，在未经议会许可的情况下，国王不得擅自募款；此时，下议院又提出了更严格的要求，在未经议会许可的情况下，国王不得随意开销。克拉伦登并不是这些要求的支持者，然而到了最后还是被查理二世弃之不顾了——查理二世还在心里琢磨着，他可是帮助我登上王位的不二之臣呢！克拉伦登悲从中来，不得不离开了英格兰，躲到海外了却余生。

在克拉伦登被罢免之后，查理二世兼任起了首辅这一职务，不过也有一些别的顾问，例如克利福德（Clifford）、阿林顿（Arlington）、白金汉（Buckingham）、阿什利（Ashley）、劳德戴尔（Lauderdale），等等。后来，上述五人组织起了著名的"阴谋小集团"（Cabal），这一名称是他们名字首字母的组合。接下来，我们将讲述在查理二世执政时期，最令英格兰人感到耻辱的事情。

法国国王路易十四正在与西班牙国王查理二世对决沙场。西班牙国王查理二世是腓力四世之子，身体不太好，智商也不太高。在法国国王路易十四那填不满的欲望面前，其他国家都小心翼翼起来；为了制衡法国，英格兰、瑞典与荷兰缔结了三国同盟。1668年，三国签订了《亚琛条约》（Peace of Aachen）。然而英格兰国王查理二世却将同盟机密告诉了路易十四；要不了多久，他还会将自己与国家的命运交到路易十四手上。次年，约克公爵广而告之自己信仰天主教；其实查理二世也开始信仰天主教，不过暂时对外保密。查理二世在与路易十四博弈，不过他提出的价格条件实在是太高了。在此后的 8 年中，为了让他放弃天主教信仰，议会每年都将给他拨款 30 万英镑。在得到钱之后，他就会宣布休会。

然而，这些钱对他而言根本不够用。虽然他向议会做出过承诺，可实际上他根本不想听命于议会。1670 年 6 月 1 日，查理二世与路易十四在多佛做出了秘密约定：查理二世承诺将与法国人一起对抗荷兰人，并将帮助路易十四继承西班牙国王的遗产。路易十四则承诺，假如继承遗产的是英格兰，那么他将在查理二世迫不得已公开自己信仰天主教时，帮助其镇压民众，为其提供 154000 英镑与 6000 名士兵。除此之外，如遭遇战事，路易十四还会出借 30 艘军舰，以及每年 23 万英镑的资助。为了给这个秘密约定打掩护，两人于次年签署了一份公开的合约。人们在新条约中完全看不到查理二世的宗教信仰问题，法国的资助也被美化为战争需求。另外，议会还向查理二世拨款了 80 万英镑。然而，查理二世的个人私欲可谓沟壑难填。他的新情人是法国人——路易十四的人——成为朴茨茅公爵夫人，享受着每年 4 万英镑的福利。另有传闻说，她每年从查理二世手中拿到的钱至少有 136000 英镑。1672 年，为了避免破产，查理二世做了最后的挣扎：将自己 140 万英镑的借款一笔勾销了，正因如此，许多金匠将宣告破产。

同一时期，法国人还在向瑞典人进献，想让他们放弃与荷兰人为伍。于是，荷兰不得不独自作战。英荷海战不过是这场战争的一部分；在欧洲大陆上，重新回到队伍中的威廉带领着荷兰人全力守护着自己的家园。他们挖开了河堤，任由河水凶猛而来，好置敌人于死地。在情感层面上，荷兰人得到了英格兰人的同情，而法国人却越来越招人讨厌。与此同时，与秘密约定有关的流言四起，查理二世不得不选择停战和解。惜字如金、坚韧不拔的威廉在欧洲大陆战场上为荷兰找到了一个盟友，带来了一段短暂的和平时光。法国国王路易十四正处于其巅峰时刻，一心想要成为欧洲霸主。

尽管在英格兰与荷兰的阻击下，他未能如愿以偿，不过争夺过程确实复杂且漫长。

约克公爵迎来了第二次婚姻，英格兰人为此不得安宁。在英格兰人看来，约克公爵不仅信仰天主教，而且还有可能成为英格兰国王；不过，至少他身后的合法继承人，即他婚内所生的两个女儿，也就是安妮公主与玛丽公主都是新教徒。两位公主的生母，即约克公爵前妻安妮·海德是克拉伦登伯爵之女，同时也是一名新教徒。不过，约克公爵的现妻摩德纳公主玛丽却信仰天主教。假如他们生下的不是女孩，那么英格兰一定会遭遇叛乱，因为英格兰人不会接受在自家王室中有天主教徒。1677 年，玛丽公主嫁给了来自奥兰治的威廉；威廉同时也是其表哥。他们的婚姻对英格兰而言可谓影响深远。在这个时期，查理二世与议会之间的关系仍然十分紧张。1676 年，在表示拒绝拨款之后，议会被查理二世拖入了长达 15 个月的休会期。为了帮助查理二世摆脱下议院的控制——假如有可能，路易十四每年都会给他 10 万英镑资助。查理二世在战争期间恶劣行径；1678 年，提图斯·奥茨阴谋后造成的持续性恐慌；同一年，首辅丹比被免职；1679 年，议会再次被解散，诸如此类的事件让英格兰人心有余悸，怨声载道。

议会屡屡要求把詹姆斯排除在继承人行列之外；一部分人甚至举荐了蒙默思公爵，而他是查理二世的私生子。此时，反对派的带头人是沙夫茨伯里伯爵与丹比。随着人民的不满之情越来越强烈，查理二世对沙夫茨伯里伯爵的支持者和城镇中的暴乱者们也越来越害怕。于是，1681 年，查理二世召集召开了议会，不过议会地点从伦敦改为了牛津。因为害怕被托利党人袭击，辉格党人带着武器出席了议会。这看起来是要爆发内战的节奏。初见端倪的人民很快表明了态度：无条件支持查理二世，为追求和平而努力。

最后，企图将查理二世作为人质的沙夫茨伯里伯爵远赴荷兰避难，不过在路上一命呜呼了。暴力事件如期而至；那是该时代的特点之一。查理二世推翻了伦敦等自治城镇的宪章，他这么做的目的是对选举进行控制，以方便托利党人得势。因为托利党人站在英格兰教会一边，所以英格兰又开始大量迫害非国教教徒。"黑麦房阴谋"因被人洞晓而未能得逞：沙夫茨伯里伯爵手下一帮莽夫打算在路上设下埋伏，绑架自纽马克特返回王宫的查理二世与詹姆斯。

另一个更为凶险的阴谋是：蒙默思、拉塞尔、埃塞克斯等颇具名望的辉格党人正计划以某种特殊形式掌控国王——未必是武力形式。结果，埃塞克斯被迫自尽；拉塞尔、阿尔杰农、西德尼被判死刑；查理二世私生子蒙默思被驱逐出境，逃往欧洲大陆。查理二世已经有三年时间没有召集召开议会了，而且到现在也没有表现出要召集的意向；为他提供资金的是法国国王路易十四。查理二世的突然死亡成了英国历史的转折点，这或许是上天的安排吧。在接受了天主教圣礼后没几日，瘫痪在床的英格兰国王离开了，那天是1685年2月6日。詹姆斯顺利登基，成为英格兰有史以来第一位公开承认信仰天主教的国王。

查理二世时代对于英国历史而言是十分重要的。如前文所述，查理二世始终致力于建设和巩固大英帝国；促成了内阁与首相的诞生；推动了君主立宪制的进程。尽管监管首相工作的是国王，而非议会，不过议会权力的的确确增强了不少。倘若国王与首相所提出的政策遭到了议会的坚决抵制，那么这些政策就无法实行。

在此后两百年间，辉格党与托利党是英格兰的两大党派，引领着英格兰的社会生活；无论是辉格党，还是托利党，抑或是现在竞选方式，以及党派的忠诚观念，都萌生于查理二世执政时期。所谓忠诚并非指效忠于某个教义，而是指效忠于某个党组织或党派。大体上，托利党的主要成分是英格兰教会的支持者、地主与大部分贵族；辉格党是商人、非国教教徒，以及小部分贵族。

查理二世复辟刺激了商业贸易的发展，一改内战时期与共和国时期经济的萎靡状态。在众多商业贸易公司中，最值得一提的是东印度公司。它曾给出如下数据：在 1602 年至 1664 年间，年利润率为 20%；1665 年为 40%；1685 年为 100%。从第一年算起，截至 1691 年，其平均年利润率为 22%。像东印度公司这样的英格兰商贸公司还有很多。他们运用了颇为现代化的金融手段及财务管理方法，从而加快了国家资本的运转。纵然局势并不向好，但贸易利益依然巨大，不难推断那时候的商贸发展已经达到了一定水平。在查理二世执政时期，政府不但要应对巨额的财政支出，还要应对英荷之战，以及两次大灾难。

1665 年至 1666 年间，英格兰遭遇了大瘟疫的侵袭。这是从 14 世纪黑死病爆发之后，情况最糟糕的一次灾难；当然，或许也是最后一次。作为英格兰的国家中心，伦敦的人口已是 50 万有余，因此它所遭受的损失也是最大的：至少 10 万人丧生。与此同时，其他地方也有许多人被瘟疫夺走了生命。当然，德比郡伊姆村（Eyam）的情况实属罕见：300 多人中只有 30 人幸存。

瘟疫的阴霾尚未散去，一场大火进一步摧毁了伦敦。在大火肆虐的地区，包括教堂与公共设施在内，至少有 13000 座建筑毁于一旦。据估计，火灾损失大概在 700 万至 1000 万英镑之间，要知道那时候保险还没有诞生！尽管损失惨重，不过被毁掉的毕竟都是经历过瘟疫的建筑，重新修建其实对伦敦来说是有利的，至少能更健康，更干净些。短短 7 年时间，伦敦先是遭遇了瘟疫，后又遭遇了火灾，而在此期间，查理二世还没收了金匠们的 140 万英镑。当然，由此不难看出，伦敦人是十分有钱的。

在熬过了清教时期的严苛生活之后，人们迎来了复辟时期的道德与习俗的转变。伤风败俗的查理二世做出了糟糕的示范，而那些刚刚重返英格兰的尚不成熟的保王党人，以及那些时常进出王宫之人却都在以他为“榜样”。剧院重新打开了大门，一如往日般深受人们认可。彼时的戏剧大多都很幽默，内容也比较开放，无论哪个作家的作品皆是如此，例如名家奥特韦、康格里夫、威彻利、范布勒、法夸尔，等等。

然而，清教思想仍然具有很大影响力。无论如何，这种思想已经融入了社会，清教徒们秉承着休息日制度，时至今日依然如此。另外，在这个历史时期内，我们不仅可以看到德莱顿的著作，还能看到弥尔顿笔下的经典，以及班扬所创作的脍炙人口的宗教专著。这些杰出的作家都深受宗教的影响，不过他们的命运却截然不同。班扬的父亲是一位挨家挨户替人补锅的匠人，他把这门手艺传给了班扬。由此可见，在那个时候，就算是流浪汉也能读书写字，而且还有机会出版作品。毫无疑问，班扬天赋异禀，是一个极为优秀的散文作家。尽管夹杂着一些偶然因素，不过班扬的经历告诉我们，彼时的社会组织已经颇为成熟了：一位社会底层人士可以受到如此良好的教育，并成长为深受众多读者爱戴的优秀作家。《天路历程》是他的代表作品，全文采用"圣经体"，就名气与阅读量而言，足以和《圣经》比肩。这部作品是班扬身陷大牢时所写就的；他用那漫长且痛苦的 12 年时光缔造了一部轰动整个英格兰，乃至整个世界的寓言作品。这本书感情真挚、坦诚可信、自然生动；它源于人们的内心，因而能帮助人们找回自我。就某个角度而言，它反映了英格兰人的特质。

弥尔顿是该时代又一位杰出的文学代表。一定程度上来说，他是这世上最卓越的诗人。在其著作《失乐园》面前，能抬起头来的只有但丁的《神曲》。自希腊及罗马时代至今，《神曲》堪称最优秀的历史诗歌。如前文所述，其实弥尔顿在斯图亚特王朝初期所创作的作品，更多地反映的是伊丽莎白女王执政时期的风貌。在长达数十年的内战期间，弥尔顿因担任了公共职务而无暇顾及诗歌创作。他开始创作政治散文，例如经典作品《论出版自由》。这是一本颂扬出版自由的独一无二的著作，时至今日依然拥有巨大的影响力。

弥尔顿的早期作品迎合了时代的政治特征与社会风貌。在复辟王朝所带来的肆意的思潮下，他依然写就了英文作品中，或者说全部作品中最好的宗教诗歌。这是值得敬仰的，而且我们不应片面地、简单粗暴地看待某个时代。继《失乐园》之后，弥尔顿又创作了《复乐园》，阐述人的堕落与自我救赎。这是一部兼具宗教思想、哲学思想、个人感悟的，意义深远且诗意盎然的作品。他笔下的诗歌端庄高雅、严肃真挚、震撼人心、魅力无穷，而且拥有深刻的宗教思想；其韵律之美，每每诵读起来，都叫人错以为自己正在通过大教堂的走廊。这种极具韵律的英文作品其实还有一些；而了解这种韵律，也是了解大不列颠民族的一个通道。

戏剧与宗教专著的兴盛并不是复辟王朝时期民众精神生活发展的全部表现。在那个时候，科学渐渐兴起，并且得到长足的发展。皇家学会横空出世，招揽了波义耳、克里斯托弗·雷恩、威廉·佩蒂等人，还有我们耳熟能详的艾萨克·牛顿爵士。由此可见，除了讨论放荡不羁、不足为信的查理二世、日渐强大的议会、内忧外患之外，我们还应该从别的角度来看看这个时代。

尽管英格兰与荷兰都爆发了民主运动，不过与当下无二，无论是力量，还是效率，独裁政府都更胜一筹。类似的情况在那个时候并不鲜见：法国国王路易十四高高在上，他的国家已称霸欧洲；瑞典国王卡尔十一世仿效法国做着国家建设；波兰也走上了独裁统治道路；才化险为夷不久的荷兰也多少陷入了威廉的个人统治之下。那么，在詹姆斯上台之后，英格兰是会沿着自由与自治之路走下去，还是会转入独裁之路呢？

詹姆斯堂而皇之地在位于白厅的大教堂中举行了弥撒；与查理二世比起来，他更加无能、更加固执、更加自大，也更加难以说服。无异于查理二世，他也不懂得妥协之道。因为不想和议会闹僵，他在登上王位后所做的第一件事是，请求路易十四做出资助承诺。这显然不是什么好兆头。

在查理二世去世前的数年里，托利党无疑是国家统治的功臣；现在，在托利党的支持下，詹姆斯召集召开了其治下的第一届议会。在宗教方面，他默认了英格兰教会的地位，同时也极力想要为天主教谋得自由；才能出众的理查德·巴克斯因为提出了不同的意见而遭受了牢狱之灾。无论如何，基于当时的民众情绪，以及托利党所控制的下议院的站台，詹姆斯还像查理二世那样拥有固定收入。

早先被驱逐出境的阿盖尔带领着一帮苏格兰人发起了叛乱；他不仅没有

成功，还被判处了死刑。在执政首年里，詹姆斯还遭遇了另一件大事是：他的侄儿蒙默思，也就是查理二世的私生子带兵打了回来。在英格兰西部地区，蒙默思人气颇高。在从莱姆上岸之后，他立刻宣布自己才是真正的英格兰国王。在挺进汤顿的路途中，他尽管没有得到任何乡绅的支持，但一路也算颇为顺利。在赛奇莫尔，詹姆斯领兵阻击，蒙默思溃不成军，躲进了新森林。议会判决蒙默思犯了叛国罪，并在抓住他之后，很快将其处决。尽管蒙默思未能成功，不过此次叛乱却成为后来詹姆斯统治被推翻的原因之一。

蒙默思其实是辉格党人，尽管如此，詹姆斯在平息叛乱后的所作所为却令托利党人既担忧又厌恶。于是，为了追求民主与正义，两大党派联合了起来。大法官杰佛利因常常对被告蛮横无理而受人唾弃；现在，他受命前往西部地区，开启了"充满血腥味的巡回审判"。随后，他绞死了三四百人，并将八九百人发配到了西印度群岛，而那些人在岛上只能做奴隶。英格兰上上下下都陷入了恐慌。

詹姆斯向议会提出了废止《忠诚宣誓法》的要求，因为他想在自己的军队——历经两次叛乱，而后积蓄起来的三万人——中任命信仰天主教的管理者。路易十四废除了法国的《南特赦令》，这意味着新教徒将被逼上绝路。尽管胡格诺教徒并没有因此而从法国横渡海峡来到英格兰，不过英格兰人心里都很清楚，假如詹姆斯也这么做，那么英格兰将要面临什么。议会的抵制毫无作用，詹姆斯不但驻军伦敦，而且还任命了许多信仰天主教的军官，甚至漂洋过海地招募来了许多爱尔兰人加入自己的军队。他搬出了传统的特免权，也就是在特定情况下，国王不必严格遵行法律。在法院判定其行为不合法时，他索性换掉大法官。英格兰教会的重要职务也被天主教徒们占领了；大法官杰佛里同时还兼任了教会统领的职务。如此一来，杰佛里便拥有了审判所有英格兰牧师的权力。

在法国与耶稣会的牵引下，詹姆斯走得越来越偏了。为了让那些非国教教徒支持自己扶植天主教，他在1687年颁布了《大赦谕告》，赋予了天主教徒与非国教教徒们信仰自由。到了这个时候，他想扶植天主教的事情已成了公开的消息。

詹姆斯要求牛津大学洛林学院选择一位天主教徒来做校长，不过遭到了所有推举者的反对；他开除了这些人。在其执政之初，无论是枢密院成员，还是治安法官，站在国家公共职务岗位上的大多是托利党人；然而到了1688年，在詹姆斯的不择手段下，身负要职的托利党人被天主教徒挤走了。詹姆斯还重新启动了高等法院，并对英格兰国教，也就是圣公会教士们的钱财与职务虎视眈眈。

1688年，詹姆斯对《大赦谕告》进行了修订，并要求所有教堂都得宣讲。而后，七位主教一同请求他赦免那些被攻击的教士。然而，詹姆斯即刻下令，以"叛乱"为由抓捕了七位主教，并对他们进行了审讯。最终，陪审团裁定那七人"无罪"；欢呼声响彻伦敦，或许詹姆斯也听到了吧，虽然他正在蛮荒的豪恩斯洛检阅着军队。

没人觉得詹姆斯能坚持太久，而作为其继承人的两位公主都是新教徒。诅咒国王的英格兰人原本还可以再忍一忍的，然而发生在6月19日的一件事却将詹姆斯彻底推入了深渊。那一日，詹姆斯成了一个男孩的父亲。在人民看来，就意味着未来的国家继承者很可能会信仰天主教。一开始，有人认为这是个骗局，认为那个孩子并不是詹姆斯的亲生儿子，而是被人用长柄炭炉带进了王后的产房。然而，在詹姆斯正式公布了喜得贵子的消息之后，这个男孩到底来自何处就已不再重要了。实际上，争论引发了更多疑问，并衍生出了更多派别分支。

无奈之下，两大党派开始了合作。随着男孩的降生，危险越来越多了，威胁也越来越大了；在经过一番深思熟虑过后，他们拟定了计划：让荷兰奥兰治的威廉来到英格兰帮助他的妻子，也就是詹姆斯之女玛丽公主登上宝座。查理二世让人们大体默认了君权神授观念，以及不抵抗主义；然而在这位信仰天主教的统治者治下，上述两种思想早已荡然无存。在不远处的海峡彼岸，法国的天主教徒发起了宗教迫害运动；对于英格兰人而言，这可是活生生的教训。在这种情况下，广大党派的领导人们联名发出了邀请函。

威廉这个人向来少言寡语、疾言厉色、不太受人欢迎，而且十分要强；他的身体不怎么好，经常生病，不过他一直很坚强，而且越来越坚强。他看起来不像是斯图亚特家族之人，因为他对女人完全不感兴趣。他膝下无子无女；结婚不过是为了自己的政治前途；只知道一门心思地对抗法国。他是加尔文派成员，因而对宗教漠不关心。他的军事才能并不出众，但其政治才能却十分了得。很长一段时间以来，英格兰埋下的机遇就摆在他眼前，可是要做出决定并非易事。一方面，他必须顾全自己的人民，顾全自己国家的盟友；这是一场冒险，倘若失败，荷兰将万劫不复。另一方面，想将欧洲大陆的"伟大君主"[1]推下神坛，就不得不依靠英格兰这股力量。最终，威廉打算孤注一掷。

在路易十四亟待支援时，詹姆斯却触怒了这位法国国王。对于威廉来说，获胜的希望又多了一点点。这时候，法国人还没有进入英格兰境内，不过已经渡过了英格兰与荷兰之间的海峡；荷兰方面的压力顿时减轻了不少。1688年11月，威廉带领着自己长期集结的远征军从托贝上了岸，进入了英格兰。就意味着詹姆斯再也没有退让的机会了。威廉一路挺进伦敦，沿途有不少乡绅与百姓加入其中；这让我们不禁想到，先前蒙默思的进军未能享受如此待遇。包括丹比、德文希尔、西摩，以及丘吉尔这位举足轻重的人物——将来的马尔伯勒公爵在内，詹姆斯帐下的一众统领纷纷倒戈了。各地不断冒出了各种起义军，相较而言，詹姆斯手下那支杂牌军实在是毫无气势可言。

---

[1] 法国国王路易十四。——译者注

伦敦人民挺身而出反对詹姆斯。若不是君权神授观念与不抵抗主义早已深入民心，那么对于威廉、英格兰，乃至欧洲大陆而言，此次内战的历史影响力恐怕还要大很多；被赶下台的詹姆斯或许并没有机会逃往海外。12月10日，詹姆斯安排妻儿先行前往法国；原本打算翌日出发的他被逮了个正着，随后便被押送回了伦敦。威廉宅心仁厚，詹姆斯最终顺利地离开了英格兰，前往了法国。

威廉曾经做出过承诺：起用民选议会。虽然他无权颁布选举令，不过在1699年，民选议会还是在伦敦开幕了。鉴于詹姆斯已经逊位，议会做出了如下决定：在国王之位暂时空缺的情况下，由威廉与玛丽共同治理英格兰；在威廉百年之后，玛丽将享有王权。在逃亡之路上，詹姆斯将国玺扔进了泰晤士河，也就是说他其实并没有正式失去国王这个头衔。

作为詹姆斯的长女，玛丽在得到统治权后，并没有获得同父异母的弟弟的认可；血缘关系更远的威廉就更不用说了。无论是世袭制，还是君权神授观念，抑或是不抵抗主义，都紧随那枚国玺之后沉入了历史长河。自此之后的所有统治者都应该感谢议会赋予了自己国王的权力；而在所有的政府机构中，议会也因为与统治者关系密切而收获了高一等的权力。作为威廉的身后事，未来的王位继承顺序如下：玛丽；玛丽的子女，男性优先；若玛丽无子女，由安妮公主继位；若玛丽死在威廉之前，那么继任王后所生的子女同样享有继承权。

数年以来，英格兰政要们似乎都拥有两副面孔。谁也说不清，是不是因为詹姆斯管理无方，威廉才得到了统治机会，不过不可否认的是，摆在英格兰人面前的有两条路：要么选择那个来路不明的天主教徒；要么选择有威廉做后盾的玛丽。在这样的时刻，对于英格兰人而言，个人命运已经不是最重要的了，民族利益已然超越了一切；更何况，内战与克伦威尔所带来的阴霾尚未彻底消除。这几年可谓危机四伏，令人心力交瘁；而那些善于左右逢源之人，譬如马尔伯勒，一边享受着人们的称赞，一边接受着尖利的攻击——这与许多历史学家，特别是早期历史学家们的党派所属有关。马尔伯勒等人的行为及其动机是他人无法参透的，时至今日，他们的想法早已化作云烟，无从考证了。

尽管"光荣革命"也有污点，不过其光芒更甚：内战一触即发，政府无力为继；在这样的情况下，他们竭尽所能地采取了不怎么违法、不怎么违逆传统、不怎么暴戾的方式达到了转型的目的，建立起了将持续200年的稳定的新秩序。

在这条路的尽头，我们将看到法国及其国王路易十四的逐渐衰落；英格兰的日益强大；民主与自治的迎难而上，以及英格兰的世界霸主地位。此刻，威廉与马尔伯勒正在计划消除"凡尔赛太阳神"[1]对欧洲地区的巨大影响；《革命稳固法》将充分证明英格兰人是具有政治才干的，它将在日后赋予沃波尔、皮特等人别样的力量以征服世界。威廉一度"令英法彼此为敌"，而现在，他与那些左右逢源之人反倒成了英格兰的贵人，推动了英格兰夺取世界霸主的历史进程。

---

[1]　法国国王路易十四。——译者注

第十五章

光荣革命：为立宪制大开大门

　　威廉的成功看似轻松，但实则凶险异常。能不能抑制住野心勃勃的路易十四，这决定了英格兰乃至整个欧洲未来的命运；百年之后，人们还将以同样的心态面对拿破仑。在这个问题上，威廉的洞察力超过了当时所有的政治家；他一心想着将荷兰，以及欧洲大陆从路易十四的专制统治下拯救出来。胸有大志的威廉对自己能不能当上英格兰国王毫不在意，不过他心里很清楚，想要扳倒法国，自己就必须竭尽所能地先扳倒那个与法国国王称兄道弟的天主教徒，也就是詹姆斯二世。威廉没有错过任何机会；他果断地带兵出击，并获得了胜利，从而改写了历史。

　　然而，如果路易十四再足智多谋一点，极力阻止威廉横渡海峡；如果威廉在登陆时风向并没有改变；如果詹姆斯二世没有冒犯路易十四；如果詹姆斯二世没有一逃了之；如果英格兰人站在威廉的对立面；如果两大党派没能不计前嫌携手共进，那么，威廉不但无法拯救英格兰，还极有可能给荷兰带去灾难。

　　政治家的精明与命运的安排是一对绝妙的组合，虽然我们很难在堪称历史转折点的事件中看到。在英格兰人眼中，威廉毕竟来自异国他乡。威廉心知肚明，英格兰的政要们无论如何也理解不了自己想在欧洲大陆上做的大事，但是假如英格兰不出面肩负起这般重任，那么他就不可能实现自己的目标。他还意识到，两大党派的合作迟早有一天会结束，到时候一定会有人煽动詹姆斯东山再起。总而言之，英格兰还将继续处于动荡不安之中。

令异乡人威廉头疼的事情

他不相信任何人，不喜欢英格兰，英格兰人也不喜欢他。然而，他却非常清楚英格兰人到底想要什么——拥有纯正英格兰血统的斯图亚特家族统治者反而对此知之甚少。不过，想要让英格兰人支持自己的疯狂行为，他就必须将人民意愿与自身意愿融合到一起。在命运的安排下，威廉来到了英格兰，并成为英格兰的统治者；而且自始至终，他都比别人更清楚英格兰的政治偏见与政治实力。

比如《革命稳固法》，这并不是一部新的宪法，不过是众多相互独立的法律法规——为了压制不满或化解危机所制定的条文——的集合。当中的《权利法案》规定：国王不得擅自废止法律法规；未经议会许可，不得长期集结军队；不得对自由选举进行干预；不得对议会内的自由演讲进行干涉；等等。新《三年法》规定：不得连续三年不进行议会选举；每年必须修订《陆海军违反军纪惩治条例》；除去必要的生活开支，国王不享有其他固定收入；议会的会议周期为每年一度。《宽容法》规定：人民享有信仰自由权，但不包括天主教和一元论。这不仅迎合了人民的想法，也缓解了宗教矛盾。

看起来很轻松，英格兰通过和平方式远离了詹姆斯所向往的独裁统治，渐渐走向了威廉所指引的立宪制度。英属殖民地也正在做着这样的转型，不过其过程与英格兰本土大相径庭。一方面，英政府没有对殖民地自治进行干涉；另一方面，马萨诸塞还没有获得相关特许令，所以一时间没有办法与本土看齐。1691 年，随着新特许令的颁发，迎来了新设置的皇家总督；随后，其他殖民地也通过民选方式建立了地方下议院。在其他领域，民主思想与宗教自由思想也有了长足发展。

罗得岛与康涅狄格坚持自选总督，除此之外，其他英属美洲殖民地与西印度群岛殖民地都接受了英政府的管理形式：皇家总督享有任免上议院议员的权力，下议院议员则产生自民选。这种模式直接复制了英格兰国王与上下议院所构成的体系；以王权为核心，上下议院享有不同的权力。当然，英政府享有对殖民地贸易活动的监管权。

光荣革命还对政府内部各部门间的关系做出了细致的调整。自此，王权被彻底置于议会权力之下，而且过不了多久，还将屈从于下议院权力。从理论上说，国王是维系各殖民地与英格兰之间关系的纽带，殖民地效忠于英格兰国王；然而，现在议会权力凌驾于王权之上。如此一来，各殖民地很快便意识到，自身正日趋受控于议会。

通过颁布《航海法》，英政府对殖民地的商业贸易活动进行了管制；除此之外，各殖民地立法机关还享有自由立法权，就像英格兰本土的议会那样。3000 英里，这是英格兰与其殖民地的地理距离；毫无疑问，它们的差别是巨大的，英政府根本没有办法成为殖民地的直接代表。英格兰也好，英属殖民地也罢，光荣革命似乎并没有获得足够的重视，不过那不为人知的变革似乎正酝酿着一个不怎么美好的果实。

威廉与玛丽顺利成为英格兰统治者。此后，威廉不得不面对苏格兰问题与爱尔兰问题，而且看上去都挺棘手。在这两个问题上，他没能像往常一样表现出非凡的政治智慧。究其原因，或许是他向来专注于欧洲大陆问题；相较于英格兰，他确实不怎么了解苏格兰与爱尔兰的过去和现在。糟糕的是，它们都是大麻烦，而且情况已经到了火烧眉毛的地步了。欧洲大陆的局势瞬息万变。1689 年 4 月，路易十四宣布出兵西班牙；5 月，为了携手抵制路易十四，荷兰与神圣罗马帝国签署了《伟大同盟条约》。威廉原本有意加盟，可是他担心詹姆斯的支持者们会趁机作乱于爱尔兰和苏格兰。

在苏格兰境内，作为詹姆斯的支持者，来自克拉弗豪斯的格雷厄姆与戈登公爵发动了起义，并在基利克兰基战役（The Battle of Killiecrankie）中战胜了英格兰军队。苏格兰议会则公开表示将站在威廉这边，当然，他们提出了一些要求。继英格兰之后，苏格兰人也暂时放下了那无休无止的宗教矛盾，尽管尚有许多地方有待完善。长老会得以重见天日，宗教自由也得到了保护。教会不但失去了统治权，而且还被议会视为绊脚石，并彻底被废除了。

苏格兰大致可分为高地地区和低地地区，看起来就像是两个不同的国度；虽然现在的低地地区农业发达、城镇昌荣，然而当时却绝非如此。在《航海法》的限制下，苏格兰的商业发展遭受了极大的阻碍，因而国家贫穷，国民潦倒。较之更甚，高地地区尚是莽荒之地，人们还处于氏族社会时期，坚守着氏族文明。高地人战胜了英格兰军队，而后带着战利品回到了他们的山谷。威廉十分精明地选择了"金钱外交"；苏格兰各个部落的首领们接二连三地俯首称臣。

基本上所有部落的首领都放弃了抵抗，但麦克伊安·格伦科却没有。尽管他也考虑过这个选择，然而在规定的时间内，他并没有这么做。英格兰驻苏格兰首席大臣向威廉建议清除该部落，不幸的是，威廉竟然点头了。最终，在一个疏落荒寂、阴风阵阵的山谷里，英格兰人实施了毫无人道可言且遗臭万年的"格伦科大屠杀"。在低地人看来，高地人都是莽荒之徒，不值得宽仁相待；尽管如此，苏格兰人还是表现出了惊慌失措，由此可见，他们正在向文明靠拢，向人道靠近。这类事件无疑是令人悲痛的，好在苏格兰短期内不会再发生这样的事了。

威廉在爱尔兰所做的事更令人发指。爱尔兰人大多支持詹姆斯，也信仰天主教。1689 年 3 月，詹姆斯来到了爱尔兰，打算从这里迈出夺回王权的第一步；爱尔兰人很快集结到了他身边。大量英格兰士兵与苏格兰士兵被迫躲到了伦敦德里与恩尼斯基林，而且英格兰的士兵们更是在詹姆斯大军的包围下熬过了很长时间。在方圆 15 周里内，士兵们没有任何粮食来源，只能吃着狗肉、老鼠肉，甚至皮革；他们就这样坚持着，直到英格兰舰队带着食物前来解围。在恩尼斯基林一带，詹姆斯败下阵来；不过他的兵力依然可以支持野外作战。

在威廉看来，詹姆斯二世一天不死，自己就一天不得集中精力对付路易十四，所以一定要不择手段地解决爱尔兰问题。他打定了主意，这一次要亲自出马。威廉着实很走运，因为路易十四又一次犯了大错：低估了解决爱尔兰问题这件事的重要程度。在比奇角，英格兰舰队与荷兰舰队败北，海峡被法国人控制了；尽管如此，威廉大军仍然带着供给通过了海峡，并成功登陆了爱尔兰。1690 年 7 月 1 日，威廉取得了博因河大捷，虽然那不是一场具有决定意义的战役。詹姆斯又一次错失了机会，不得不仓皇地奔向法国，他或许会想到自己先前从英格兰逃亡到法国时的景象吧。路易十四如梦初醒，于是派兵援助爱尔兰人；然而，爱尔兰终究还是被威廉收复了。

同一时期，以天主教徒为主力的爱尔兰议会在法律的支持下，将那些在 1641 年被没收的土地收了回来；同时，罗马天主教廷也被承认享有最高权力。就这样，爱尔兰摆脱了英格兰的控制，得以独立于世。彼时生活于爱尔兰的英格兰人与苏格兰人并不少；有数据显示，单在克伦威尔执政时期，就有至少 5 万英格兰人移居爱尔兰。无异于爱尔兰高地人，爱尔兰原住民也被视为蛮族，英格兰人甚至以对待美洲殖民地那样对待爱尔兰。然而不同于美洲地区，爱尔兰坐落在英格兰后方，要不了几个时辰就可以入境。所以，英格兰不会容许离开国土的斯图亚特家族得到这个天主教国家的统治权，更何况，斯图亚特家族还很亲近法国，而法国又对英格兰，乃至欧洲造成了巨大威胁。当然，这不能成为英格兰在日后为非作歹的借口。随后，爱尔兰进入了有史以来最混乱的时期。

英格兰议会对爱尔兰议会中信仰天主教的议员进行了清理，并剥夺了爱尔兰议会的立法权，改由英格兰立法机关行使。数年之后，以平息叛乱为目的的《利默里克条约》（Treaty of Limerick）终成历史。新法案规定，爱尔兰儿童不得接受天主教教育，无论是在校园中，还是自己家里，抑或是在海外，违反者将被没收家庭财产与土地；天主教徒不得持有武器，也不得购买价值 5 英镑以上的马匹；天主教的主教与神父不得居住在爱尔兰境内；天主教堂不得与新教徒组建家庭，新教徒女性在天主教堂结婚后必须将全部财产转移给新教徒亲属；没收叛乱发生地的所有土地，除非土地已被新教徒继承。这些规定，再加上1699年所颁布的一系列遗臭万年的法案，沉重地打击了爱尔兰那渴望成长的制造业与商贸活动。这便解释了为何一位著名的历史学家会将这一时期描述为"英联邦历史上最深沉的污点"。

要不了多久，英格兰与苏格兰就将兴高采烈地走到一起了；然而爱尔兰却始终与英格兰若即若离；尽管此后也一度合并过，可惜并不长久，而且相处得也不是很融洽。那是一段让爱尔兰人痛心疾首了好几百年的历史。作为全球 1/4 土地的统治者，英格兰人多少都为其他领地带去了些许好处；然而对于身后的爱尔兰，他们却显得十分吝啬。

西班牙王位继承战争

在英格兰加入反法同盟之后，威廉回到了伦敦，继而又领兵直攻欧洲大陆。因为对英格兰政要没有信心，威廉在走马上任后提拔了一众跟着他来到英格兰的荷兰人；这又造成新的混乱，激起了某些人的妒忌心。彼时，詹姆斯二世正待在圣日耳曼宫中，并与大多数英格兰领导人都有一定的联系。这也难怪威廉不信任那些人，当然，那些人也不信任他或詹姆斯。当下的研究者大多认为，就不确定性与焦虑感而言，这段历史时期可谓前无古人，后无来者。然而实际上，这样的历史选择是不分时代的，前人也得面对。若是做出了错误的决定，他们不但会失去财富，还有可能失去性命。

所以，政客们常常会做两手准备，但这不代表他没有忠诚之心。举例来说，尽管马尔伯勒、海军司令拉塞尔等人都和詹姆斯二世保持着书信联系，不过他们后来选择帮助威廉拯救英格兰——虽然马尔伯勒在 1691 年被威廉削去了一应官衔。1692 年，拉塞尔接受了威廉的任命，成为英荷联合舰队的指挥官。与此同时，詹姆斯仗着法国的支援向英格兰宣战了。当他来到拉霍格港时，一大批法国舰船已在此集结完毕。就在这个时候，威廉却得罪了拉塞尔，这时，一直与詹姆斯保持着联系的拉塞尔会做何选择呢？

此时，英格兰正在跟着历史的进程往前走。法国舰队一驶出港口就遭到了拉塞尔的强力对抗；正欲登船的詹姆斯只能眼睁睁地看着最精良的 12 艘舰船被大火吞噬。战斗结束后，詹姆斯再次失去咸鱼翻身的机会了，法国及其国王的如意算盘也功亏一篑。从此时起，英荷联合舰队在海上所向披靡；英格兰大军带着供给顺利地踏上了欧洲大陆的土地。当然，欧洲大陆依然受着路易十四的控制。他不但攻下了位于边境地区的军事重地那慕尔，还在斯坦克和兰登战胜了威廉大军。

这是一场具有决定性意义的战事，双方比拼的实际上是经济实力。有传闻说，就连詹姆斯二世也认为，黄金多寡是成败的关键，而这时候的法国，其经济正在走下坡路。辉煌的科尔伯特 [1] 时代已结束，他的那些明智之举依然无法挽回法国的贸易颓势。与之相反的是，如前文所述，英格兰的商贸活动正如火如荼。持续的贵金属进口并没有帮到西班牙，毕竟西班牙的工业和商业还没有发展起来。西班牙只能花真金白银购买生活必需品，财富因此逐渐流向他国。随着商贸活动的日益兴盛，矿藏稀缺的英格兰变得愈

---

[1]　让-巴蒂斯特·科尔伯特（Jean-Batiste Colbert），1619 年至 1683 年，路易十四执政时期的法国财政大臣，曾被伏尔泰称为"优秀的治国领袖"。他注重商业，并长期将此思想付诸实践；在法国首开先河发展制造业，堪称法国"工业之父"。——译者注

加富庶了。不同于旧日的不动产，英格兰拥有的都是流动资产。说起获得战争胜利的原因，一是威廉以政治家模式打造了社会基础；二是马尔伯勒、欧根亲王等人都是优秀的军事家；三是英格兰已化身为"欧洲出纳"，并为同盟提供着资金支持。就重要性而言，金融家、商人、实业家毫不逊色于征战沙场的士兵。

1692年是极具纪念意义的一年；在这一年里，国债诞生了。在此之前，无论是国王还是政府都借过贷款，不过为期都不长，因为大家都很清楚，要不了多久，用税收就能把钱还上。尽管英格兰比以前富裕了，可是单单只依靠税收，并不能解决严峻的战争开支问题。因为英政府是自由的民意政府，因此颇受人民信任。在这种情况下，有人想出了长期借款，以及不定期还款的贷款方式。生活在当今时代的我们可是厌恶那种面向全球发行的长期国债；然而在那个时候，通过发行国债，议会拿到了一大笔资金，当然获得了绝对的战争优势。

自1694年起，英政府开始筹备建立英格兰银行。在那之前，放贷的人先是金匠，而后是私人银行家。可是这些人的资本是有限的，这就需要资金处于快速流通状态。一位名叫威廉·佩特森的苏格兰人提出了建立新式银行的建议；他无疑具有更长远的眼光。银行具有足够的资金，从而可以采用现代化方式来支持做大型的商业贸易活动。站在银行身后，为银行提供资金担保的是政府，而政府不仅具有权威性，还拥有足够高的信任度。如此一来，许多有储蓄习惯的人都会将钱放到银行里。存款自然又成为政府的资金来源，也成了英格兰赢得战争的重要因素之一。还有个看起来不是很重要的因素：在1696年，牛顿爵士提出了货币改革建议。在过去，百姓们常常会想办法削掉硬币的一部分，但是因为硬币边缘十分光滑，所以被处理过的硬币通常不会被发现。如果在硬币边缘压上一些花纹，那么人们就能很容易地看出被处理过的硬币了。问题就此解决。无论是在工业领域，还是在商业领域，货币价值是举足轻重的。

政府的改组也被提上了日程。1693 年，输掉兰登之战的威廉返回了伦敦，而摆在他眼前的是一个乱七八糟的议会。威廉是被两大党派联手提拔上位的，因此他的大臣们大多也出自两大党派。不过，他后来渐渐意识到，想要在战争中拥有更好的表现，就得任用议会多数党成员。倘若多数党产生了变化，自己也得换一些人手。这时候的英格兰已经逐渐走上了受议会监管的内阁政府体制之路。

我们还看到了一个无心插柳式的进步：议会废除了《行政许可法》。这意味着人民获得了自由出版权，相应地，政府不再享有对书刊出版的许可权。在面对这样的变化时，人民表现得十分淡然，这足以证明，在此前的 20 年里，自由思想在英格兰发展迅猛。

对于身边少有关心之人和信任之人的威廉来说，王后的离世令人悲痛，也令人心悸。1695 年，法国在 52 年之后再次遭受了沉重的打击：那慕尔被威廉成功收复。然而，在英格兰本土，许多位高权重的官员贪污腐败；威廉又对自己的荷兰下属大封大赏，对此，上层人士声讨不断；下层人民愤怒不已，人们认为自己的付出没有得到足够的回报。

詹姆斯的支持者们始终没有放弃谋权之事，而如今的威廉，虽然独揽大权，但其地位已经不再像之前与玛丽共同治国时那么坚固了。詹姆斯出人意料地来到加莱，那里是其支持者们的根据地。他们曾计划在威廉打完猎后返回肯辛顿宫时对其行刺。最终，阴谋败露。威廉也借此机会多多少少地重塑了声誉。他和法国签订了《里斯维克条约》（Treaty of Ryswick），为英法战争画上了句号；路易十四认可了威廉英格兰国王的身份。然而，在许多因素的共同作用下，威廉受欢迎的程度却大打折扣。于他而言，时间并不多了，也就是说，他基本上无法实现自己的人生目标了：让法国人俯首称臣。

威廉心里很明白，《里斯维克条约》只是一份临时停战协议；不过，一如既往的是，每当大战结束之时，英格兰人心中只有对正常生活的向往，并会迅速地将战争抛之脑后。西班牙变得四分五裂，惨不忍睹；威廉与路易十四都洞晓了此中危机。1698 年，两位统治者在《分割条约》上签了字，表示承认巴伐利亚选帝侯[1]享有西班牙大部分地区的统治权。然后出人意料的是，伊莱特勒王子于次年突然身亡。此前的安排彻底被打乱了。在这个时候，议会打算将英格兰士兵的数量减少到 7000 人。威廉的实力因此而大打折扣，此时他正在和路易十四谈判。人们将威廉视为叛国贼，对他进行了攻击。在议会的强制要求下，他不得不解散了自己的荷兰卫兵队。筋疲力尽的威廉一度打算逊位，回到荷兰安度晚年。

苏格兰也遭遇了困境。一家贸易公司将殖民目标锁定在了巴拿马海峡，也就是那个时候的达连湾地区；然而这个想法很不明智，那可是西班牙人的地盘。苏格兰人当然希望这个地方被开发，以便带动他们的商业发展。大多数殖民者因病而死，余下的人也都死在了西班牙人的屠刀下。面对这样的情形，苏格兰人不仅感到绝望，而且悲愤交加。威廉因此而成了众矢之的，因为他没有答应向西班牙宣战，没有给予殖民地支援。

即便备受指摘，威廉还是坚持与路易十四谈判，并在 1700 年与路易十四签订了新《分割条约》。数月之后，西班牙国王一命归西；他立下了遗嘱，将西班牙赠予了路易十四之孙腓力[2]。路易十四自然不会反对，随后，他撕毁了《分割条约》。

如此一来，双方之间的战争已成定势。不过，现在还有些其他问题有待解决。年纪轻轻的格洛斯特公爵先于西班牙国王几周逝世，而且年纪同样不大的巴伐利亚选帝侯也突然离世了，对于英格兰，乃至世界的发展而

---

[1] 巴伐利亚选帝侯（1662 年—1726 年）。马克西米利安二世（Maximilian Ⅱ）。——译者注

[2] 路易十四之孙腓力（1683 年—1746 年）。日后的法国国王腓力五世（Felipe Ⅴ de Borbón）。——译者注

言，影响无疑是巨大的。格洛斯特公爵是安妮·海德唯一活下来的子嗣，同时亦是其姐姐与姐夫的继任者。现在，玛丽撒手人寰，安妮又后继无人；未来国王的人选问题重新摆到了人们眼前。对于威廉所组建的托利党内阁而言，首先要解决的必然是这个问题。

1701年，《王位继承法》正式出台，彻底掀翻了君权神授观念，将一国之君，以及继承顺序的指定权移交到了议会手上。英格兰不允许天主教徒登上王位，这足以说明它对世袭制依然很依赖。最终，议会选定了女选帝侯索菲亚。她是汉诺威家族中人，从不信仰天主教，而且其子女也都信仰新教。除了安妮夫妇之外，她是与斯图亚特家族血缘关系最近的继任者，其外公是詹姆斯一世。鉴于国王或许会因为拥有欧洲大陆统治权或领地而深陷危机，《王位继承法》还做出了诸多其他规定。许多人认为，英国宪法都是约定俗成的，不过《王位继承法》确是一个落定成文的法案，而且是成文法体系中的关键一环。

《分割条约》的签订让威廉备受托利党人的谴责；前内阁——已正式定名——里的辉格党人大多也被清理了。借助西班牙的支援，路易十四攻占了西属尼德兰边境一带的军事重地，于是，威廉及主战派似乎又找到了一些借口。于英格兰而言，西属尼德兰原本没有任何威胁之势，可现如今却成了法国人的地盘，那么就有了直接的威胁。

主战情绪愈演愈烈，议会终于拨款支持军队建设；马尔伯勒被威廉委任为军队总指挥。路易十四一心想要夺回欧洲控制权；而他的孙子控制着西班牙，以及西属尼德兰与西属意大利殖民地。如今，西法同盟已经对他国造成了巨大的威胁。在这种情况下，威廉在1701年组织起了奥格斯同盟，同盟成员国有英格兰、奥地利，以及荷兰共和国，等等。这些国家的目标是一致的，那就是对抗法国。

流亡在外的詹姆斯最终死在了法国。在此之前，路易十四宣称将支持詹姆斯之子登上英格兰国王之位。他的这种言行激怒了英格兰人。议会被威廉解散；在随后的选举中，托利党败下阵来，辉格党以微弱的优势占据了多数席位。新一届的议会立刻做出了决定：扩大海陆两军规模；陆军增至 4 万人。在和法国撕破脸之后，威廉准备良久的战事终于就要爆发了。原本打算亲征的威廉在汉普顿公园出了意外：他在骑马经过一个小坡时，马失前蹄，被重重地摔落在地。在此之前，他常常在千钧一发之际遭遇生死劫难；从此之后，这样的事情将不再发生了。没过几日，他便因伤势过重而离开了人世。威廉想要做的一切都已经完成了，并因此而受到了史无前例的欢迎。不过，他在巅峰时刻的陨落，未必对英格兰不利。他是位杰出的政治家，不过在军事方面的能力却无法与马尔伯勒相比，更何况马尔伯勒的政治才干也已逐渐提升至了新高度。值得庆幸的是，在遭遇意外之前，他将马尔伯勒任命为了军队总指挥。

毫无疑问，马尔伯勒是一位伟人，然而关于他的性情，人们众说纷纭。麦考利曾极为严厉地批评过他，而温斯顿·丘吉尔却在《生活》这本书里竭尽心力地为他做了近乎阿谀奉承的辩护。在不同人眼中，领导人的形象大多都各不相同，尽管如此，与马尔伯勒有关的争议却特别激烈，这和党派之争，以及时代所趋不无关系。

与拉塞尔无异，身居其位的马尔伯勒穷尽心力、竭尽所能地守护者英格兰及其国王。尽管疑心重重的盟友德国与谨小慎微的荷兰，以及本土的局势对他造成了阻碍，但他依然掌握了政权，而其权力之大，恐怕史上鲜少有人能出其右。威廉一度备受质疑，而在此期间，马尔伯勒夫妇却得到了安妮公主——当下的女王——的深信不疑。安妮毕竟是身份优越的公爵夫人，这为马尔伯勒那长期以来的极为冒险的计划清扫了许多障碍。

马尔伯勒是英勇的军人，是卓越的政治家，更是优秀的组织者。他向来十分重视士兵们的身体情况，并因此而赢得了士兵们的信任与忠诚。他堪称有史以来第一位，甚至可以说是最厉害的一位熟悉世界大战战术，并熟练指挥海陆两军合作作战的军事领袖。除此之外，他的伟大成就主要还在于他改变了人类作战的方式：不再固执地围着军事堡垒猛攻，而是在野外进行机动的迅捷的袭击。虽然被一群盟友拖住了后腿，但他还是得到了欧根亲王那全力且特别的支持。

在战争爆发的前两年里，尚无任何能左右成败的事情发生。路易十四及其军队在陆地上所向披靡，可是一到水上就泄了气。欧根亲王被迫从意大利撤军；在奥地利，身为法国盟友的巴伐利亚对维也纳形成了巨大威胁，匈牙利人也开始兴风作浪。如此这般，就算马尔伯勒占领了自莱茵河下游到波恩之间的广袤土地，战争也不可避免地走上了老路。英荷联合舰队在海上袭击了西班牙人，但只是截获了一批珍宝船；随即，葡萄牙人也参与了进来，与英格兰人并肩作战。

不过，马尔伯勒毕竟天赋异禀，取得成功是早晚的事。为了救出奥地利皇帝，他打算冒险横穿德国，前往多瑙河流域。他没有向荷兰人，以及英格兰的政客们说出这一计划，以免遭到他们的反对。他还打算由地中海地区出发，对法国进行骚扰；由葡萄牙出发，对西班牙进行袭击，这样一来便能分三路进军敌国了。或许是看到了英格兰那势不可当的海军力量，马尔伯勒方才想出了这个伟大的计划。由他亲自率领的一路捷报频传。他用调虎离山之计支开了法国人，随后领兵穿越了巴伐利亚；1704 年 8 月，他在布伦海姆一举歼灭了法巴联合军队。在巴法联合军队中，有 14000 人死于战场；11000 人成了俘虏，其中包括塔拉尔公爵，也就是法国军队的指挥官。奥地利得以脱险。法军被迫退至莱茵河以西地区，巴伐利亚也再也无法耀武扬威。

在地中海地区的马拉加，法国军队惨败，甚至就此失去了海上作战的能力。然后，英格兰军队在布伦海姆大战中告捷；同月，英格兰军队占领了直布罗陀岩，那是极其重要的内陆海——地中海地区的门户。在此后两年中，因为领导人彼得伯勒空有一身才能却毫无责任心，西班牙的好几个省份都被占领了，就连马德里也一度失守。

　　与此同时，在尼德兰，法国人的防御线被马尔伯勒击溃；在拉米雷斯，马尔伯勒缔造了比布伦海姆大捷更伟大的成功：法国军队的损失是英荷联合军队的 5 倍。如此一来，尼德兰一带的要塞基本上都被同盟军队占领了。在意大利方面，欧根亲王迎来了节节胜利，并逼迫法国人退出了亚平宁半岛。

　　在战争期间，联合军队的运气则是不错，几个盟友国都没有像法国一样一败涂地。一路败退的路易十四在途中选择了投降，他提出议和，并表示愿意割让西属领地。不过，战争向来贯穿着两条战线，一个是军事战线，一个是政治战线。既往的战争告诉我们，胜果常常会毁在政客们的手里。英格兰的安妮公主登上了王位；她是托利党的支持者，所组建的新内阁也是托利党人的内阁，就连马尔伯勒都不得不公开宣布加入托利党。当然，出于某些政治方面的考虑，安妮一开始在组建内阁时既选择了托利党人，也选择了辉格党人。在 1706 年，辉格党员赢得了选举，继而又组建起了一个纯粹的辉格党顾问团。作为在此次战争中厥功至伟的两位财政官，马尔伯勒与戈多尔芬转而支持辉格党。借助这场战争，辉格党崛起了；他们将路易十四视为不共戴天的敌人，所以没有同意议和。可惜，机不可失，时不再来。

　　安妮女王并不认可辉格党，若不是宪法当前，她未必会让辉格党人进入政府体系。作为辉格党的支持者，马尔伯勒公爵也受到了女王的排挤。安妮也不再亲近她曾经的闺蜜——出身贫寒，曾在宫中担任闲职的马尔伯勒公爵夫人，反倒与看起来微不足道的马萨姆夫人，也就是马尔伯勒公爵夫人的表妹走得越来越近。另外，因为极不明智地想要剥夺一位教士的官职，以及拒绝了人民期望已久的议和，辉格党渐渐失去了民心。1710 年，托利党在选举中大获全胜；托利党内阁由此诞生。在这个内阁中，我们可以看到罗伯特·哈利、亨利·圣约翰等人；亨利·圣约翰就是众所周知的安尼布鲁克子爵。

　　法国人仍未渡过难关。他们不得不背水一战，但最终还是在马尔普拉凯战役中败下阵来。联合军队在法国长驱直入。面对路易十四卑微的求和，托利党本打算接受，然而在 1711 年的选举中，辉格党又一次以微弱优势获得了胜利，并向托利党带头人诺丁汉勋爵提出了一笔政治交易：如果诺丁汉勋爵为主战议案投出赞成票，那么他们也会为《临时尊奉国教法案》投下赞成票。诺丁汉勋爵没有应允，上下议院之间的矛盾就此爆发。安妮女王听从了罗伯特·哈利的进谏，罢免了马尔伯勒的全部官职，同时将 12 名托利党人封为贵族。这是一个十分关键的示范，足以证明，在上下议院的较量中，下议院更胜一筹。

至此，托利党人终于可以开始与路易十四谈判了。他们全然不顾荷兰人的想法，令荷兰人进退两难。为了不让内阁陷入被动，谈判代表奥蒙德公爵将议会之事公之于众。1713 年 5 月 31 日，英荷同盟与法国签订了《乌特勒支条约》（Treaty of Utrecht）。

条约规定：直布罗陀岩继续归英格兰所有——其实此后再无变数；新斯科舍、纽芬兰也被划分给了英格兰；英格兰还获得了原属西班牙的西属美洲地区的奴隶贸易垄断权，也就是《独立贸易合同》。欧洲大陆势力得以重新洗牌，例如西班牙被地处偏远地区的内陆国奥地利取而代之；尼德兰得以参与瓜分法国。这些变化多少都与英格兰有关。

英格兰正慢悠悠地向着世界霸主之位迈进，在这个过程中，《乌特勒支条约》发挥了里程碑式的关键作用。随着战争的结束，伤筋动骨的法国尽管还保存着一定的实力，不过在接下来的百余年间将再也无法控制欧洲了；西班牙直接退出了强国序列；荷兰损耗了太多实力与财富，竞争力被大大削弱。基于胜战所带来的利益、日积月累的财富、现代化的商业策略、日益增强的权威性，以及绝对的海上霸权，英格兰在全球贸易竞赛与殖民竞赛中可谓一骑绝尘。当年，威廉由托贝入境英格兰，自此与法国为敌，而在那个时候，路易十四与他的国家看上去天下无敌。事到如今，虽然威廉已经退出了历史舞台，但作为一名荷兰人，他带领英格兰走向了世界之巅。

要是在数年前，辉格党应该会同意议和，但不容忽视的是，托利党为达成一致做出了实际努力。不过就日后所出台的政策来看，两大党派都将遭遇一场危机。从1710年起，牛津[1]与安尼布鲁克子爵便开始想方设法地瓦解辉格党，同时无限度地为托利党寻求更大的权力。议会颁布的相关法案规定：凡是年收入低于200英镑的土地所有者，均不享有参选下议院议员的资格。同时，许多非国教教徒的参选资格也被《临时尊奉国教法案》剥夺了去。因为辉格党人的主营业务是商业贸易，于是托利党人便将矛头转向了英格兰银行，借此对辉格党人进行打击。为了抑制英格兰银行的权威性与权力，抵制辉格党势力，托利党人成立了南海公司。鉴于南海公司手中有1000万英镑左右的国债，英政府特许其享有南美洲地区的贸易垄断权。

1714年，非国教教徒遭遇了最严酷的法案：爱尔兰刑事法典。在那之前，非国教教徒的子女已经被剥夺了就读公立学校与大学的权力；不过非国教教徒随后开办了自己的学校。现在，新出台的法典做出了如下规定：教育资质的审批工作将交由英格兰教会主教负责，言外之意是非国教教徒的子女将不得不接受教会所安排的教育。在以托利党人为主的下议院中，该法典以2:1的投票比例通过审议；不过在上议院中，优势并不明显，但最终还是通过了。无耻之徒们开始攻击辉格党领导人。助力威廉扳倒法国，引领英格兰超越他国的马尔伯勒公爵也遭受了他人的恶意指控，最终因"滥用公款"被流放海外。作为辉格党领导人之一的罗伯特·沃波尔（Robert Walpole）爵士[2]也被控滥用公款罪，尽管后来罪名被判不成立，但是等待他的依然是伦敦塔监狱。

局势日趋恶劣。在进入一个崭新的黄金时代之前，英格兰还要经历一

---

[1]　也就是前文中曾出现的罗伯特·哈利。——译者注

[2]　罗伯特·沃波尔（1676年—1745年），辉格党的政治领袖；通常被认为是英国第一任首相；不过，"首相"一词在那个时代还不符合法规，不被官方认可。——译者注

些艰难险阻。安妮女王健康堪忧，而且身后无人；她的余生或许没有多少时间了。托利党的一众领导人秘密商议着要废除《王位继承法》，重新推举斯图亚特家族中的王室后裔，也就是日后的詹姆斯三世——条件是不再信仰天主教。继马尔伯勒之后，詹姆斯二世的支持者奥蒙特公爵被任命为军队总指挥；不仅如此，奥蒙特公爵还享有五港同盟所授的沃德勋爵头衔，这意味着，他有权出售南部沿海地区的港口。然而，詹姆斯王子并没有接受那个条件，他不愿为了一顶皇冠而放弃信仰；对此，向来对宗教无感的安尼布鲁克子爵与牛津伯爵大呼意外。

　　牛津伯爵没有再参与密谋，不过安尼布鲁克子爵则依然坚持着。对于这场阴谋，安妮女王全然不知。安妮女王的才能自然无法与伊丽莎白女王相提并论，不过有一点她们俩倒是颇为相像：对继承问题避而不谈。

　　在女选帝侯索菲亚故去之后，其子乔治——即汉诺威家族的选帝侯成为继任者。辉格党人心知肚明，过不了多久自己人便要遭遇政治迫害，并被驱逐出境；于是在此时此刻，他们将希望寄托在了乔治身上，而乔治也很看重辉格党的强大势力。尽管得到了安妮女王的支持，但托利党人十分清楚，安妮女王一旦陨落，自身的权力也将随之消亡，除非让詹姆斯王子继承王位。尽管詹姆斯王子对自身信仰十分执着，不过别无他法的安尼布鲁克子爵仍然打算冒个险；为了达到自己的目的，他说服了性格懦弱、重病缠身的安妮女王，罢免了为人正直但摇摆不定的牛津伯爵。安尼布鲁克子爵一度一手遮天。与此同时，辉格党人已经准备好迎接即将到来的疾风骤雨。假如安尼布鲁克子爵真能帮助詹姆斯成功上位，那么英格兰及其殖民地便注定还要遭遇一场腥风血雨。

　　且不论幸运或是不幸，死亡在这段历史进程中起到了非常大的作用，而这一次，它更是起到了决定性的作用。距离牛津伯爵被罢免还不到4日，缺乏智慧的"善良的女王安妮"便病逝于肯辛顿宫中；此时，安尼布鲁克子爵还没准备好迎接詹姆斯王子的回归。在48小时之内，女王的死讯是不会被公之于众了；在这 48 小时内，枢密院会在宫内召开紧急会议。在那个时候，枢密院与内阁尚未完全分离。在会议上，内阁成员们不知所措，瞻前顾后；枢密院成员阿盖尔公爵、萨默塞特等一众辉格党人控制了局面，并完成了会议。

因为准备得不够充分，安尼布鲁克子爵的小算盘被雷厉风行的辉格党领导人打翻了。辉格党人还立刻采取了军事行动，并要求乔治日夜兼程赶回伦敦。后来，乔治顺利地登上了王位。如此这般，光荣革命和欧洲大战的累累硕果被保留了下来。安尼布鲁克子爵有胆有识，有勇有谋，虽然品行堪忧，但对政府管理颇有见地，并因此而获得了部分人的支持；尽管如此，人们依然无法原谅他对《王位继承法》的背叛，无法原谅他与斯图亚特家族之间的勾当。

与"统治者及其统治手段"有关的理论并不是没有价值；不过，在内战所带来的悲惨世界中，没有人会知道接下来横空出世的统治理论将会是什么。安尼布鲁克企图以个人意志对抗议会所传达的国家意志，选择放弃英格兰人 10 年来用鲜血与财富换来的胜果。英格兰人没有抵制汉诺威家族的到来，这足以说明人民更渴望和平的到来。后来，安尼布鲁克前往法国为那位觊觎王位之人服务，不过他的内心其实十分厌恶自己如此行事。无论如何，他在英格兰的仕途已经走到了尽头。

安尼布鲁克还葬送了托利党的前途。在此后近 50 年的时间里，英政府一直处于辉格党的绝对控制之下，虽然辉格党在议会中不常占有多数席位。正因如此，他们在不长的统治时期内，始终坚持着不偏不倚的态度，不曾像托利党那般野蛮治国。安尼布鲁克的"功劳"在于，汉诺威家族的统治者们在接下来的两个世代里对辉格党信任有加，而对托利党冷眼以对，毕竟托利党人大多都是詹姆斯二世的支持者。

英格兰与苏格兰终于走到了一起

后来，尽管詹姆斯二世的一部分支持者发动了叛乱，不过大体而言，苏格兰人的态度与英格兰人无异：并不反对乔治登基为王。这有赖于盎格鲁人与苏格兰人关系发展进程中的一件大事。大约在安妮女王执政初期，英格兰与苏格兰就已开始商议正式联合一事。在那之前，它们常常无限接近这一目标，却又总是无法跨出最后一步。一开始，英格兰拒绝苏格兰享有与自己同等的贸易制度、权力与待遇，但苏格兰一直很坚持。1703年，《安全法》通过了苏格兰议会的决议，正式宣布：继安妮女王之后，英格兰统治者不应再兼任苏格兰统治者。安妮女王虽然被保留了苏格兰女王身份，但最终还是无奈地接受了《安全法》。英格兰与苏格兰之间的关系变得敏感起来，战争随时有可能爆发。

值得庆幸的是，两个国家都没有失去理智。英格兰应允了苏格兰所提出的贸易上的要求，苏格兰也接受了英格兰的《王位继承法》，这意味着英格兰统治者得以继续统治苏格兰。1707年，《联合方案》的签订标志着两国关系的正式确立。该法案规定：苏格兰继续享有独立的法律与教会；苏格兰议会并入英格兰议会，也就是威斯敏斯特议会；苏格兰政府与英政府正式合并。苏格兰贵族享有16个上议院席位；苏格兰人民享有45个下议院席位。

如此一来，英格兰的政治优势又增进了不少。在这个时候，英法之争仍未平息，詹姆斯二世的支持者们也没有消停下来，倘若苏格兰继续与英格兰为敌，并站在法国或者斯图亚特家族的阵营，那么英格兰必会身陷泥泽无法自拔。对于联合这件事，尽管许多苏格兰人觉得颜面扫地，不过就长期利益而言，苏格兰的收获或许比英格兰的更多。仿若一夜之间，苏格兰人挣脱了那种因备受限制而原地踏步的生活，并得到了与英格兰等量齐观的贸易机会与殖民机会。苏格兰的民族特质与民族力量终于可以与新时代的特征相得益彰了。实际上，因此而获益的不单是英格兰人，更是英格兰及其殖民地，无论是在思想领域，还是在社会领域，抑或是在商业领域。

苏格兰没有一意孤行，从而给它的社会生活带来了极大的影响。在不同的历史阶段中，大不列颠民族保有诸多张力，在塑造民族特质，发展社会生活的过程中，苏格兰人显然是最强大的一股张力。生活在美洲殖民地上的苏格兰－爱尔兰人——他们的祖先是生活在爱尔兰的苏格兰人——被公认为美洲大陆上最杰出的开拓者。一个坐拥全球 1/4 土地的帝国正在冉冉升起，而那源自苏格兰的民族特质无疑是助力之一。除此之外，苏格兰人极具宗教精神、严以律己、热爱学习、思想锋利；苏格兰的历史、文学、神话，以及浪漫的传说，都能够为大不列颠民族锦上添花。

欧洲大战比英格兰内患对英属美洲殖民地所造成的影响还严重得多。为了争夺西印度群岛，英法两国舰队在大西洋彼岸短兵相接，而且双方都有大量士兵死于热带地区疾病。一面是毁天灭地的战争，一面是愈演愈烈的掠夺，终于，西印度群岛的欣荣景象沉入了历史。在美洲，英格兰舰队的处境也十分糟糕；究其缘由，主要是马萨诸塞、新罕布什尔这两个殖民地对英格兰的支持，不但没能在帝国内部树立起强大的合作精神，反倒招来了鄙视的目光和厌恶的情绪。原来，负责开发这两个殖民地的公司向牙买加派驻了顾问，可这些英格兰人却都无缘无故地丢了性命。除此之外，在加拿大地区努力耕耘了数年之久的殖民者们还得提防着那些法国盟友，也就是印第安人，在边境地区兴风作浪。英格兰舰队在霍文敦·沃克爵士与愚笨的希尔将军（深得女王宠信的马萨姆夫人之兄）的指挥下溃不成军；到了这个时候，各个殖民地终于坐不住了。

相对独立的马萨诸塞从来都是帝国的心头大患。它尽了应尽的义务，承担了应承担的责任，甚至为了建设帝国而背负债务，然而，它所做的一切却恰恰证明了英政府的无能与卑劣。马尔伯勒公爵还有可能建功立业，地中海舰队还有可能拿下如米诺卡、直布罗陀岩这般的要塞，可是现在，在接触了帝国军队之后，新英格兰人却会生出反感，甚至是鄙视的情绪——这种影响既深刻又长久。

形成鲜明对比的是，通过欧洲战争，英格兰及其殖民地的国际地位都得到了巩固，而这又极大地影响着全球局势。不是荷兰人，不是西班牙人，也不是法国人，最终赢得殖民竞赛的是大不列颠人。他国绝不可能像英格兰那样敢于把自由与自治交到殖民地手中，而英格兰却毫不在意地做出了这样的选择。如前文所述，假如大多数英属殖民地走上了独立之路，那么多半是因为他们被赋予了追求自由的权力，同时也意味着他们认为英格兰实施的是暴政——而其他国家的殖民地或许并不会认为那是暴政，毕竟他们从未有机会感受真正的自由。

安妮女王只在位了短短12年，这一时期的艺术（譬如女王的家具）、建筑等领域的成就向来都会被人为夸大。实际上，因为时间过于短暂，我们不应该将这一时期视为一个独立篇章来强调其重要性，而应该正视它那承上启下的作用。不过，我们也不能忽视它的特点。许多知名建筑都诞生于那个时候，例如约翰·范布勒为马尔伯勒打造的令人叹为观止的布伦海姆宫、克里斯托弗·雷恩爵士主持建造的伦敦圣保罗大教堂——在当今世上所有的穹顶建筑中，它就算不能位列第一，至少也能位居前四。为了追求建筑事业，雷恩投入了毕生的精力与时间。1666年，一场大火吞噬了伦敦；而后，雷恩心无旁骛地参与了重建工作。他在伦敦、牛津等地建造过许多气势恢宏的建筑，就风格而言，后来遍布伦敦各处的雷恩教堂与前者大不相同。在住宅建筑方面，或许可以说安妮时代与乔治时代一脉相承。那些历经无数光景仍静静站在街道两旁和广场四周的屋子既质朴又和善，外面黯淡无光，内里却温馨舒适；不言而喻，它们的风格定然迥异于高大的布伦海姆宫和霍华德城堡。

实际上，在这个时期，人们逐渐对家庭生活、"理性"，以及"常识"等重视起来。总的来说，在18世纪，政治扩张与贸易扩张深深影响着人们的生活。举例来说，相较于伊丽莎白时代，以及维多利亚时代，生活于 18 世纪的塞缪尔·约翰逊所创作的作品并不是那么激情万丈，或者创意十足。安妮女王执政时期的文学风格大概可以这样说：约瑟夫·艾迪生（Joseph Addison）、理查德·斯蒂尔（Richard Steele）等人的作品极具可读性；乔纳森·斯威夫特（Jonathan Swift）等人的作品极具讽刺性，反映的大多是现实问题，而且剖析理性，心态平和。

当时议会的内部纷争从未被公之于众，不过民众都对政治十分关注；他们从《旁观者》等杂志中获取相关信息，而这种创作其实是政治家们的一种工具。包括艾迪生在内，大部分创作者都加入了辉格党；不过斯威夫特却是位托利党人。作家丹尼尔·笛福以一部《鲁滨孙漂流记》闻名于世，但其实他的主要工作是编撰政治宣传册之类的读物。作家们的工作不仅推动了公共事业，控制了舆论，还促增了读者的数量。据我们所知，此前保有阅读习惯的英格兰人在 5000 个以内。因为《旁观者》（其中一部为大受欢迎的《罗杰·柯弗利爵士韵事》[1]）、《闲话报》等畅销刊物，以及其所夹带的政治宣传册越来越多地出现在了人们的生活中，所以读书看报的人也日益多了起来。英格兰的政治生活与精神生活就此发生了永久性的转变。

这一时期的文学创作仍然以散文为主，不过优秀作品寥寥无几。在前后 100 年间，社会生活也好，宗教生活也罢，抑或是艺术生活都不太欢迎狂热之徒。那时候的人们大概觉得，疯狂的创造力令英格兰不得不独善其身，以致后来把美洲殖民地也弄丢了。尽管彼时那种自以为是的"常识"未必时时与现实相符，不过英格兰却因此得以在前后两段混乱时期略作休整。

---

[1] 《罗杰·柯弗利爵士韵事》（*Sir Rogerde Coverley*），意为"柯弗利舞"。《旁观者》因它而为人所知。故事的主人公是安妮女王执政时期的一位好笑又单纯的乡绅；他似乎是托利党人的化身。——译者注

第十六章

欧洲霸主之位争夺赛

在《乌特勒支条约》尘埃落定之后，为了结束历经多年无休无止的欧洲大战，来自法国的一位谈判代表提议组建国际同盟。然而，这个提议在那个时代可谓是纸上谈兵；就算是在当今时代，恐怕也很难实现。要说这背后的原因，以前的和现在的并没有太大区别。

换句话说，永久划定各国疆域是无法完成的任务。究其缘由，一是欧洲大陆上小国无数，独立统治者有 400 位左右；二是大国们的实力与欲望越来越强，而且企图在全球范围内控制那些利益对立者。本章将要讨论的这个时代（大概是从 1714 年至 1760 年），在 1739 年之前可谓一片安稳；不过在那之后，战争相继席卷了欧洲、美洲，以及印度等地。不过不可否认的是，在这 50 年左右的时间里，欧洲仍然处于法国与英格兰的双重统治之下。

辉格党长期以来的寡头统治、立宪制，特别是内阁制在乔治一世执政早期的稳步发展，都是英格兰实现统一大业的要素。不懂英语的乔治一世只能将大多数政务都交由大臣负责。在对这一时代的重要事件进行探讨之前，不妨先来了解一下彼时英格兰人的性格特点与生活方式；这有助于我们对这些年间——自此至北美殖民地宣布独立——的得失进行剖析。

温斯顿·丘吉尔曾写过一部与马尔伯勒有关的图书，在这本书中，他写道："在对历史进行剖析的时候，不要忘了，真实的历史远远多于纸上的历史。"他还认为，纸上的历史充斥着浓缩的故事，夹杂着少之又少的事实。在乔治一世执政之初，社会充满了各种矛盾；尽管人们对它做出了诸多评价，不过难以做到公正无误：没有活力、没有意趣、没有激情、没有创造力——很多时候确实如此。然而，我们却在这个时代看到了诸多优秀人物：查塔姆（Chatham）、克莱武（Clive）、沃伦·黑斯廷斯（Warren Hastings）、乌尔夫（Wolfe）、奥格尔索普（Oglethorpe）、福克斯（Fox）、加里克（Garrick）、吉本（Gibbon）、蒲柏（Pope）、戈德史密斯（Goldsmith）、约翰逊、雷诺兹（Reynolds）、盖恩斯伯勒（Gainsborough）、卫斯理兄弟、普里斯特利（Priestley）、亨特（Hunter）、纽科门（Newcomen），等等。他们建设着大英帝国，推动着科学发展，伴随着艺术前行，为现代人道主义思想开拓着天地。从这个角度看来，这又是一个充满生机、充满光彩的时代。

对这一时代的上述描述绝非无凭无据。在那个时候，人们的性情各不相同，兴趣也因人而异；所以，在对英格兰的整体情况做出分析时，以偏概全是我们很容易犯的错误。想要全面了解这一时期的英格兰所拥有的多样性，我们就是要多做些比较。

弥足珍贵的和平

此时，城镇与乡村之间的差别远超过往。我们在前文中偶尔会谈到，伦敦从未停止过发展的脚步，早已成为英国大城市之一。但在乔治一世执政时期，现代"城镇"才得以真正建立。生活在城镇里的居民分属各个阶层，生活的方式也各种各样。对于塞缪尔·约翰逊与诞生于下世纪的兰姆等人而言，城镇生活方式具有强大的吸引力。在这一时期，我们在城市身上看到了越来越多的现代特征。实力雄厚的地主们一般会在广场一带置备和出租地产，如此一来，包括像卡文迪什广场、汉诺威广场、格罗夫纳广场、伯克利广场在内的许多以人名命名的广场便诞生了。直到现在，这些已转型为居民住宅区的广场依然赫赫有名。

当时还诞生了肯辛顿公园，以及公园里的圆池，并逐渐成为小朋友们最爱的去处。无论是书店，还是咖啡厅，抑或是酒馆——譬如，常能见到约翰逊等人身影的"迈塔"（Mitre）酒馆——都越来越多了；这些地方渐渐成为传播社会信息、文化知识，以及政治流言的根据地。具有现代意义的俱乐部也逐渐流行起来，不过大多位于蓓尔梅尔大街与皮卡迪利大街上。

城镇与乡村的风貌大相径庭，不过城镇中不同人群的生活景象也千差万别。上层人士们享受着荣华富贵：头上戴着假发；身上穿着夸张的服饰；在赌场里一掷千金，并引领着社会交往中的礼仪风尚。中产阶级严于律己，不以国家为信仰。底层人民住在简陋的房屋中——贺加斯（Hogarth），从中找到了许多绘画素材。

来自各阶层的人们在拥堵不堪的大街上来去匆匆，在华丽无比的公园，譬如圣詹姆斯公园中擦肩而过。当然，大部分时候，伦敦人民都是平和善良的，只是偶尔会讥笑那些身着华衣之人，以及海外人士。显而易见，这种不同阶层相依相存的共生能力自始至终都是英国人的特质。尽管阶层差别十分突出，不过人们也已在许多方面习以为常，所以上流人士与底层人民相处得还算融洽。然而在接下来的一个世纪中，随着法国革命的爆发，这种已被欧洲大陆人民渐渐习惯的阶级秩序将被颠覆；英国各阶层人士的和谐共生将迎来挑战。

除了伦敦这座由来已久的城镇之外，这一时期还诞生了一大批时尚的沿海城市与温泉疗养胜地，譬如巴斯，它的品质在博·布鲁梅尔（Beau Brummell）领导时期得到了极大的提升；还有哈罗盖特（Harrogate）、切

尔滕纳姆（Cheltenham）、坦布里奇韦尔斯（Tunbridge Wells）、布赖顿
（Brighton）、斯卡伯勒（Scarborough），等等。因为交通越来越完善（很
多公路都开始收取过路费），度假之风开始盛行。这便是英国人在18世纪
时的生活方式。当然，在那个时候，看上去与城镇生活大为不同的传统乡
村生活依然存在。乡村生活迎来了有史以来最美好的时光。大体上说来，
控制乡村的还是地方乡绅、治安法官、名门望族，以及权贵之徒。

农耕生活、乡村生活、小镇生活可以说是欣欣向荣、安逸闲适；此时，
工业冲击尚未到来，乡村社会尚处于自给自足的阶段。人们在不同的领域
奋发图强，阿瑟·扬带头研究和改进着农业生产；罗伯特·贝克韦尔（Robert
Bakewell）对牛的品种进行了改良。如前文所述，在17世纪，牛的体形还
比较小；而到了18世纪，闻名于世的"达勒姆牛"（Durham Ox）初初问世；
其重量最高可达到3800磅，就算和现在的普通肉牛相比，还重1200磅左右。

交通日益完善，城镇生活发展迅速，在诸如此类的因素的共同作用下，
农业开始转型，从自给自足走向了市场供应。在此之前，包括乡绅、牧师、
地主在内的所有村民都会参与农业生产劳动。随着生产方式的改进，农业
收入增长迅猛，从而极大地推动了农村地区的发展。值得一提的是，尽管
英国人不会像苏格兰人那样捕杀松鸡，不过，作为一种运动，猎狐对英国
人而言是一件十分重要的事情。

高低贵贱，各安其位。当然，一个比较普遍的观点是：相较于下一世
纪，此时各阶层的融合程度更高一些。裁缝可以和他们的牧师一起吃晚饭；
一位人称"阿什本王"（King of Ashboume）的地主认为所有上门拜访过
自己的人都是朋友，包括一位乡绅、两位客栈老板、两个制造皮革的工人。

过上小康生活的农民家庭不仅拥有800英镑左右的年收入，还拥有一
套面积颇大的屋子：带有客厅；几间适用于不同场合的功能房；厨房敞亮，
不仅能供主人夫妇吃晚餐，还放有仆人们的餐桌。在这个世纪，基本上所
有的议员、陆军军官、海军军官、政府要员都来自上流社会，其中大多数

都来自那些大家族——彼时的大家族尚有 70 个左右——及其旁系或有关群体。然而，尽管英国的阶级秩序看上去颇为怪异，并令其他欧洲人大惑不解，不过出乎我们意料的是，来自弱势阶层的敌意微乎其微。我们在大不列颠民族身上看到了超乎寻常的向心力。

海陆两军的境况实在不好。因为待遇与餐食相当糟糕，所以鲜少有人愿意参加海军。当战争来临时，由于需要扩充至少 5 倍兵力，因此负责征兵的部门几乎只能靠"绑架"带回足够多的人。这部分人往往都是三教九流之辈，例如混迹伦敦等港口城市的流氓地痞。不过，当他们立于舰船之上，投身于战斗之时，他们又成了身强力壮、英勇无比、一心向国的战士。

特权阶级与下层人民间的差别不言而喻。在俘获敌军舰船后，不同阶层人士所获赏金的多寡便足以证明这种天差地别。1762 年，在俘获了"赫曼尼"号舰船后，海军获得了 52 万英镑奖励；没有亲自出战的司令、船长分别都拿到了 65000 英镑左右；上尉获得了 13000 英镑；准尉获得了 4000英镑有余；所以士兵加起来却只拿到了 480 英镑。

我们很难对极度贫穷之人的生活做出形容，或许只能说惨绝人寰。在当时的济贫制度下，穷人们无奈地寄人篱下，然而收留者却不抱有真心；穷人们不仅没有衣穿，没有饭吃，还会遭遇虐待，逐渐走上不归路。无论多寡，一旦身负债务就会被打入大牢，直至把钱还清。监狱里不是人待的地方，同时也是犯罪的温床。然而，鉴于审判极为不公，以及审判时间实在太长，历史学家们都认为，彼时的审判"完完全全是贪婪成性的乱来"。上流社会俨然是另一番风貌，看看乔治一世的客厅；看看那些穿着华丽衣衫、吃着美味佳肴、带着一头假发的贵公子与俏女郎的约会场所。类似的风貌，在印度的克莱武、加拿大的乌尔夫也能见到。当然，上述一切绝非 18 世纪的全貌。

如前文所述，任何时代的发展模式都不可能是一成不变的；法国人、英国人、美国人之间的差别亦复如是。就整体来看，他们各自的特性很是分明。在乔治一世执政早期，尽管亨利·菲尔丁所创作的《汤姆·琼斯》、劳伦斯·斯特恩所创作的《项狄传》都十分经典，不过我们仍然会下意识地认为，亚历山大·蒲柏才是这一时代的杰出代表。蒲柏算不上天才，不过却是创作英国英雄偶句诗的一流大家；他的代表作是《批判论》《夺发记》《人论》，等等，反映了乔治一世执政时期的特色与不足。在他的文字里，我们看不到激情澎湃、直觉自省、天马行空、哲学思维、滥施同情，只看到犀利的批判，夹杂着些许幽默、透彻、高贵，以及激昂后的平和。因此，就创作手法而言，他不愧为这一领域内首屈一指的人物。上述最后一点——激昂后的平和——使他的笔下诗句读起来通俗易懂，而且既吸引人又方便记忆；能像蒲柏一样创作出脍炙人口的诗句的作家屈指可数，譬如莎士比亚。如果可以不去考虑该时代其他领域的发展状况，那么我们甚至可以认为蒲柏就是 18 世纪英国的象征。

客厅的确精美了不少，不过仍然无法掩饰其背后那大行其道的口腹之欲。在那个时候，肖像画上的人往往都呈俯瞰之态；我们不禁由此想到后世之人对英国人的调侃："约翰牛"（John Bull）。在上层人士的生活中，波特酒不可或缺，以至于痛风成了流行病；下层人士们则贪恋着杜松子酒，嗜酒之风渐盛，而痛苦也随之而来。在酒精的作用下，下层人士越来越麻木，上层人士越来越堕落。究其缘由，主要是当权阶级损公肥私：借法律之手、职务之便中饱私囊、大肆敛财。实际上，散文仍是时代财富。在探究各阶层人士境况时，慢悠悠的马蹄声似乎就在我们耳畔回响，正如丁尼生的《北方农民》所描写的那般。

"财富、财富、财富——我听见他们如是说。"《伦敦时报》的评论写道，"几乎一切都成了私人资产——议员身份、城市旅店、主教头冠、牧师的矫正、警察的肩章、大学团契，以及讲座教授。"为了牟利，人们执着于一切有利可图之事，"交易"令大不列颠民族的道德素质日渐败坏。

在 18 世纪，人口将迎来暴增；而这种趋势最初是有迹可循的。工业革命的种子也已萌芽。1757 年，机器受到了广泛关注及应用。几个世代之后，英国将呈现出全新面貌——谈不上好与坏。然而在这一时期，农业依然是它的根基，而商业贸易与银行业为它带来了大量的流动资金。菲尔丁、斯莫利特、斯特恩等人开创了新体小说，人们首次得以从这样的文学作品中寻觅到丰富多彩的英国生活。詹姆斯·鲍斯威尔写出了《约翰逊传》，全方位地解读了托利党人止步不前的思想。约翰逊好比一头壮实的达勒姆牛，宁可失去美洲殖民地也要固执己见。

内阁政府的首秀

1714 年 8 月，乔治一世正式登上王位。他的统治极大地影响了英国宪政的发展，而这又与其个人特质，准确地说是不足有关。他是一个贪图享乐、纵情逐欲、无情无义、欲壑难填之人，不但缺乏控制力，而且只敢在自己的德意志领地内表演"严厉"。他既不了解英国，也不了解英政府。选择他继位，不过是因为他符合英国人的意愿，或者说议会的要求：国王必须是新教徒，而且不会带来太大的继承问题。乔治一世之妻因通奸罪而被判终身监禁，所以英国只迎来了一位国王，而没有迎来王后。彼时，乔治一世还有两个德意志情人，不过并不出众；瘦巴巴的那个被伦敦人戏称为"五月柱"，而胖乎乎的那个则被叫作"大象"。

乔治一世最大的特点是不懂英语。最初，他有事没事还会参加枢密院所召开的会议，然而在经过一番努力之后，他们仍然听不懂他讲的拉丁语；他不得不选择了放弃。随之而来的局面是，首相获得了越来越大的权力与权威性；内阁逐渐掌握了诸多原本属于国王的关键权力；最后，乔治一世不得不听命于下议院。在这种情况下，现代化的内阁政府很快登上了历史舞台，尽管乔治三世在 1760 年登基之后做出过收复王权的行动。

　　辉格党将汉诺威家族引入了英国；此前占据上风的托利党则与詹姆斯二世的支持者们狼狈为奸、图谋不轨。乔治一世组建起了以辉格党人为主的枢密院，并对托利党人进行了清理。自此，辉格党将长期主政。然而大体上看来，辉格党的受欢迎程度甚至不如托利党，更何况乔治一世既不招人喜欢，也不被民众尊重。所以，辉格党在竞争时总是小心翼翼。它走出的第一步是：对牛津、安尼布鲁克、奥蒙德等托利党人进行指控。安尼布鲁克与奥蒙德逃往了法国，于是被贴上了叛国贼的标签；牛津被关入了伦敦塔，不过在两年后便获得了自由。詹姆斯二世的支持者们对辉格党人滥用权力的行为忍无可忍，于是发起了叛乱，并酿成了极大的恶果。

　　不过，辉格党人所推行的另一项举措看起来颇为明智。如前文所述，在治安法官与不图回报的乡绅们的长期努力下，集中于伦敦的权力逐渐有了向地方分权的趋势。相较于由中央政府支付酬劳并实施监管的科层制，乡绅与治安法官们则创造了一整套别具一格的制度。大多数乡绅都参加了托利党，而辉格党纵然有心以自己人取而代之，但也惧怕因此而引发民间情绪。如此一来，尽管"辉格党寡头政治"可以在诸多层面上控制英国，不过托利党仍坚守着乡村这个阵地。辉格党寡头政治走上集权之路的可能性因此而大大降低了。

　　在1715年与1716年两年中，在英国活动的部分托利党人，与在苏格兰活动的詹姆斯二世的支持者们串通一气，并准备付诸行动；1716年1月，那个对王位念念不忘的斯图亚特家族的查理·爱德华王子由苏格兰沿海地区登岛。然而，他与他的指挥官都太平庸了，最终只得退回了法国；此外，他那不思进取的样子也被忠肝义胆的苏格兰人看在了眼里。即便是在这样的情形下，辉格党依然不敢在即将到来的1718年大选上冒险。为了维持既有的权力，他们制定并颁布了《七年法》，规定议员任期由3年改为7年。如此，他们为自己多争取了4年时间。事实上，这是有违宪法的行为。可是，乔治一世并没有投下反对票，而是在法案上签了字。我们在此后的英国政体中，也没能再看到英国国王行使否决权。

　　一方面，因为个人欲望与妒忌的存在；另一方面，因为在欧洲大陆政策与国内政策问题上意见不一，辉格党领导人之间一度矛盾重重。沃波尔无奈地接受了一份远低于预期的工作，尽管要不了多久，他就要成为位高权重、长期监国之人。欧洲大战过后，社会迎来了和平稳定，投机主义也借机四处蔓延。人们以股份公司的形式做着各种各样的生意，股票价格疯狂上涨。

　　这种情形与1929年时候的美国如出一辙。南海公司的股票价格从100英镑飞涨至1000英镑。股票市场最终崩溃了，无以计数的股民倾家荡产。民众对内阁表示了强烈的不满；在内阁成员中，一人被关进了伦敦塔，一人自杀，两人意外死亡。这是一个十分惨痛的教训。随后，沃波尔得以重新出任要职，着手解决国家与政府所面临的危机，毕竟他是做出股市崩溃预警的少数几人之一。从这时起，他走上了长达21年的主政之路。

首相的难题

　　新任首相众醉独醒，他十分清楚，想要光复英国就必须让国内外形势维持稳定。一方面，欧洲大陆各国依然对英国虎视眈眈；另一方面，人民对来自异国的乔治一世越来越不满意，在这种情况下，恢复并发展联合王国成了唯一的选择。沃波尔并没有放弃贪腐无能的政府——这至少比武力掌权要好得多；正因如此，他才得以身在其位21年。1727年，乔治一世逝世，其子乔治二世继承了王位。之后，沃波尔又选择了王后卡洛琳作为靠山，而卡洛琳同时还控制着乔治二世。

　　纵然响起了反对之声——被准许回到英国的安尼布鲁克也不赞成，沃波尔依然竭力促成了与征收特许权税有关的法案的通过；他明智地没有参与各种欧洲大陆争端，从而让英国得以积累起强大的军事实力与经济实力，以应对接下来所要爆发的，被他预见到的大规模战争。1737 年，王后卡洛琳逝世，沃波尔的权势受到了很大冲击。与此同时，乔治二世与他的儿子威尔士亲王之间爆发了难以调和的矛盾，并公开针锋相对。为了抵制乔治二世，威尔士亲王还组建起了宫廷党。就连威尔士亲王的母亲都说，"他是这世上最愚蠢、最虚伪、最残暴、最无人性之徒。如果他能改变一些，那该多好啊！"可惜，他始终一如既往。在威尔士亲王的威胁下，沃波尔的权力与地位被大大地下降了。

1739 年，也就是两年之后，英国忽然开始疯狂反对西班牙，并不顾后果地发起了"詹金斯之耳战役"。战役之名的出处是：船员詹金斯宣称自己的耳朵被西班牙海关官员割了下来。当然，战争的根源是民族仇恨与贸易冲突。沃波尔并不支持以战争手段解决问题。他原本可以选择急流勇退，回到家乡安稳度过此后岁月，把这场来去匆匆、极不光彩的战争所引发的民怨留给后来人，然而他却选择了坚守岗位，以至于在后来的选举呈请中失利。议会不再信任他了。1742 年，沃波尔卸职，被授予牛津伯爵爵位，成为上议院议员。在他的全心治理下，英国熬过了重重危机，并在转型期内收获颇丰；不过，他的性情，以及现在的年纪无法支撑他继续肩负建设帝国的重任。不过，英国在这一时期内所缔造的辉煌成就，无不与沃波尔的和平方针、保守政策有关。

无异于大多数政治家，沃波尔也只能活跃于国家发展与政治生活的某个特定时期，而无法持续活跃在历史舞台上。在他的治理下，和平与稳定让英国人得以渐渐习惯新环境，不受尊重的汉诺威家族的统治地位也日益坚固起来。这一切都是其他人无法带来的，即便是比他更能干、更活跃的政治家。

沃波尔和彼此许多上层人士一样，非常反感"狂热"这种状态。然而，看上去沉稳淡然的他却对工作抱有十足的激情——精神层面也好，情感层面也罢。法国的伏尔泰，英国的伯克利、巴特勒、休姆等人都对宗教思想将信将疑。在人们心目中，理性的自然神论渐渐取代了基督教思想，上帝一位论[1]也取代了长老会教义。这可不是全貌。从1735年起，宗教复兴运动——宗教狂热再次觉醒，并被视为民族思想、生活、精神复兴的象征——在各地蔓延开来，并造成了极大影响。

在这一时期，极具重要意义的循道卫理运动也在英国崛起了。领导者是约翰·卫斯理、查尔斯·卫斯理兄弟，宗旨是重振工人阶级、下层人民对宗教的感情——但彼时的教会可不在乎这些。他们不辞辛劳地四处布道，其影响力之大实难形容。英国上上下下到处都有他们所派去的非神职布道者，有他们兴建的学校、传教组织、慈善机构。他们竭尽所能地让人们相信，上帝终会宽恕将死之人。无异于老威廉·皮特，他们同时还是新英格兰的缔造者。

需要强调的是，英国人的精神生活已经发展到了一定的阶段，并开始从事慈善事业。在这个贴着利益、物欲等标签的时代里，英国迎来了第13个英属美洲殖民地，当然也是最后一个。不同于之前的所有殖民地，这个殖民地是因慈善而诞生的，而非宗教信仰或商业贸易。詹姆斯·奥格尔索普将军发现罪犯们（特别是负债者）在牢狱中的生活糟糕至极；为了让那些人获得重生的机会，他向政府申请了一个特许令，并在1733年正式开发了佐治亚殖民地。尽管其禁酒制度与禁奴制度只是昙花一现，佐治亚也在20年后被国王征收，不过不可否认，他的初衷是高尚的，他的行为是18世纪初叶的一座里程碑，他做了时人不敢做的事。

---

[1] 上帝一位论，古代的一位论又称"神格唯一论"(Monarchianism，源于希腊文Monarches)。主张上帝只有一位，反对三位一体之说，认为耶稣只是人而不是神。后特指16、17世纪莱利奥·索齐尼等人的反三一论学说，和17世纪以来流行于英、美等国的一位论派主张实质内容与前者类似，但不用"神格唯一论"名称，仅被称作"一位论"或"上帝一位论"。——译者注

在沃波尔卸职之后，一度无人能继其位。无论是卡特里特勋爵，还是纽卡斯尔公爵[1]都没有足够出众的才干；更何况两人向来不和，都不想看到对方坐上首相之位。同一时期，欧洲大陆各国因为奥地利王位继承问题又开始大打出手了。在乔治二世还未正式登基成为英国国王之前，英国就被牵扯了进去。1744年，法国正式宣布进攻英国，而领军之人竟是那位王位觊觎者。法国人并没有成功，这得归功于常常出没于英国沿海地区的风暴。次年，年纪轻轻的查理·爱德华王子渡海至苏格兰西部高地，并成功登岛。历史上的"支持詹姆斯二世运动"就此拉开了帷幕。

查理·爱德华带领着一小队人马前往爱丁堡，随后受到了爱丁堡人的欢迎。9月21日，在普雷斯顿洼地，英国军队大败。查理·爱德华带领6000人成功入侵英国。他希望获得英国人的帮助，然而事与愿违，因为在英国人心目中，斯图亚特家族早已成为过去的一个影子。受形势所迫，伦敦爆发了金融危机。查理·爱德华被迫退回苏格兰境内；坎伯兰公爵率重兵出击，对其紧追不舍。1746年4月，在卡洛登沼泽地区，坎伯兰公爵获得了最终的胜利。然而他做了一件原本不必做的事：屠杀。从此，人们称他为"屠夫"。

无法挽回败局的查理·爱德华在苏格兰高地徘徊了数月，深深地陷入了焦虑之中。他无奈地逃回了法国，并在1788年去世；作为红衣主教，他的弟弟亨利直到1807年才去世。斯图亚特家族再也没能成为英国的统治者，而且在亨利离世后，斯图亚特家族中的男性一脉就此消失在了历史长河之中。当然，需要强调的是，查理一世女儿一脉依然延续了下去。

在奥地利王位之争所引起的乱战中，英国的军事行动既没有可圈可点之处，也不是关键性的因素。在佩勒姆兄弟的执掌下，新内阁心有余而力

---

[1]　纽卡斯尔公爵（1639年—1768年），英国历史上第4位首相，本名为托马斯·佩勒姆-霍利斯（Thomas Pelham-Holies）。——译者注

不足；他们能做的不过是在停战之前，迫使乔治二世不顾王室反对，同意初出茅庐的皮特进入内阁。尽管海洋航线尽在英国人之手，可是他们却不太重视海战，反倒是将大把大把的资金扔进了一点也不重要的陆战中。与此同时，在大洋彼岸，一件引人注目的事情正在发生。

特立独行的印度人

在美洲地区，以马萨诸塞人为首的新英格兰人在威廉·谢利总督的带领下，集结起了 4000 人左右的队伍。除了驻守在西印度群岛上的一支英国海军中队向他们提供了几艘用来传递信息的船只以外，他们在别无其他英国方面支援的情况下，成功包围并占领了路易斯堡，而路易斯堡是法国人眼中最坚固的军事堡垒。然而，英政府并没有证实殖民地在这次国防大战中所发挥出的重要作用，以及所表现出的强大实力。

我们要将目光投向别处了。一件影响深远的重大事件正在发生着。在印度沿海地区，分布着英、法、荷、葡的贸易站；特别是英法的贸易站，其重要性是不言而喻的。英国的贸易站大多建在孟买、马德拉斯、加尔各答；法国的贸易战建在马德里附近的庞第杰瑞，以及加尔各答附近的昂德纳哥，并且只有这两个。尽管看上去法国的势力在印度不成气候，不过毛里求斯岛上一个军事港口是他们手中的王牌。借助法国海军军官拉布尔多内，以及庞第杰瑞总督杜布雷的力量，在 18 世纪三四十年代，他们采用比英国更激进的手段控制着其印度殖民地的商贸活动等各项事务。

显然，截至目前，在英国与法国看来，印度帝国依然不过是商贸领域的竞争对手而已。在贸易方面，原本可以求助于本土统治者，然而这两个国家的东印度公司都不想让移民们受到欧洲战事的影响。与此同时，印度也在发生着历史性的巨变；这种巨变将极大地影响英国的未来。想要更好地理解英印之间的民族关系，就需要先了解一些印度文明史。对于生活在这一时代的英国人而言，印度文明史可谓是超乎想象的。

实际上，说是两个民族，但这并不准确，在经历了无数个世纪之后，印度人早已是融合了多个种族的复合民族，各种族拥有不同的语言、不同的思想、不同的特质，所处的文明阶段也各有不同。这也就是说，在印度这片土地上，生活着许多使用不同语言的不同民族与部落。生活在北部地区的印度人多少都有着雅利安人的血统，而生活在南部地区的印度人则保留了较为纯正的本土血统。大体看来，在既往的数个世纪中，尽管种族融合的情况越来越普遍，不过实际情况却因地而异。另外，印度地区宗教繁多，不过起凝聚作用的主要还是印度教，其影响力甚至在政治权力之上。

印度执行着世界上独一无二的种姓制度。印度人被严格地区分为不同的等级。这一制度已持续了 2000 余年，早已融入了印度的社会秩序。在这里，我们确实无法对这个独一无二、至关重要的制度详加阐释，只能简单地说，种姓制度借助传统与规范对人群做出了区分。用以区分的标准多种多样，例如民族、领域、职业，等等，不一而足。

关于种姓数量的说法也有很多，从 2000 个到 4000 个不等，而且制度本身相当繁杂。印度人生而有"姓"；它是一辈子的标签。凡是想要冲破种姓制度之人都会被赶出去，从此再也无法与原有种姓群体，以及其他种姓群体发生任何关系。不同种姓群体不仅不能通婚，甚至还不能进行其他社交活动。一方面，在这一制度的束缚下，印度人过着循规蹈矩的生活，即使战争当前，或者改朝换代也无法让他们改变固有的生活方式，这就好比暴风雨卷起了阵阵波涛，海底世界却依然无动于衷。另一方面，这一制度令印度人很难众志成城、同心协力地对抗征服者，同时进一步割裂了拥有不同语言与特性的不同民族。

在约 700 年前，欧洲人第一次来到了印度，应该是在这里进行贸易活动。在那个时候，征服者对印度大部分地区实行着军事统治。莫卧儿帝国是印度地区最后一个"长寿"王朝，其对印度的统治在本书开篇所讲的时代便已存在。伊斯兰教徒是最后的征服者，并再度激化了印度地区民族分裂：外来统治者有自己的宗教信仰，而且不接受种姓制度。既往的征服者们从来没有想过放弃武力，并采用顺势而为的方式统一印度或建立政权。莫卧儿帝国或许是最成功的，然而即便如此，在看上去一片祥和的气氛中，印度人民依然没能获得公平与正义。在那个时候，人民需要缴纳占自身收入 1/3 的税收。地方官员控制着当地居民，俨然是地方的实际掌权者。

18 世纪上半叶，莫卧儿帝国颓势难挡。欧洲与美洲相继陷入战争，印度也开始蠢蠢欲动。尽管包括奥德总督、孟加拉总督、德干地区的苏波答总督等在内的一部分总督声称依然会对德里的莫卧儿王朝尽忠，然而事实上，他们早就独立了。除此之外，骁勇善战的马拉塔部落贡献了印度半岛，并要求莫卧儿王朝进贡一大笔钱，要不然就会将印度半岛洗劫一空。如此一来，德里方面只好拿出了 1/4 税收用作贡金。此时的帝国已无法与马拉塔人对抗了。倘若马拉塔人能像莫卧儿王朝那般善于统治，那么他们或许能缔造一个新帝国。然而事实并非如此，这些人除了抢劫什么也不会。

在毫无防备的西北边境，阿富汗人举足入侵了。统治着波斯与阿富汗两大地区的纳迪尔·沙将德里扫荡一空；尽管此后他只拿下了土地宽广的旁遮普（锡克教徒对他在旁遮普的统治造成了威胁），并从西北边境撤了回去，不过莫卧儿帝国却深受重创。在山的那一边，纳迪尔·沙的统治也摇摇欲坠。在 1760 年，马拉塔人征服了印度绝大部分地区，当然他们所做的事情只是抢劫，而非治理。由此，坐拥 2000 万人的印度被搅成了一片浑水。

英国与法国的贸易站也因此深陷泥沼；贪心的马拉塔人时不时就会来抢劫一番。1744 年，英法战争正式打响。借助强大的海军实力，英国人把在印度做生意的法国商人统统赶了出去。作为报复，杜布雷与拉布尔多内在 1746 年一同攻下了英属马德拉斯。此前，卡纳提克的统治者听信了杜布雷的承诺：若攻占成功，定将归还马德拉斯；然而，杜布雷并没有履行承诺。

于是，印度的行政长官派出了一支千人部队（实际上有 500 人从未接受过任何训练）征讨杜布雷，但最终被打得溃不成军。

英国人由海陆两线向本地治理发起了总攻，但未能成功，由此，印度人将崇敬的目光从英国人身上，转移到了法国人身上。1748 年，《亚琛条约》（Peace of Aachen）得以签订，欧洲再次进入和平时期。条约规定：法国将马德拉斯归还给英国；英国将加拿大的路易斯堡归还给法国。无论如何，这一幕的印度故事暂告一段落，而下一幕也即将开启。

美洲大陆上的激烈比拼

若不是英政府对海军不够重视，英国就不会失去路易斯堡。在得知法国夺回了路易斯堡之后，新英格兰人失去了希望。尽管所生活的地方是殖民地，但新英格兰人很想不通，自己的利益为什么得不到英国的重视。早在 1733 年，《糖浆法》（Molasses Act）的出台就差点毁掉了新英格兰的贸易事业。依照其规定，在从除英属西印度群岛以外地区进口糖浆时需要缴纳高额的关税，而对于新英格兰商人而言，朗姆酒生产需要大量糖浆，而英属西印度群岛一地是无法满足其需求的，这样一来，新英格兰、西印度群岛、非洲之间的三角贸易便受到了强烈冲击。新英格兰在出口方面没有支柱性产品，同时又被禁止发展制造业，所以酒业是它唯一的贸易产业；新英格兰人需要卖酒挣钱，再从英国那里购买工业制品。

实际上，这个法案的实施情况并不乐观，不过其存在已经宣告，西印度群岛的种植园利益已经取代了新英格兰的利益；而现在，英国又为了保住马德拉斯而舍弃了路易斯堡，这意味着在英国眼中，东印度公司的利益胜过了新英格兰的利益。与此同时，还有许多迹象表明，英政府正在制定更加严苛的包括贸易政策在内的各项法案，而美洲大陆殖民地也将因此陷入绝境。于是，人们大量涌入美洲中部，开始建立新的殖民地；他们不仅不接受英政府的监管，还因自身遭遇而对英国心怀怨恨。

自 1748 年开始的和平时期其实很短暂。1756 年，大不列颠将又一次对法宣战；而在此之前，一系列暗中争斗已在两国之间蔓延开来。在印度地区，法国的杜布雷趁火打劫，勾结了一众图谋不轨者，并表示若有必要便会支援一小队精兵。受这一战术的影响，至少在 1751 年之前，英国在印度蒙受了巨大损失。

同年，英国新任殖民地总督将一位 26 岁的年轻人安排进了东印度公司；那人叫罗伯特·克莱武。克莱武受命领兵攻占阿尔果德，也就是卡纳提克的首府所在地。在这次远征部队仅有的 8 名军官中，有 6 人此前没有参过军，其中就包括克莱武；士兵也仅有 500 人，而意大利人就占了 300 名。克莱武拿下了阿尔果德。后来，地方长官钱达·萨伯率领万人将其围了将近两个月的时间，好在他熬了过来。在特里奇诺波利被围、阿尔果德受到威胁的情况下，钱达无奈撤兵。次年，克莱武与劳伦斯少校一起领兵大败法国人，又一次占领了阿尔果德。纵然如此，这一时期的法国依然强于英国，并控制着印度地区。海军的强大实力依然被英政府忽视了；而在英法之战卷土重来时，英国东印度公司将遭受重挫。

美洲方面的局势也很严峻。早期的英国移民运气很好，得以在阿巴拉契亚山脉与海洋之间的狭长地建立定居点。英国移民的定居点修建得颇为集中，人们从事的主要也是农业与商贸活动。同时，密西西比河流域与圣劳伦斯河流域则插上了法国旗帜；然而由于地域面积太广，很难被定居点完全覆盖，法国人只得转而经营起毛皮生意，以及着手进行地质勘探。到了 18 世纪中叶，在大西洋中部沿海地区，一些发展势头良好的殖民地，如弗吉尼亚等地的殖民者开始计划翻山越岭，进驻资源丰富的俄亥俄谷地。不难看出，宣称坐拥广袤流域的法国人、生活在新英格兰边境地区的人们，以及企图越界的地产公司，这三者注定要争个你死我活。

在亨利·佩勒姆（Henry Pelham）离世后，他的弟弟纽卡斯尔公爵坐上了首相之位。就能力与精力而言，纽卡斯尔公爵注定无法带领英国应对这场蔓延全球的大型战争，不过他还是坚持向新英格兰派驻出了一支军队——英勇善战、坚定不移的布拉多克是这支军队的统领，帮助殖民地对付来自俄亥俄谷地的法国人。我们从学校的历史教材上已经了解了布拉多克的失利；同期的事件还有，法国失去了地中海地区的米诺卡岛。让英国人极为不满的是，作为海军司令，宾（Byng）的指挥让英国海军大败而归。人们称宾是"叛国者"，但其实他并没有叛国。当然，在守卫至关重要的海军基地时，他的队伍确实被法国人打得太惨了。资质平庸的纽卡斯尔公爵度日如年，甚至还向国王建议说，为了防患于未然，不妨把汉诺威的军队调到英国来！由此可见，他真的是一介平庸之辈。

在纽卡斯尔公爵递交辞呈之后，德文郡公爵组建了新的内阁。威廉·皮特接手了首相职位一应事务，然而没过多久，他就被敌意大发的国王驱逐出了内阁。当然这一切也都是暂时的。随即，新内阁开始风风火火地处理起公共事务，并又一次宣布与法国开战。此时，普鲁士因国王腓特烈的统治而变得四分五裂，并导致法国被卷入其中；法国人无法集中精力与英国对战。然而，英国还是没有"得逞"。纽卡斯尔公爵继而又重新组建了内阁；尽管他不懂打仗，不过游说功夫了得，而且深谙与下议院周旋的门道。后来，在人民的强烈呼唤下，内阁将皮特请了回来。皮特的职责是带兵打仗，他的斗志与才干在那个时候是绝无仅有的。

皮特已不再年轻，而且是个自私、蛮横、虚荣心强的人；虽然他的毛病不少，但并不影响他成为英国历史上的伟大人物。相较于同期的其他政客，他对欧洲与英国的认识算是比较到位的。托马斯·皮特是他的爷爷，曾为印度地区的发展贡献过一分力量，同时也十分了解美洲殖民地的特性。他对商人们十分友好，享有"卓越的下议院议员"之称。他用新兴的爱国主义思想，以及服务于公共事业的热情激励着英国人民。在这一时期，英国人已对贪污腐败之事习以为常，并认为这种恶行是必要的政治手段；他们审时度势，默认了这种罪恶的存在，这让我们想起了一度纵容政治腐败的美国人。

皮特毫不纵容这种恶劣的政治行为，并因此而很快成了普罗大众的偶像；不过，对于反对"公职即公信"的人来说，他这么做是很危险的。除此之外，他还是个独具慧眼之人，总能找到合适的下属。他在挑选和奖励下属的时候，只看重能力，而对级别与影响力毫不在意。如此一来，手下人都对他忠心耿耿，特别是年轻军官和底层工作人员。另外，他工作勤奋、管理有方。尽管平庸的前任首相拖了英国的后腿，不过皮特用了4年时间重新缔造了辉煌，并将英国带上了历史巅峰，让英国进入了有史以来统治势力最强大的时代。

在其主政期间，胜利纷至沓来，就连英国人都有些惊愕。1760年，英国占领了加拿大，收复了路易斯堡垒；还有举世闻名的魁北克战役，乌尔夫在亚拉伯罕战胜了蒙特卡姆。英国军队驰骋疆场，勇猛无比，最终收获颇丰；年轻军官们用生命换来了对战法国的胜利，缔造了一段光芒万丈、流芳百世的历史。英国军队相继攻陷了尼亚加拉城堡、提康德罗加、克朗波音特等地，而后又收获了位于俄亥俄谷地的迪尤肯堡，也就是现在的匹兹堡。就这样，法国不得不退出了美洲舞台。

尽管13个英属殖民地为了自保也采取了一定的行动，不过相较于此前应对小危机时的行动规模，在应对眼下这场大危机时，他们所做的事情可以说微不足道。议会的表现也略显小家子气，而且太循规蹈矩，这很大程度上是因为国防系统存在问题。这些问题将在数年后浮上水面，并将日益扩大，最终成为大革命爆发的主因。还有一部分原因是，英属殖民地内部的相互嫉妒与彼此为敌。

实际上，这些殖民地既不了解彼此，也不惺惺相惜；虽然都讲着英语，同为英国的殖民地，但其间的差别真的很大，无论是文化还是价值观；就差别的程度而言，绝不低于欧洲大陆各国。在宗教、文化、经济等各个领域，他们的不同之处比比皆是。例如，信仰新教的新英格兰人大多为商人、小农场主；宾夕法尼亚人大部分是贵格会[1]教徒；马里兰人信仰天主教；弗吉尼亚人追随圣公会[2]；南部地区则基于农奴制发展着种植园经济。

1753年，战争一触即发。在英政府的召集下，殖民地召开了联合会议，弗吉尼亚、宾夕法尼亚、马里兰、纽约、新泽西、新罕布什尔等地的总督均有出席。会议修订了与印第安人有关的政策；尝试着缔结联合条约；期望促成全部殖民地在政治上的全面联合。然而，英政府的提议最终还是一纸空文。

1754年，在奥尔巴尼，殖民者做出了创建政治联合体的尝试，然而，由于地方保护主义与嫉妒心理作祟，尝试半途而废。毫无疑问，如果真和法国人及印第安人大打出手，英属殖民地绝不会向英国伸出援手，至多也就是为境内居民提供保护。换句话说，英国只能靠自己，不可指望那些殖民地。另外，在边界问题上，以及在与印第安人有关的贸易政策问题上，部分殖民地之间矛盾重重；这让形势进一步恶化了。

在讲述此次战争的主要情况时，皮特是至关重要的人物。他不但动用了陆军，还起用了海军。在霍克、罗德尼的统领下，英国海军在海上与法国人进行着殊死搏斗；在基伯龙湾，霍克率军打了一场打胜仗。曾扬言攻占英国的法国，此时已失去了海上优势。英国获得了位于印度群岛地区的玛丽－加朗特岛与瓜德罗普群岛，以及非洲沿海地区的法国贸易站。在欧

---

[1]　贵格会（Quakers，通用名称），又名教友派、公谊会（the Religious Society of Friends，正式名称），兴起于17世纪中期的英国及其美洲殖民地，创立者为乔治·福克斯。"贵格"为英语Quaker一词之音译，意为颤抖者，贵格会的特点是没有成文的信经、教义，最初也没有专职的牧师，无圣礼与节日，而是直接依靠圣灵的启示，指导信徒的宗教活动与社会生活，始终具有神秘主义的特色。——译者注

[2]　即英国国教。——译者注

洲战场上，普鲁士军队在明登战役（The Battle of Minden）中一举歼灭了法国军队。

在印度战场上，孟加拉是众矢之的。1756 年，年迈的统治者逝世，继任者是他 19 岁的孙子。新任统治者誓要将欧洲人统统赶出印度，并领兵 3 万挺进了加尔各答。他战胜了一支小规模的驻军，并将大约 150 名英国人关押进了地牢；一整晚，地牢里不仅空气不流通，而且还没有水喝。印度的六月酷热难耐，这些英国人的经历实难想象。有传闻说，约有 125 人一夜之间丧生。这便是历史上的"加尔各答黑洞"。

同时，克莱武跟随沃森司令亲率的小型舰队，从英国赶回了印度。1757 年的第二天，他们收复了加尔各答，并与新任统治者，也就是西拉杰-乌德·达乌拉（Siraj-ud daula）订立了条约。然而，印度人没有践行条约中的相关规定。西拉杰-乌德·达乌拉是个唯利是图、残酷无情的家伙，而后与孟加拉省的纳瓦布渐行渐远。在纳瓦布撺掇下，前任统治者的挚友米尔·贾法尔（Mir Jafar）篡位夺权成功；这件事克莱武也有份。印度乱成了一锅粥。此前，法国将治理权交给了当地人；现在，英国无奈效仿，若非如此，说不定法国会趁火打劫。好在，英国在法国所掀起的战事中获得了胜利，对于印度而言，这未必是件坏事。毕竟，无论印度人拥有什么样的民族特质，至少英国人的治理能力要比法国人强很多。

然而，事情却被克莱武打算拟定的一真一假两份条约给破坏了。假条约是用来应付印度人奥米钱德的，他对篡权阴谋了如指掌，并打算借此机会实施勒索：不给钱就把事情告诉西拉杰-乌德·达乌拉。克莱武等人表示，米尔·贾法尔若想得到英方承认，就得先行支付 300 万英镑左右的金钱，并承认东印度公司享有加尔各答周围大片区域的控制权。谁也不知道米尔·贾法尔可不可信，不过克莱武打算冒一次险。英国军队在普拉西战役中大胜西拉杰-乌德·达乌拉所带领的孟加拉军队。后来，这位年纪轻轻的新任统治者死在了米尔·贾法尔儿子手里。到了这个时候，东印度公司控制了印度统治者；印度统治者又控制了孟加拉省；也就是说，东印度公司控制了孟加拉省。

1756 年，一支法国舰队启航了；1758 年 4 月，这支舰队来到了印度。很快，马德拉斯被包围了。好在一支英军中队前来支援，法国人不得不退了出去。在欧洲的海战中，英国海军屡战屡胜，这意味着他们日后将在汪洋大海上所向披靡。战争一天天地进行着，法国人失去了一个又一个军事基地。1761 年，至为关键的本地治里[1]失守，法国彻底失去了控制引导的机会。与之相反，大英帝国的印度事业才刚刚起步。

可谓无心插柳柳成荫。一开始，英国人想控制的只是那帮从莫卧儿帝国手中得到权力，却又目中无人、不足为信、盘踞于各个省份的地方统治势力。那个时候的形势甚是微妙。无论是英政府，还是英国人民，抑或是英国东印度公司，都从未想过将印度变成殖民地。事实的确如此，英国并没有开展征服计划，不过是控制了马德拉斯大部地区，并通过控制印度统治者而得以控制孟加拉省。虽然东印度公司监管着印度政府及其政策，不过它最初并不想拥有直接的统治权。所以，这既是无责之权，也是无权之责。

就这样，一个受英政府控制的贸易公司，转而控制了印度帝国。那个时代的人们或许很难洞察到接下来将要出现多少棘手的问题。机会当前，可东印度公司却高兴不起来，他们正在为军费发愁。眼下，如果不派驻军队，就很难控制印度的局面；如果派军，就意味着全部贸易利润都有可能被砸进去，而公司成员们也有可能被迫弃商从政。他们别无选择，除非任由大好机会从眼前溜走。

总而言之，成王败寇。法国痛失的美洲殖民地与印度殖民地，被英国乐呵呵地全盘接手了。前后三年，法国从未珍惜过议和的机会；在一切宣

---

[1]　本地治里包括本地治里、亚南、加里加尔和马埃。——译者注

告结束时，它早已失去了所有筹码，只能以战败国身份无条件地接受任何要求。1760 年 10 月 25 日，乔治二世出人意料地去世了。生前毫无影响力的乔治二世，却在死后给英国留下了一个大麻烦：他那年仅 22 岁的孙子登基为王，史称乔治三世。新国王是个十分执拗之人，他的统治将与前两任国王南辕北辙。

第十七章

论一场彻底的失去所导致的帝国分裂

　　乔治三世可以说是地地道道的德意志人，不过在汉诺威家族的统治者中，他却是最像英国人的英国国王。他出生于英国，成长于英国，拥有英国人普遍具有的优点与缺点。在他看来，自己既真诚又勤奋，既果断又执着，既热爱英国，又拥护英国宪法。虽然病痛长期困扰着他，但他却从中学会了冷静判断；彼时的人们说他心机太重，而且残暴无度，但实际上并不是这样。

乔治三世的执念

　　乔治三世有两大夙愿，第一个是光复王权，也就是出台于 1689 年的《革命稳固法》中所提到的国王权力；第二个是光复"爱国君主"观，而这一观点是安尼布莱克——他为英国所带来的负能量尚未消除——所提出的。

　　显然，《革命稳固法》有心让国王控制政府行政部门。当然，宪法从来都在变化，会与时俱进以满足人民诉求。历经 70 年，有赖于乔治一世与乔治二世特立独行的统治，内阁早已控制了行政部门，同时内阁成员需要接受下议院多数派的监管。在政治学领域，英国所做出的最大贡献或许就是内阁了。英国为所有国家，特别是帝国国家献上了一份大礼：象征着民族历史、民族理想与民族统一的一国之君的称号不仅被保留了下来，还得以独立于党派争端之外；与此同时，以少数服从多数为基本原则的内阁则行使着行政权力。

当然，尽管内阁已是政府体系中举足轻重的一个部门，也确实是在对下议院多数派负责，可是它仍然无法代表全民意愿。在《1832年改革法案》得以正式颁布之前，下议院多数派皆是来自"议会议员选区"，也就是被大家族控制的地区；此间充斥着各种贪污腐败之事。照理说，想要成为内阁成员，首先得成为下议院多数派，不过现实情况则是，国王可以直接安排内阁成员，换句话说，国王的人通常就能在下议院中占据了多数席位。这个时候，具有现代意义的政党尚未出现，但不同派系却是存在的。在不久的将来，乔治·华盛顿将警告刚刚诞生的美国，派系是危险的事物。在英国，派系主要以家族裙带形式存在，不过各大家族之间又是相互独立的，例如尔福德辉格党、佩勒姆家族、罗金厄姆家族、谢尔本家族等。他们无比贪慕名利地位，为了控制利益分配而跻身内阁，并轻松地赢得下议院中的大部分人的支持。倘若此时的内阁可以代表全民意愿，而非下议院多数派意愿，那么乔治三世也就不会在此后的20年中给宪政发展制造那么多的麻烦。按照彼时大多数英国人，甚至是大部分政治家的想法，在既定规则中，乔治三世的表现显然缺乏创造力与建设性。他眼光短浅，还自以为是地认为自己所受到的约束已经大大超过了《革命稳固法》中的约束。基于此，他下定决心要光复王权。他不认为这是暴政，相反，他认为自己是在拥护宪法。当然，他确实足够慎重，从未做出过违背宪法之事。

安尼布莱克所主张的"爱国君主"论坚称，国王理应独立于党派之外，而且理应享有高于党派的权力；有权任命各党派中的有志之士为辅政大臣；不应受制于要求过分的首相办公室。实际上，皮特等人是支持这一观点的，因为他们早已对辉格党寡头政府的长期主政反感至极。对于英国而言，辉格党的贡献是不容忽视的；为了平衡国王与内阁的关系，他们开创了现代立宪制，不过，为了控制下议院，他们采用了贿赂等手段。在许多人看来，辉格党对国王及议会的控制大大影响了国家自由。

在乔治三世登上王位之后，蓄积了数十年来的诸多历史遗留问题浮出了水面，其中最凸显的当数宪法问题。尽管辉格党已四分五裂，不过各团体在控制权问题上仍表现出了极高的一致性。因为不存在反对党，所以乔治三世其实有两个选择，一是按照安尼布莱克的主张去做，二是对议会选举制度进行改革，让下议院表达真正的民意。然而在那个时代，上述选择都不具备可行性，因此，乔治三世打算以身试险，努力挣脱辉格党的束缚。值得注意的是，他没有对内阁制度下手。他从未出席内阁会议，同时也没有反对自己所任用的内阁成员接受下议院多数派的监管。因为选举制度一如往日，所以民众仍然无法在下议院中占据多数席位，而国王与民心大失的辉格党寡头政府却依然可以拥有众多席位。与辉格党人一样，乔治三世通过贿赂组织起了一个多数派。

照理说，国王是唯一有权不经宪法允许便可分封地位与荣耀的人。在此后的 20 年中，那些无耻的谜一般的政治结盟，以及反复结盟，不但告诉我们乔治三世正在努力实现专制统治，还告诉我们英国正在努力发展相对独立的行政机构。至于这个机构的基础，既不是为所欲为的统治者意志，也不是那些为了追名逐利而绑架民意的党派的一己私欲。

这场持续了 20 年的斗争繁复至极，因此我们很难对所有细节了然于胸；直到 19 世纪，托利党在重新组建后成为一大反对党，斗争才渐消渐停。在 19 世纪，议会也做出了改革，不过在此之前，斗争余烬仍未熄灭。这场斗争给出的总结是，安尼布莱克口中的"爱国君主"纯属子虚乌有。事实上，一个摒弃党派偏见，而后任用贤者为内阁成员，接着趁势控制议会的国王，最后变成了党派领袖。在这种情况下，国家也好，国王也罢，都无法真正体会到君主立宪制的优越性。既不得民心又生活不幸的乔治三世的执政时间并不短，然而却早早地尝到了这种失败的滋味。这便是前车之鉴。

七年战争还在继续。1761年，老威廉·皮特本打算和西班牙大战一场，然而却未能成行，后来他递交了辞呈。然而没想到的是，英国在次年就遭遇了西班牙的攻击。在议会选举过程中，国王向纽卡斯尔公爵发布了禁令，不允许他利用王室财产或荣耀帮助辉格党"强占"下议院席位，然而乔治三世自己却明目张胆地这么干着。最终结果是，在新一届的下议院议员中，有1/4左右是国王的人，而他们可不会支持辉格党领导人。在纽卡斯尔公爵离开之后，比特勋爵[1]受命继任。他出身苏格兰贵族，而且不太招人喜欢。尽管比特没能在首相之位上待太久，不过他却为英国带来过和平，他卸任的那一天是1763年2月10日。

《巴黎条约》规定，加拿大、新斯科舍、布兰顿角、原属法国的密西西比河以西地区（不包括新奥尔良）、塞内加尔，以及西印度群岛的部分岛屿均归英国所有。同时，英国还得到了原属西班牙的北美洲殖民地佛罗里达，并从西班牙人手里拿回了米诺卡。英国选择了加拿大和西印度群岛，放弃了生产糖原料的一众岛屿（瓜德罗普、马提尼克，等等），这足以说明，其殖民理念已经转型。尽管这一选择多少与个人利益有关，不过总的来说，是"开发商品市场，不开发原料产地"的策略获胜了。当然，最终结果是出人意料的。

英属殖民地中的产糖岛屿与新英格兰地区之间的供不应求现在不复存在了。1733年出台的新《糖浆法》较之以前更不具可行性。除此之外，法国在北美殖民地的势力渐渐移向了北方和西部地区，在许多人看来，北美殖民地将因此而得以渐渐挣脱控制，对独立的诉求也将越来越强烈。而我

---

[1] 约翰·斯图亚特（John Stuart，1713年—1792年），第三代比特伯爵，在1762年至1763年间担任英国首相。——译者注

的看法是，事实上，不经意间所得的那一大片领地所引发的问题更加严重，若得不到解决，便会招来灾难。

眼下，有待英政府与国王着手解决的问题——有的与新领地有关，有的与战争无关——可以说各种各样，有新有旧，有急有缓；不过对于这帮英国有史以来最杰出的政治家而言，无一不是对执政能力与建设性的严峻的挑战。尽管这些想要找出解决之道的政治家们还不足以被称为伟人，不过英国之所以没能处理好 13 个美洲殖民地的问题，并不全是他们的责任；客观地说，过往政府在诸多方面都很失败，而这些失败共同造成了这一局面。

如前文所述，国内问题主要集中在责任政府，也就是内阁政府身上，因为没有两党制保驾护航，英国人只能摸着石头过河。海外方面的问题主要与爱尔兰、印度，以及加拿大等北美殖民地有关。为了能对英国日后的落败有更深刻的理解，我们将逐一讲解上述地区的境况。总的来说，地方事件会相互影响，特别是美国的革命运动；但是为了能简单明了一些，我们会对地方事件进行单独分析。

先来看看爱尔兰的情况。自 1761 年起，农民起义此起彼伏；事实上，在往后岁月里，农民起义会时不时地爆发一阵子，直到 19 世纪。然而，这不是我们要谈论的重点，因为农民起义从根本上来讲并不属于政治革命。在英国与北美殖民地谈判的时候，爱尔兰发生了翻天覆地的变化，那就是宪法改革。在乔治三世初登王位时，爱尔兰议会早已存在，只不过受到了英国议会与枢密院的完全控制。坐在宝座上的人换了，可爱尔兰议会中的议员却还是那些人。在人民的强烈要求下，在 1768 年，爱尔兰议会成员的任职期限被规定为 8 年。

1776 年，爱尔兰人似乎已经忍无可忍了；美国革命多少起到了示范作用。同年，新议会通过选举产生了；议员们希望从根本上改变爱尔兰与英国之间的关系，于是推选了亨利·格拉顿（Henry Grattan）为带头人。尽管格拉顿本人信仰新教，不过他对天主教很是维护。1778 年，诺斯勋爵[1]（Lord North）的主张一度遭到美国多方面的质疑；他帮助爱尔兰天主教徒逃过一劫，还提出要在岛上推行贸易自由政策。然而，在英国商行与苏格兰商行的抗议下，自由贸易政策未能落实下去。

爱尔兰人的处境更加糟糕了。好在，为了对抗法国与西班牙，英国撤走了爱尔兰境内的大部分部队；在那个时候，英国面临着被法国或西班牙，甚至被两国联手攻击的危险。

为了守护自己的利益，爱尔兰人组织了一支志愿军，其士兵数量从一开始的 4 万人增加到了 1781 年的 8 万人；绝大多数士兵都信仰新教。在达成了军事需求之后，经济需求与政治需求接踵而来。北美地区正在进行的革命运动极大地影响了爱尔兰的选择，前有"不重要协议"的达成，后有 1870 年格拉顿在爱尔兰议会上所宣读的《独立宣言》。同一时期，北爱尔兰政府出台了相关法案，规定爱尔兰、英国、苏格兰在帝国内外均享有同等贸易权。

不同于前文所述的那些问题，虽然这时候的爱尔兰还在为天主教的事情头疼，不过独一无二的民族情怀已壮大了不少。尽管格拉顿等爱国主义者在谋求帝国内的独立自治，不过他们并没有推翻历史：接受了爱尔兰隶属于英国的事实。1782 年，辉格党内阁做出了让步，正如格拉顿所说，他们放弃了"对爱尔兰的一切权力"。他们本想签署一份和约，以建立起某种工作关系，不过始终未偿所愿。

爱尔兰人与盎格鲁人之间的敌意由来已久，同时，乔治三世和英政府也没有善待北美殖民地，在这种情况下，当英国与爱尔兰在 1782 年达成和

---

[1]　腓特烈·诺斯（Frederick North，1732 年—1792 年），后成为第二代吉尔福德伯爵。1770 年至 1782 年期间，担任英国首相，在美国独立战争期间扮演了十分重要的角色。——译者注

解时，所有人都震惊无比。一方面得到了苏格兰的帮助，另一方面放弃了自己的议会，爱尔兰方才谋得了贸易平等权，并获得了自由——尽管乔治三世仍然是爱尔兰国王。可见，爱尔兰既获得了帝国成员应有的权力，又不会受到不利影响。这似乎太圆满了，就像是在做梦一样——事实上，这件事终因太圆满而变成了梦一场。

暂且不提其他，爱尔兰现在实现了独立自主，甚至推行了与帝国利益针锋相对的政策，尽管两地一衣带水。然而，历史终将证明，这不是一件好事。地理位置等因素向来都是爱尔兰的痛处，不过耐人寻味的是，乔治三世执政时期恰恰是它在联合王国内部享有最大限度自由的时期，从前没有，往后也没有。

数个世纪来，爱尔兰问题始终存在，而英政府始终束手无策却又始终不得不面对。至此，新的问题又来到了英政府面前。那是一个没有经验可循的问题，因为其他国家从未掌控过类似印度这样的广袤之地。当然，那个问题在这一时期尚未爆发而出。

黑斯廷斯在印度做了什么

克莱武在 1760 年出发去了英国，后来在 1765 年返回了印度。自他出发那年起，印度便陷入了越来越危险且灰暗的处境。如前文所说，孟加拉的纳瓦布需要接受政府监管，却没有任何实际权力；实际权力都在东印度公司手中，可它又不用接受政府监管。不出所料，纳瓦布没能坚持下去；东印度公司坐享其成，并开始四处掠夺。历史告诉我们，米尔·贾法尔也不是一个优秀的领导人——虽然在那个时候，形势对当地统治者很不利。东印度公司的代表将贾法尔赶下了台，把他的养子米尔·卡西姆推上了位，继而又向印度方面索要巨资，并要求得到孟加拉省的三个最富有的地方的管理权。这是英国人第一次对印度进行直接管理，而效率确实提高了不少。

卡西姆积极改进着其他地区的管治方式；尽管有殖民地总督范西塔特，以及沃伦·黑斯廷斯作为后台，不过其他东印度公司代表却挑起事端，将卡西姆赶下了台，重新起用了贾法尔。孟加拉省陷入了混乱，有名无实的莫卧儿皇帝联合奥德的纳瓦布企图趁火打劫。然而，在 1764 年，东印度公司的一小队人马在伯格萨尔将他们一举歼灭。于是，除了孟加拉，奥德也被纳入了东印度公司的势力范围，同时莫卧儿皇帝也得听命于它。

印度的局势依然令人不太放心。在 1765 年，已拥有贵族身份的克莱武受命前往印度，他的任务是构建起一套更完善的管理制度。新制度初衷是极好的，然而却无法落到实处并产生效果。维持社会秩序、处理军务等是当地政府的职责；税务则由东印度公司负责。这种二元体制由来已久，只不过本地税务官被东印度公司取而代之——当然，公司下面还有下家。在巨大的利润面前，英政府史无前例地对东印度公司的事务进行了干涉。

同时，身为财政大臣的查理·汤森德因为美洲问题而伤透了脑筋。1767 年，议会听从了他的建议，要求东印度公司每年向英政府缴纳 40 万英镑的费用。无论是当下颇具权威性的克莱武，还是后来稍显平庸的沃利斯特，都没能处理好印度本土问题。1770 年，印度历史上最恐怖的大饥荒爆发，人口骤降 1/3 左右。与此同时，英国国内还爆出了一个真假难辨的消息：因为英国人在印度大发灾难财，所以印度人忍无可忍了。

马拉塔人又开始作乱，东印度公司的利益因此而受到了威胁。在南部地区，信仰伊斯兰教的海德尔·阿里已小有实力，不仅对马德拉斯造成了威胁，还和马德拉斯地区的权势战斗过好几次。战争的疾风骤雨打破了印度人原本安宁的生活，掀起了一阵阵大风大浪。因为出现了贪污腐败与管理不善等问题，东印度公司不但没能一夜暴富，反而在 1772 年几近破产。作为一名历尽艰辛的优秀统领，沃伦·黑斯廷斯向来不卑不亢、有胆有识；现在，他再次受命前往印度，以期能扭转乾坤，并帮助东印度公司重新与印度本地统治者及政府建立起合作。

经过两年多的努力，黑斯廷斯在孟加拉构建起了一套完善的管理制度，而印度的其他省份却只能眼睁睁看着：税收制度公平公正，不欺不瞒；建立了法院；保证孟加拉地区的安全，抵御马拉塔人的侵袭；与站在英国阵营的奥德同心协力。尽管没能彻底消除此前的种种恶行，不过他拯救了东印度公司，还为印度人民带来了良好的管理制度；他很好地完成了自己的使命。自此，印度人终于体会到了什么是基于责任感的现代化制度。

英国本土正流行着一种新的思想。《1773 年调整法案》的出台，标志着英国议会开始插手东印度公司的事务与财富；尽管该法案所带来的后果并不好，不过其初衷也并不坏。议会想要通过政治手段控制东印度公司：借英政府之力干预其政治活动；极不明智地通过印度最高法院将英国法律强行植入了东印度公司，使得人人都有权反对公司成员所享有的权利；组织了一个包括总督在内的五人理事会，且总督在管理工作中享有同等表决权。

1774 年，理事会的成员们来到了加尔各答；然而，这几个人都是大麻烦。就拿菲利普·弗朗西斯来说，他向来妒忌黑斯廷斯，而且年轻气盛、野心勃勃，并与其他两名理事会成员抱成一团。他们不仅对印度知之甚少，还坚持认为黑斯廷斯流氓成性、蛮横无度。因为弗朗西斯有两个盟友，所以黑斯廷斯的工作大大受阻，就连改革都无法再往下推进了。当然，这三座大山没能完全压碎他的前期改革所获得的成果。

可是，弗朗西斯等人却暗地里操纵了对总督的指控，甚至还找来了一个无赖作伪证。马哈拉贾·南达库马是英国人，他提供了将遗臭万年的证词：黑斯廷斯不仅受贿，而且金额巨大。马哈拉贾·南达库马被最高法院判处了绞刑。然而，黑斯廷斯的对手们却颠倒是非，空口无凭地指控黑斯廷斯害死了马哈拉贾·南达库马。即便如此，黑斯廷斯依然没有放下手上的工作。1776 年，一位理事会成员的死亡终于令黑斯廷斯松了一口气。1780 年，弗朗西斯回到了英国，而后无耻地诬陷和诽谤了黑斯廷斯。

值得庆幸的是，黑斯廷斯反而因此更受欢迎了。在 1779 年至 1784 年期间，他以一己之力为英国守住了印度这个大国，这原本是几乎不可能完成的任务。同一时期，一场涉及东印度公司、马拉塔部落、海德尔·阿里的混战爆发了。1778 年，法国正式宣布参战，并派出了一支海军部队赶赴印度，以帮助印度人对抗英国东印度公司。在这个时候，东印度公司的财富已所剩无几，不过黑斯廷斯还是打算向英政府支付巨额分红。东印度公司只得要求其领地贝拿勒斯的王孙贵族们缴纳 50 万英镑保护费。纵然是这样，英国方面也从来没有向黑斯廷斯伸出过援手；他只能靠自己。毕竟，英国正一门心思地应对着美国独立运动所引发的世界大战。

黑斯廷斯占领了法国海军基地，法国海军因此而大受限制。借助一系列战争手段与外交手段，黑斯廷斯不但帮助英国守住了印度大权，还为英国带来了荣耀。不过，贝拿勒斯的王孙贵族们在战争期间所缴纳的保护费，也可以说是罚金，将导致日后黑斯廷斯被推下台。

奥德在东印度公司那里的欠款数目巨大，而且纳瓦布无力承担。究其原因，他的母亲与祖母（所谓的"穆斯林贵妇"）在弗朗西斯等理事会成员的允许下，非法侵占了他死去父亲的万贯家产。毫无疑问，那些遗产理应有纳瓦布的份儿。为了帮助他夺回属于自己的财产，黑斯廷斯借了一支军队给他。后来，纳瓦布还了债——在关键时刻，那可以说是一笔救命钱。

虽然黑斯廷斯只能靠自己，但是他在不失一毫一厘的情况下扭转了印度地区的局势；身为总督，他始终致力于建设更先进的政治秩序，并为此打下了坚实的基础。在所有东印度公司成员中，他大概是唯一一个真正了解印度，并对印度人抱有同情之心的人。理事会行事恶劣，而且愚昧无知；马德拉斯总督与孟买总督也做了一些极不明智的事情。在这种情况下，为了保住东印度公司，黑斯廷斯做出了身不由己的决定。然而，包括埃德蒙·伯克、查尔斯·詹姆士·福克斯在内的英国政治家们发现，印度问题并没那么简单，英政府对它垂涎已久，早已不想通过一家贸易公司来控制它。东印度公司曾把军队借给黑斯廷斯使用，以便向贝拿勒斯的王孙贵族征收保护费；而其他总督绝不可能得此优待，无论是更贪腐者，还是更廉洁者，因为他们都无法取信于东印度公司。1783 年，联合政府提交了议案，企图剥夺东印度公司之于印度的管治权，并打算将这一权力转移给一个七人委员会，并规定：第一届委员会成员将通过相关法案进行委任，此后则由国王享有委任权。

彼时的英国政界充斥着利益与交易，所以议案没能通过审议。在被美国问题困扰了至少 12 年之后，英国吸取了教训，在印度实行了更为完善的管理制度，得到了更多人的认可，也更尊重印度本地统治者及其人民的权利。

和东印度公司同期成立的还有其他二十几个公司。它们最初的目标都是商业利益，不过而后逐渐受到各种意外因素的影响，得以统治资源丰富、人口众多、历史悠久却日渐落后的印度。这种有悖常理的统治注定是无法延续下去的，它们遇到了各种史无前例的问题；然而，有赖于黑斯廷斯的努力，贸易公司也好，英政府也罢，都在印度做得有声有色。

1784 年，皮特批准了一部新法案；较之以前那个未被批准的法案，新法案更加优秀。该法案规定，除了总督等几个重要职位，东印度公司享有其他的人事任免权。尽管东印度公司表面上控制着印度政府，可事实上公司却受制于国王组建的内阁。直到 1858 年，这样的二元体制才被打破。

英属北美殖民地的愁绪

需要英政府谨慎对待的还有：地广人稀的加拿大及美国西部内陆地区，也就是通过 1763 年《巴黎条约》（Treaty of Paris）所获得的新领地。我们在当时的美国西部内陆地区只能看到的屈指可数的几个军事站点，基本上看不见白人的身影；在加拿大地区，包括数百名信仰天主教的法国人在内，一共只有 6 万人左右。在尚未签署《巴黎条约》之时，英政府对这些地区的态度就已十分宽厚，且始终如一。军事总督被告知："这些新收服的民众在宣誓效忠之后便是国王的子民了，与我们毫无差别；若非有悖誓言，理应获得同等保护。"此后出台的一切法规都以此为宗旨，虽然有少数英国新教徒无厘头地宣称自己享有上述地区的完整统治权。

在发表了《1763 年皇家宣言》之后，英政府在美洲大陆上创立了 4 个相对独立的政府组织：格林纳达（西印度群岛）、东佛罗里达、西佛罗里达（历史价值不高）、魁北克。英政府本想用这一宣言为此后的全面法规铺路，然而在接下来的 11 年中，我们没能看到全面法规出现；这主要是因为 18 世纪的人行事总是很拖沓。这样一来，临时宣言成了固定政策。好在这一宣言大体上仍能体现政治家的意图。

该宣言既没有强迫被征服者改变宗教信仰，也没有改变被征服者习以为常的法国法律体系。这的确是很明智的决定。假如强行要求被征服者遵循英国的法律法规，那么一定会招来不必要的大麻烦。在那个时候，这样的殖民地管理政策是领先于时代的。不妨设想一下，若是换作法国人或西班牙人来治理如此广袤的、生活着无数新教徒和异教徒的殖民地，后果会是怎样？

在法规落地时间过于漫长的情况下，英政府采取了一项十分失败的措施：决定由魁北克政府负责管治西部地区，以及密西西比河河谷地带。历史告诉我们，这些英属北美殖民地自诞生之日起便各自为政，不管采用什么样的形式，都无法将它们联合起来。因为殖民范围的进一步扩大，以及原住民曾受到法国及其盟友的控制，上述问题变得更加繁杂，也更为关键了；英政府为此绞尽脑汁。

在悟出解决之道前，英政府在《1763 年皇家宣言》中规定，不得在"大河以西"地区聚居。这意味着，13 个早期殖民地的居民被禁止前往阿巴拉契亚山脉的另一侧定居。后文将讲到，这一规定大大地伤害了北美民众的感情。从此往后，只有在印第安纳法律所允许的范围内，并通过有印第安纳人出席的议会，得到英国高级官员的许可，才能买卖印第安纳土地。一方面，这一公正的制度得以在加拿大推行；另一方面，西部地区的土地被列为禁区，对于新领地而言，这样的局面十分有利。然而，针对天主教的宽大政策，或许会遭到早期殖民者的抵制。

各种麻烦纷至沓来。1774 年，《魁北克法案》出台：北美殖民地以西地区被永久划入魁北克管辖范围；天主教徒被允许在魁北克生活及发展，早期殖民者自然不会善罢甘休——虽然在人数上占据绝对优势的加拿大人尚能欣然接受。

包括盖伊·卡尔顿（Guy Carleton）在内，各殖民地总督大多不偏不倚、能力出众，而且管理有方。可惜他们手下的官员们，以及法官们都深受当时恶劣习气——结党营私、徇私舞弊——的影响。但是大体上看来，他们依然公正地、有技巧地应对了新领地的管理问题，虽然那里生活着许多异族与奴隶，虽然没有顾忌其他殖民地居民的情绪。这一局面终究会带来这个时代的最大危机，并酿成大错。

在发表了《1763 年皇家宣言》后，国防问题迫在眉睫。在美洲大陆上，从墨西哥湾到哈得孙湾，从密西西比河流域到大西洋沿岸，皆是英国的领土。边境线蜿蜒蔓延两三千英里，想要守护这片辽阔之地及生活其间的异族与奴隶，需要不下 1 万名边防士兵。显而易见，为边军提供常规补给的只能是大英帝国。长期以来，各个殖民地相互嫉妒，不但不合作，还不同意任何一方拥有常备军；对和平的期许由此化作泡影。

在西北部地区，土著部落发起了恐怖的叛乱，史称"庞蒂亚克印第安叛乱"。这场叛乱历时一年有余。在此期间，旧疾频频重发，宾夕法尼亚不同意出兵，而纽约、新泽西、马萨诸塞、康涅狄格等地也表示，当地军队的 2/3 都得用来守护本地区的安危。如此一来，大部分的军队压力都集中到了英国身上。

这一时期，除了印第安人发起的叛乱，其他威胁也并没有消失。在之前遭受重创与巨大损失的西班牙人与法国人随时都有可能冒出来收复失地。西印度群岛上还有法国海军的重要基地；新奥尔良还在西班牙人手中，也就是说西班牙人控制着密西西比河的入海口。英属北美殖民地在七年战争中保卫了自己的家园，不过却没有给英国带来更广阔的领地；新领地是英国海陆两军通过无数战争赢得的。眼下需要解决的问题是，应该由谁来供养新领地的常备军？

一开始，英国人并不关注这个问题。在签署了条约之后，比特勋爵便辞官回家了；还没有冷静下来的皮特拒绝出山。于是，国王对乔治·格伦维尔委以重任；他是皮特的妹夫。格伦维尔虽然公正、勤奋，但同时也是一个无趣、呆板、缺乏创造力的人；他更适合经商，因为他眼中只有数字，没有人性。约翰·威尔金斯（John Wilkins）案件一度是人们所关注的焦点。那是个狡猾、粗鄙、道德低下，却又充满冒险精神的家伙。他曾经是议会议员，但其言论与文章惹怒了国王和一众大臣。在被议会除名，并被法院定罪之后，他流亡到了法国，并得到了法国民众的支持，究其原因，他是被英国国王赶出英国的，而法国人一向不喜欢英国国王。相较于北美殖民地的税收问题，英国人似乎对威尔金斯案件更感兴趣。

北美地区的人们，以及一部分英国人此时最关心的莫过于"自由之战"，而威尔金斯案件或多或少地影响了这次斗争。不管基于哪个层面，议员都已不再是人民意志的代言人；国王及其大臣控制着议会，并通过议会在国内外推行着暴政。统治者不择手段地占据了下议院中的多数席位，彻底地将民意拒之门外。

1768年，威尔金斯在返回英国后成功当选米德尔塞克斯郡的议会代表，不过在第二年的二月就被下议院清除了出去。而后他又一次当选，结果又一次被清除。宪政危机由此爆发。假如议会有权罢免人民通过选举选出的代表，那么英国将永远无法迎来一个深得民心的政府。实际掌控下议院的是政府，以及政治集团。在"威尔金斯与自由"的口号下，民众携起手来投入了战斗；而此时此刻，威尔金斯的满身污点已不再重要。站在威尔金斯的立场，朱尼厄斯（Junius）[1] 写下了刻薄的评论，伦敦市民也举行了示威活动。一度被打入大牢的威尔金斯，将在日后成为市议员。最后，人们很好地维护了议会选举制度及其自由权。

威尔金斯事件更是激起了北美殖民地民众的情绪，威尔金斯也一度成为他们的偶像。假如威尔金斯没有那么多道德污点，假如自由党没有受到海洋的阻隔，那么英国或许会再度内战，而不会与北美殖民地发生激烈的冲突。可是威尔金斯毕竟不像皮姆与汉普顿那般光明磊落，所以议会只是屈从了国内民众的意志，而并没有对殖民地民众的诉求做出反应。这样一来，帝国非但没能迎来宪法胜利，反而遭遇了议会的分裂：一部分人在某些方面优势明显，另一部分人则在另一些事情上占据了上风。尽管如此，人民始终未能得到想要的自由。旨在追求自由的力量也开始解体了。议会成了束缚国民自由的缰绳，导致这一局面的原因主要是：一方面，自查理一世执政时期起，通过与国王的斗智斗勇，议会逐步蓄积起了强大的实力；另一方面，人民逐渐失去了对议会的控制权，取而代之的是国王及其大臣。

内战急如星火，背后的原因各种各样，有的甚至可追溯至 17 世纪。一个至关重要的原因是，英国国内民众多少都有些看不起那些英国殖民者。在赢得了"威尔金斯与自由"之战后，尽管部分英国人对殖民地民众的诉求报以了理解与同情，不过大多数英国人还是觉得，那些人不应享有与自己相同的权利。数年之后，这场民族运动转化为了地域冲突；这种情形与下世纪的美国内战极其相似。

在北美殖民地问题上，格伦维尔毫无建设性的想法。他曾经驳回了皮

---

[1]　从 1796 年至 1772 年，某时政评论者在伦敦报刊上所用的笔名；他常常批评内阁政策。——作者注

特的战争策略，理由是消耗太大，毕竟那时候英国所负国债已达 1.3 亿英镑左右，堪称天文数字。在国内，地租涨了 20%；在北美地区，军费与民政费用也从 7 万英镑猛增至 35 万英镑。格伦维尔认为，北美殖民者理应分摊一部分，毕竟当初在对付法国人的时候，英国伸出了援手；在遭遇印第安人侵扰的时候，英国也提供了保护。令人无奈的是，看起来只有格伦维尔明白此中利害，而绝大部分英国人都对此模棱两可。

尽管北美地区已设立了海事法庭，并推行了更为严苛的贸易法，可是税收的增益尚不足所需费用的 1/7。鉴于殖民者既不想供养常备军，又不想缴纳税金，格伦维尔索性通过议会制定了相关税法，开始征收众所周知的印花税。印花税的征收范围是特定的法律文件、扑克牌、骰子、报刊，以及酒牌等，尽管单笔费用不大，不过一年下来，殖民地总共也需要缴纳大约 10 万英镑的税款。皮特、辉格党、殖民地代表均表示支持，包括本杰明·富兰克林在内的一众美国领袖也没有提出异议。不过，格伦维尔最终决定，将印花税的征收工作推后一年。他想再等待一段时间，说不定殖民地方面能拿出更好的方案，然而殖民地方面却一直没有消息。

1765 年，这项法案毫无悬念地通过了审议。然而出人意料的是，在毫无防备的情况下，这项法案在殖民地掀起了一阵腥风血雨。殖民地方面表现出了极其强烈的反对，事实上，他们更多的是在反对贸易法的修订，以及新法案的推行，虽然格伦维尔在这件事情上的行动可以说无可挑剔。这次修订旨在从根本上对贸易进行控制，并不能说不公正，特别是取缔了与糖浆原料有关的禁止性关税，转而征收合理的税费，对新英格兰的贸易发展而言，这并不是一件坏事。然而在推行过程中，问题还是出现了：以前从来就没缴过税的殖民者现在却不得不缴税了。

贸易监管是普遍存在的现象，因此当听到"无代表不纳税"的声音时，英政府只好对贸易税与印花税做出区分：一个属于"内税"，一个属于"外税"。在未来那恼人的纷争发展为冲突的时候，这样的定义就行不通了。在一系列明争暗斗中，北美殖民地渐渐占据了优势，并赢得了短暂的胜利。然而，英国与其北美殖民地之间的非进口协议对英国本土的贸易造成了巨大威胁；在这种情况下，新首相格伦维尔及其辉格党内阁在 1766 年废除了印花税，并制定了相关法案，剥夺了英国议会对殖民地的征税权。

不再征收印花税的举措深受大众支持；然而在这样一个至关重要的时候，竟然没有人对帝国内外关系进行全面的考量。很可惜，这一举措除了成为日后北美殖民地上那些不怀好意者手中的证据之外，别无他用。相反，对于地租暴涨 20％ 这件事，英国人痛不欲生，心中渐渐生出一股敌意。双方的矛盾不但没有消除，反而愈演愈烈。这就好比斯图亚特家族统治之初的宪法之争，已无法通过法律来解决。无论是詹姆斯时代，还是查理时代，英国人早已摒弃了君权神授观念，而北美殖民地不想再任由英国控制其种植园经济体系，而这一体系为英国带来了无尽的财富。至少是在情感层面上，殖民地们认为自身已足够成熟，足以成为"自治领"。

自治领这个具有现代意义的概念完全不在彼时英国政治家们的认知范畴之中，而北美殖民地顶多是想拥有和爱尔兰同等的待遇与地位。在 150 年之后，克罗默伯爵（Earl of Cromer）指出："优秀的政府都有相同的基本准则……负责社会治理的与负责商业开发的，绝不是同一群人。"虽然英国已经承认了爱尔兰的自治领身份，不过它依然没有放弃在北美殖民地上一手搞开发，一手搞治理。

相较于英国的政治理念，或许美国的政治理念要先进一些。英政府没有想过，北美殖民地在自治领之后会变成什么模样，不过北美殖民者们却早就做过这样的思考。实际上，在 1772 年，也就是爱尔兰获得"胜利"的 10 年之前，就有人在新英格兰的报刊上发表文章，指出那套机制不但能解决爱尔兰问题，也能解决帝国在将来会遇到的问题。举例来说，《新汉普郡公报》曾刊登过这样的内容：尽管所有立法机关都应接受国王的监管，不过地方立法机关之间理应保持相对独立。文章还指出："在国王治下，相对独立的地方议会组成联合政府，接受相同精神的指引……假如最高立法机关与所有的地方议会都对国王负责，国王在议会的监管下行使王权，那么他们就不会彼此伤害，从而为帝国带来和平。每一个王国都是自由的、快乐的地方。如此一来，就算全世界所有国度都加入了进来，大英帝国也是坚如磐石、同心协力的。"

生活在北美地区的殖民者们为帝国做好了规划，然而英国的政客们却没看过新汉普郡、马萨诸塞等地的报刊。当然，就算他们看过，英国的乡绅们也不会认同这种观念；乡绅阶层在斗争中所扮演的角色越来越重要了。

在北美殖民地，一部分人的独立意愿越来越强烈，譬如马萨诸塞的塞缪尔·亚当斯、弗吉利亚的帕特里克·亨利等思想激进的领导者。在言论大战结束12年后，约翰·亚当斯指出，有1/3的殖民地民众支持脱离帝国，独立自主；1/3效忠于英国；1/3不偏不倚。

鉴于一般人往往渴望和平生活，政治思想不会那么激进，所以中庸之人所占比例或将大幅提升，而另两类人的比例降低。换句话说，英政府至少还有十年时间可以用来与极少数强硬派周旋。可英政府错误百出；那些态度强硬的殖民者们借机扩大了势力。灾难已不可避免。

我们没有理由说那些殖民者太感情用事。实际上，基于北美殖民地与帝国之间的关系，帝国为他们提供了海事等方面的军事保护；而且他们很清楚，英国几乎完全控制了北美地区的贸易活动，而这些贸易活动意味着取之不尽的财富。除此之外，虽然外税与内税的分而治之未能取得成功，不过坚守着英国传统的250万殖民者绝不会接受被3000英里之外的那个议会抽取税金，而那个议会并不能代表国内所有700万民众的意志。更何况，在那个议会中，没有一个人替殖民者说话。显然，他们无权派出代表参加议会。

北美殖民者始终在质疑的是，自己纳的税有没有换来相应的保护。在这一时期，英国向殖民者征税的其中一个理由是守护新领地，可同时他们又不允许殖民者踏足那些地区，还不允许非天主教殖民者买地。英国伤害了北美殖民者心中最强烈的两种感情：想扩大领地；想延续新教——包括那些不以狭义的新教为信仰的地区。

以罗金厄姆为首的短期内阁撤除了印花税。不仅是皮特，新任议员德蒙德·伯克也很支持这一届内阁；他的首次演讲即与美洲问题有关。有人提出，可以允许英国议会监管北美殖民地的贸易活动，但不应该允许它向殖民地征收内税；这一观点得到了皮特的认同，不过伯克却不以为然。伯克后来成了那一时期最能干、最杰出的政治家和下议院议员，在他看来，那种税制并不符合法律规定，只能解决一时的问题。他还表示，相较于以武力与长期敌对换来的少量税金，英国与其殖民地之间的长期友好关系，以及帝国的稳定发展更加重要。

国王还在推行自以为是的治国方针。在放弃征收印花税后，没过多久，他就收到了罗金厄姆的辞呈。后来，已身为查塔姆伯爵的皮特联合没什么责任感的财政大臣查理·汤森德，组建起了一个新的内阁。头顶荣光的皮特在过去为英国立下过汗马功劳，然而在此后 10 年左右的岁月中，他却不再那么幸运。他患上了痛风，病痛令他在许多时候都无心工作；他的大脑变得混混沌沌，致使他无法胜任领导人之位，甚至无法和他人共事。新内阁里可谓鱼龙混杂，而且缺乏党派领导。在他无法出席内阁会议的日子里，大多数内阁成员也不肯唯汤森德之命是从，尽管如此，这种约等于没有的凝聚力与责任感也尚不足以逼迫汤森德退出，也不足以使众人选择辞职。简而言之，汤森德几乎一手遮天了。

汤森德采取了投机取巧的手段，而且很是卑劣。北美殖民者不同意征收内税，他开始征收外税，并制定了相关法案征收各种商品税，例如铅、颜料、纸、茶叶，等等。他信心十足地把地租降低了 25%，然后又通过其他方式弥补了这 40 万英镑的损失。当然这笔钱不可能出自乡绅阶层，他们的压力才被减轻不久，让他们出钱完全就是找骂。汤森德因此进退维谷，时而得罪英国党派，时而得罪北美殖民者。甚至到了今天，生活在不列颠群岛上的英国人也总是认为自己比那些移居北美地区的殖民者更优秀。1767年，英国乡绅阶层不仅获得了选举资格，还有人当选为议会成员，而北美殖民者却没有获得这样的待遇。毫无疑问，北美殖民者还得继续缴税。

关键时刻，英国又陷入了另一个误区。英政府声称，税收会被用作总督与法官的酬劳，而非军费；言下之意，地方下议院将失去对殖民地的控制权，而英国议会将坐收渔翁之利。此时，汉普顿精神[1]又一次鼓舞了北美殖民者。在1768年，他们发起了猛烈的反击，而英国不得不派出两个团的兵力赶赴波士顿地区。在1770年，在波士顿地区所发生的军民冲突中，有三人不幸遇难。英政府不得不妥协，除了与海事有关的税种之外，汤森德决定征收的其他税种均被废止。

假如就这样承认，自己是因为殖民者太过强大才做出让步的，那未免太有失"政治家风度"了。既然是政治家，那就得明知故犯。在此后三年当中，殖民者对每磅三便士的茶叶税很是不满，尽管没有公开反对，但双方的关系却进一步恶化了。1773年，东印度公司自身难保。为了帮助东印度公司，汤森德的继任者诺森勋爵做了一个自以为是的规划：替印度茶叶开拓市场。他认为，对于经过英国出口至美洲的茶叶，应停止征税；对于直接出口至美洲的茶叶，应按照1767年的规定，征收每磅3便士的税金。如此一来，相较于英国本土消费者，北美地区消费者在购买茶叶时不仅可以每磅少给9便士，运费也可以少给不少。

然而，北美殖民者却觉得这是一场阴谋：自由消费意味着下意识承认英国议会享有征税权。另外，英国历史学家往往会忽视一点：未经英政府授权的商人是不能销售茶叶的。得到授权的商人大多都是与英国人持相同

---

[1]　汉普顿一度反对造船税，尽管费用仅为二十先令。——作者注

观点的托利党人，而波士顿的商人们很看不起他们。这一法规不但引发了税收问题，还引发了贸易垄断、强制问题，等等。

在新政策下，首批茶船登陆了各个殖民地，而各地殖民者的反应大相径庭。只有马萨诸塞人使用了暴力。在与总督争执了一番之后，一些马萨诸塞市民扮成了印第安人的模样，趁着月黑风高爬上了茶船，把价值10000英镑左右的茶叶统统扔进了波士顿海湾。这种行为无疑违反了法律，就连许多不认可英国政策的北美殖民者也备感愤怒；可想而知，英国议会与英国国民的情绪几近失控。然后，伯克又一次提出议和，表示应该用更长远的目光来审视帝国内部关系。

伯克表示："我不是要区分权力，也不是要对它们进行界定。我并没有打算去做形而上的区分工作。我对双方的说辞都很厌恶。不要想着去改变美洲人！就这样吧，借贸易法之力控制美洲地区！我们向来如此，不是吗？这才是你们进行贸易监管的目的吧！不以征税为手段，可是最初就没征过税啊！这就是你们放弃征税的原因！联邦与王国之间的纷争，还是交给学校教授们去讨论吧，也只有他们不会受到威胁！"

然而，能如此看待这一问题的人少之又少，伯克甚至遭到了部分生活在殖民地的好友的抵制。虽然反对派的势力颇为强大，但英国议会后来还是驾轻就熟地出台了一连串惩罚措施：一、在殖民地对"茶叶党"做出惩罚之前，封锁波士顿港，禁止一切商业贸易活动；二、殖民地政府必须做出充分准备并积极配合驻扎当地的英国军队；三、英政府若是认为北美殖民地没有对某个嫌疑犯做出公平公正的审判，便有权将嫌疑犯转移至英国进行审判；四、郡县一级的陪审团成员不再由选举产生，改由司法长官直接任命；五、对马萨诸塞宪章进行修订，当地立法机构中的上议院议员不再由下议院议员选举产生，改由国王直接任命；六、未经总督批准不得召开镇民大会——不包括每年的选举大会……前后相差不多久，《魁北克法案》横空出世了，当然，它的出台与美国方面并没什么关系。身为波士顿军队的统帅，托马斯·盖奇（Thomas Gage）将军走马上任，成为总督，并开始大规模地建设军事防御体系。

许多看上去微不足道的事情都成了北美殖民者心中的阴影，例如大主教与圣公会的成立之类。《魁北克法案》意在将1763年所划定的边界固定下来，而这意味着北美殖民地将无法向西发展，同时其财富的积累、活力的激发，以及海岸线的延伸等都将受到影响。对于各个殖民地而言，上述因素所带来的影响定然各不相同；对于同一个殖民地而言，偏远地带所受的影响定然也与沿海地带的大相径庭。在向英政府述职的时候，总督们筑下了大错：忽视了不满情绪背后那些不利因素在共同作用下所爆发的强大能量；误以为所有的殖民地——至少是所有的群体——眼中只有一己私欲，同时相互间的利益差别会使他们割裂，让他们永远无法走到一起。

然而历史告诉我们，因一部分人的罪恶而惩罚所有马萨诸塞人既不理智也无必要，只能说是复仇之举。而这一举动让包括新汉普郡、佐治亚在内的各个殖民地都认为英国所推行的政策有损自由权益。如伯克所说，这些政策毫无前车之鉴。然而，假如英国议会享有最高权力，假如生活在北美殖民地的人们要被折腾到英国去受审，而且那里的法官与陪审团满心恶意；假如监管之下，重要的港口仍会被封锁；假如宪章成了摆设，政体说变就变，那么毋庸置疑的是，生活在北美地区的英国人——在人数上相当于英国国内人口1/3——从此将永远失去自由。

在这部极其糟糕的法案通过审议之后，没过几个星期，绝大多数北美殖民地——仅不包括地势偏远的佐治亚——的代表来到费城召开了大陆会议，对当前局势进行了商讨。同时，马萨诸塞收到了其他殖民地送来的食物与其他用品。不得不说，英国的计划功亏一篑；而先前互相看不顺眼的各个殖民地却出人意料地联合了起来，究其原因，他们都对英国深恶痛绝。事实上，殖民地之所以做出这种举动更多是出于自我保护。在此之前，北美殖民地堪称世上最自由的群体，主要原因是他们既持有英政府所颁发的特许令，又生活于远在距离英国千里之外的穷乡僻壤。尽管选举权受到了限制，不过他们依然对自治充满了热情。

作为一个民族，他们绝不会在一夜之间改变主意，听命于触不可及的议会，更何况那个议会从来没有在意过他们的想法。北美方面，大陆会议拟定了铿锵有力的《权利宣言》；英国方面，伯克与查塔姆主张议和，伯克甚至为此进行了一次直击人心、澎湃激昂的演讲。然而，一切努力都无济于事。有人提出不如让殖民地自治；伯克则认为应该努力维持既有关系，毕竟这种关系曾为双方带来过长期的稳定，然而这些建议都被一一否决了。

为自由而战的美国人

1775 年 4 月 19 日，受托马斯·盖奇之命，一支小规模的波士顿军队奔赴位于康科德的军库提取弹药，不料却遭到了殖民地民兵的袭击，伤亡严重，只得狼狈地回到了波士顿。康科德与莱克辛顿由此打响了"震惊全球的一枪"，人们开始付出血的代价，而不再只是如往日般吵来吵去。英国军队整装待发，英属北美殖民地的人们也已在摩拳擦掌。

一脉之下，两大分支，一场帝国内部的大战就要开始。枪林弹雨之下，一部分受人爱戴的英国领导者仍在为北美殖民地的诉求做着解释。在许多人看来，乔治三世基于"爱国君主"理论所做出的一切努力正在演变为基于无能内阁与贪腐议会的个人专制（不只与其品行有关，还与环境有关，更何况安尼布鲁克的想法压根就行不通），所以北美人民才会如此渴望获得自由。

总的来说，与北美殖民地相比，英国更具凝聚力。另外，我们不能就此错误地认为：有许多英国人，特别是居于要地的英国人赞同北美殖民地的做法。对于这场同胞之间的自由之战，大体上而言，包括士兵及部分军官在内的大部分英国人大多兴致寥寥。这也是为什么国王只能通过招募德意志佣兵来应对这场战争。在当今的美国，仍有许多乡村居民记恨着那帮德意志人，即黑森（Hessian）雇佣兵[1]；在当地孩子口中，"黑森"是用来骂人的最坏的称呼。

就分化程度而言，北美殖民地远超过英国本土。前文曾提及过主战派所占的比重，特别是在殖民地民众极端渴望独立自主的时期。据估计，移民北美地区的托利党人约有10万之众，其中有6万左右为亲英派；这些人后来帮助加拿大争取到了自治权。尽管托利党人遍布各个阶层，不过人数最多的还是墨守成规的上层阶级和中产阶级。这部分人的到来给殖民地造成的损失，丝毫不亚于当初胡格诺教徒的潜逃给法国造成的影响。

至于具体战事，想必大家都不陌生，所以在此只略书一二。我们可以将这场战争分作两个阶段：在第一阶段里，英国对殖民地起义进行了镇压；在第二阶段里，因为欧洲他国的介入，英国被迫在全球范围内以一敌众。

毫无疑问，将北美人民带入第二阶段是无所畏惧、坚定不移的乔治·华盛顿。他是一位无比杰出的领导人。尽管他在政治上并不具有惊世之才，行军打仗也不比马尔伯勒更优秀，不过参加大陆会议的代表们毅然决然地将他推上了北美军队总司令的位置。这无疑是一件极具历史意义的幸事。来自弗吉尼亚的华盛顿原本是位享受着锦衣玉食的庄园主，并不太了解社会与军事。在战争之初那令人绝望的8年里，他向世人证明了：相较于技术训练与足智多谋，命运更青睐理性的判断、坚定的信念，以及性格的力量。

1775年，一支波士顿地方军队攻击了盖奇；此后，华盛顿成为这支

---

[1] 在美国独立战争期间，英国方面的军队大致可分为四类：正规军，即红衫军；印第安人武装力量；殖民地亲英派领导的地方武装力量；黑森-卡塞尔等六个德意志联邦下的王国所组建的雇佣兵。英国通过黑森王国的王子招募了一批士兵，并向其支付了每人每天1先令的租金。走上北美战场的黑森士兵大概有3万人，后来有1万人左右定居于美国。——译者注

军队的领导者，并带领队伍赢得了邦克山战役（The Battle of Bunker Hill），将英军赶出了波士顿。尽管进攻加拿大的计划未能获得成功，不过美国士兵在魁北克与蒙特利尔的英勇表现，以及英军在查尔斯与南卡罗来纳的溃败，都进一步点燃了美军的雄心壮志。

1776 年，政治取代军事成为年度关键词。这年 7 月，《独立宣言》通过了大陆会议的审议，这标志着英国与其 13 个北美殖民地之间的关系正式宣告结束。加拿大、西印度群岛仍然从属于英国；美国独立战争也被正式定性为内战。英美之间之所以会产生误会，或多或少是因为北美民众的生活方式与英国人截然不同，他们在不经意间逐渐形成了一个新的族群——外表不同，特质也不同。时至今日，这一过程仍在继续。因为人们总是忽略这个关键因素，所以误会必然会不速而至。

发表于 1776 年的《独立宣言》加速了独立的进程。这份宣言言简意赅，不同于英国在之前所做出的所有声明。如我们所言，英国人偏爱具体问题具体分析再具体解决，而非总结出基本原理；倘若必须做出总结，那么他们的言辞也会十分严谨，不会逾越既定范围。来看看《独立宣言》的引言部分，"在我们看来，如下真理不言自明：人生而平等；上天赋予了我们追求生命、自由、幸福等的权力"。这份文件看上去不太具有英国特色，但起草者却都是真真切切的英国人——数月前还效忠于乔治三世。

我们从《独立宣言》中可以看到洛克等一众英国哲学家的思想及言辞，不过它没有体现出英国历来处理国家危机的独特风格。当然，它注定会极大地影响许多人的思想、理想与梦想。它是继《大宪章》之后，第一个再次企及这一高度的英文文件。无论如何，美国人成功渡过了卢比孔河 [1]；贸

---

[1]　在历史上，卢比孔河曾是意大利本土与山南高卢省之间的界限。公元前 49 年，恺撒领兵跨过了卢比孔河，打破不得越界的法规，从而引发了内战。最后，罗马帝国分为两个部分。——译者注

易监管、税收制度早已不是争夺的焦点，战争双方更在乎帝国统治的去与留。

对美国而言，1776年至1777年间的战争情况很是糟糕。在英国撤出波士顿后，华盛顿也带兵返回了纽约。1776年8月，长岛战役爆发，英军在威廉·豪伊将军的指挥下获胜，华盛顿无奈退守新泽西。当年圣诞节之日，美军将驻守在特伦顿的黑森雇佣军打了个措手不及，士气大振。次年，野心勃勃的英国人采取了一个风险极大的策略，而这次冒险给美国营造了绝佳的独立机会。豪伊大军不仅扼守着纽约，还占领了哈德逊河口地带。他们本该前往河谷地带，因为与此同时，自加拿大南下、横穿尚普兰湖的约翰·伯戈因及其8000名士兵也正在往那里赶；两军会合之后，新英格兰就会成为一处孤地，无法与其他殖民地取得联系。然而，豪伊却觉得自己还有足够的时间可以给华盛顿好好上一课；而此时，华盛顿大军已大举南下。豪伊大军经海路挺进了费城，并获得了布兰迪维因战役（The Battle of Brandywine）的胜利，华盛顿大军被迫退驻福吉谷。1777年至1778年的那个冬天，美军在荒郊野岭忍饥挨冻，而豪伊他们却在费城——彼时美国最光彩夺目的都市——中推杯换盏，互通有无。

华盛顿留在纽约的兵力稍显不足，无法与控制着哈德逊河谷的英军比拼。伯格因历经千辛万苦终于抵达了萨拉托加，可圣烈治的西部军队，以及纽约军队都还无影无踪；他简直望眼欲穿，可豪伊却在费城耽搁了好几个月。结果，伯格因大军不得不举起了白旗。这无疑是一个极其复杂的计划，且不论豪伊有没有做出那种莫名其妙的举动，美军方面如果不能通力合作，那么计划就不可能成功。

这场失败的冒险给战争第一阶段画上了句号。其实法国暗地里支援了美国，只是从来没有公开过，也不愿意与美国结盟。然而到了1777年，因为伯格因的投降，法国不得不在1778年的2月选择了结盟。到了这个时候，诺斯勋爵无奈地表示，除了独立之外，可以接受北美地区的其他一切要求，并主动请辞。可是无论是乔治三世，还是查塔姆伯爵都不愿看到帝国变得四分五裂，尽管他们也表示可以接受其他条件。查塔姆伯爵做了最后一次议会演讲，并坚决反对从北美地区撤军。他晕倒在了演讲台上；一个月之后，他终因中风去世。

战争进程因此被改变。到了 1778 年，陆战逐渐减少，海战越来越多，但并没有哪场战役起到了决定性的作用。英国海军没能发挥出自身优势；法国海军趁机占据了上风，但并没有获得绝对胜利。英军拿下了圣卢卡西岛，但同时却失去了西印度群岛的格林纳达与多米尼加；萨凡纳被一支小规模的纽约军队攻下（冬去春来之时，豪伊已从费城退守至纽约）。

1779 年，西班牙参加了战争，英国的对手又多了一个。这一年，直布罗陀攻坚战爆发，而且一打就是 3 年；指挥官埃利奥特怀揣着大无畏精神，带领英军守住了直布罗陀岩。与此同时，印度问题日趋严重；英法两国在非洲沿海地带争夺着贸易站，你来我往，战斗频发。

1780 年，俄国、丹麦、瑞典、普鲁士、奥地利结成了中立的军事同盟，联手制衡英国；荷兰也公开与英国为敌；除此之外，再没有哪个国家如此"热心"了。上述国家称，英国损害了他们的权益，而自己不过是在以中立身份保护自己；事实上，英国还是被他们钳制住了。在陆战方面，英国人自南向北步步为营，看上去胜利在望；在海战方面，乔治·布里奇斯·罗德尼不仅成功地将西班牙舰队赶出了直布罗陀地区，还把盘踞在西印度群岛地区的一支法西联合舰队打回了欧洲。

1781 年，英国的陆军与海军在一开年就双双大获全胜。这一年是战争期间至关重要的一年。英军一路从南打到北，获得了举足轻重的优势，也摧毁了无以计数的乡村。然而这一局面被美军将领格林逆转。最后，英军将领康沃利斯不得不撤退到了位于弗吉尼亚沿海地区的约克镇，并在那里建起了防御工事。

尽管拥有罗德尼这般优秀的指挥官，但英政府依然没有给予海军足够的重视。英国海军接二连三地犯着错——就连罗德尼也做出了一个错误的判断，最终被法国海军夺走了海洋控制权。本以为能得到海军相助的康沃利斯不得不独自面对美法联军，以及由德·格莱西带队的法国海军。最终，在 1781 年 10 月 19 日，康沃利斯宣布投降。消息从约克正传到了诺斯勋爵耳中，他无比震惊地喊道："啊，老天，一切都结束了！"尽管英国在此后又苦苦支撑了两年，不过诺斯勋爵的"预言"终究还是应验了。

美国独立已是大势所趋。虽然美洲大陆突然安静了下来，但是海面依然汹涌澎湃：法国控制了圣基茨岛与尼维斯岛；西班牙控制了巴哈马群岛；好在背水一战的罗德尼没让牙买加沦陷。尽管直布罗陀还在英国控制之中，不过法西联军通过 6 个月的围攻夺走了米诺卡。

在这场"自导自演"的历史类鸿篇巨制中，英国几乎被半个世界视为对手。然而，对于政府的处理方式，特别是对日益增长的战争费用，英国国民的意见越来越大。在输掉约克战役之后，乔治三世仍然一意孤行，而没有以人民利益为重放弃战争。英国国民已对战争深恶痛绝，因为那一笔笔高昂的战争费用犹如石沉大海，没有激起一丝波澜。1782 年，英美双方终于坐到了谈判桌前。1783 年下半年，昙花一现的谢尔本内阁代表英国在条约上签了字；签字的自然还有英国的一众对手。

除了一些特殊情况之外，局面大体上与战争之前无异。非洲的塞内加尔与西印度群岛的圣卢西亚归法国所有；佛罗里达，以及地中海地区的重要岛屿米诺卡归西班牙所有。至为关键的当然是，英国接受了 13 个北美殖民地的独立要求，自此，美利坚合众国诞生了。美国坐拥了从加拿大边境至佛罗里达，从密西西里河到大西洋沿岸的广袤土地。在北美大陆上，除了加拿大自治领之外，其他原属英国的领土全都取得了革命的胜利。

若非如此，又会怎样？所有的假设都是空谈与妄想。美国独立了，终于可以按照自己的想法发展经济、开发大陆了；相较于以殖民地身份继续寻求发展，独立更能带来经济的高速增长，以及人口规模的迅速扩大。当然，这并不代表独立之于美国没有丝毫坏处。另外，假如英国能以更智慧的方式来处理帝国内部问题，那么美国独立战争或许还要等上许多年才会爆发——放眼未来，这或许是迟早的事。假如美国独立战争爆发于19世纪，在完全不同的时代背景下，我们或许会看到问题以和平方式得到解决，也或许会看到一场更可怕的灾难。"假设"的历史，不过是闲暇时候的臆想罢了。

最后，再来看一眼这近 2000 年的历史吧

帝国陷入了有史以来最严重的危机。在此，我们需要放慢脚步，对整个故事的主要事件做一番梳理。这是一个时间跨度非常大的故事。掀开史前时代的面纱，依稀可见在欧洲大陆北端，一个半岛悄悄地伸入了浪淘风波的大海；在历经了无数地质变迁后，这个半岛脱离了欧洲大陆的怀抱，成了一个完整的小岛；这个小岛将成为影响乃至决定历史发展的一个关键因素。诸如此类的客观因素是不能忽视的，例如，气候条件对英国人的生活发展及特质有着很重要的影响；疾风骤雨总在千钧一刻之际施展魔力：不仅打败了西班牙无敌舰队，还让威廉与登陆地擦肩而过；狂风改变的不仅是自己的方向，还改变了大革命的方向，从而对英国乃至全世界产生了至关重要的影响。

当今时代的大不列颠民族混合了许多种族的血统。我们对早期定居者知之甚少，完全不知道其源头在何处；对于那些跟随罗马人来到不列颠岛上的人，我们也知道得不多；不过，在稍后一段时期中，我们便可以清晰地看到导言所述的民族特性究竟来自何处：那些先后踏足不列颠岛的财富觊觎者或定居者，也就是凯尔特人、撒克逊人、丹麦人、诺曼人等种族。同时，我们还洞察了，上述种族影响英语口语、英国文学、英国思想、英国精神的过程。在经历了无数战争年代与和平岁月过后，这些种族从共生

走向了融合，并共同塑造了大不列颠民族的一个突出特质：以宽厚之心对待他族与他地的传统和律法。关于这一特质，我们可以在本书开篇他们对待丹麦法的态度中窥见一斑，也可以在本书最后他们对待被征服者，也就是法裔加拿大人的言行中窥知一二。

本书的主要线索还有对个体自由权益的强烈诉求。在追求自由方面，英国人是领先于其他欧洲人的。他们既缔造了彼时世上最自由的民族，又构筑了彼时全球最强大的帝国；他们把治理经验传送到了世界各地，并送上了礼物，那便是个人及地方的自由权益。另外，宪法一直在缓慢地发展着，在人们以和平方式化解了重重难题之后，它终于来到了我们眼前。在各种争端面前，英国人通常会尝试着进行商议或做出让步，鲜少付诸战争或走形而上之路。正因如此，他们似乎天生就懂得如何自治。尽管也曾出现过僵持不下的局面，不过相较于拥有同样悠久历史的他国而言，英国历史上所出现的暴力事件或流血事件已经少之又少了。

我们曾讨论过英国那惊人的财富增长与领土扩张。在罗马人及其军队离开之后，不列颠遭遇了至暗时刻。它被抛弃了，只剩千疮百孔的皮囊，仿佛又回到了莽荒时代；一群强盗破门而入，他们不知罗马文明与秩序为何物，强盗侵占了这个小岛，并带来了持续数百年的伤痛与混乱；而不列颠却束手无策。而后，他们发展出了新的文明。后来，诺曼人来了，在威廉一世的强权下，不列颠人走上了融合之路；他们得以接触到拥有先进文化与先进秩序的欧洲大陆。我们还讲述了基督教的崛起、国家与教会的集中化发展（政教合一）及其影响力的发展。封建制度在完成使命后沉入了历史，更自由、更现代的政府组织来到了人们眼前。

英国统治者及英国人最初的梦想是在欧洲大陆上建立一个帝国；在很长一段时间内，他们为了实现梦想而东征西战。突然有一天，如梦初醒一般，他们不再觊觎欧洲大陆领土了。当然，他们也不甘心就这样受制于人——无论是世俗层面的，还是精神层面的，并对一切此类权力深表不满。在亨利八世的努力下，英格兰教会终于挣脱了罗马教皇的控制。我们还了解了英国宗教宽容政策的发展历程，以及困难重重的政教分离过程。

一方面，他们不再觊觎欧洲大陆领地；另一方面，他们不甘受制于欧洲大陆。在伊丽莎白女王执政时期，英国人对海洋地区产生了兴趣，并陆陆续续在全球各处播下了帝国统治的种子，例如远在千里之外的北美地区、印度，以及西印度群岛，等等。与此同时，他们还在四处开发商品市场，并以此收获了巨大的利益。随身而来的是财富的积累、权力的增强，以及民族精神的发展。我们还探讨了英国登上欧洲霸主地位的过程；它战胜了在路易十四的领导下看上去无人能敌的法国。在荷兰与法国相继衰落，西班牙帝国势力骤降之时，立足于小岛之上的英格兰却在一步一个脚印地向前走。

这只是一个简单的回顾。对于前文已提及的一切有史可鉴——记录着前后 1800 年历史的资料——的各种事件，成功也好失败也罢，例如爱尔兰问题的解决、美国问题的处理等，我们确实无法在此一一列出。但是，具有伟大历史意义的事件是值得再次提起的：克雷西战役、普瓦解战役、阿金库尔战役、西班牙无敌舰队覆灭、格罗威尔最后的复仇，等等，尤其是布伦海姆战役与纳米伊战役，这两场胜战将英国带入了一个所向披靡的时代。除此之外，还有许多其他方面的事件，例如"孩子国王"理查德通过谈判将英格兰从暴徒首领瓦特·泰勒手中拯救了出来——这是英国人那偏爱协商的特质所制造出的最富戏剧性的一幕；一群贵族在兰尼米德与国王约翰针锋相对；汉普顿反对征收造船税；查理一世被下议院送上了断头台；在国王下令休会的情况下，下议院议长不但继续召会，还通过了某些决议，诸如此类的事件不一而足。

回溯历史，落于此处可惜只能写上寥寥数语；时至今日，许多曾推动帝国诞生与发展的事件早已被人们淡忘。在北美大陆，加拿大以南地区，英属北美殖民地的独立令大英帝国身负重伤，但这并不意味着帝国将彻底崩塌。在下一卷中，我们将接着来了解大英帝国在新的历史时期、新的文化环境中所走过的路。在没有希望，只有愤恨的争论中，第一帝国分崩离析；英语民族的两个主要分支就此分道扬镳。值得庆幸的是，时光并没有带走历史所留下的累累硕果，无论是物质上的还是精神上的；英国人将汲取前车之鉴，并在日后打造出了一个朝气蓬勃的新帝国。那是一个由自由国家及其殖民地所组成的联邦共和国，也就是我们今天所看到的大英帝国。